AF483353

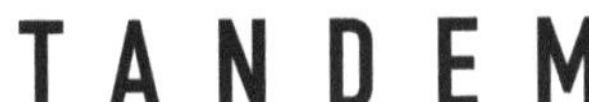

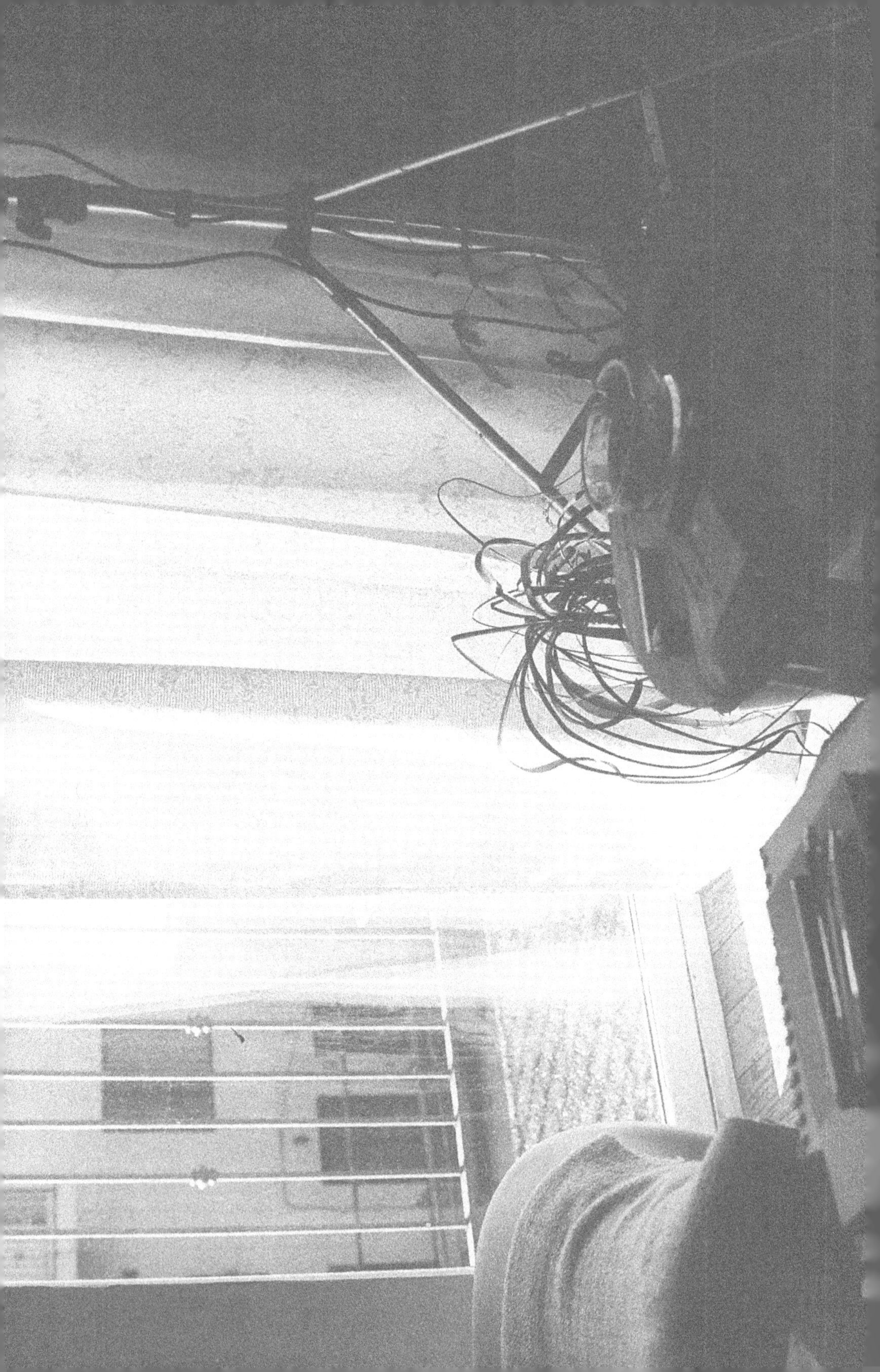

TANDEM

BIENVENIDO CRUZ

THIS IS A RECORD OF STUMBLING AROUND IN HALF-LIGHT WITH A HEAVY-AS-FUCK AND
EVEN MORE ANCIENT MACHINE BETWEEN YOU AND ME. THESE IMAGES, CAPTURED ON
BLACK-AND-WHITE FILM AGAINST A WHITE WALL IN A SMALL APARTMENT IN BROOKLYN,
ARE AS MUCH ABOUT ME AS THEY ARE ABOUT YOU.

QUASI-CONFINEMENT CREATES AN INTIMACY OF A CERTAIN SORT. FAMILIARITY DEVELOPS
QUICKLY. THE DELICATE INTERPLAY OF LIGHT AND SHADOW REVEALS POIGNANT,
CINEMATIC MOMENTS AND FINDS BEAUTY IN SIMPLICITY.

BC, 2024

IL TÉMOIGNE DE MES DÉAMBULATIONS DANS LA PÉNOMBRE AVEC, ENTRE VOUS ET
MOI, UNE MACHINE ENCORE PLUS ANTIQUE ET PLUS LOURDE QUE LES AUTRES. CES
IMAGES, SAISIES SUR UN FILM NOIR ET BLANC CONTRE UN MUR BLANC DANS UN PETIT
APPARTEMENT DE BROOKLYN, SONT AUTANT CENTRÉES SUR MOI QUE SUR VOUS.

LE QUASI-CONFINEMENT DONNE LIEU À UNE CERTAINE FORME D'INTIMITÉ. LA FAMILIARITÉ
APPARAÎT TRÈS VITE. LE JEU SUBTIL DE L'OMBRE ET DE LA LUMIÈRE RÉVÈLE DES
MOMENTS POIGNANTS, CINÉMATOGRAPHIQUES, ET TROUVE LA BEAUTÉ DANS LA
SIMPLICITÉ.

BC, 2024

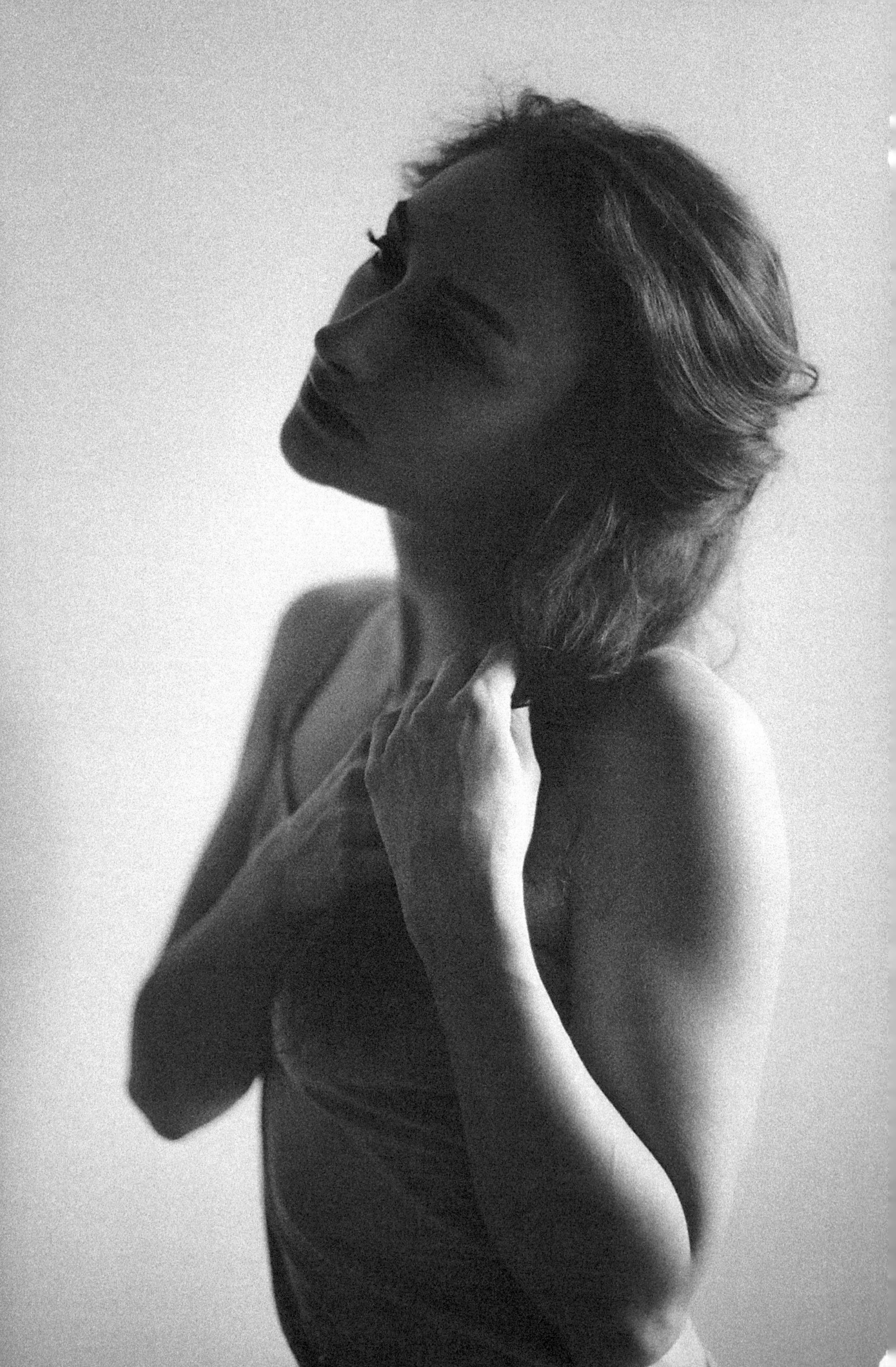

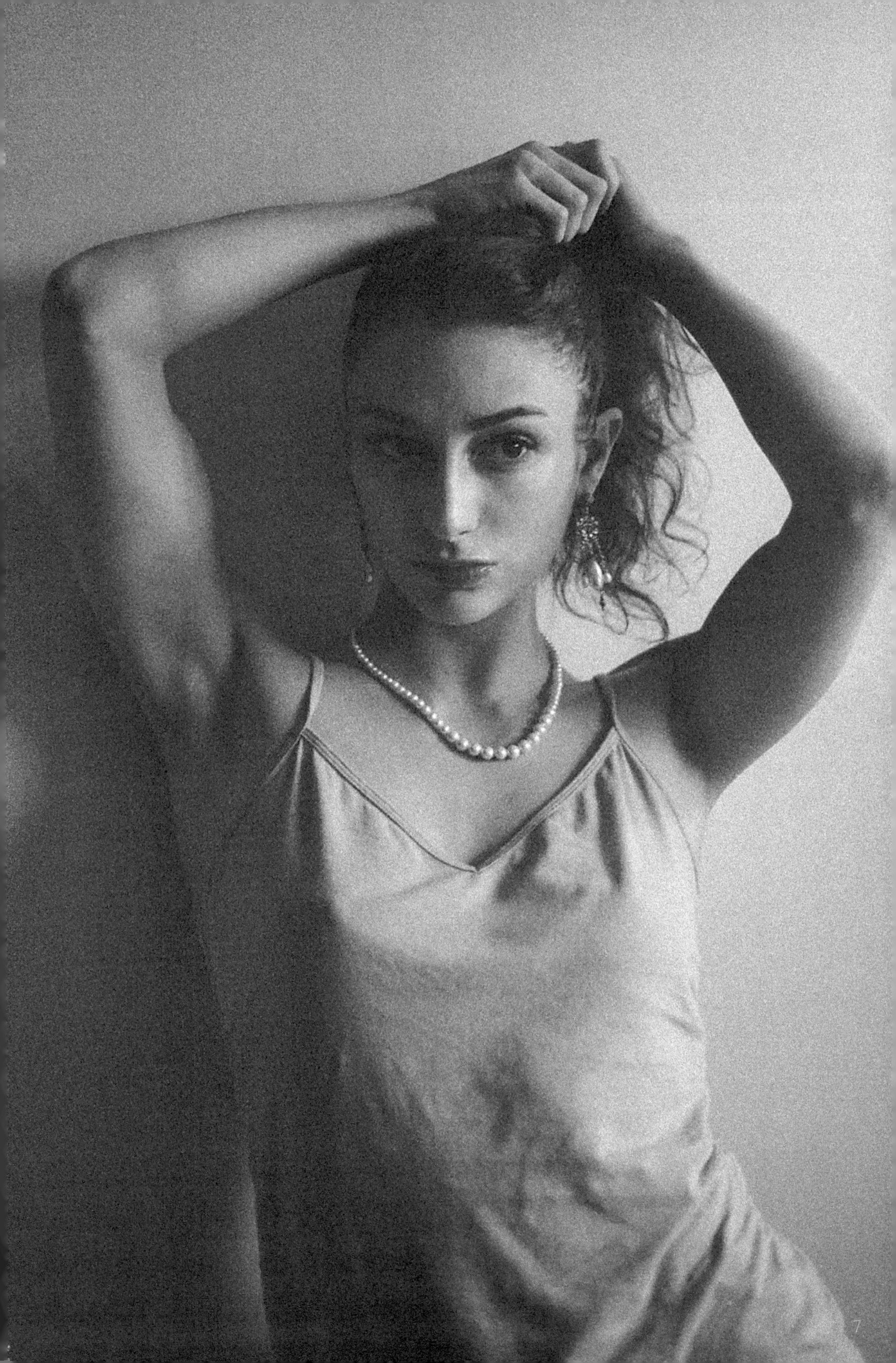

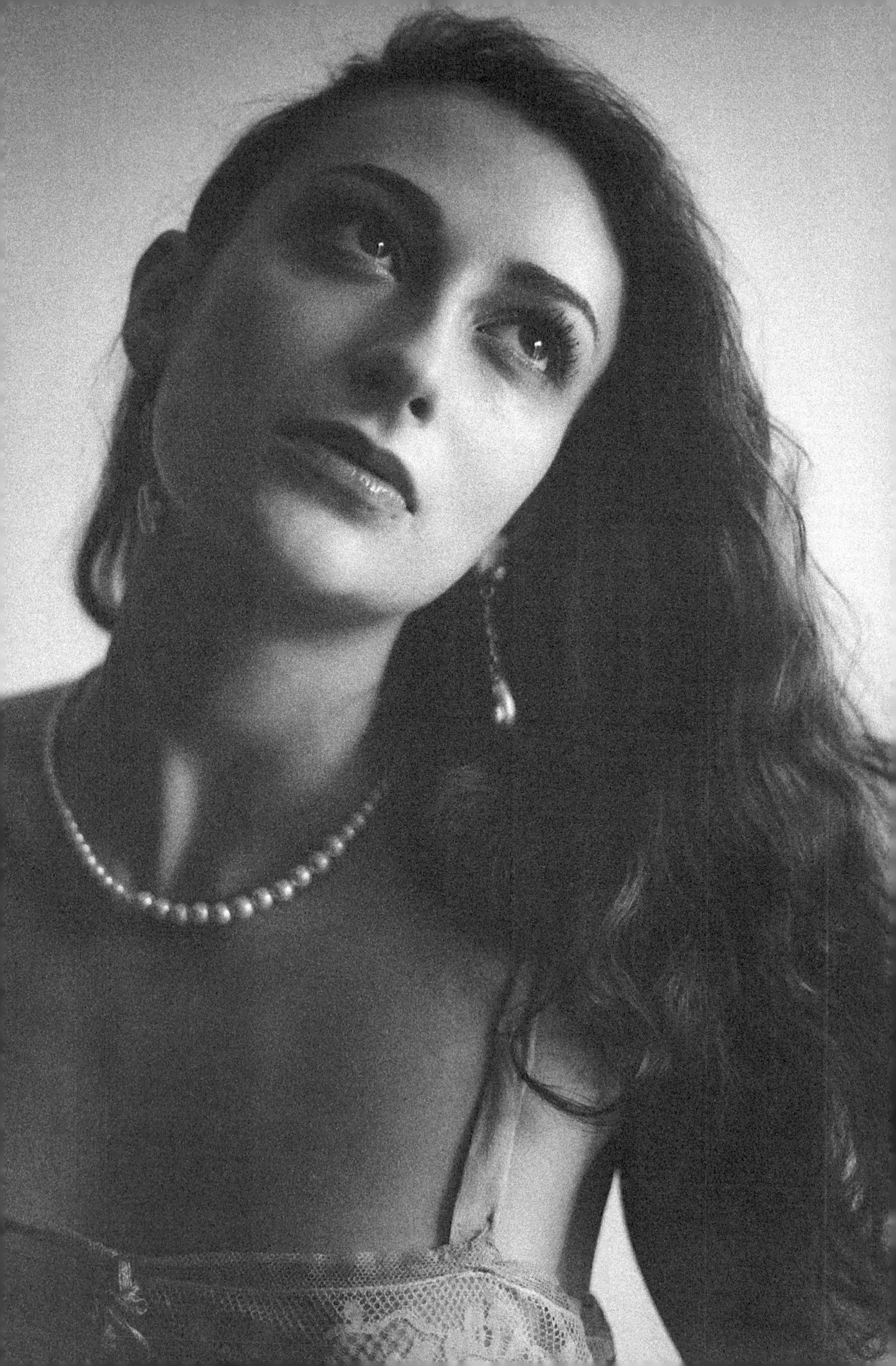

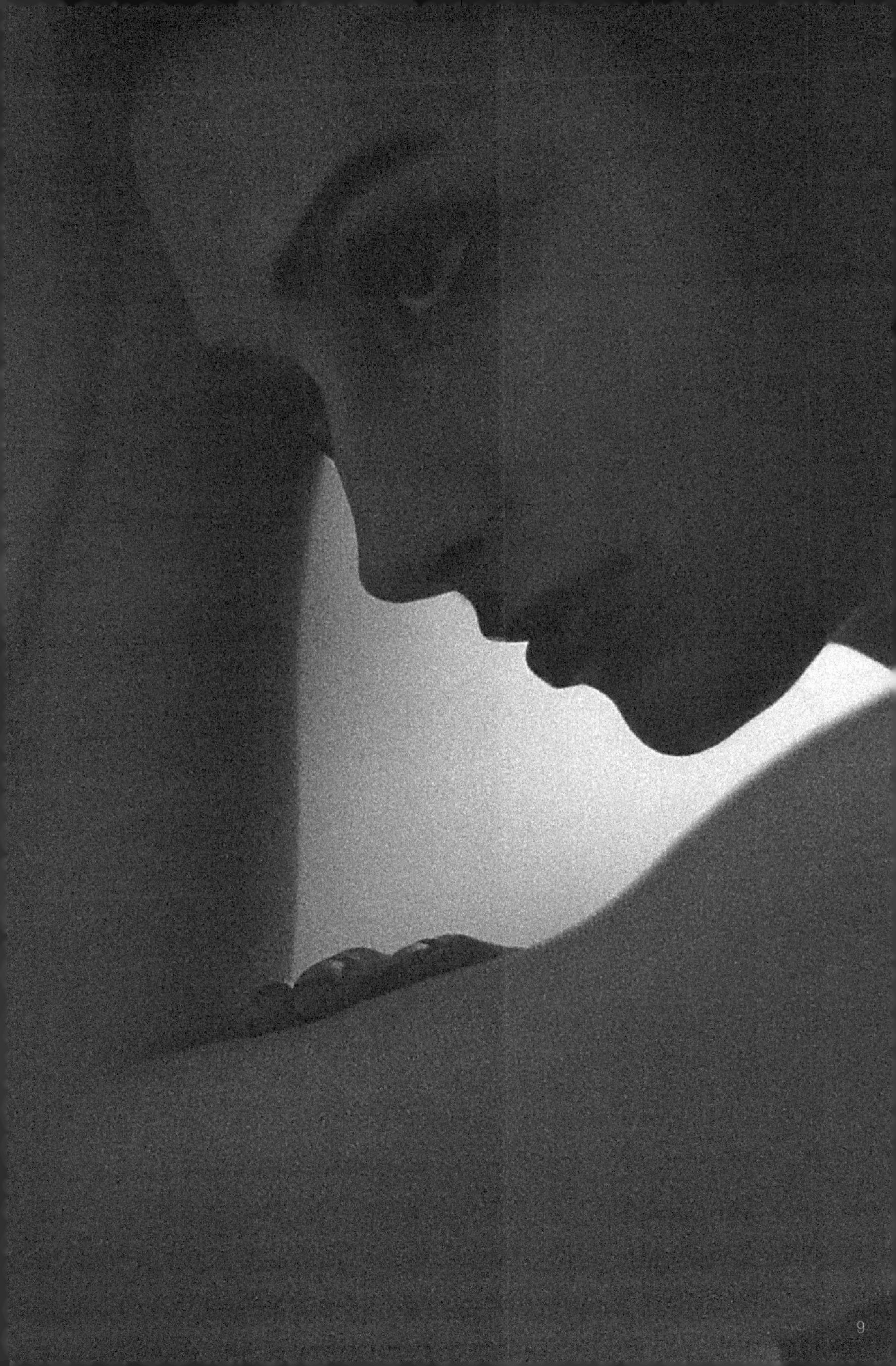

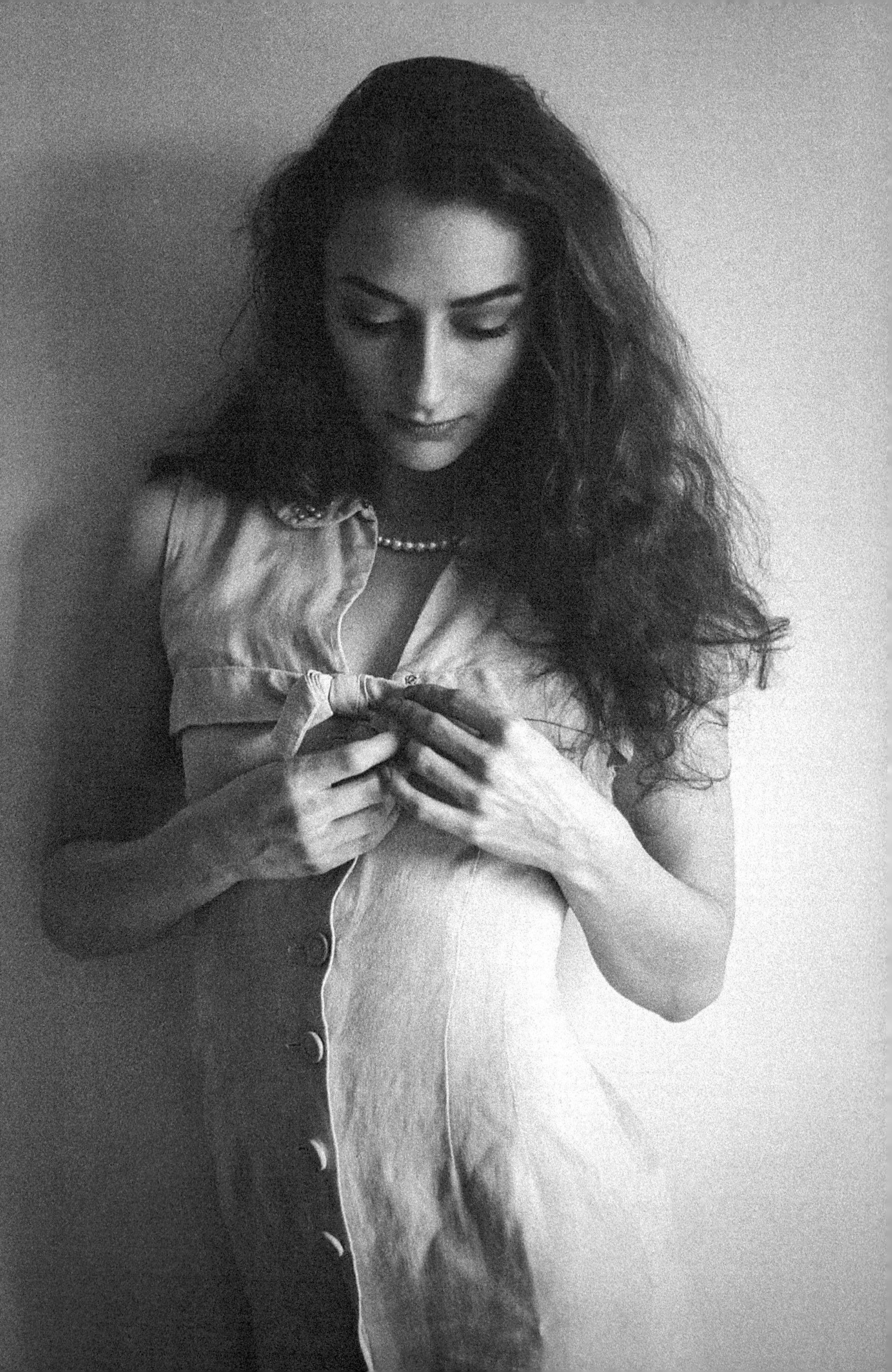

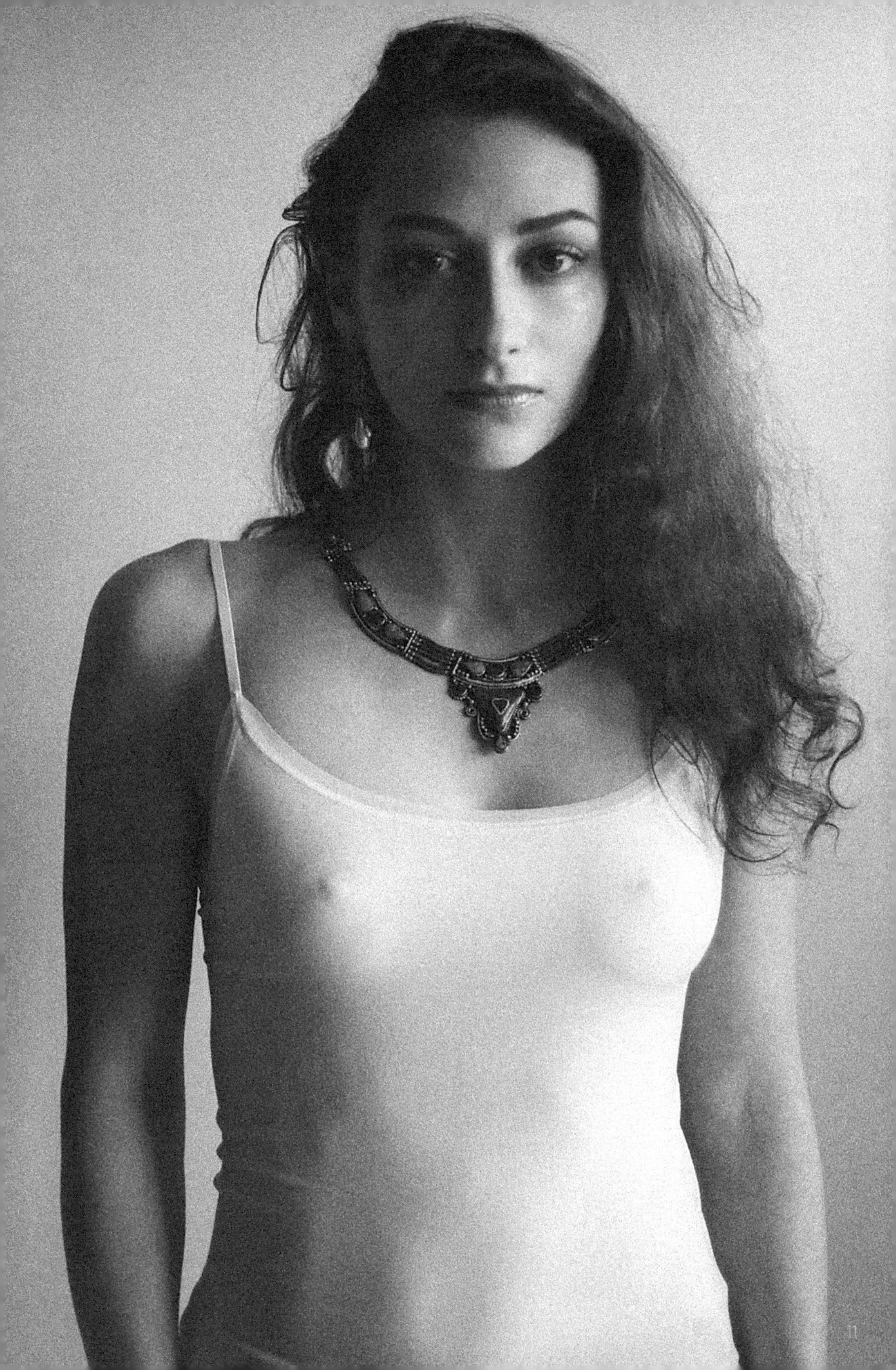

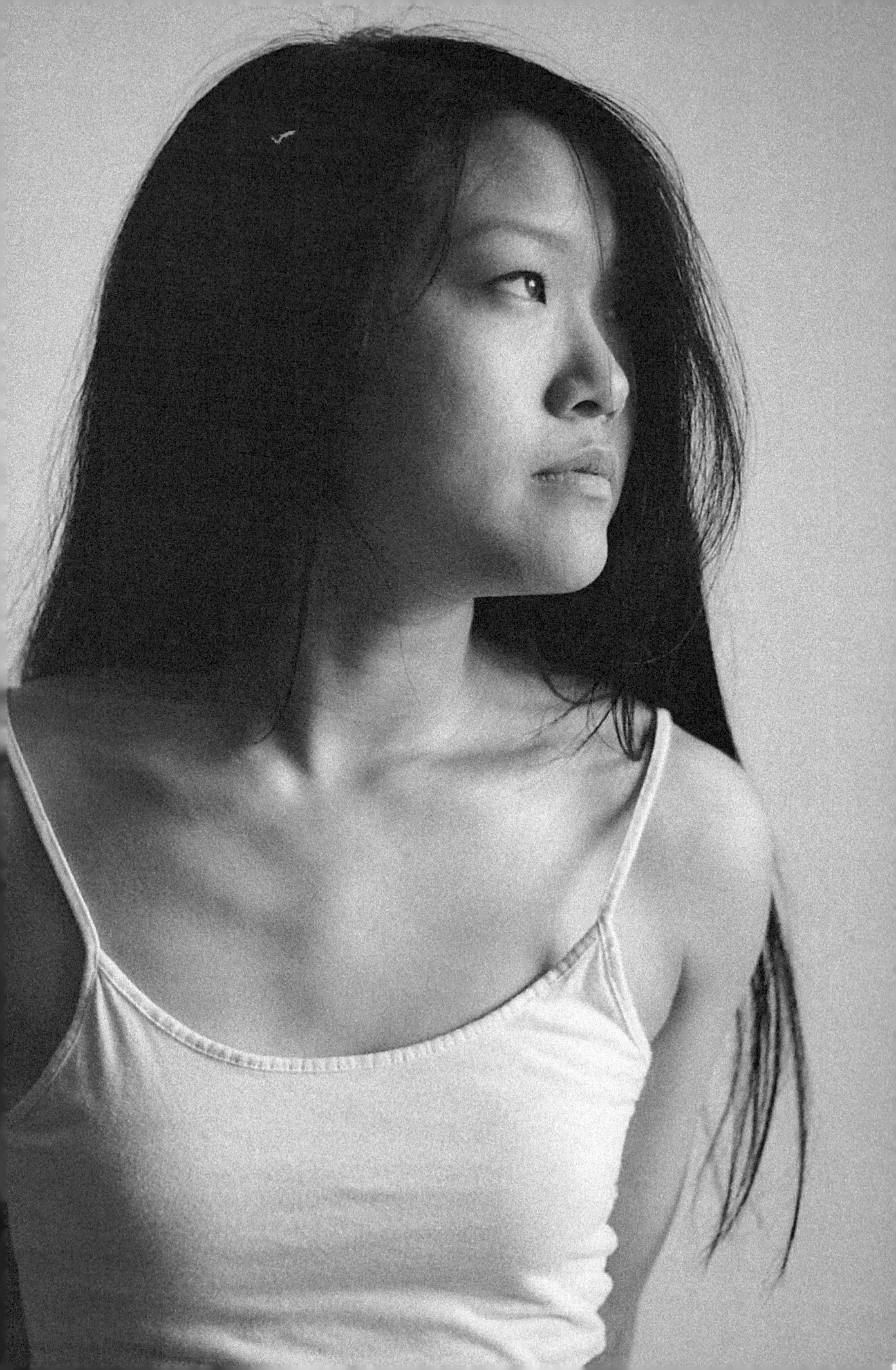

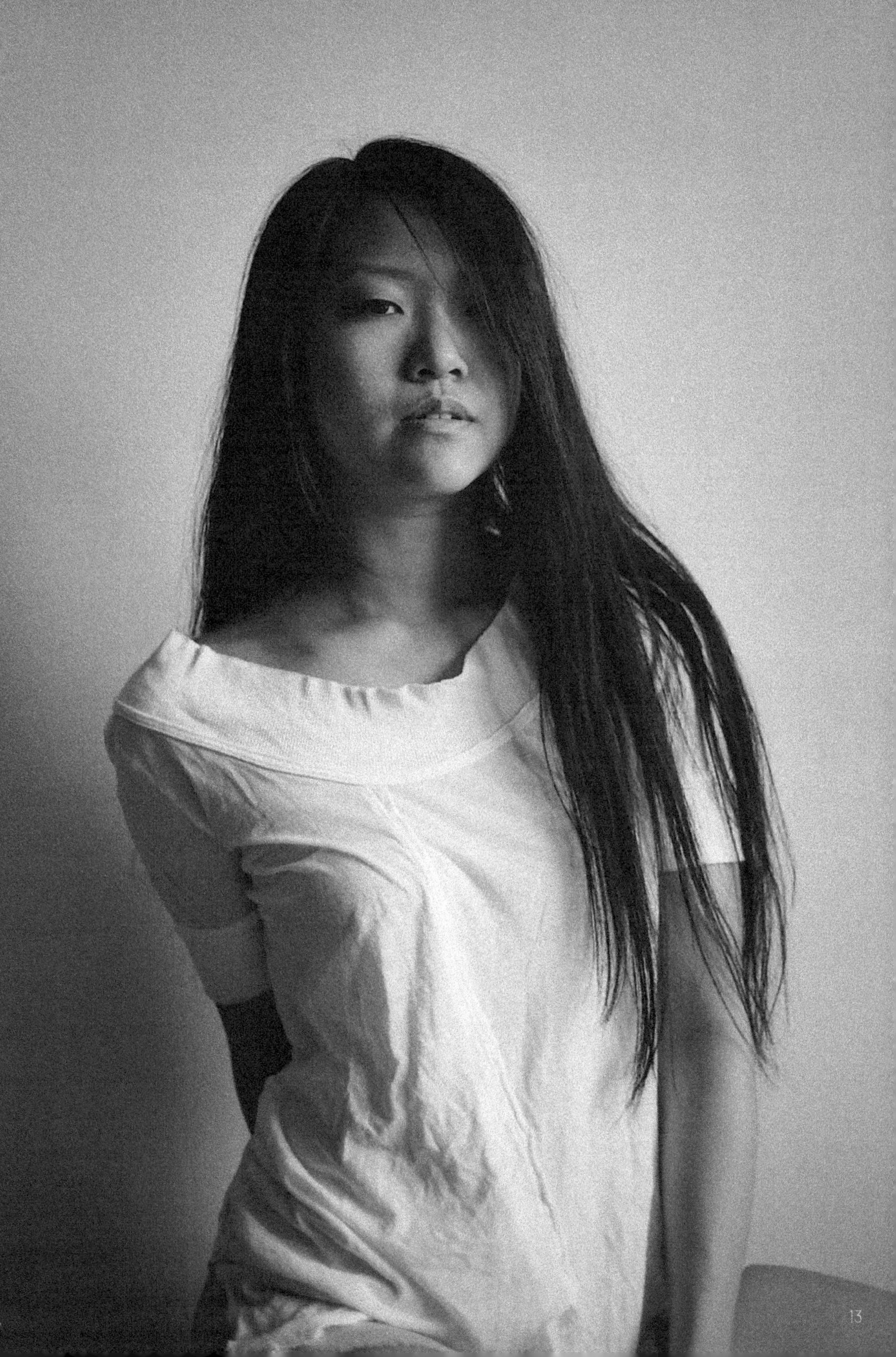

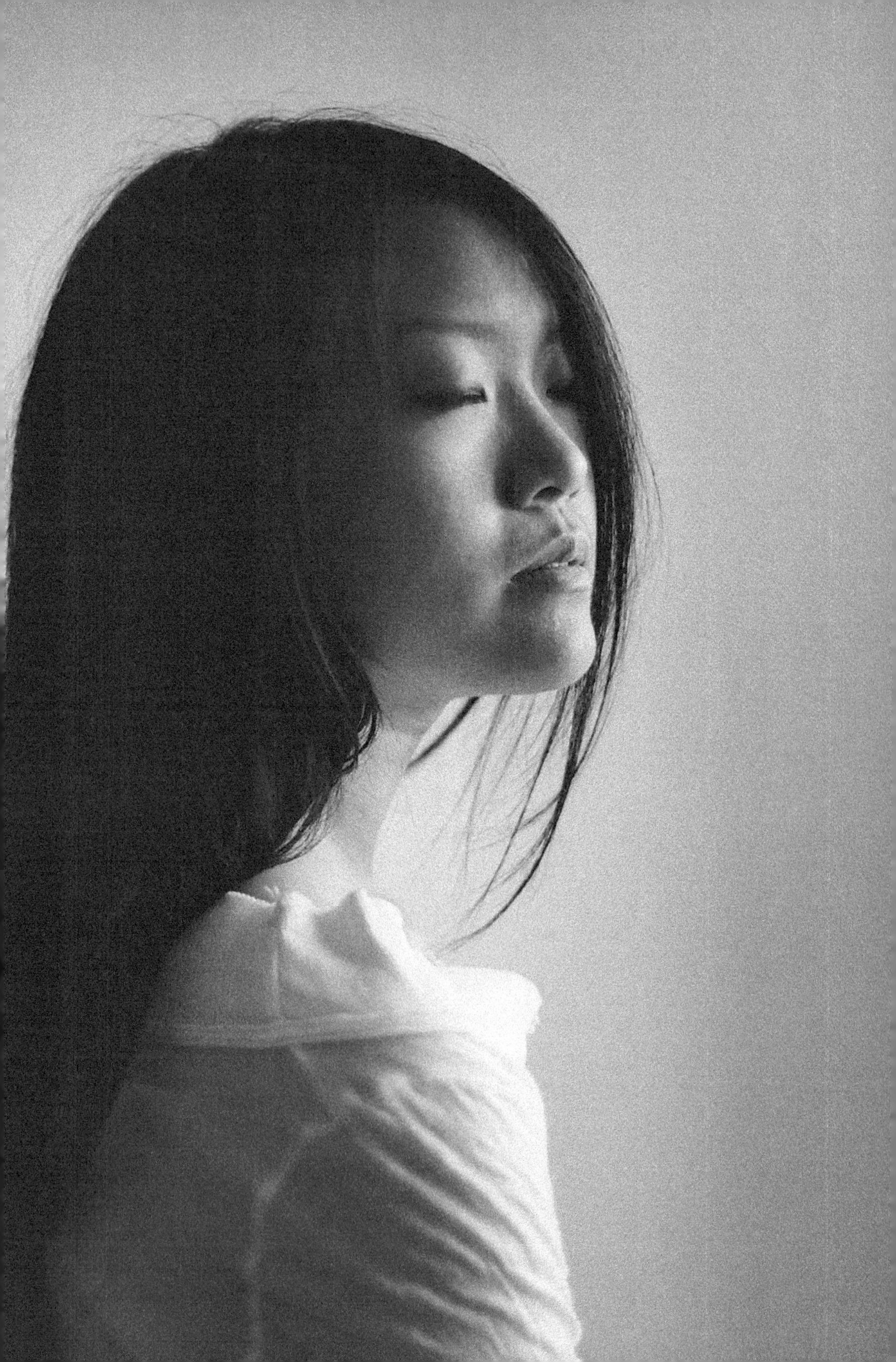

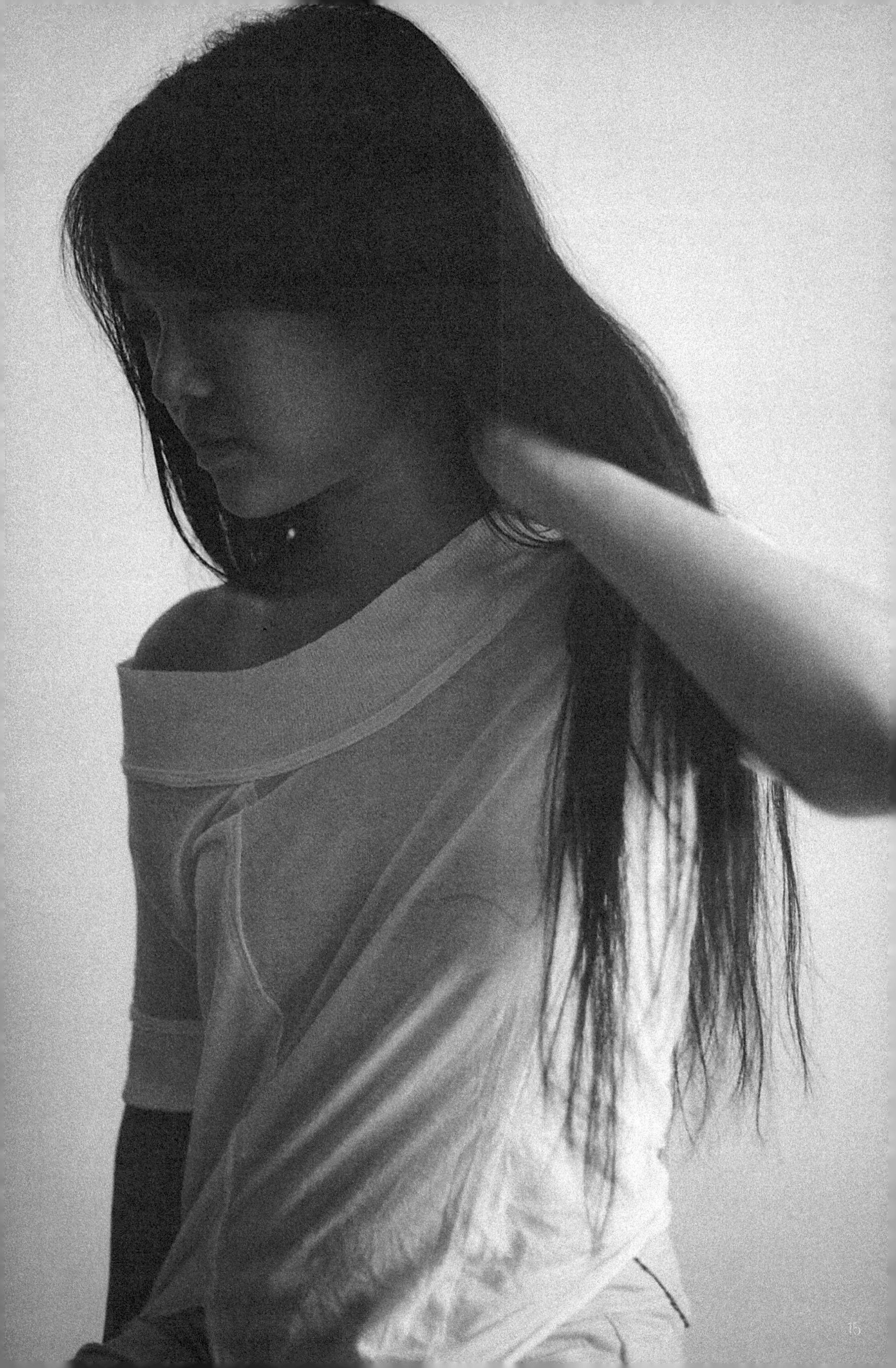

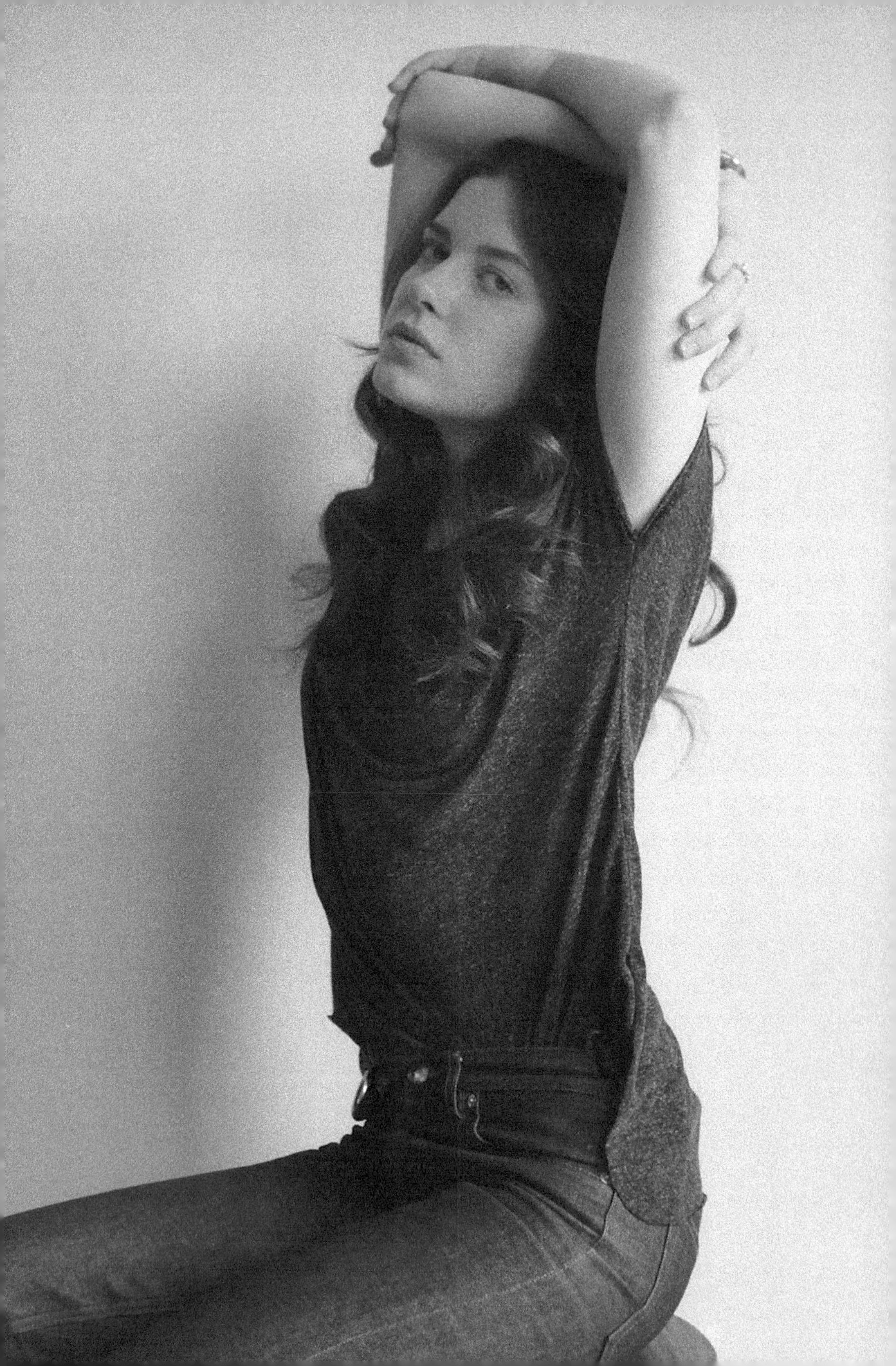

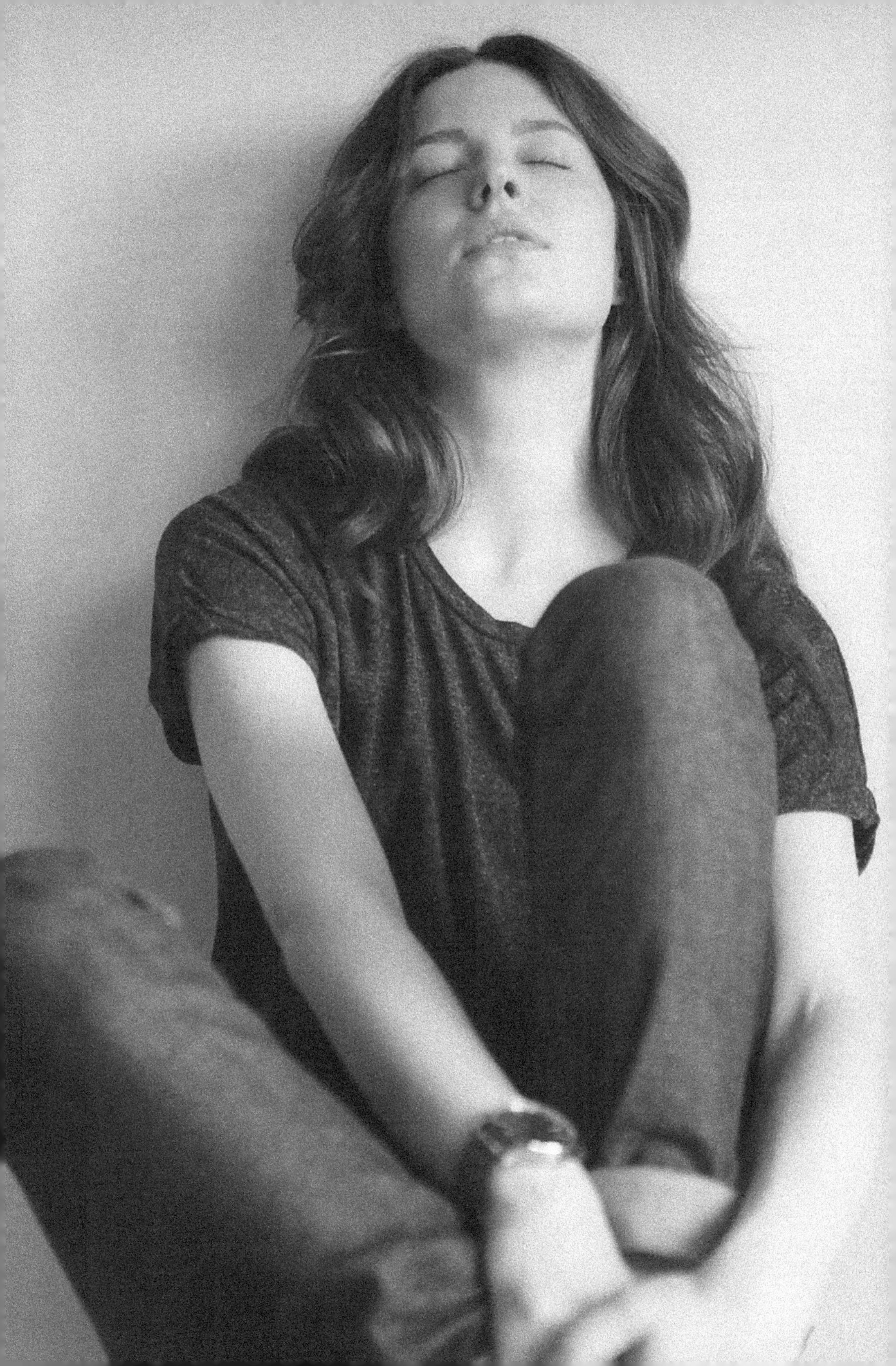

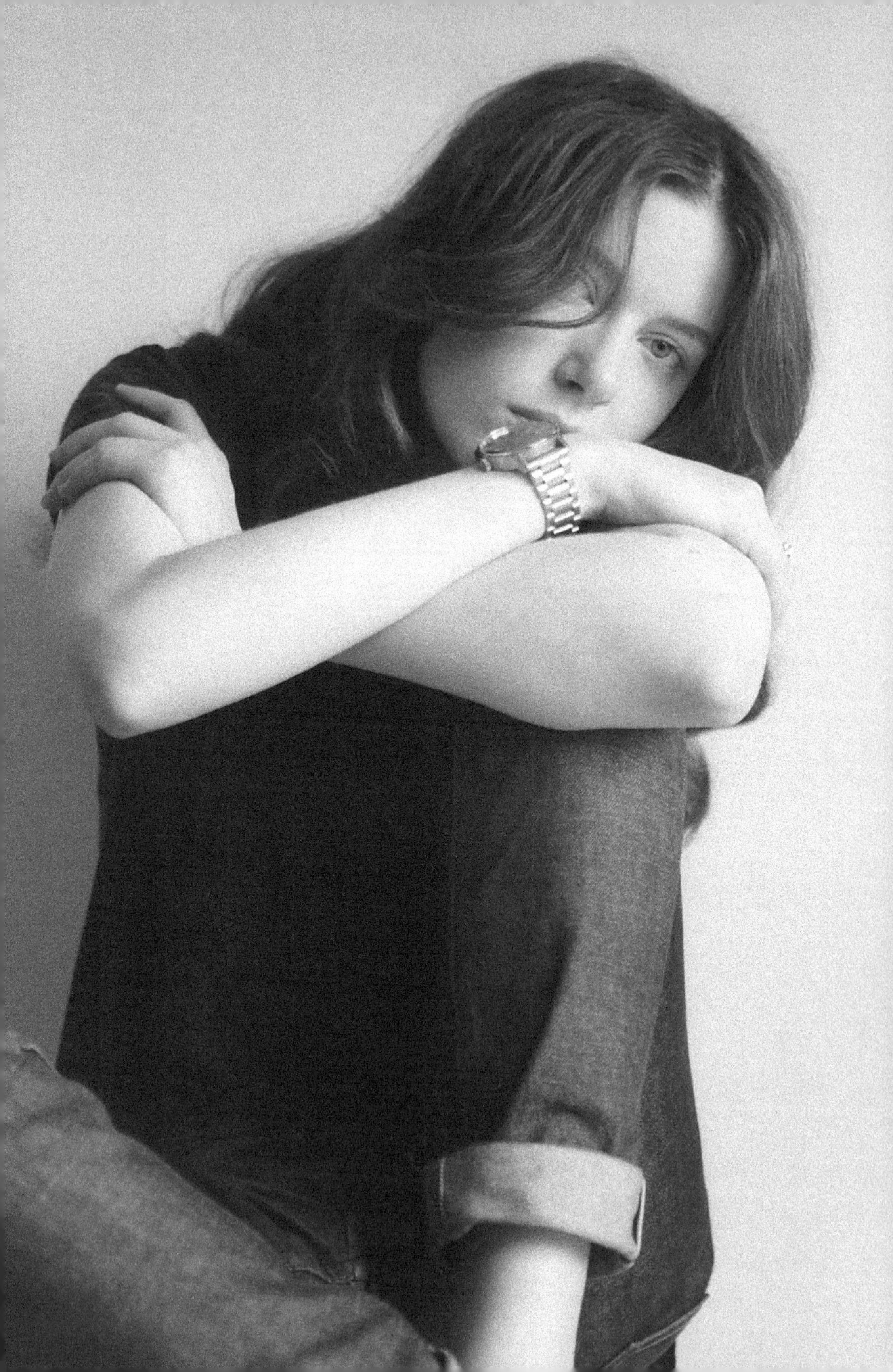

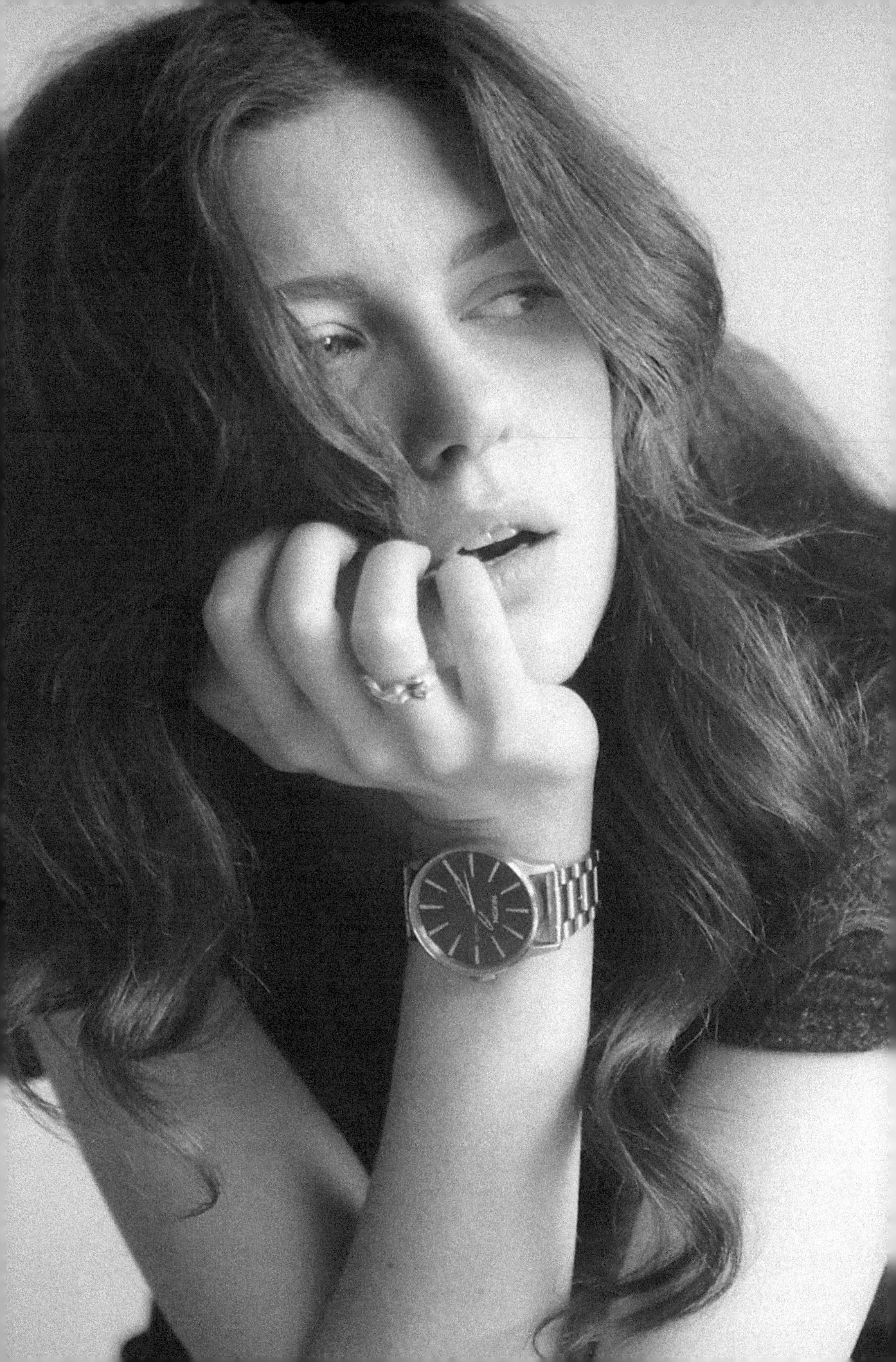

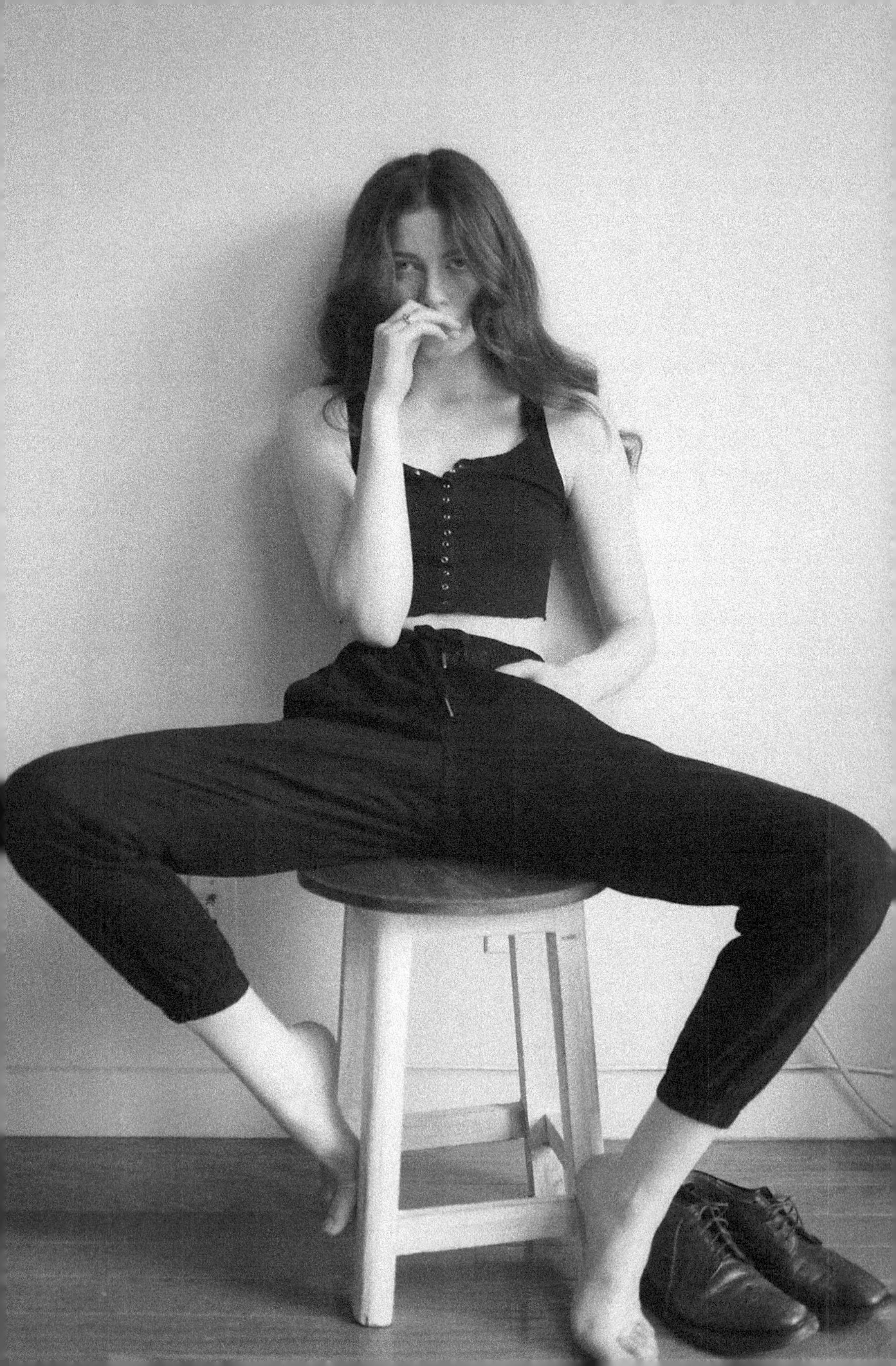

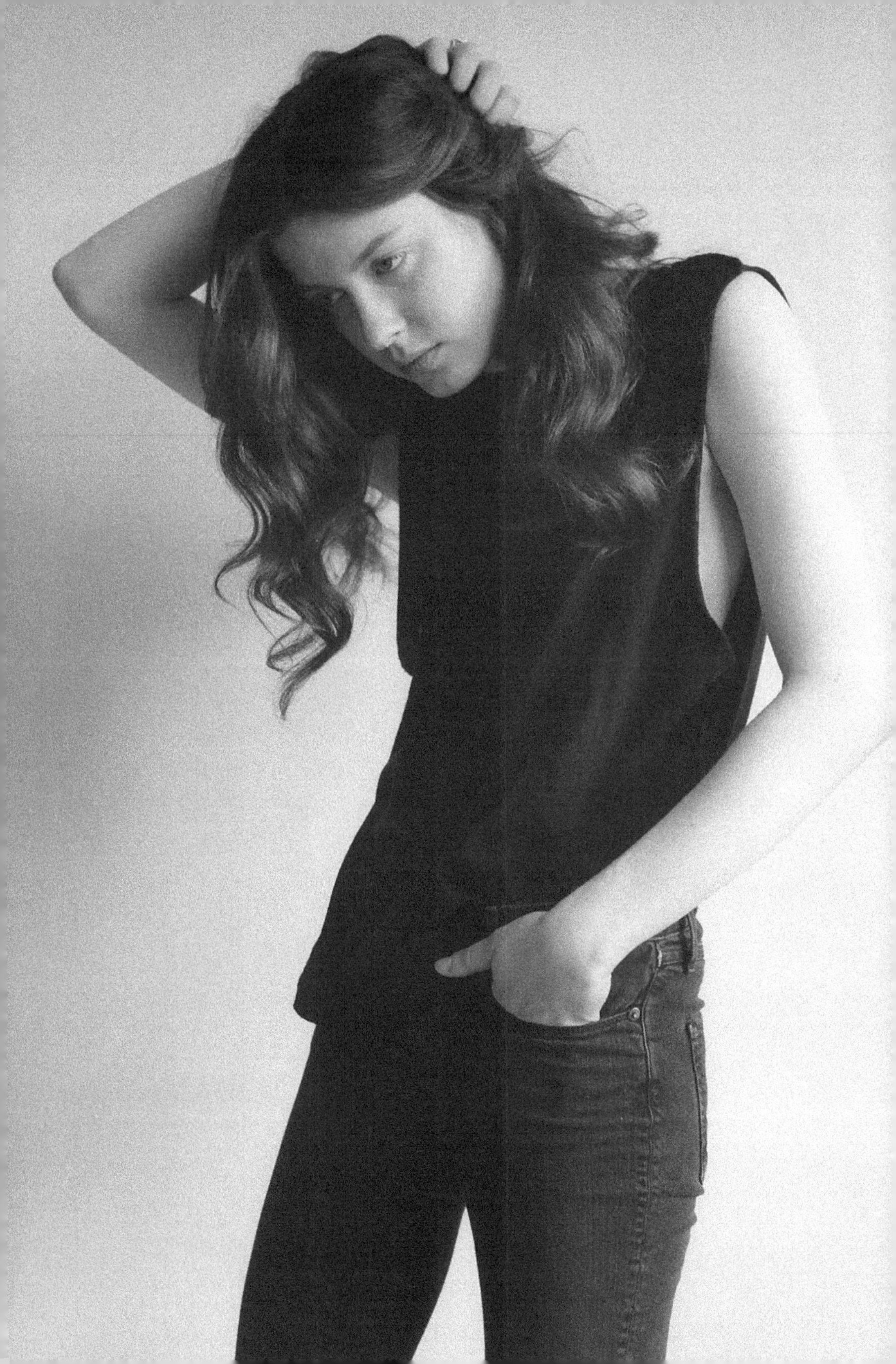

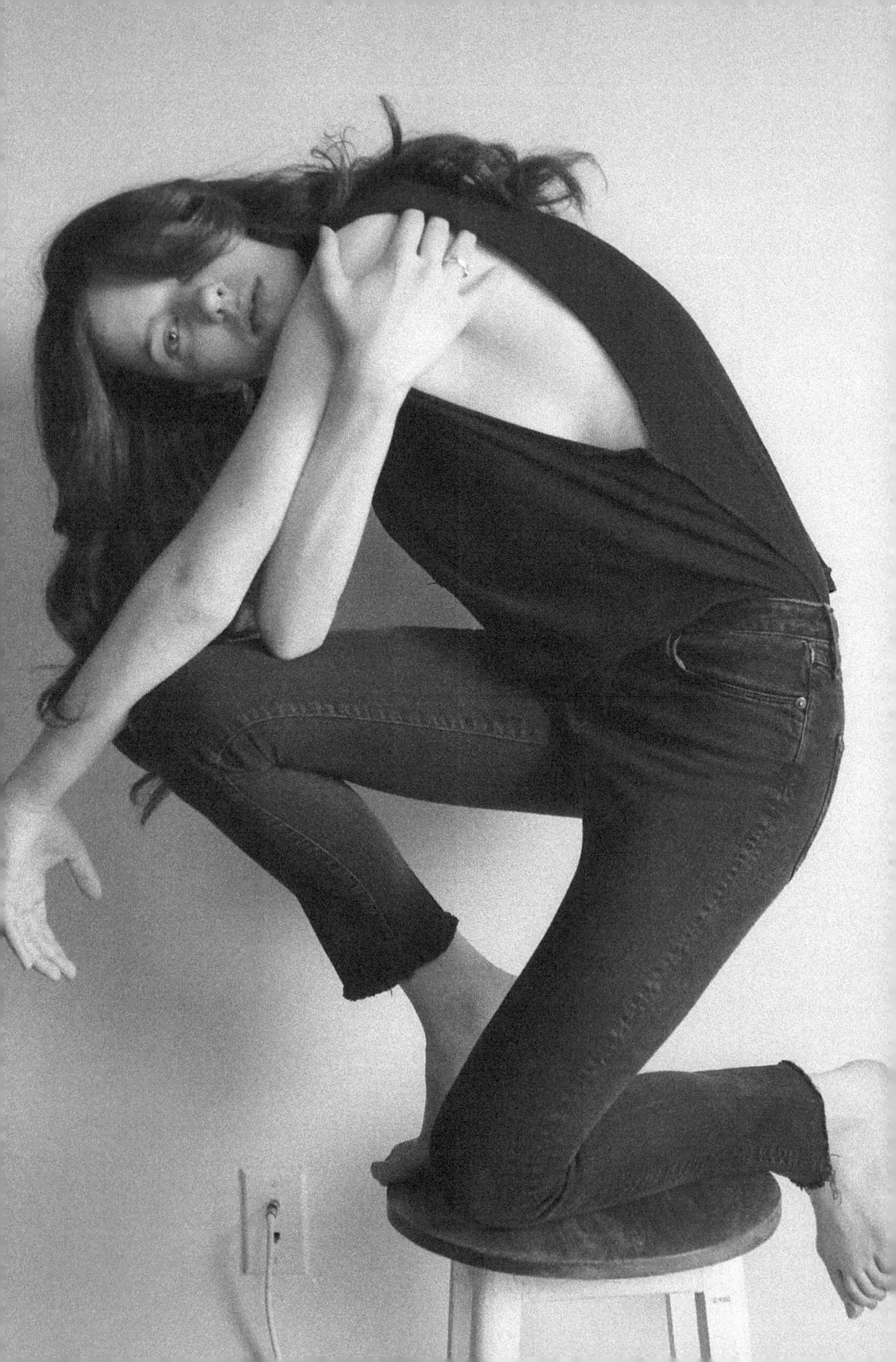

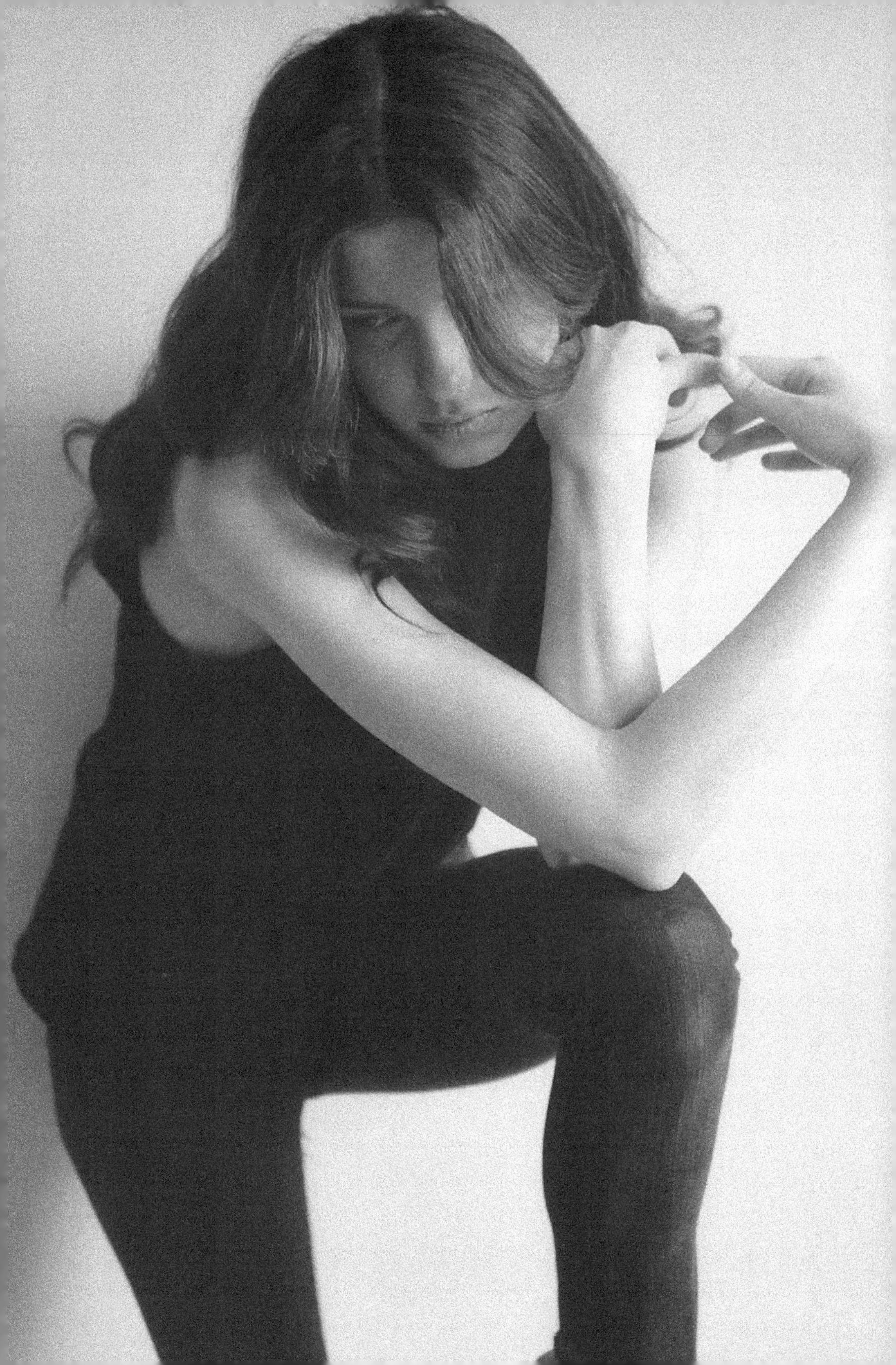

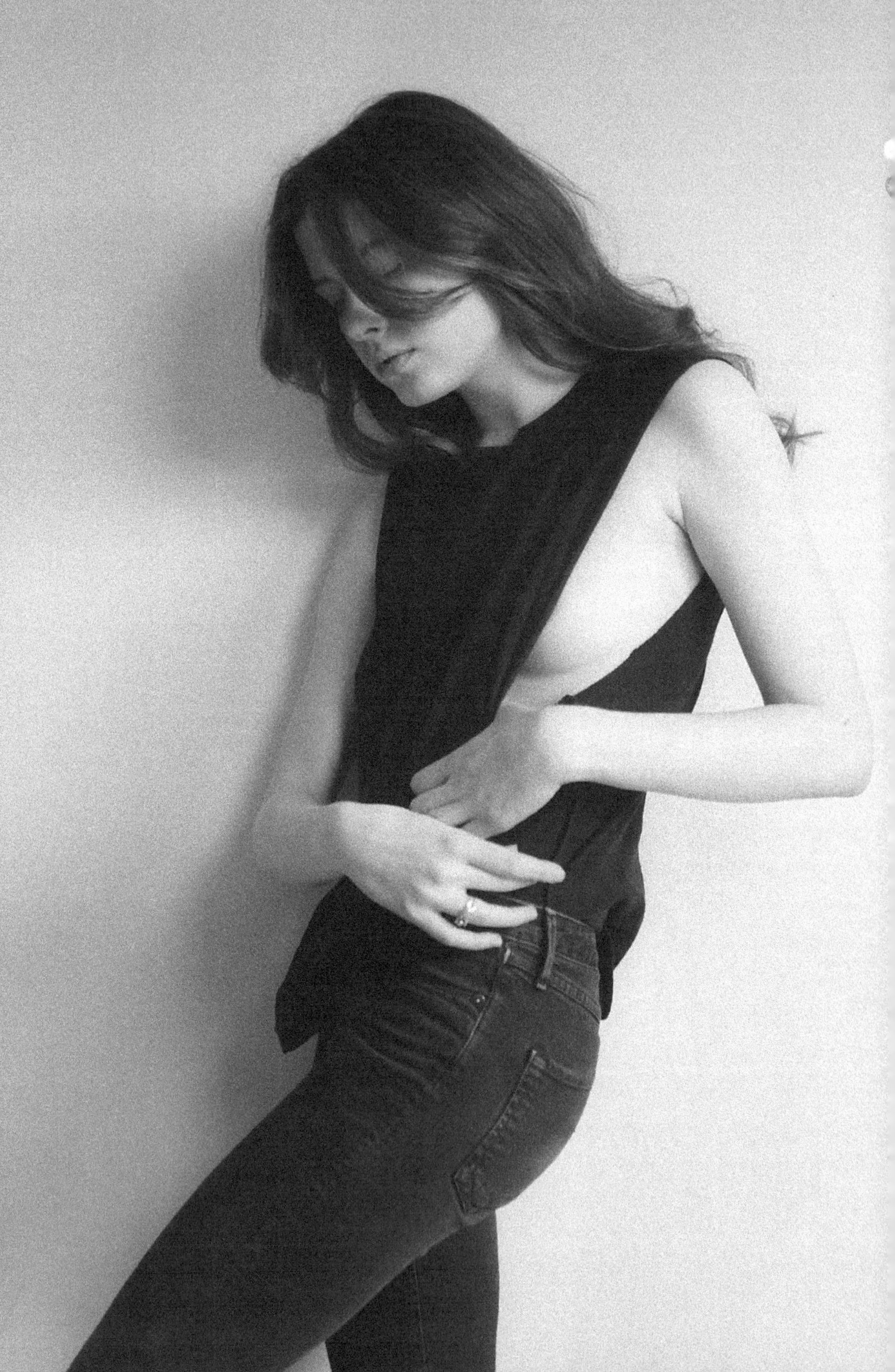

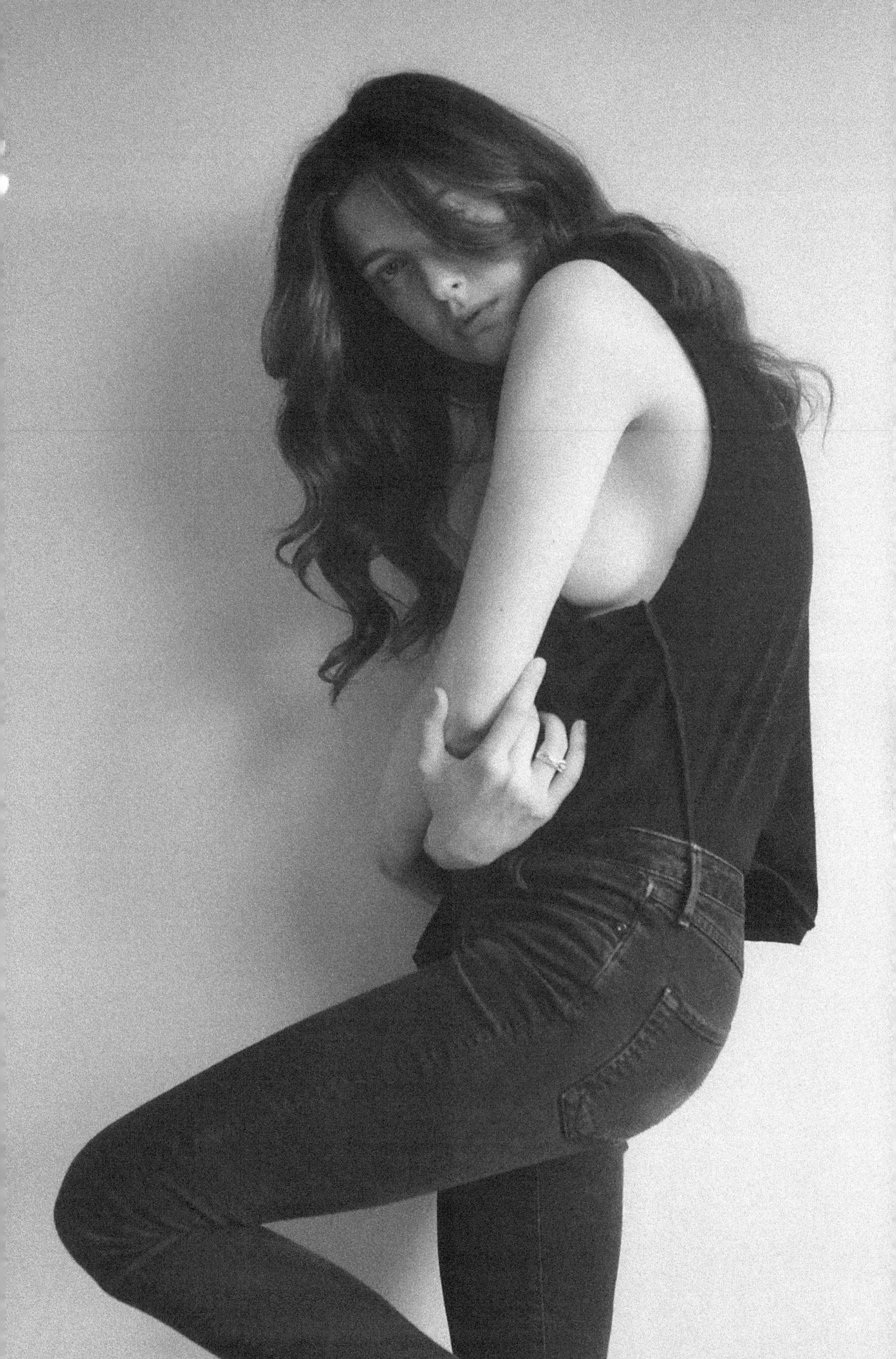

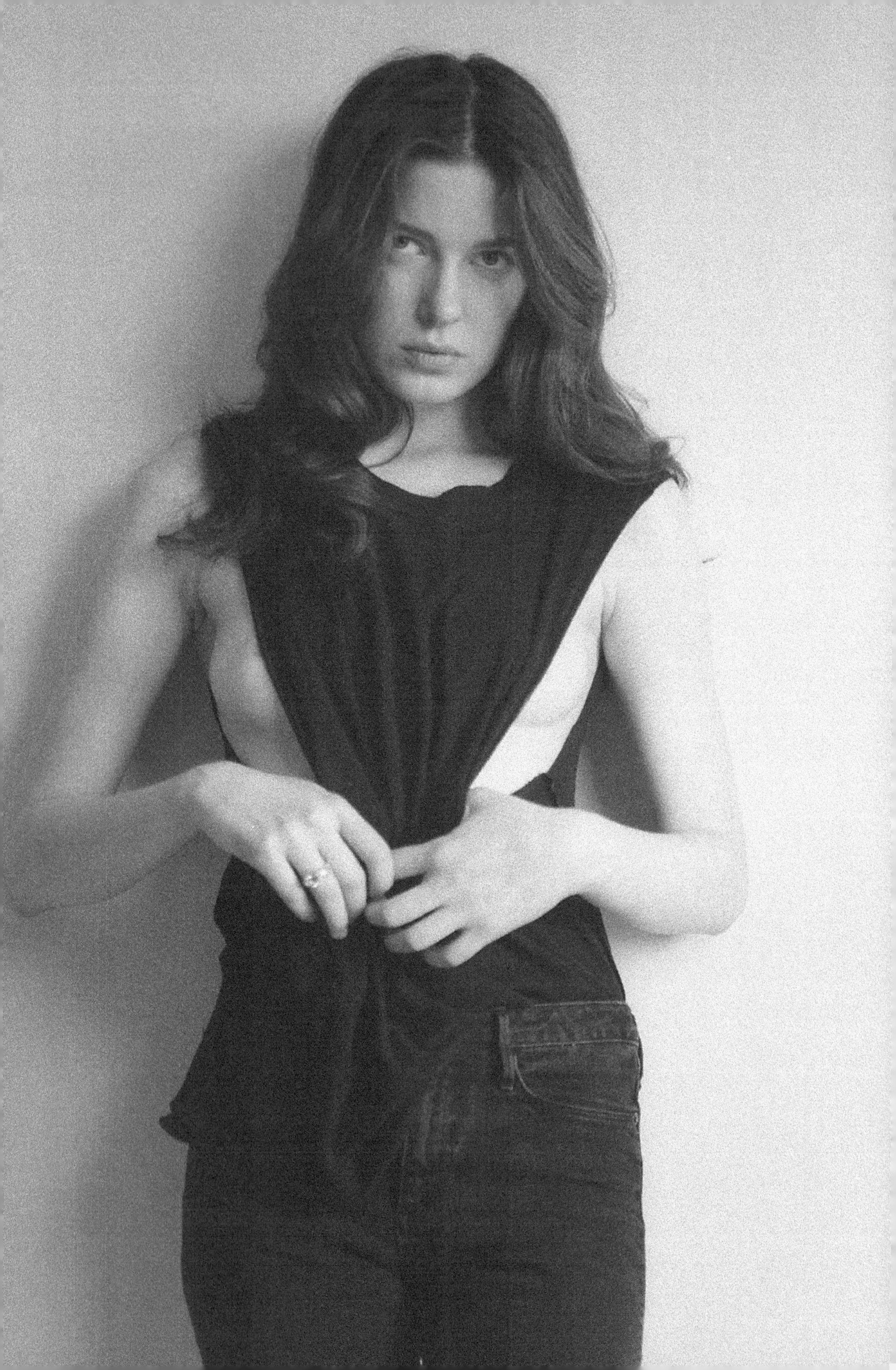

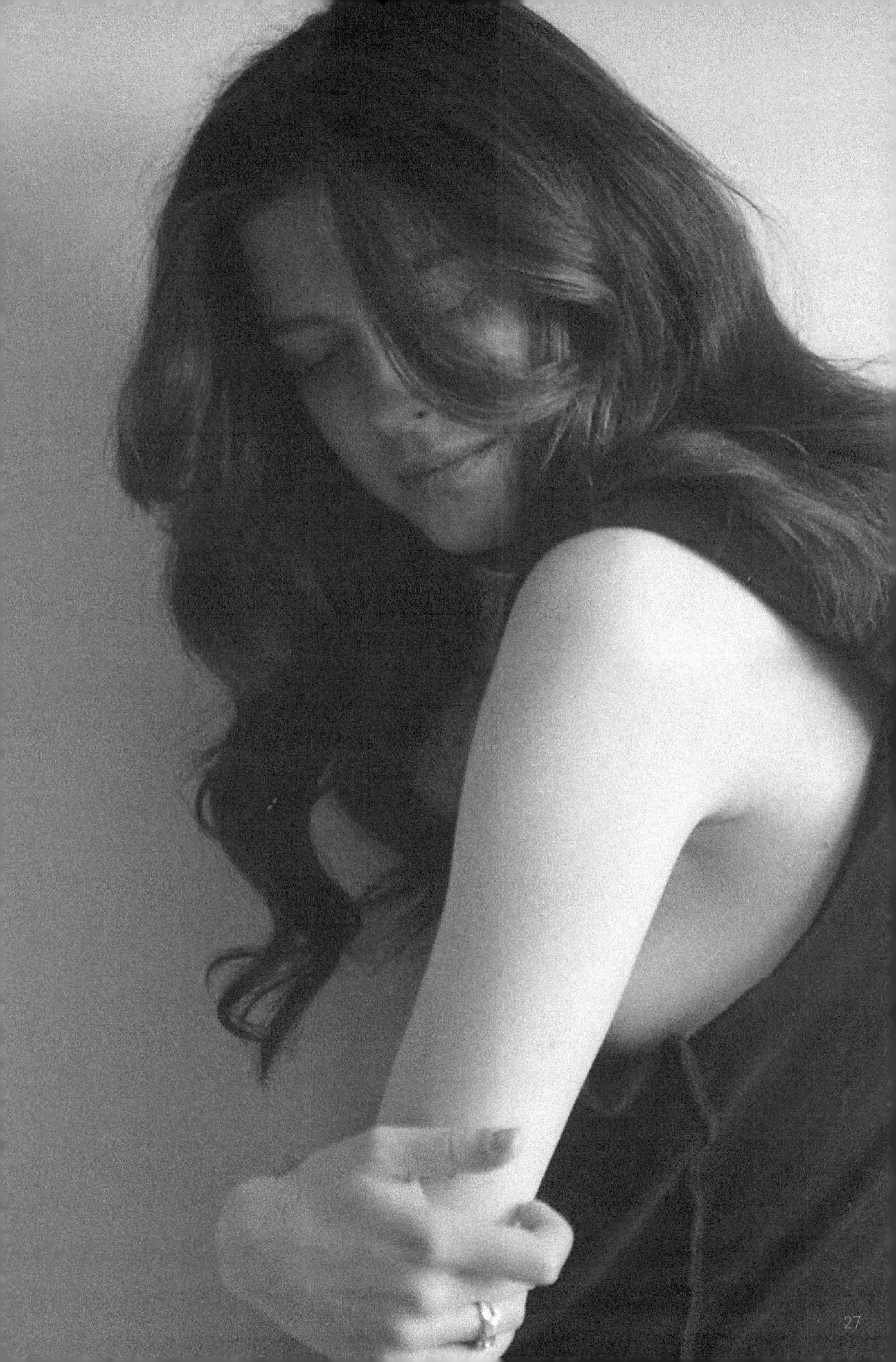

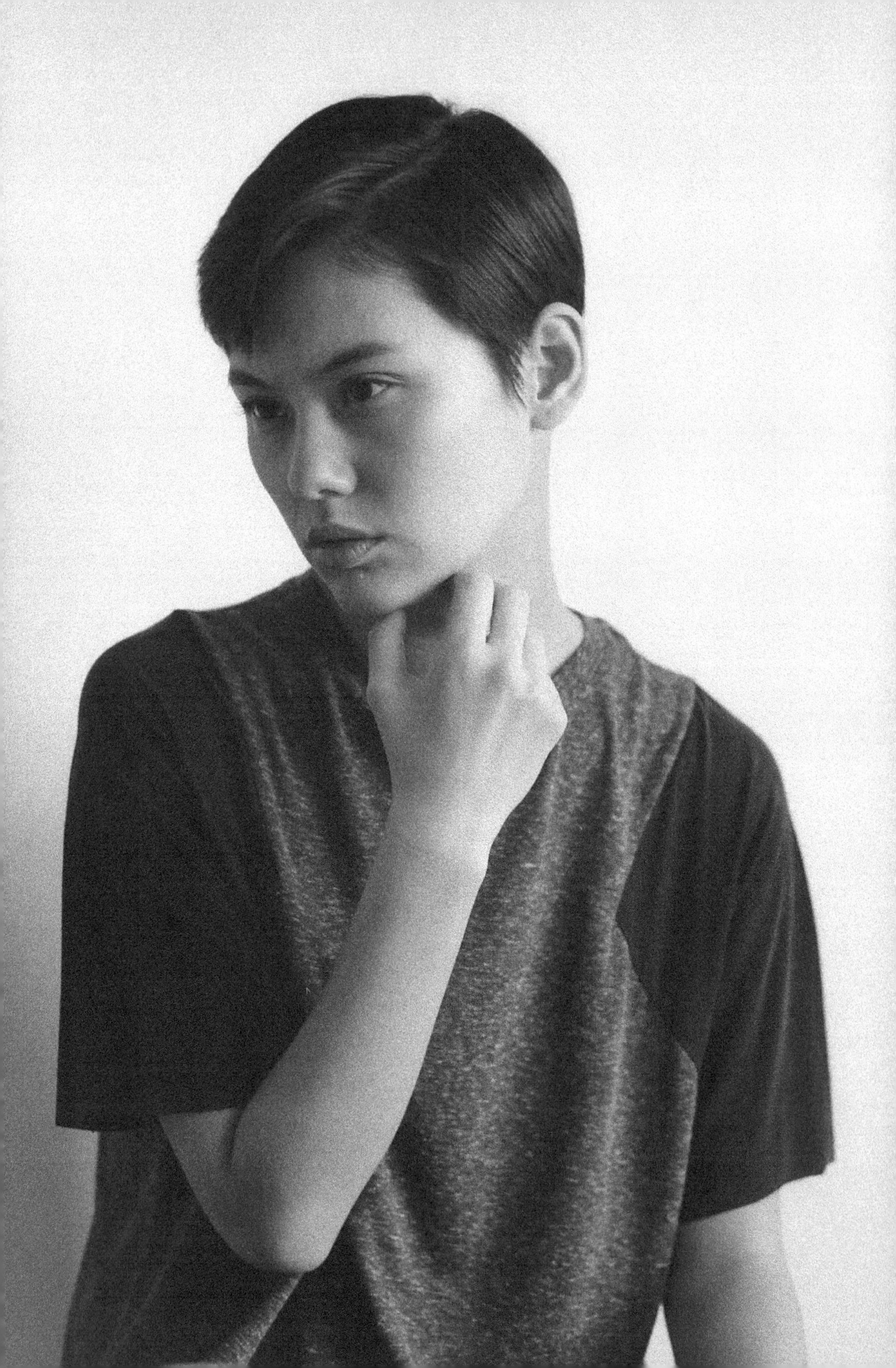

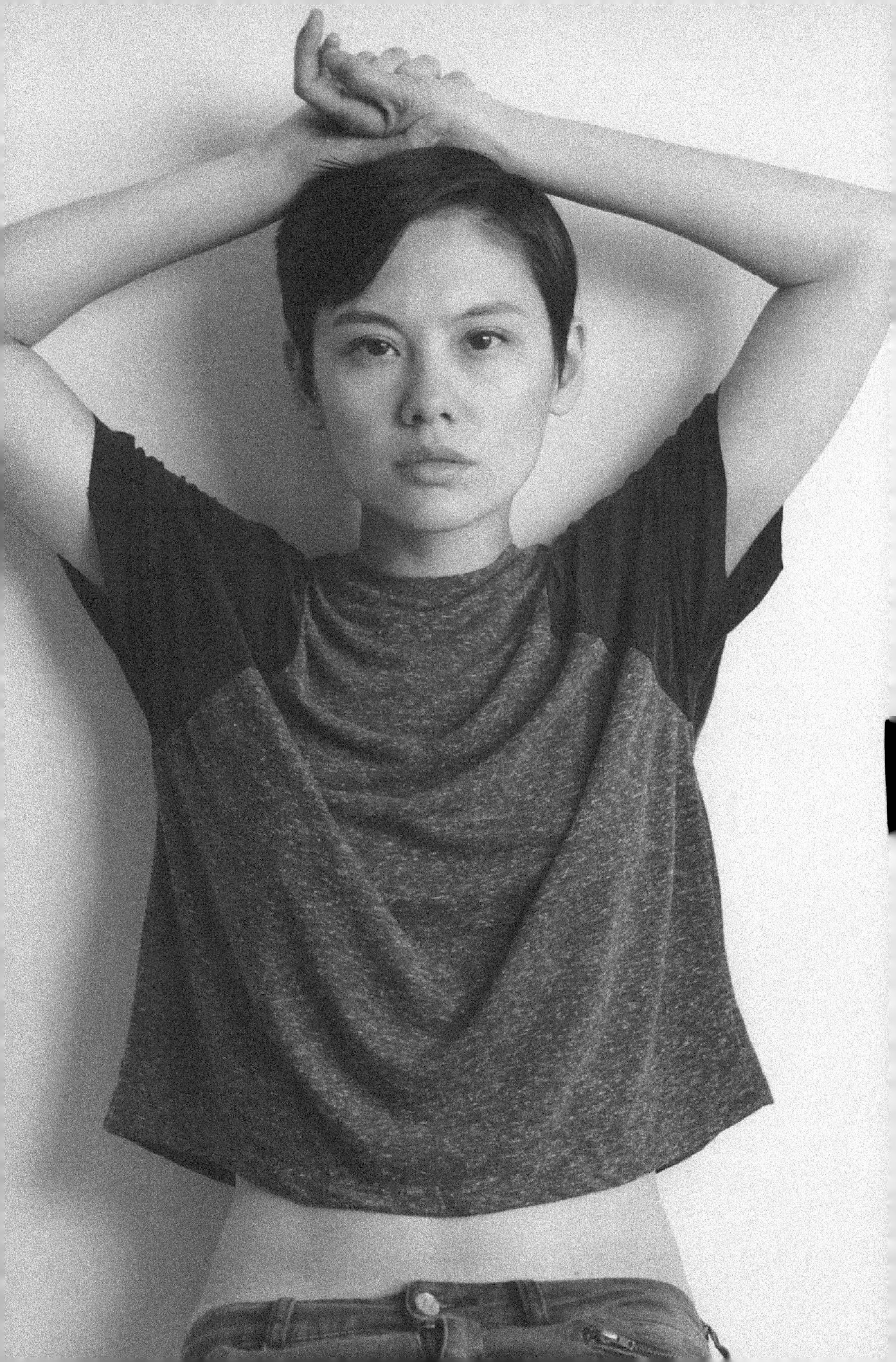

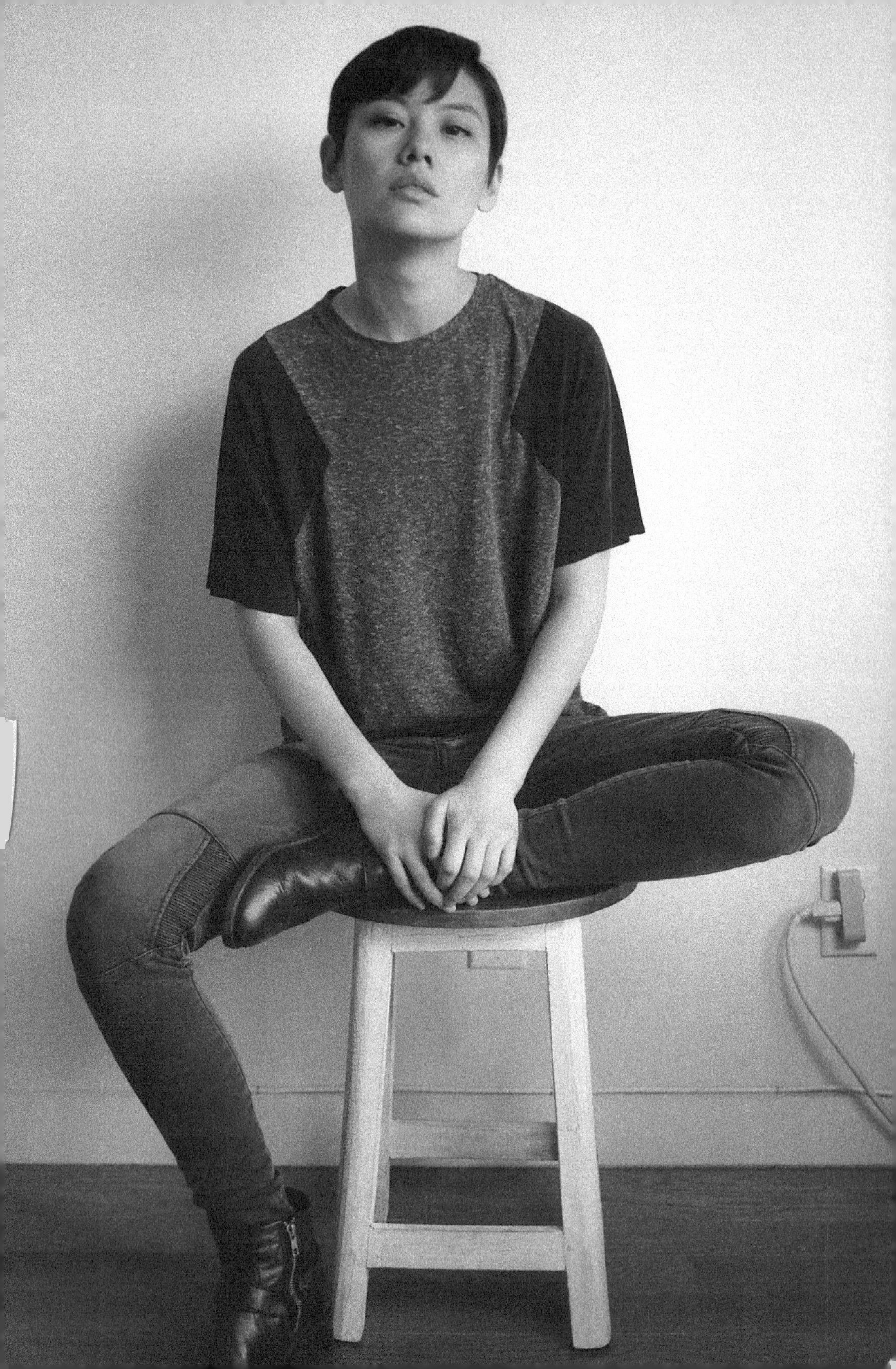

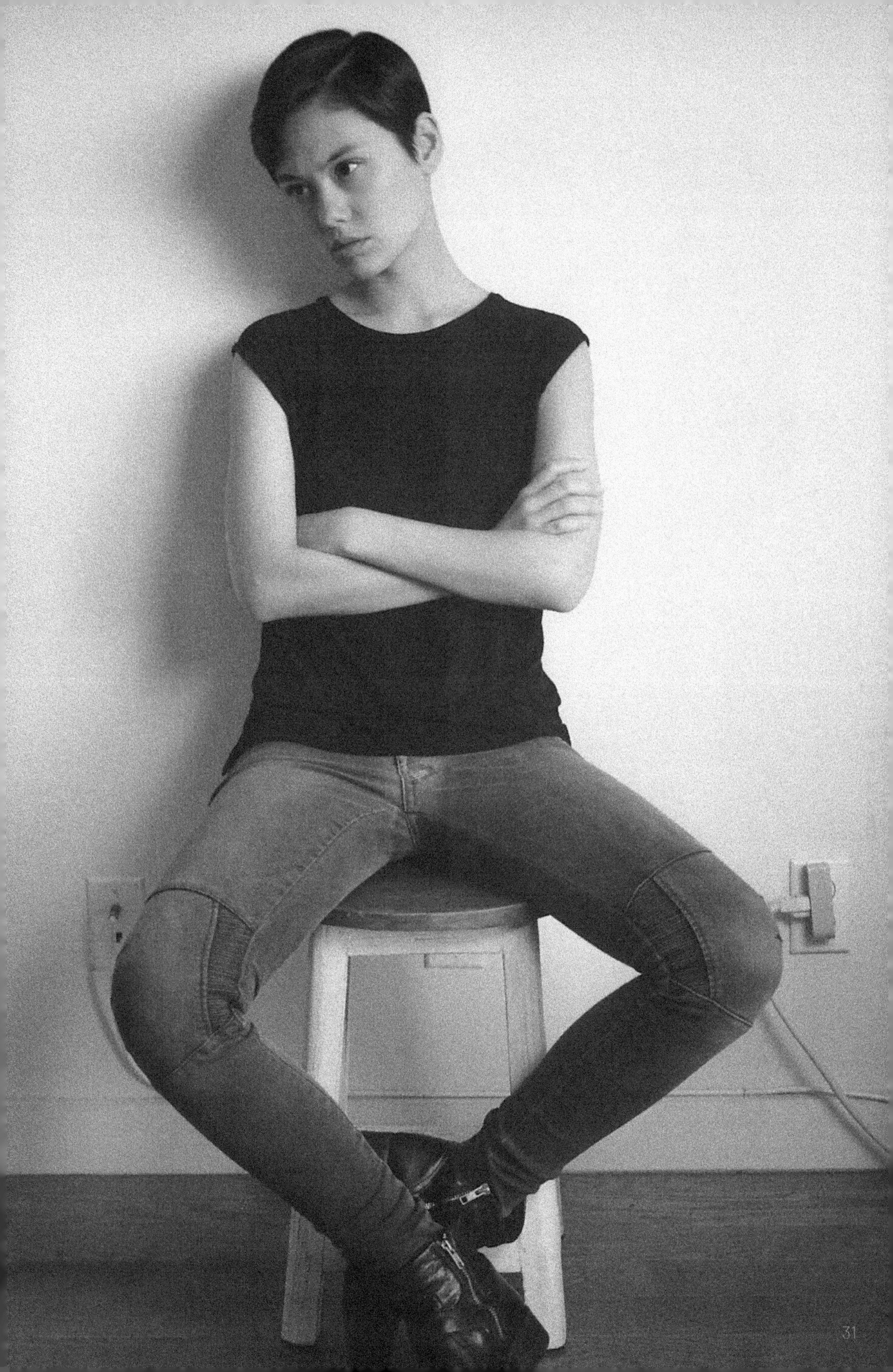

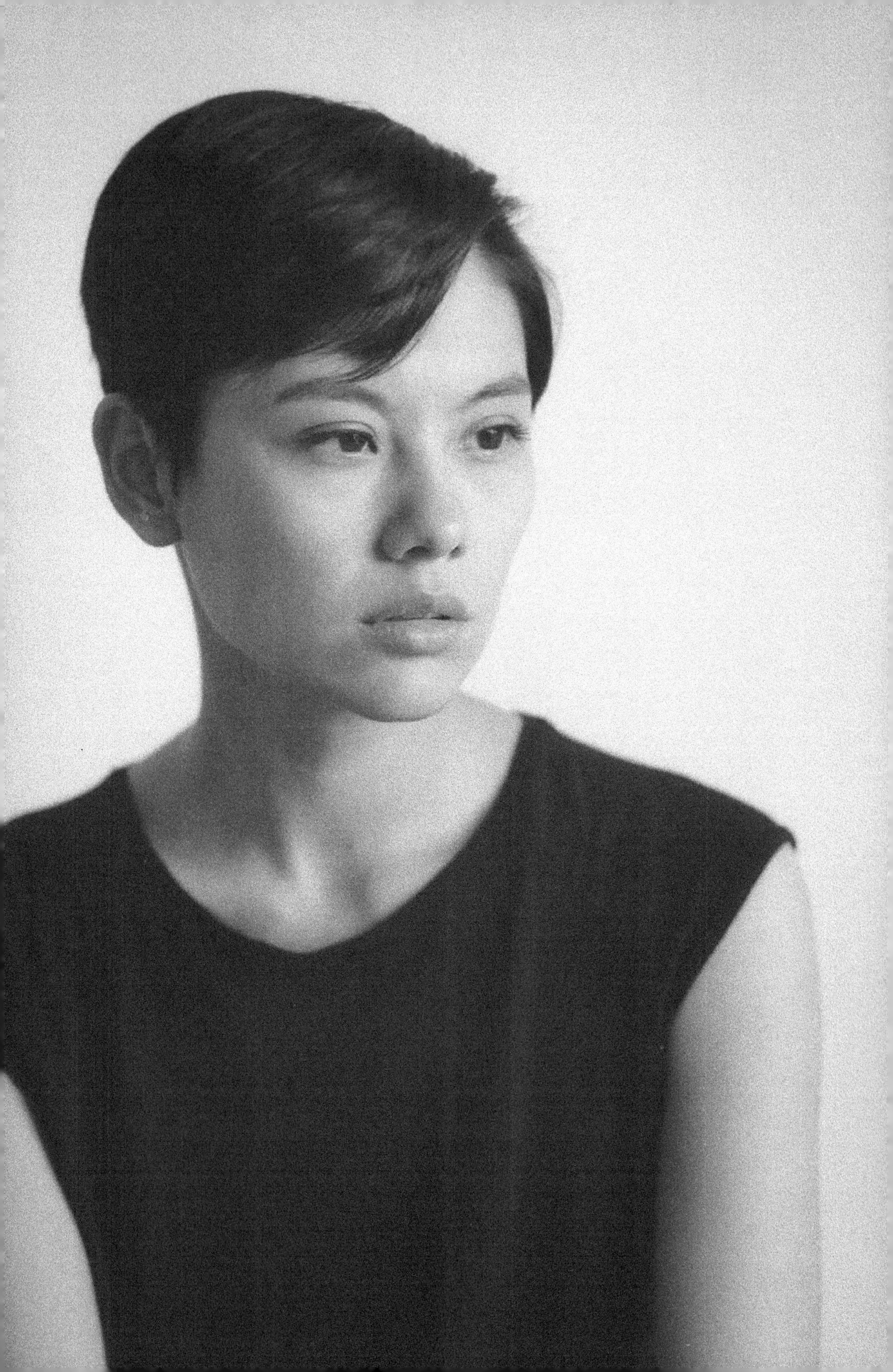

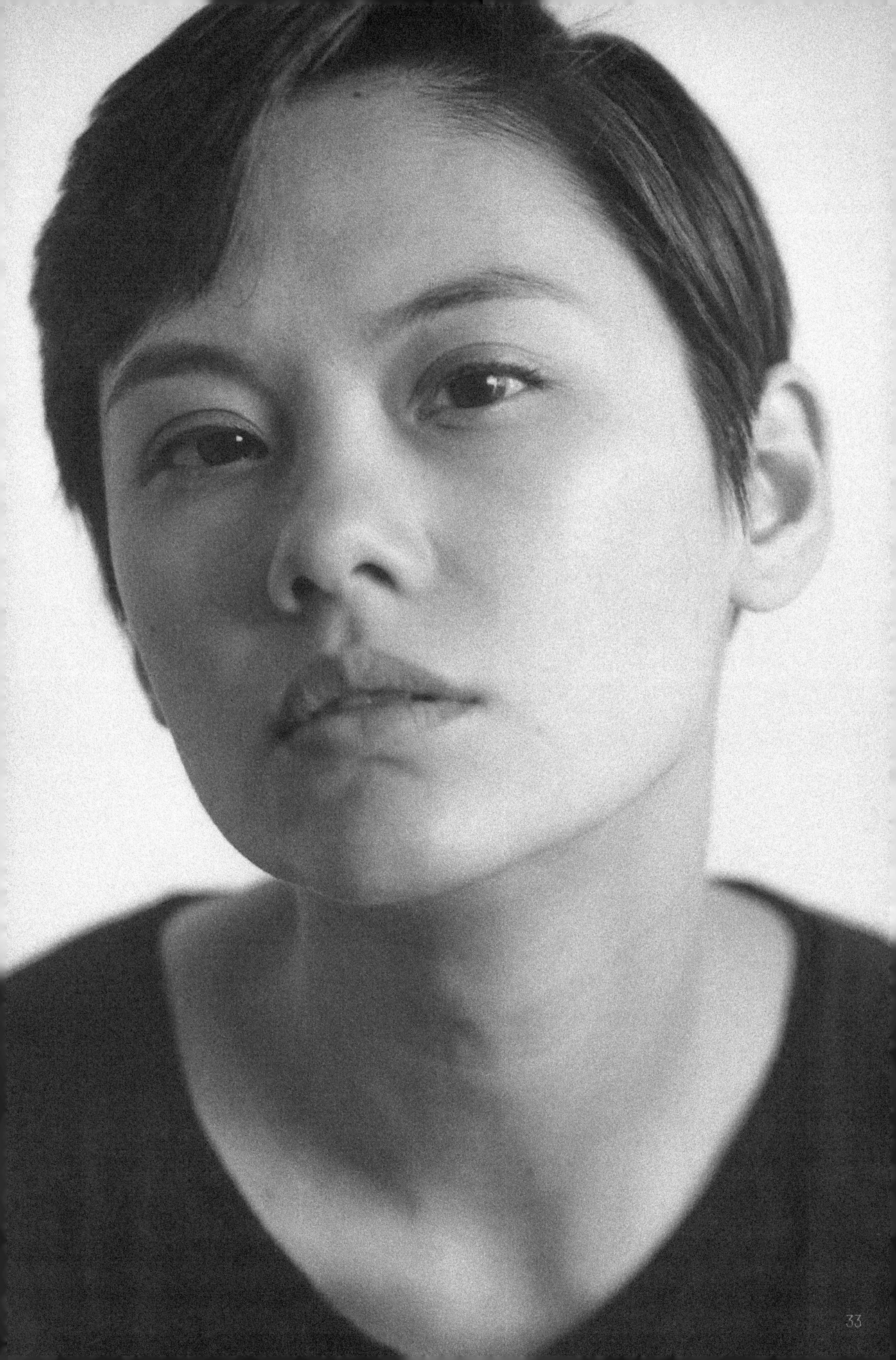

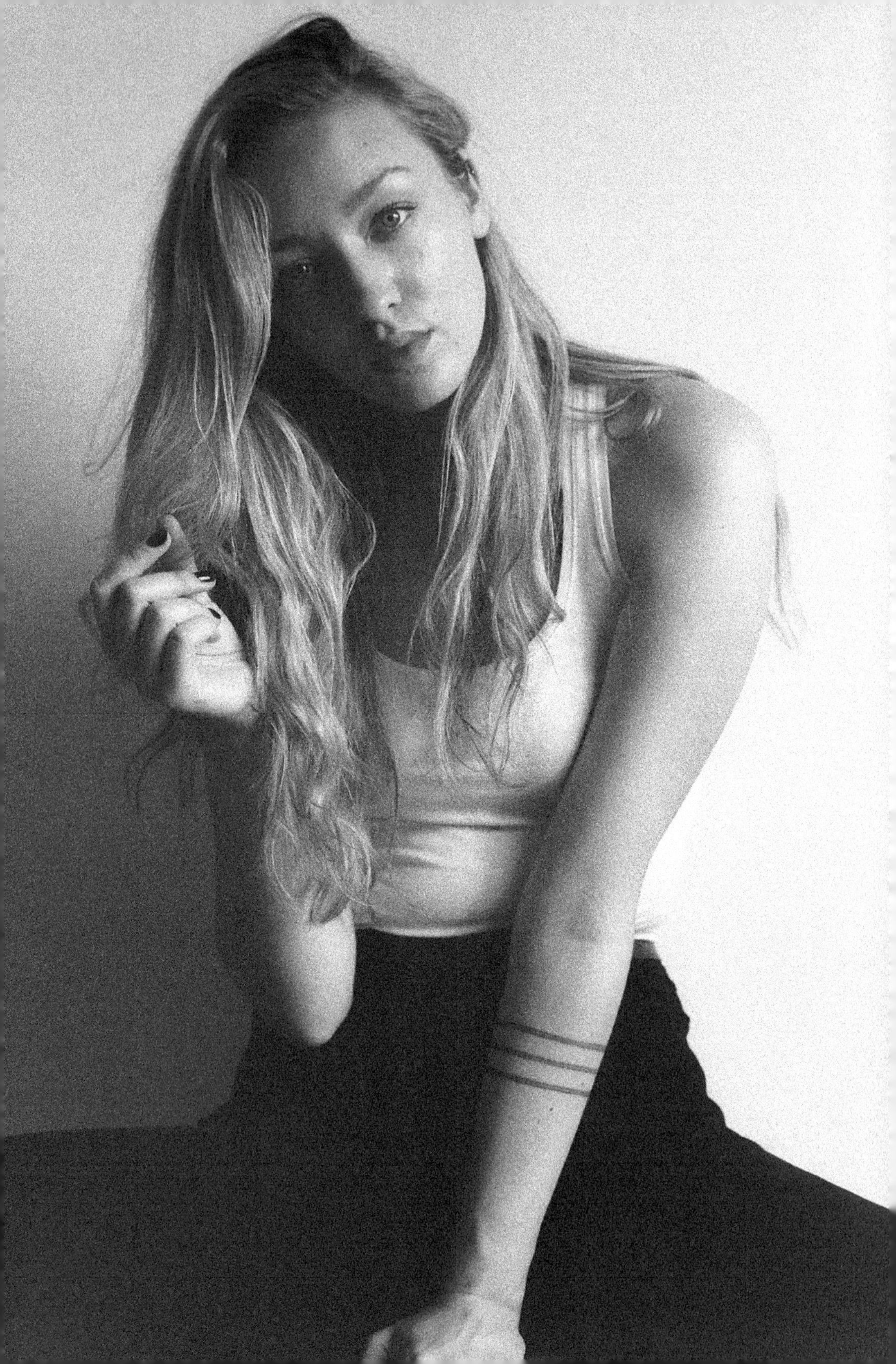

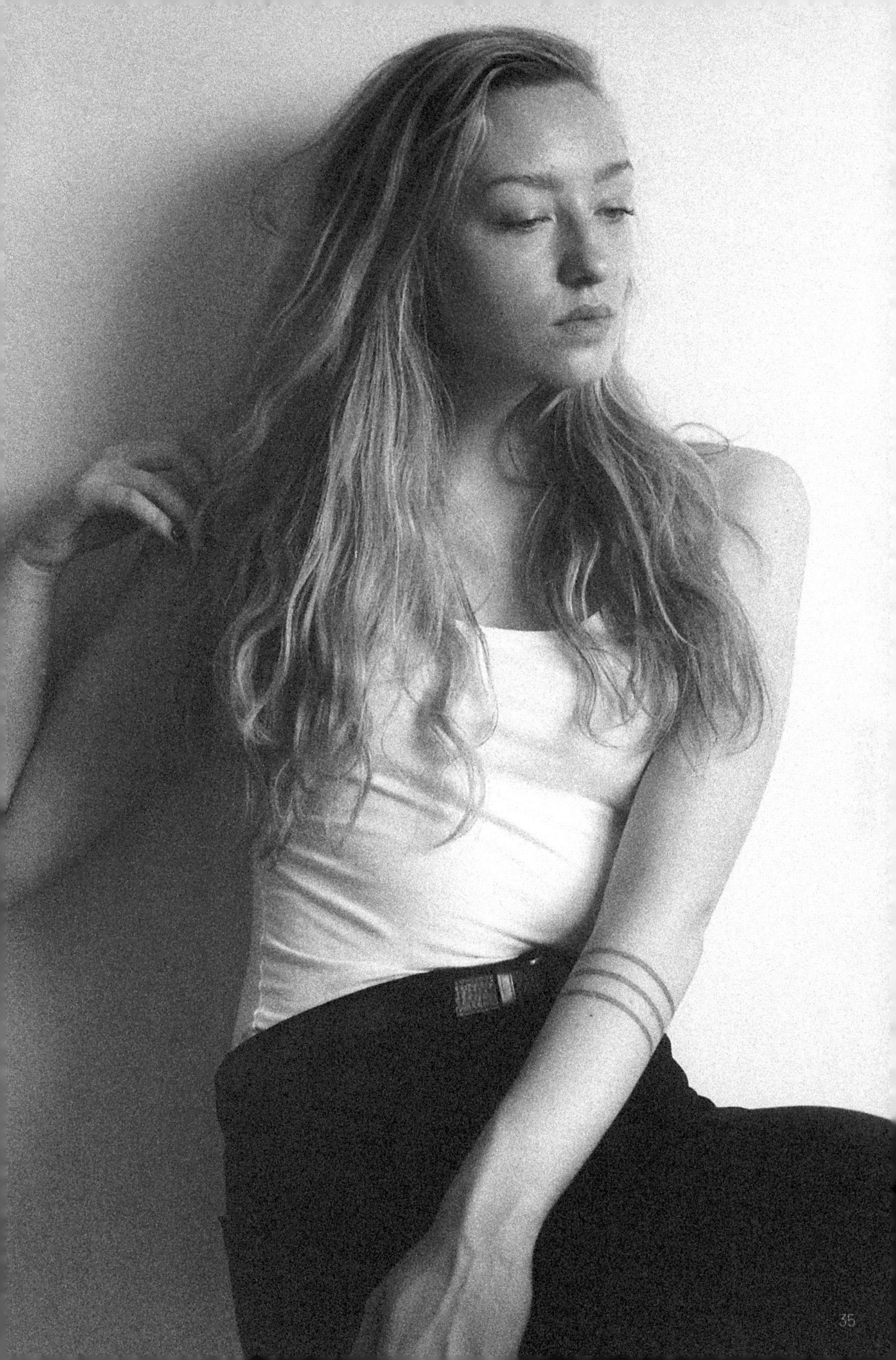

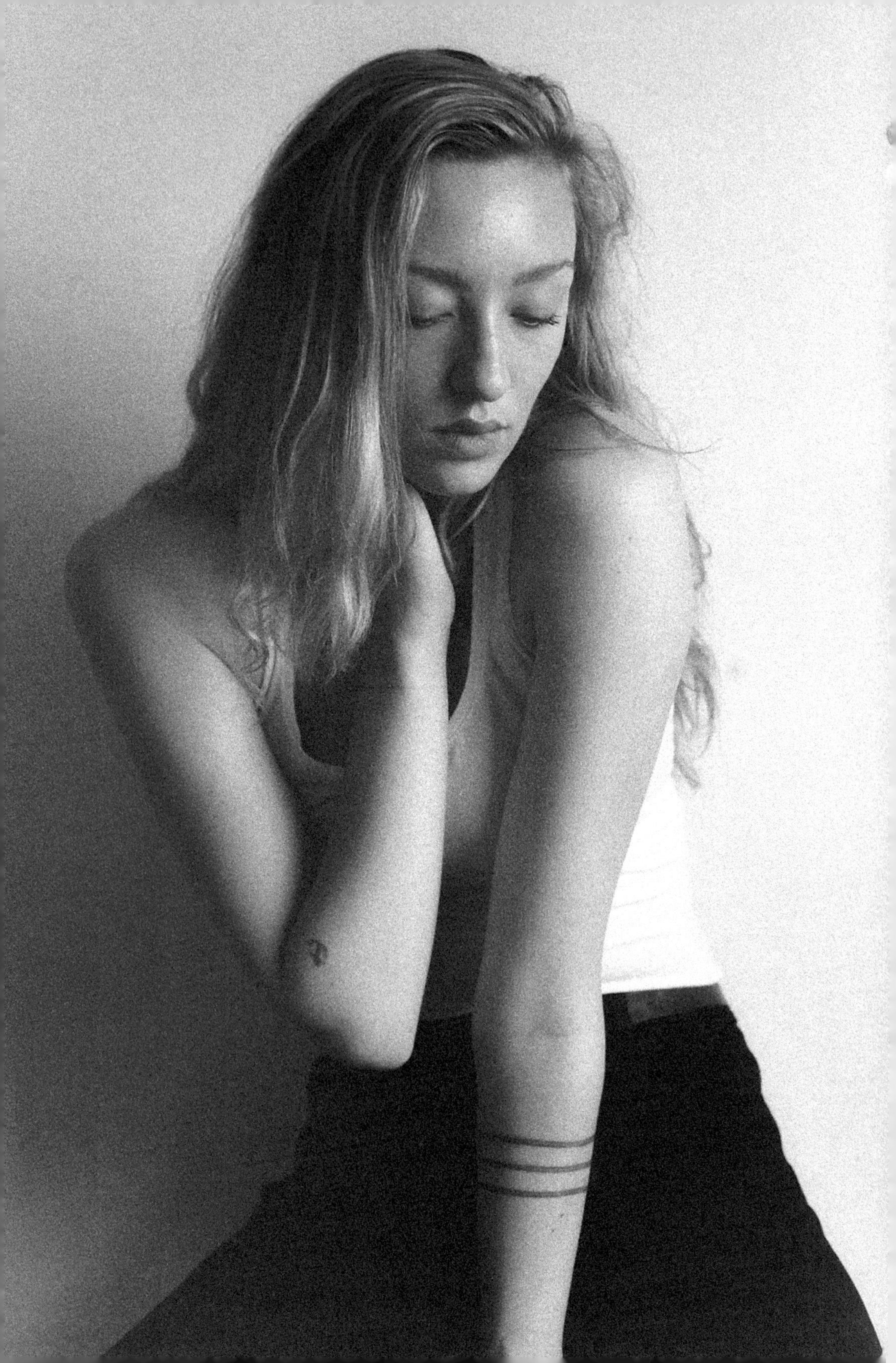

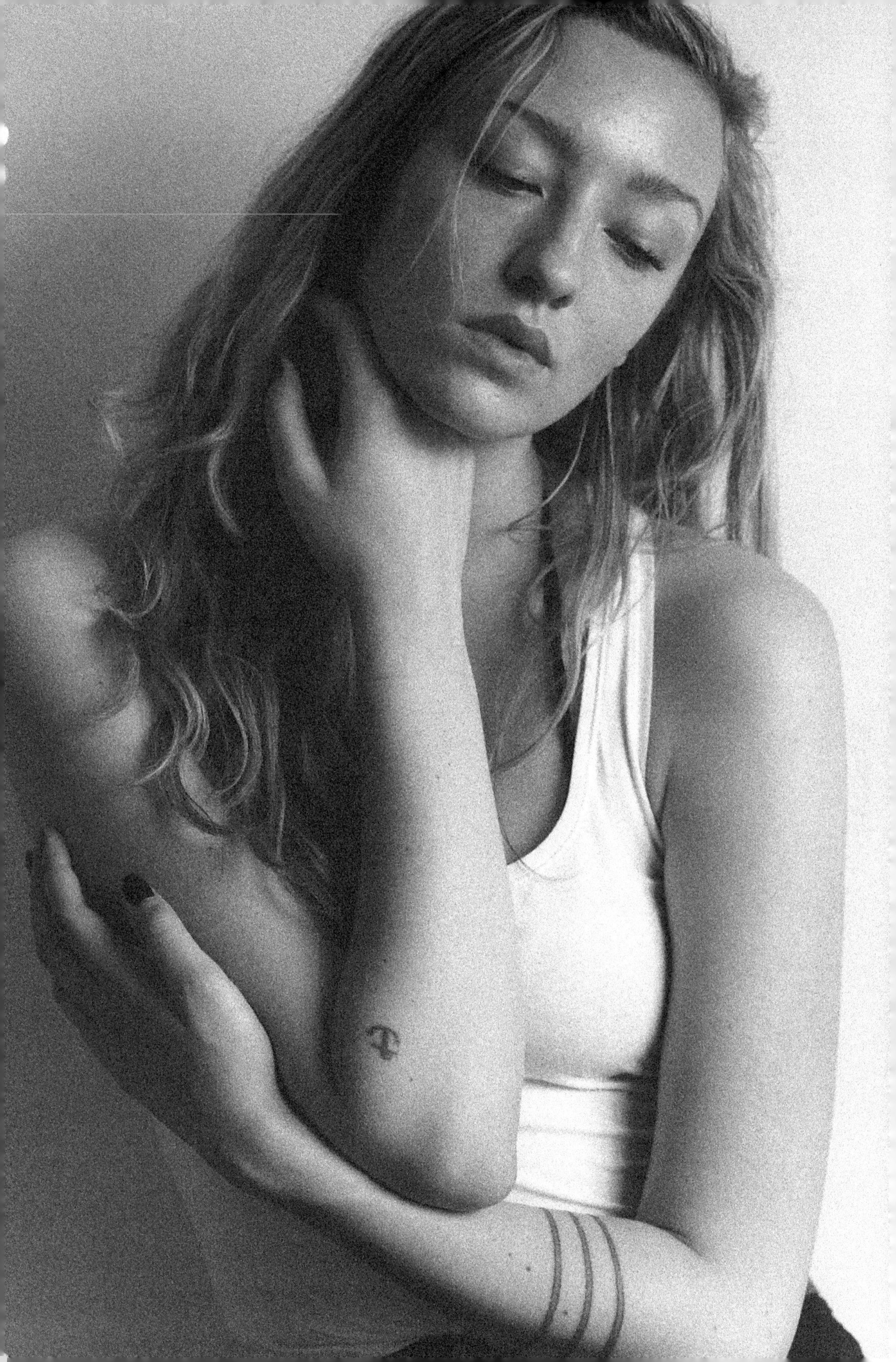

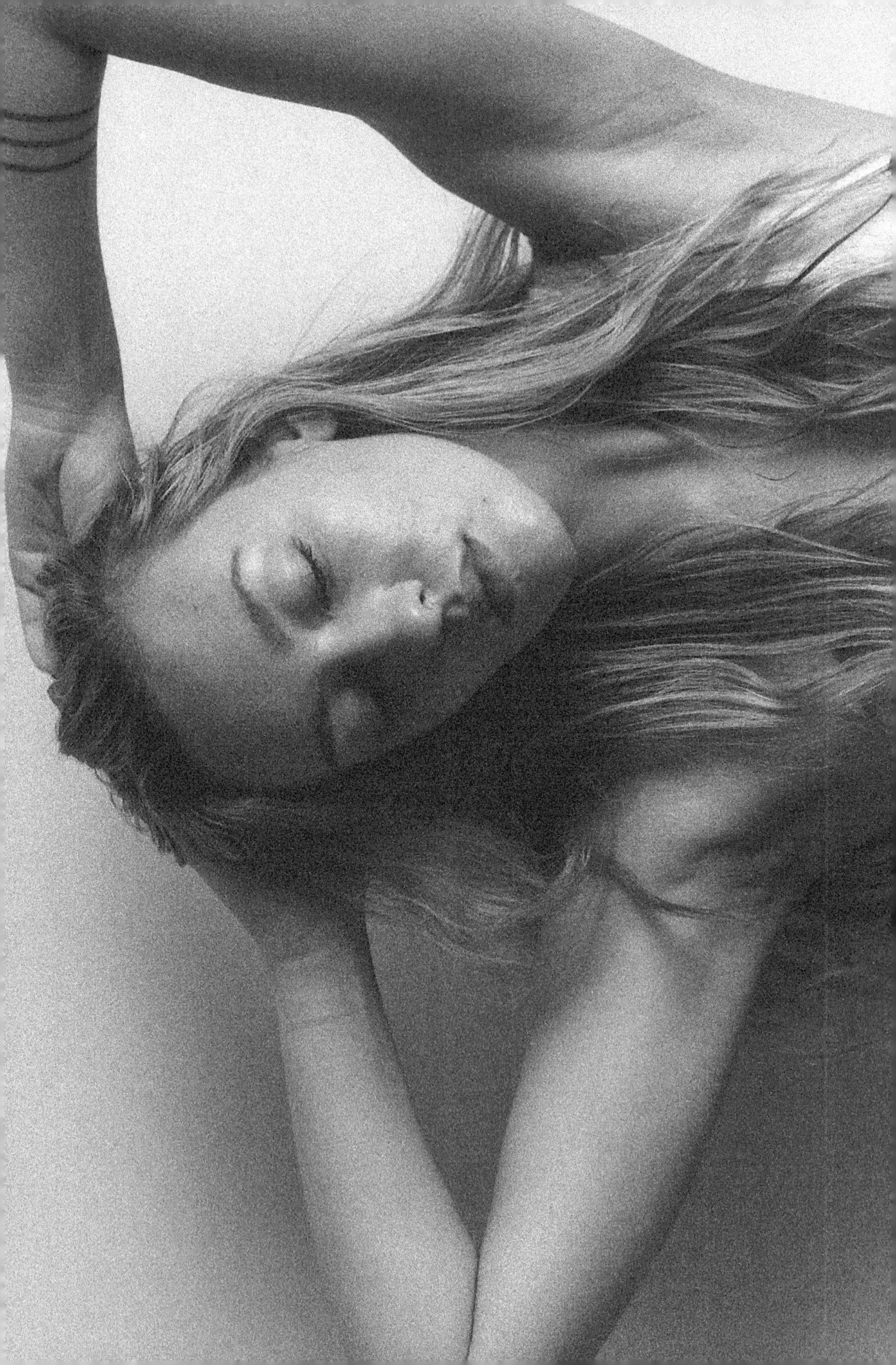

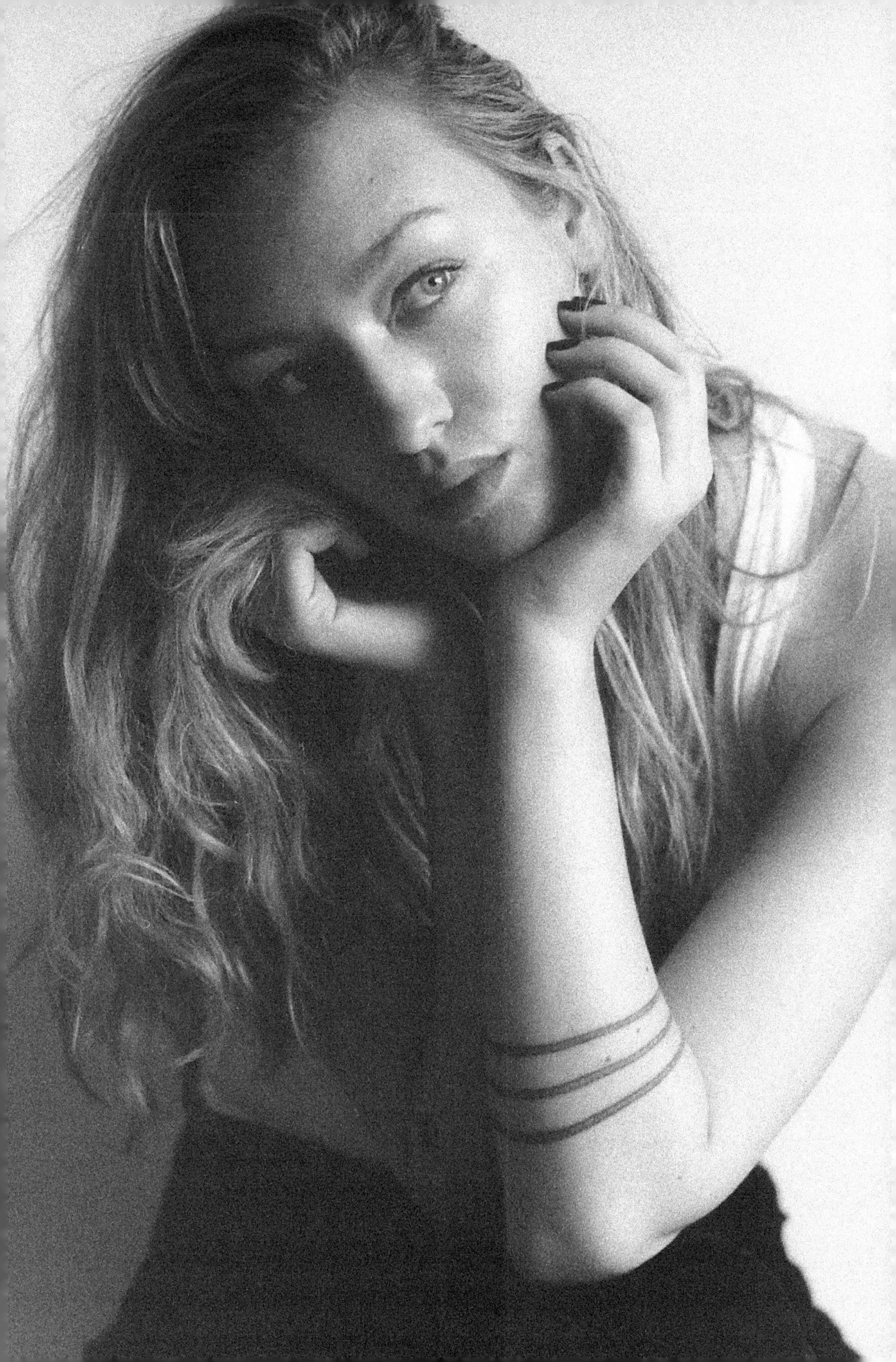

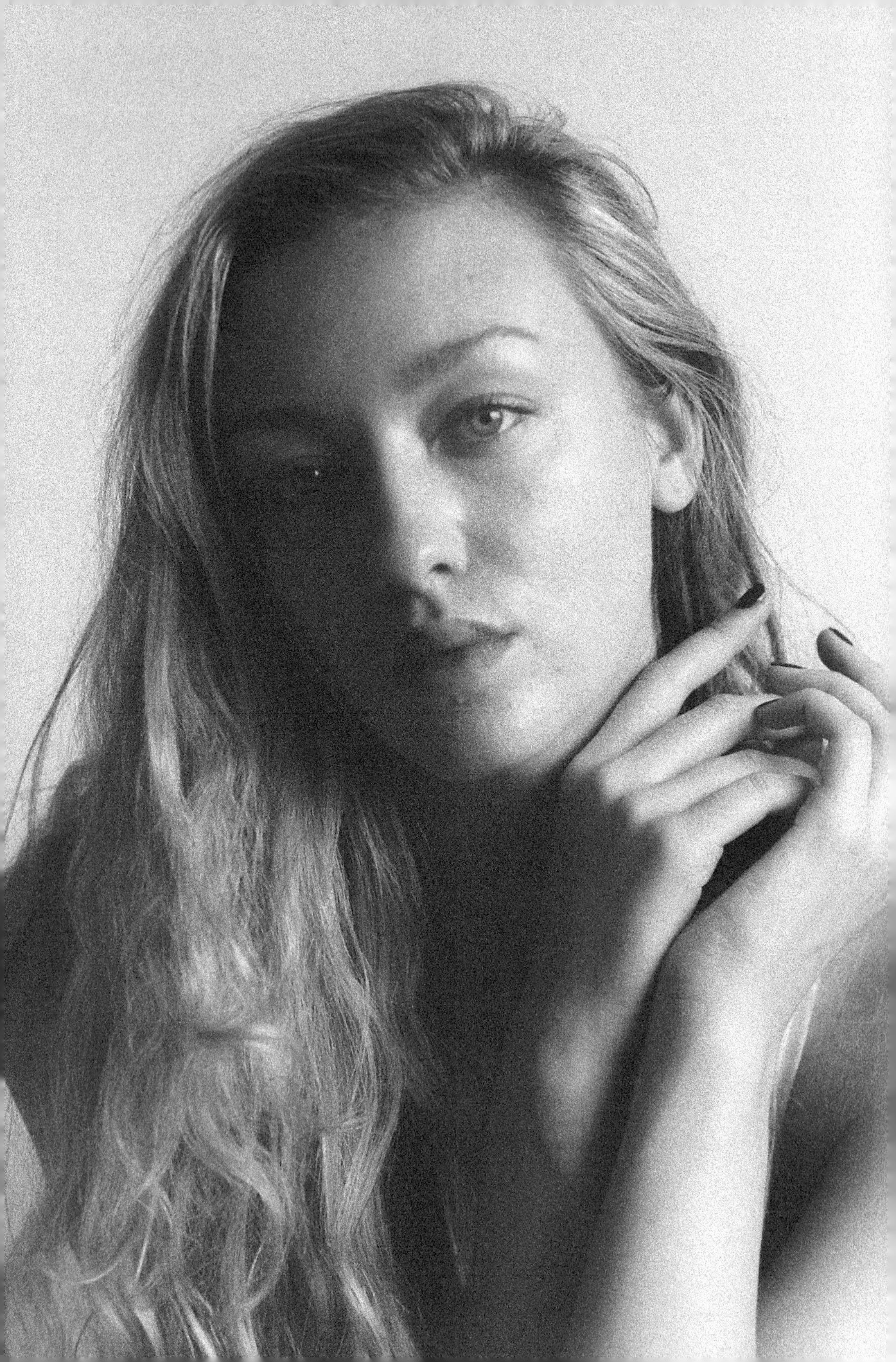

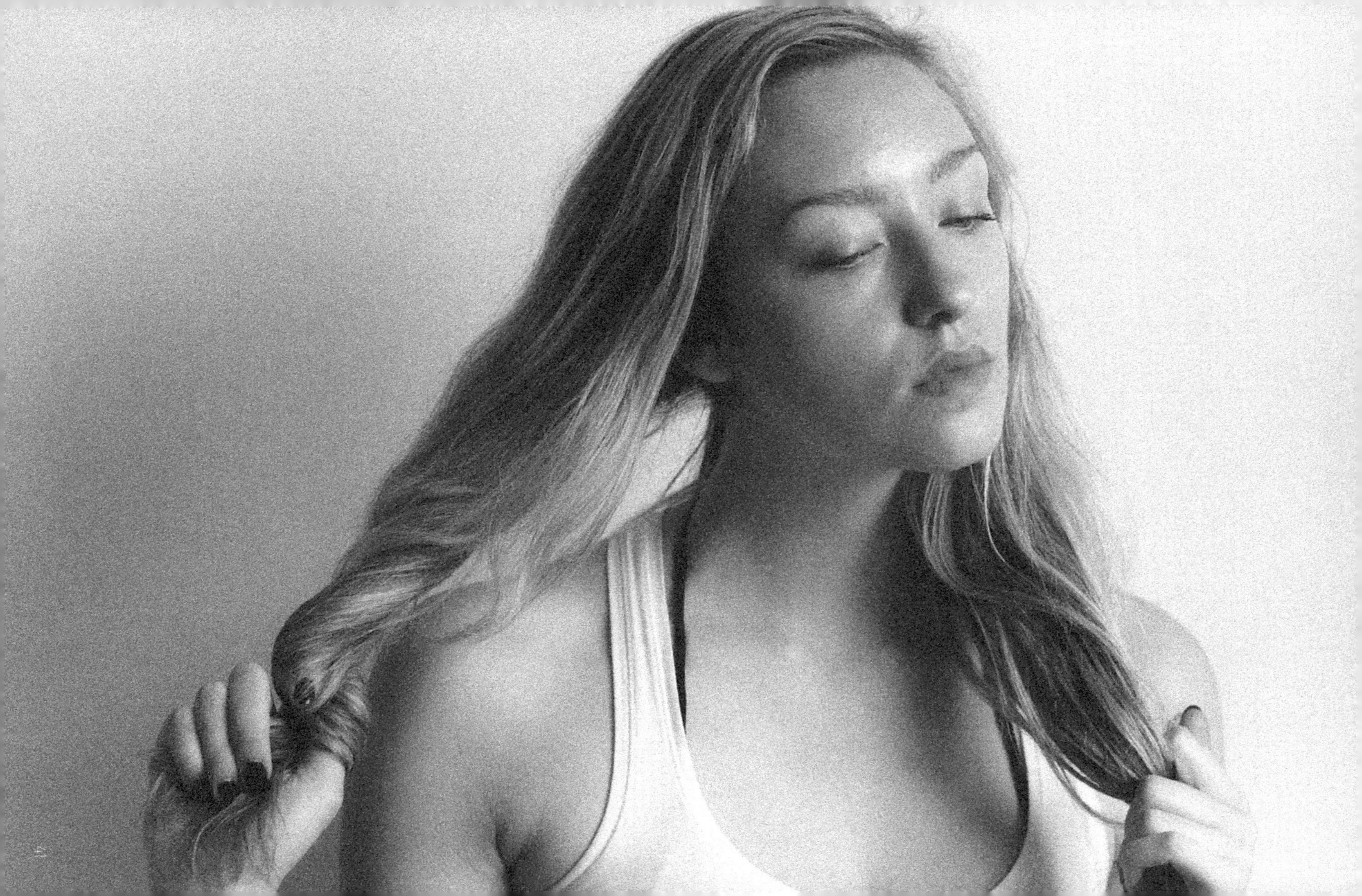

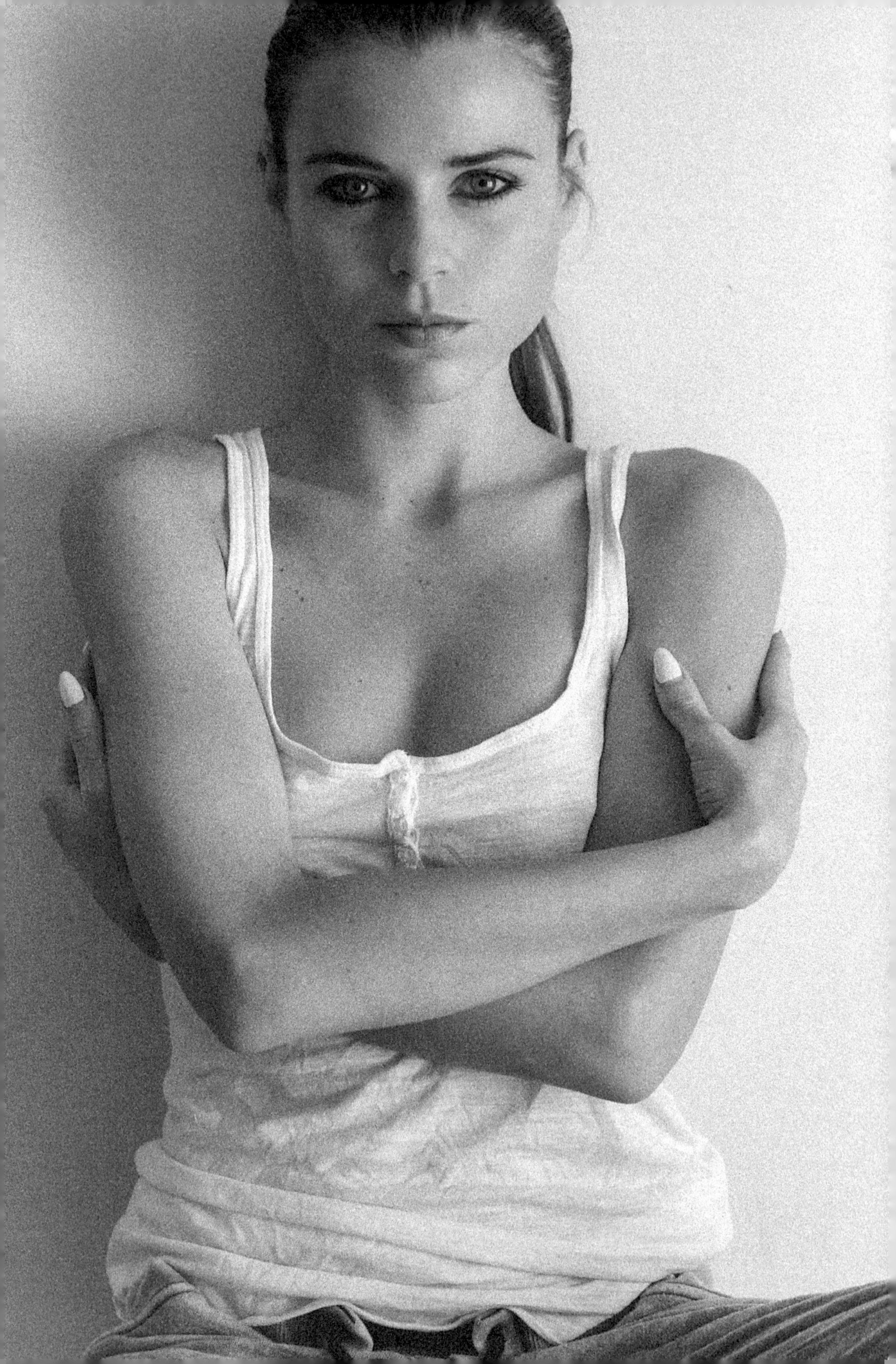

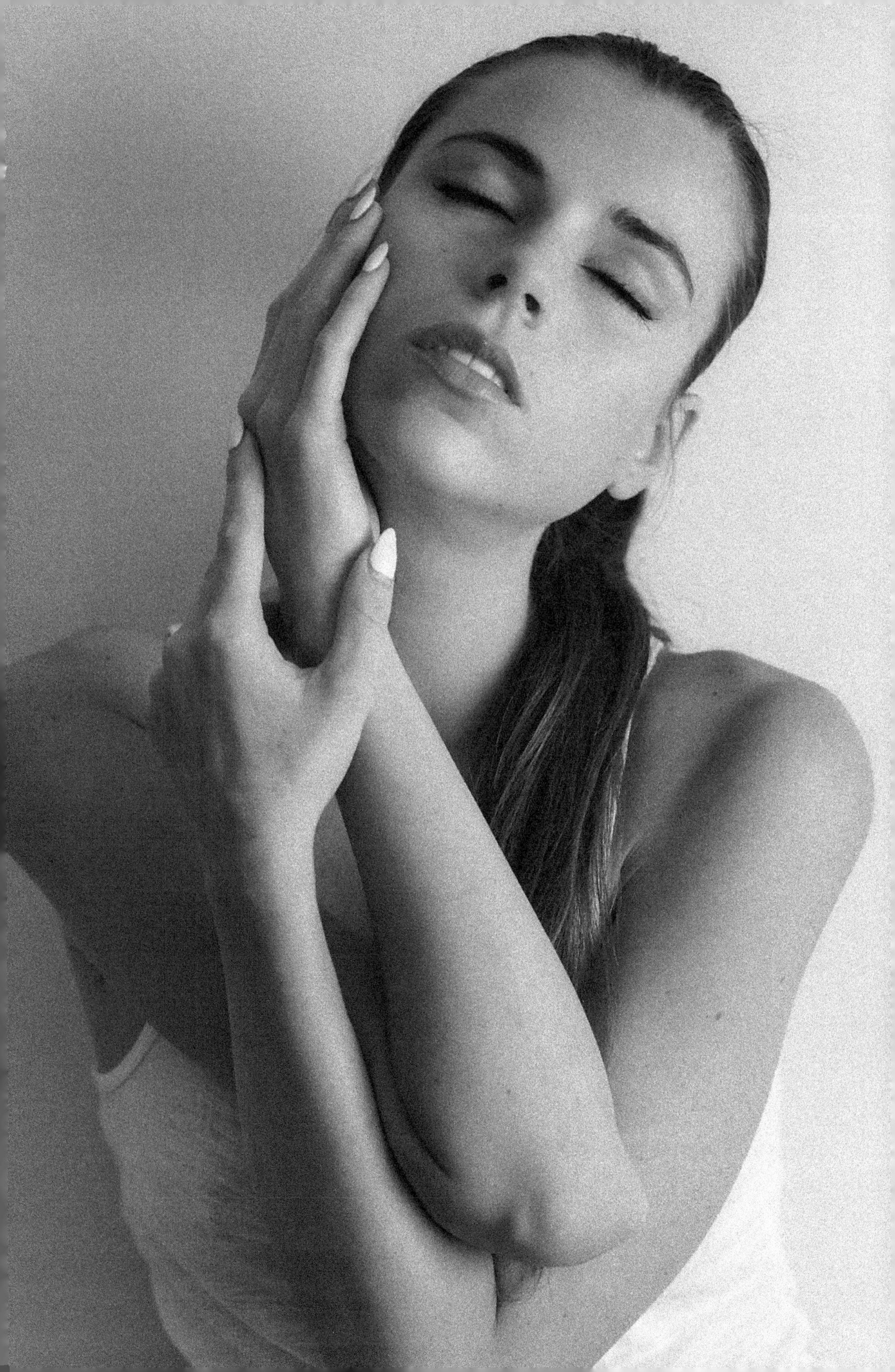

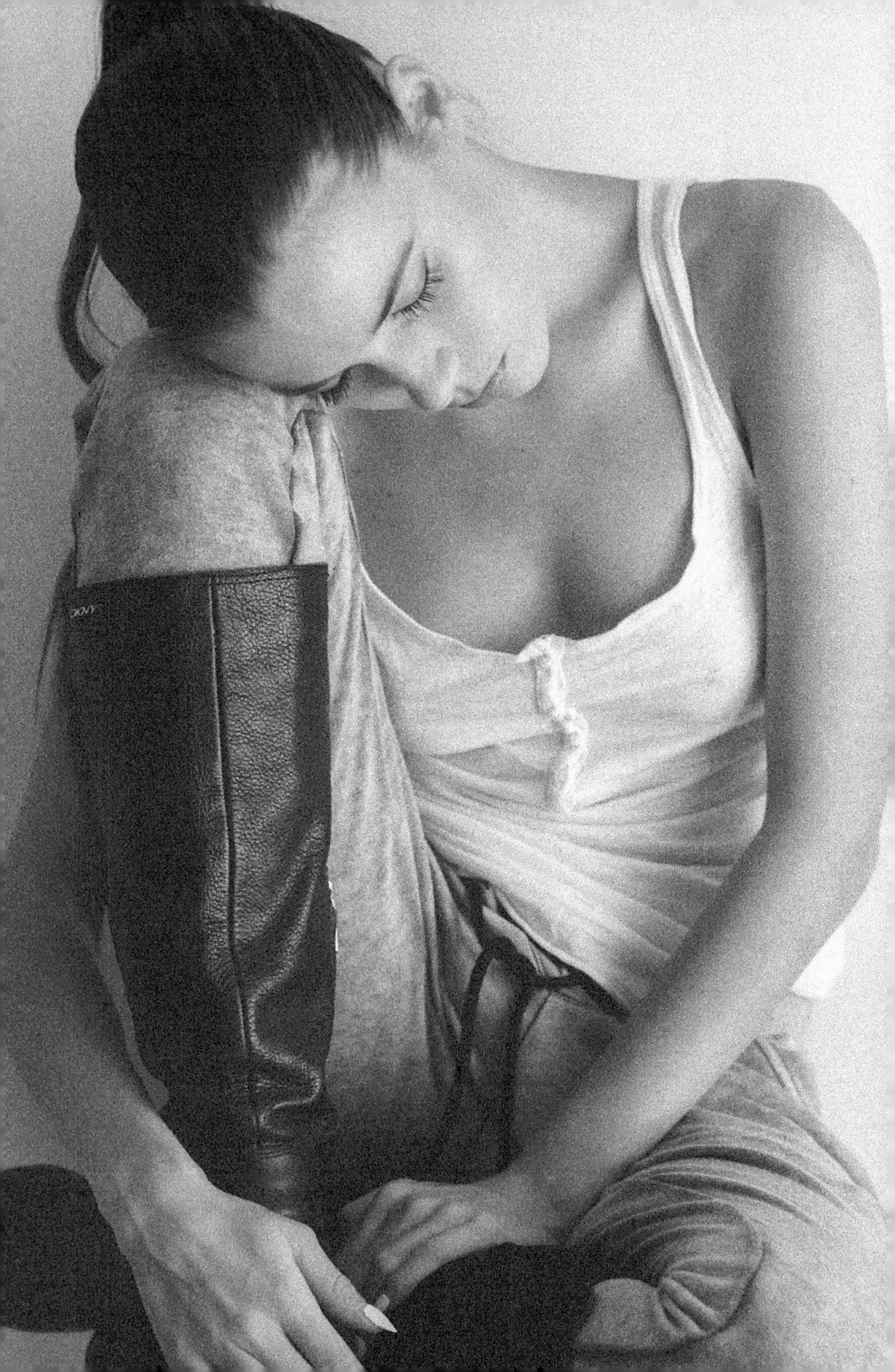

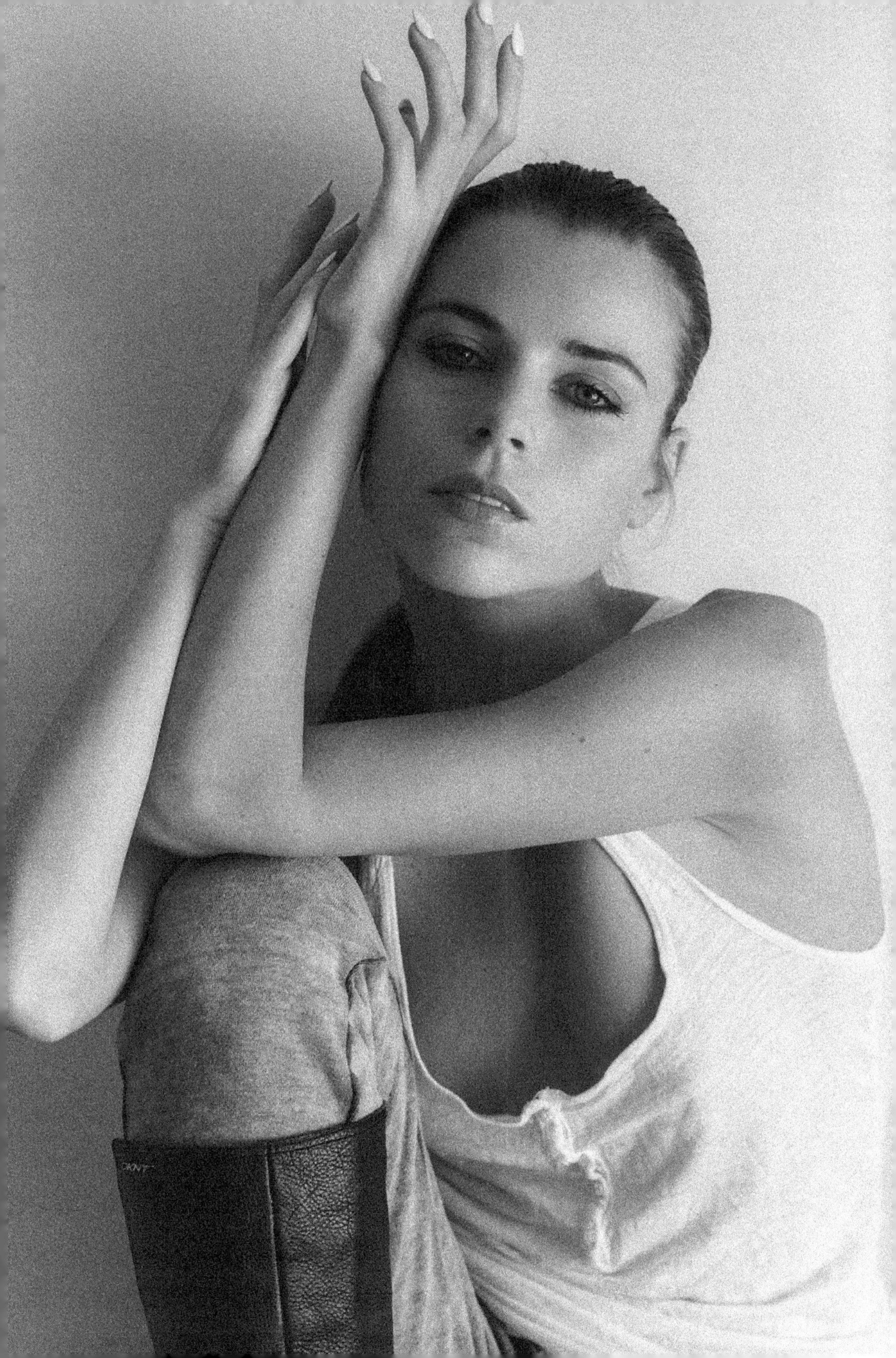

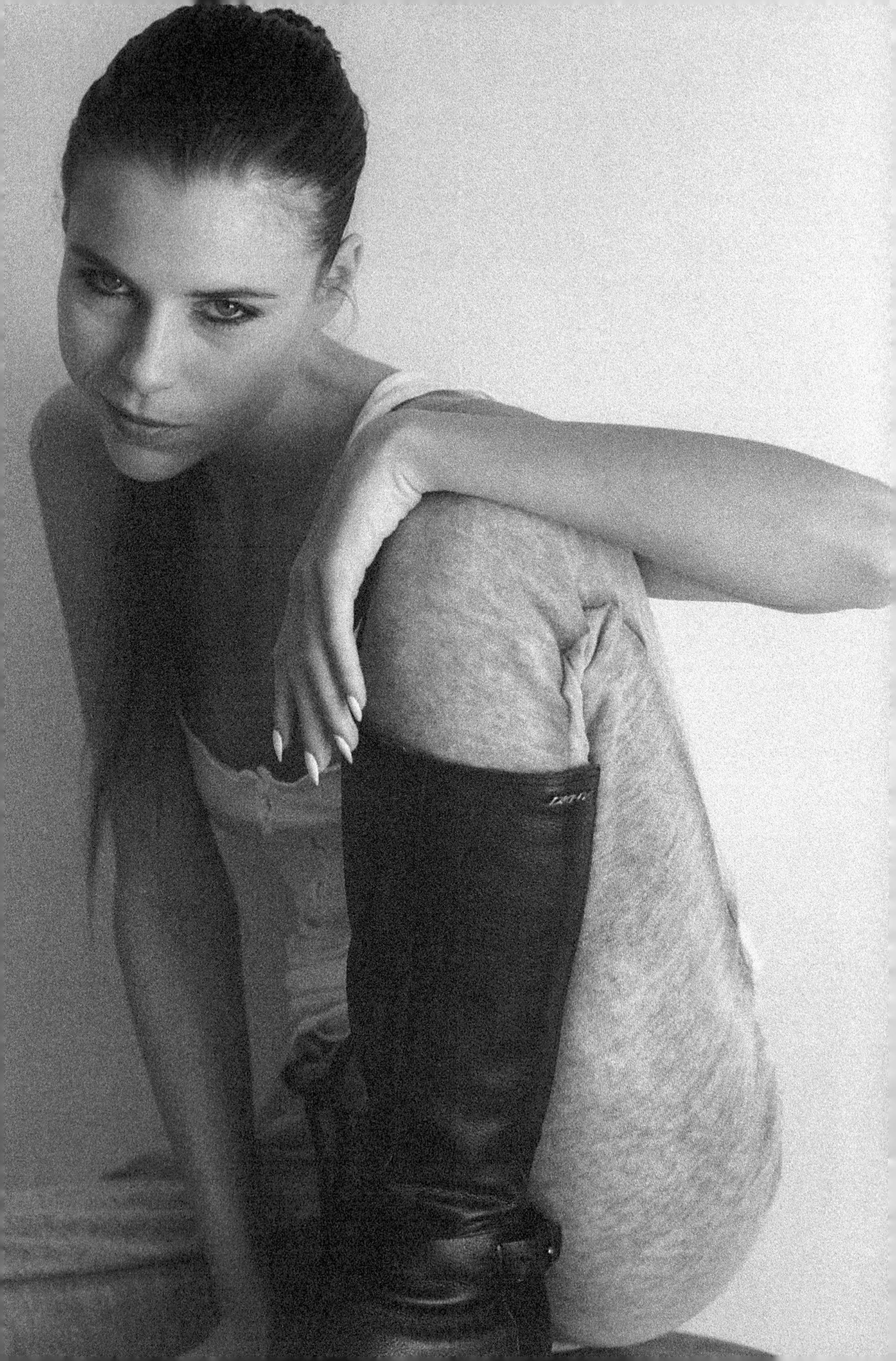

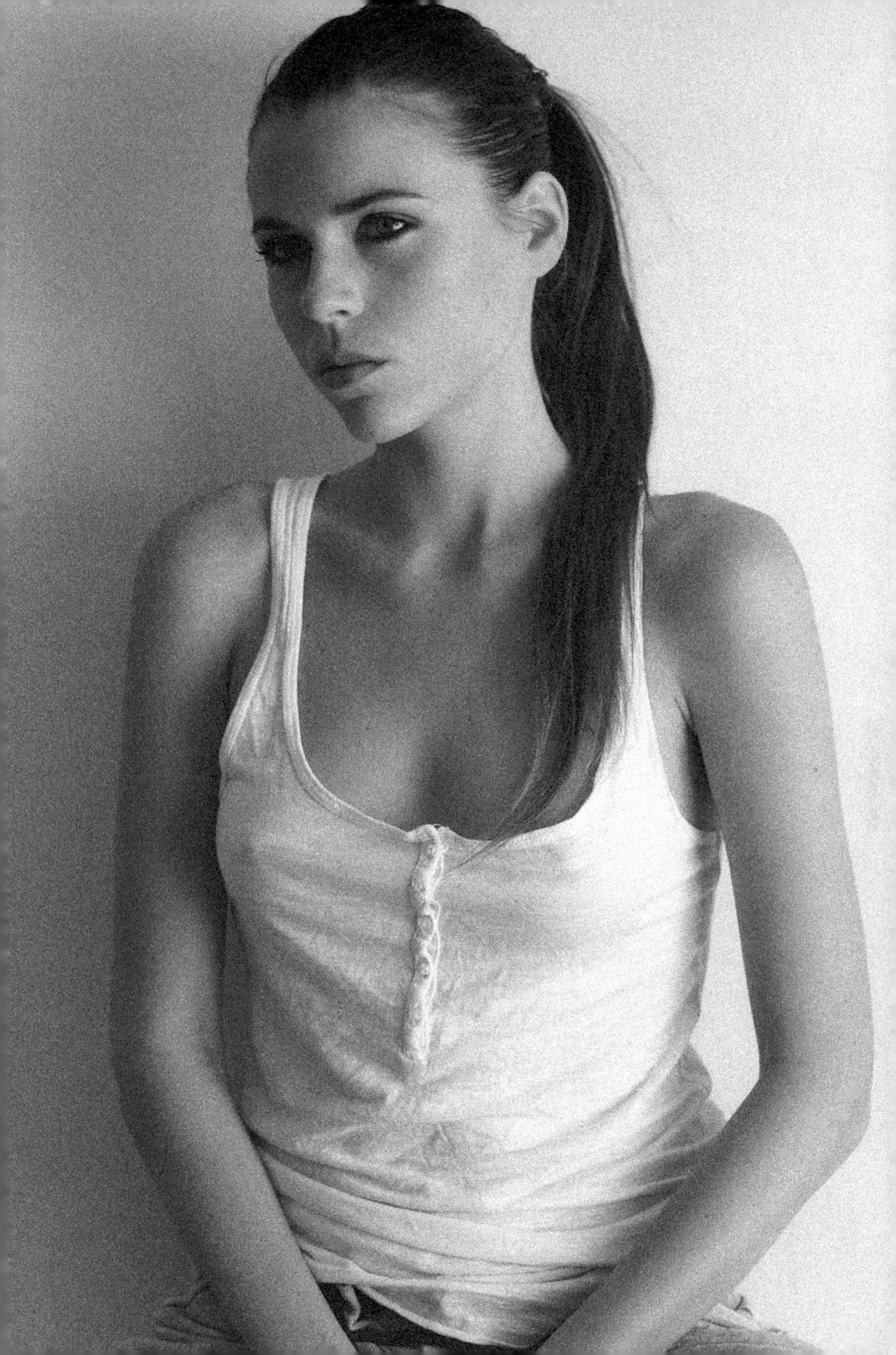

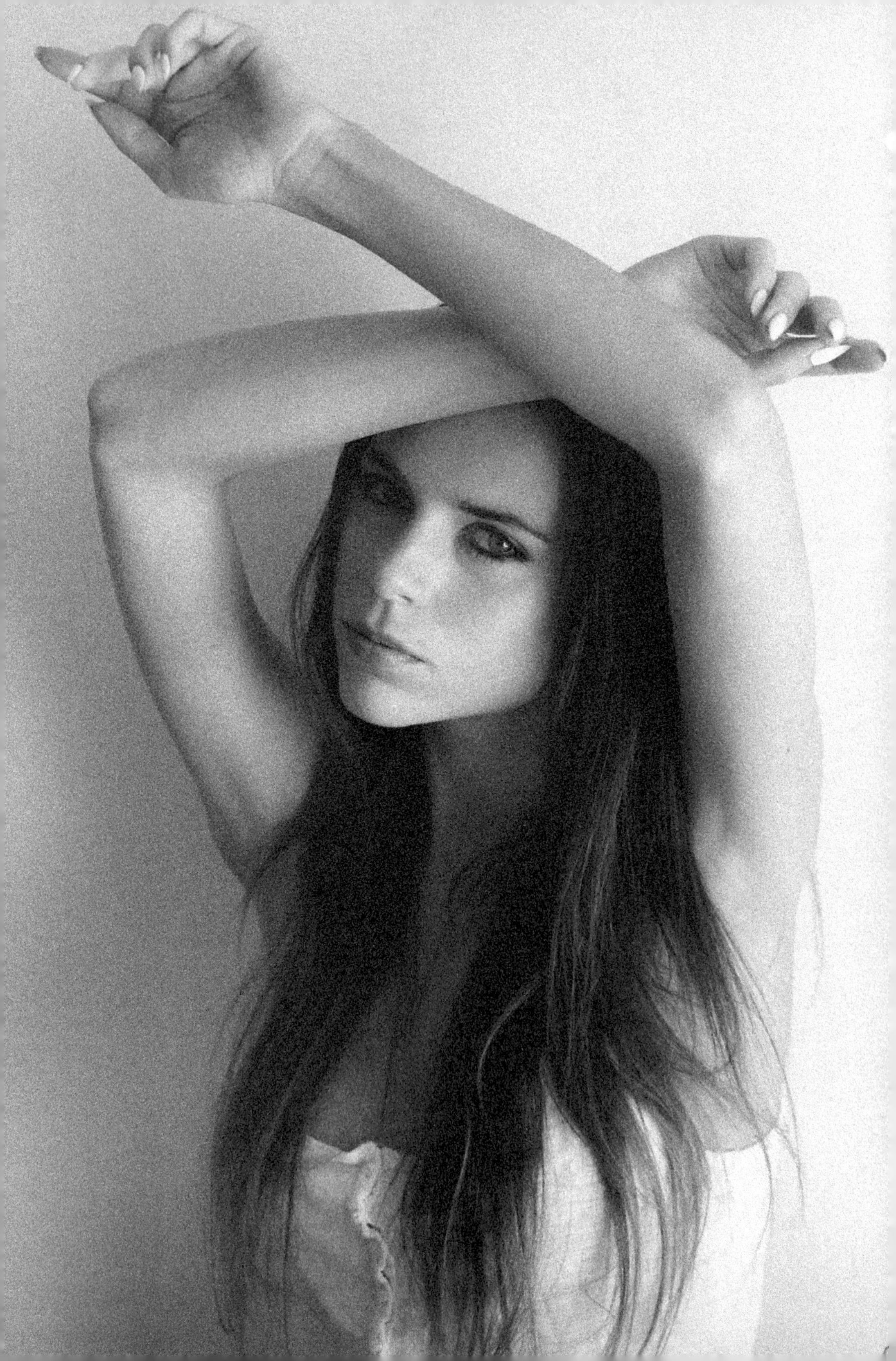

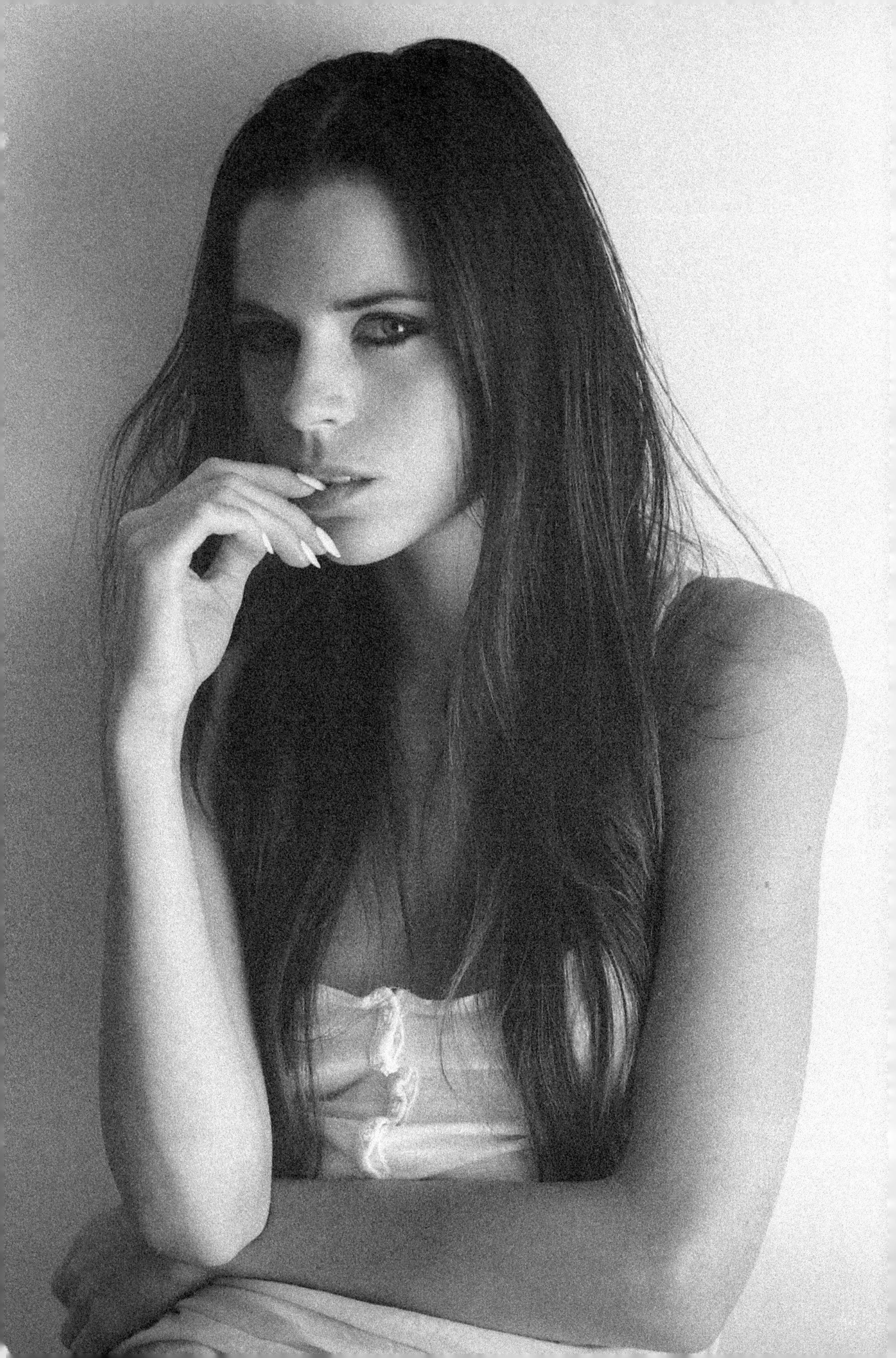

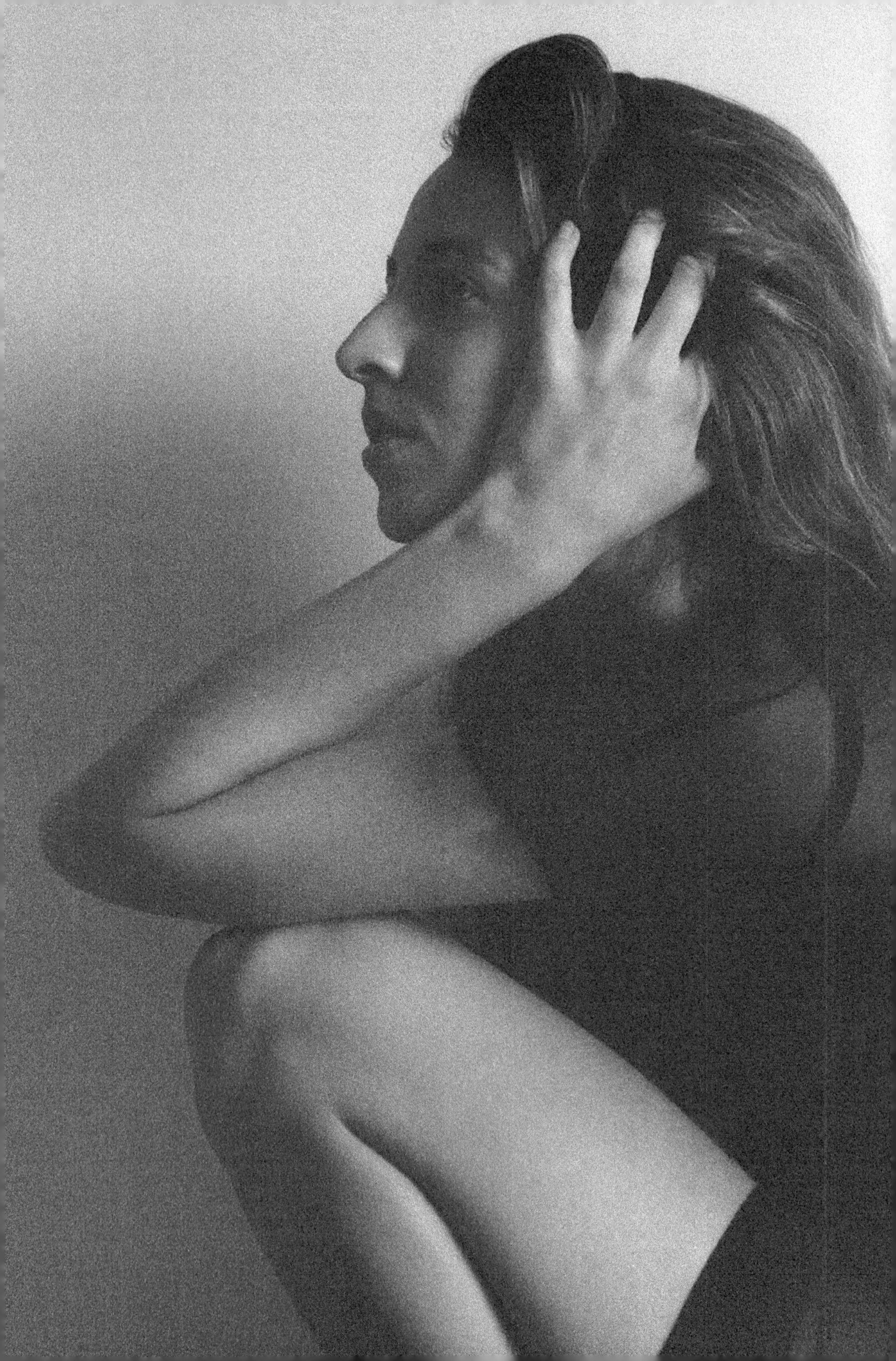

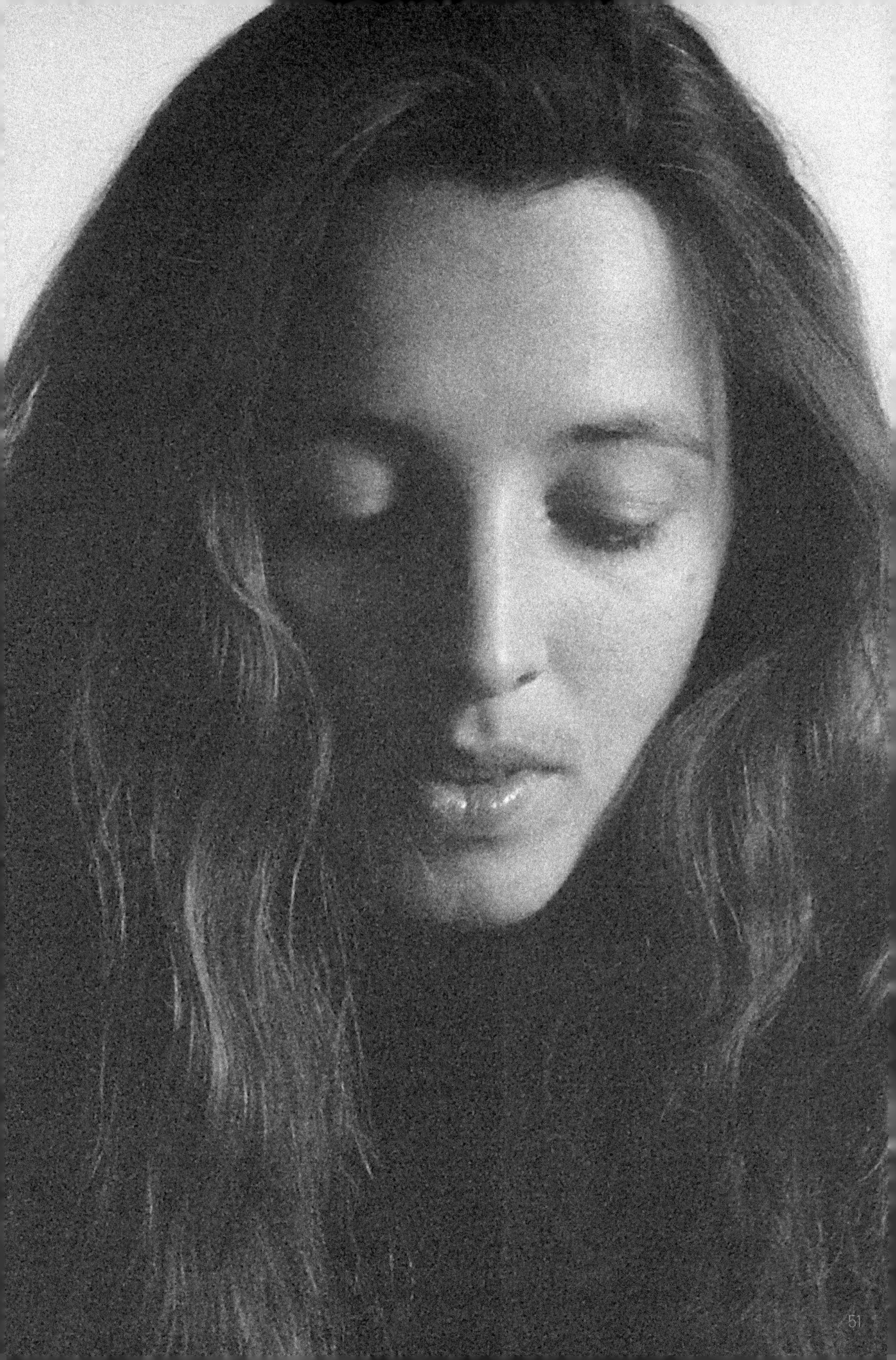

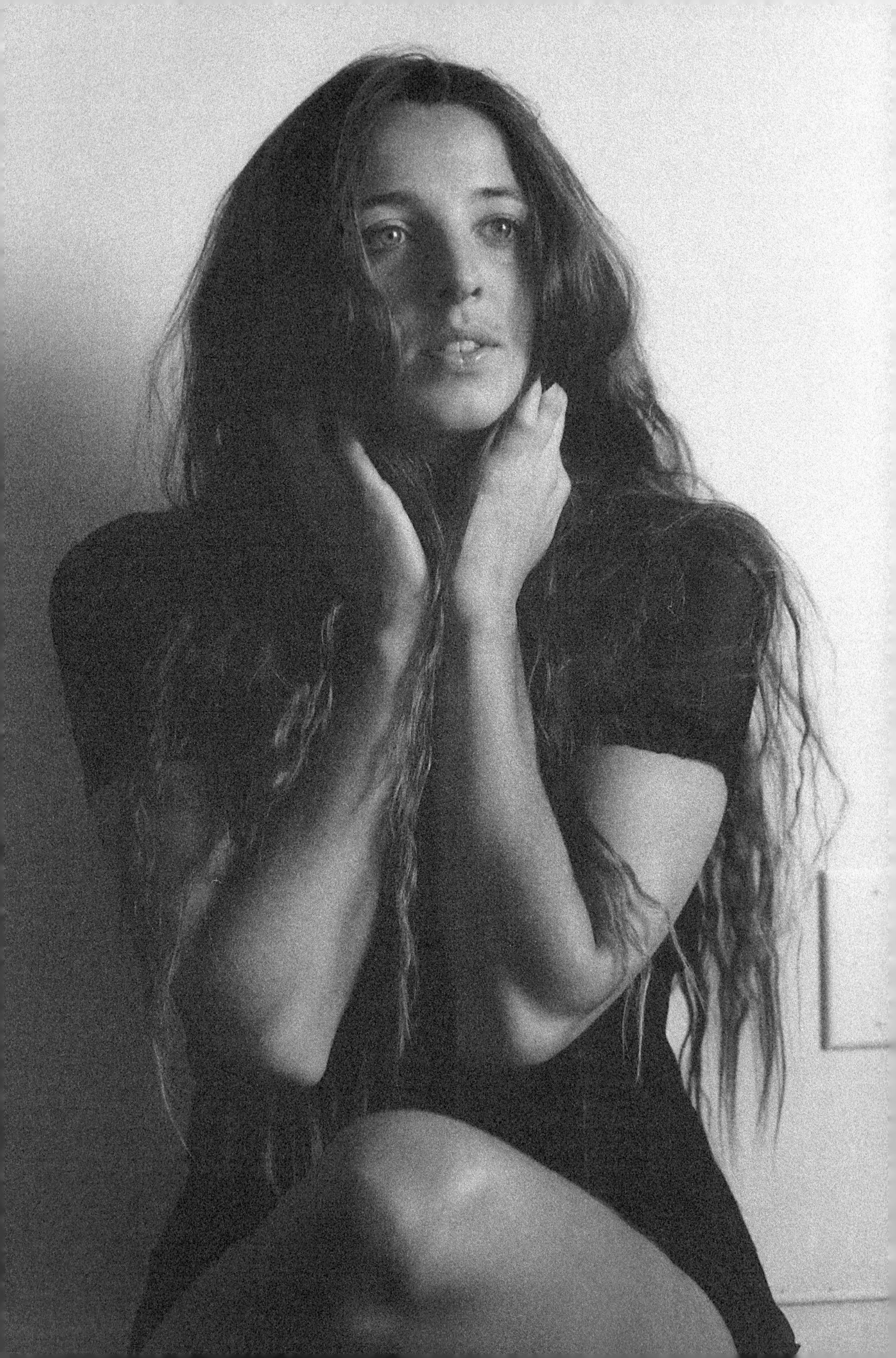

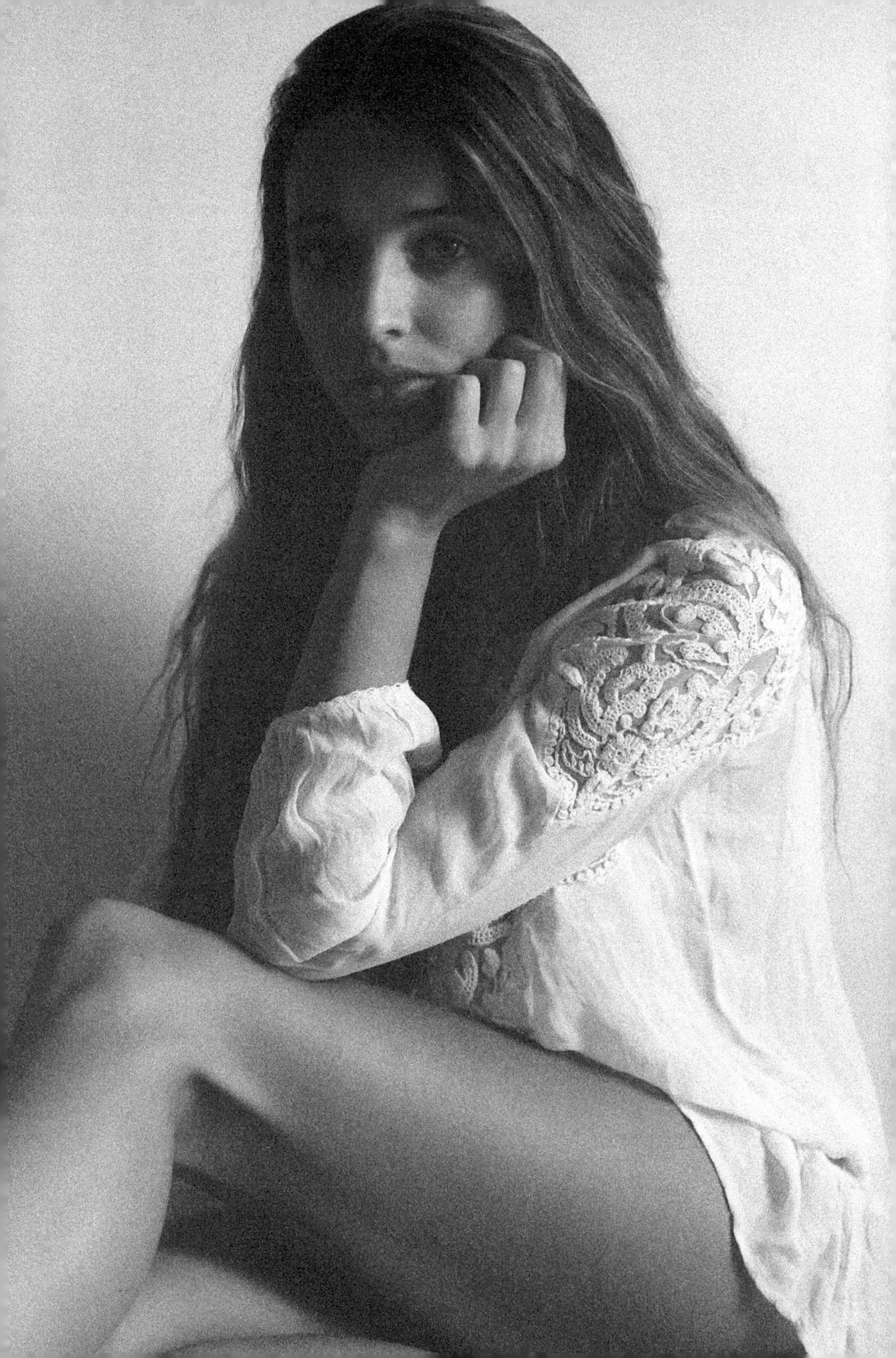

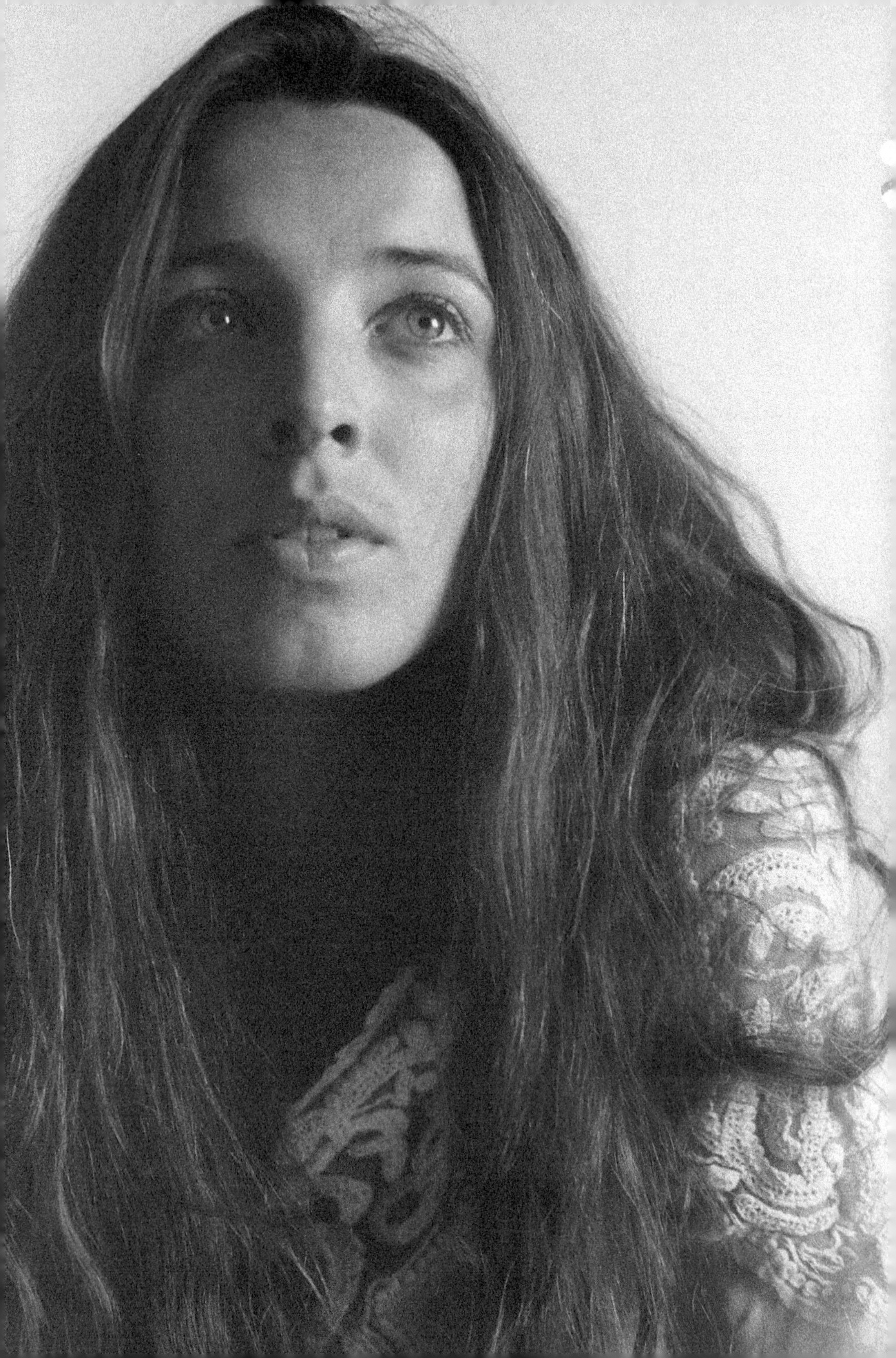

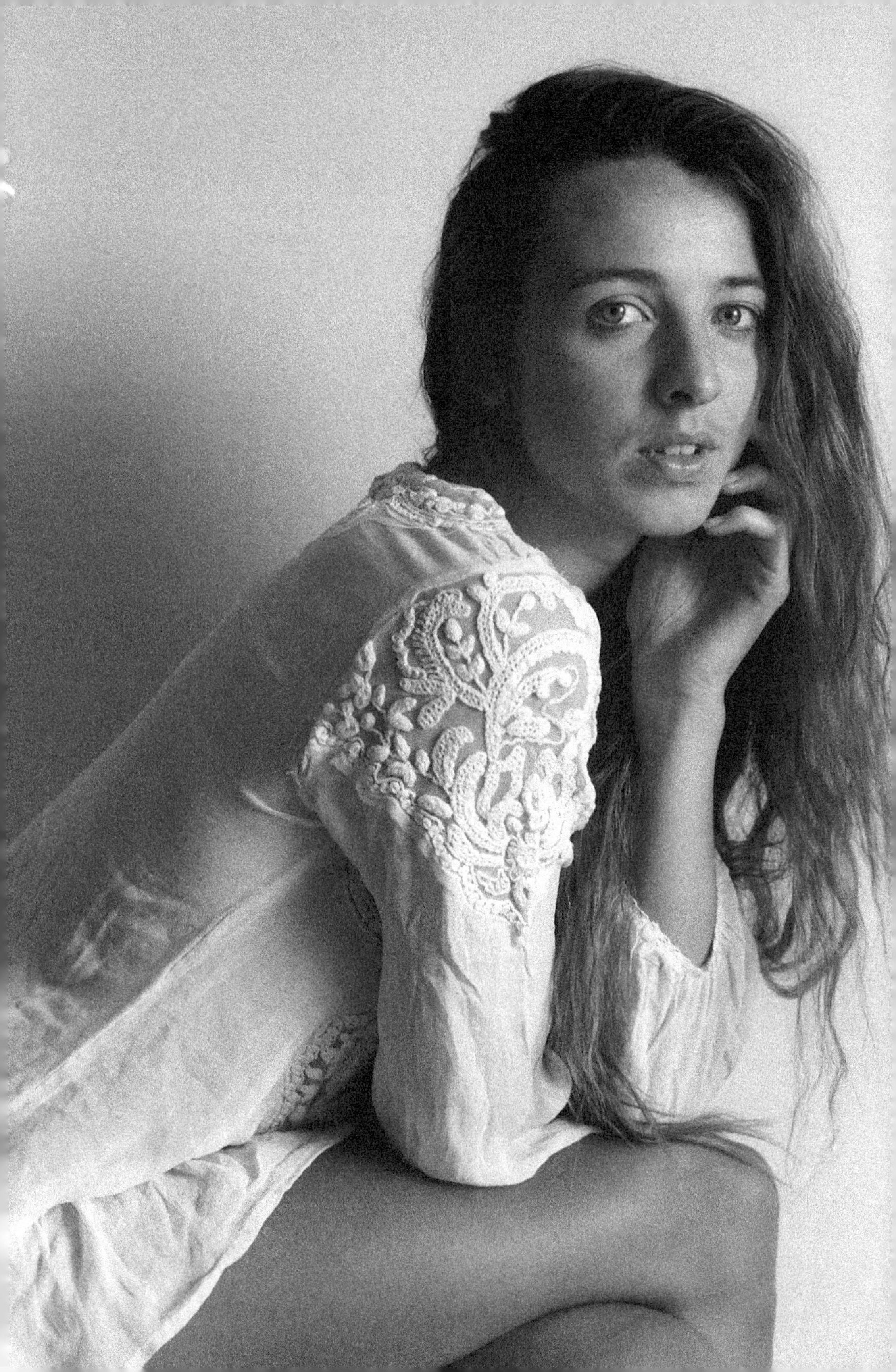

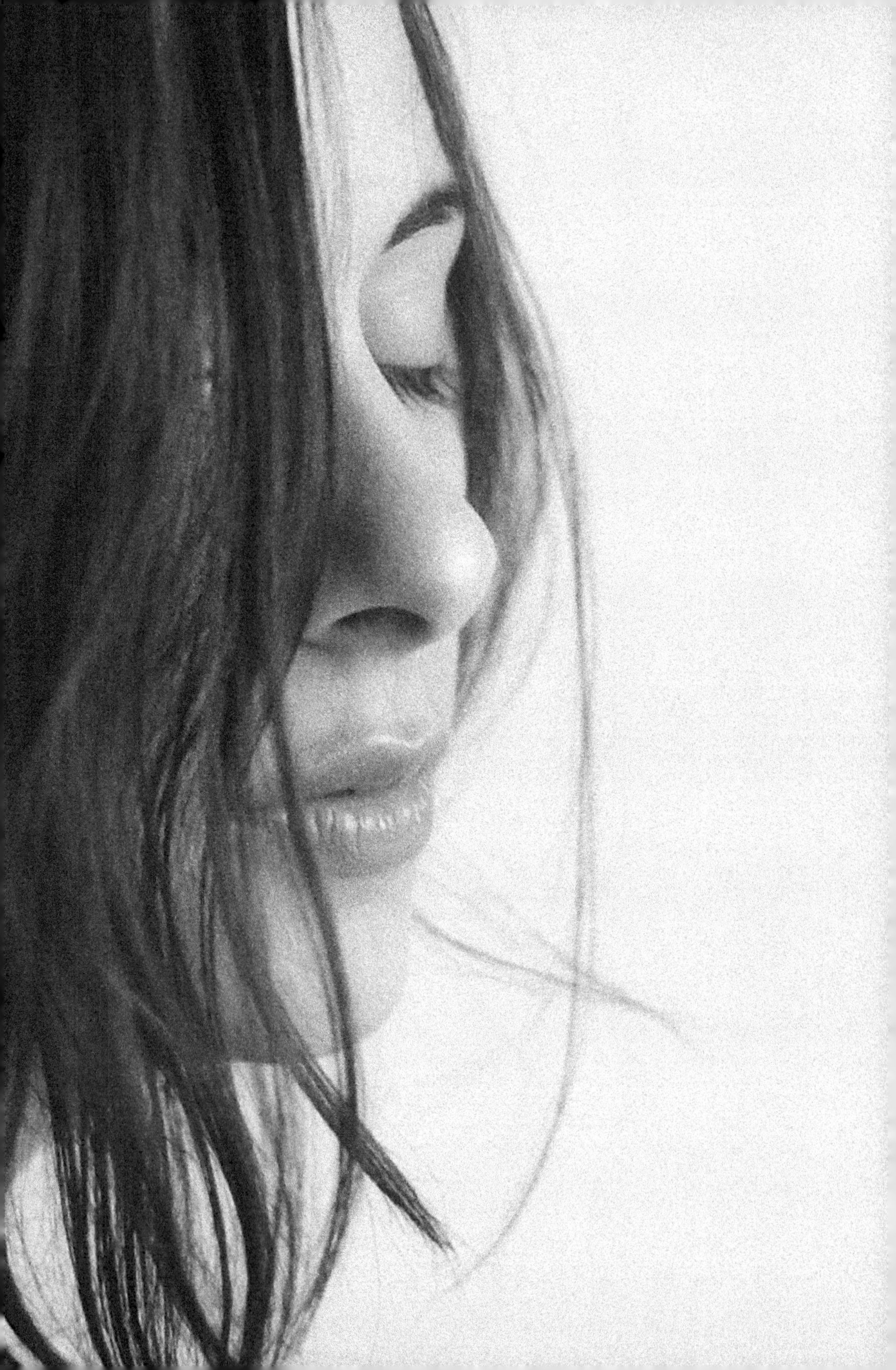

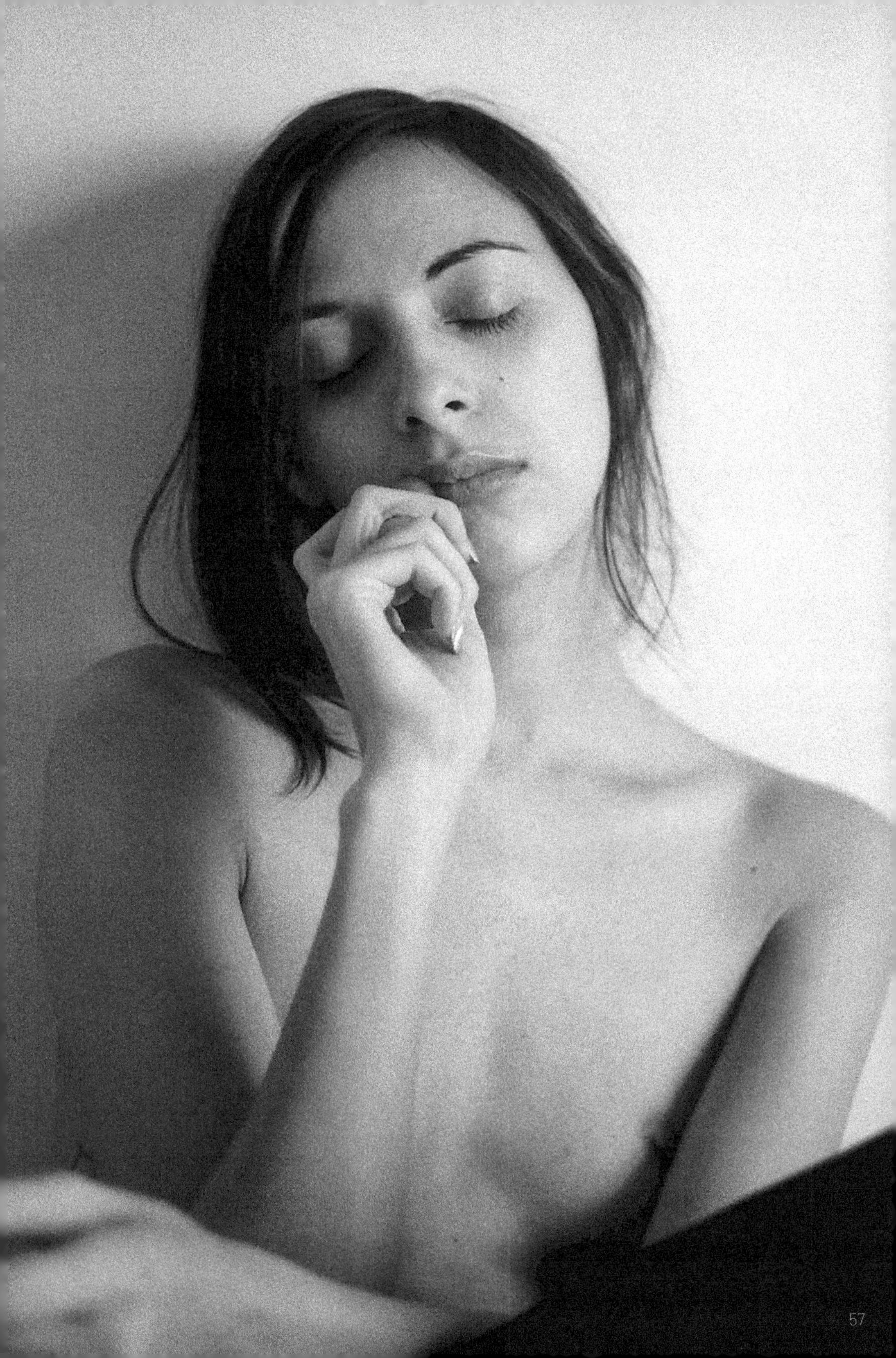

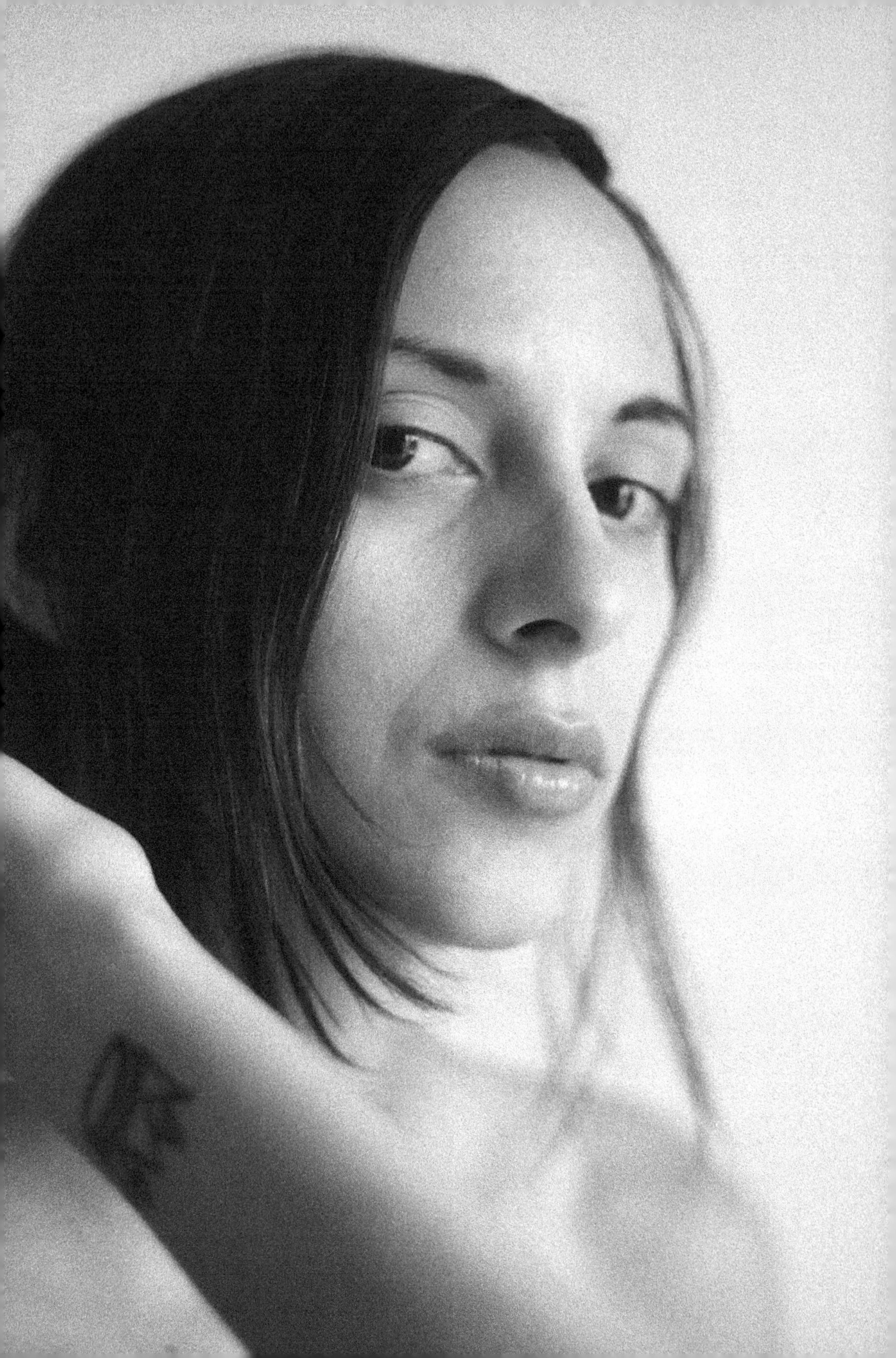

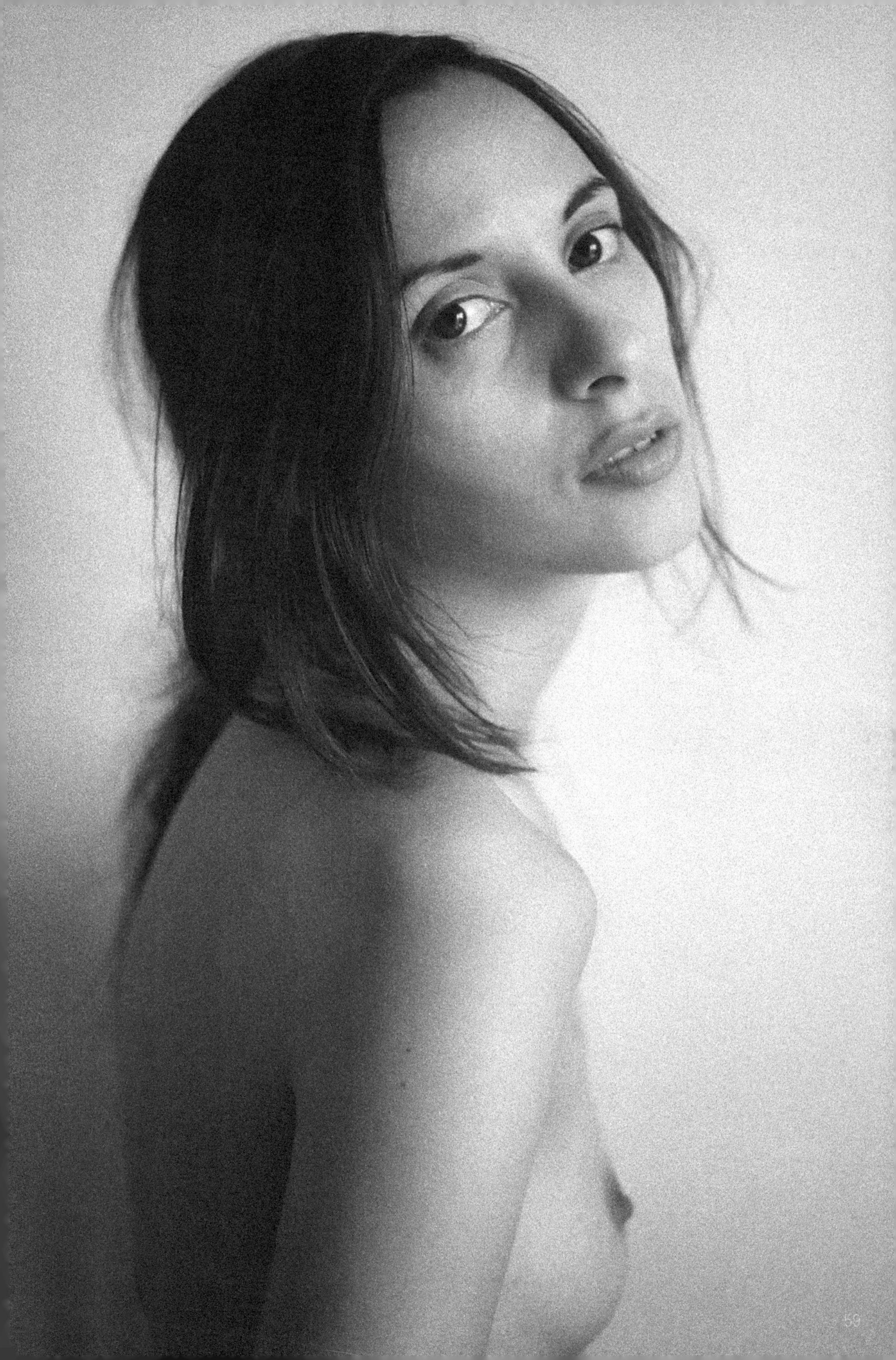

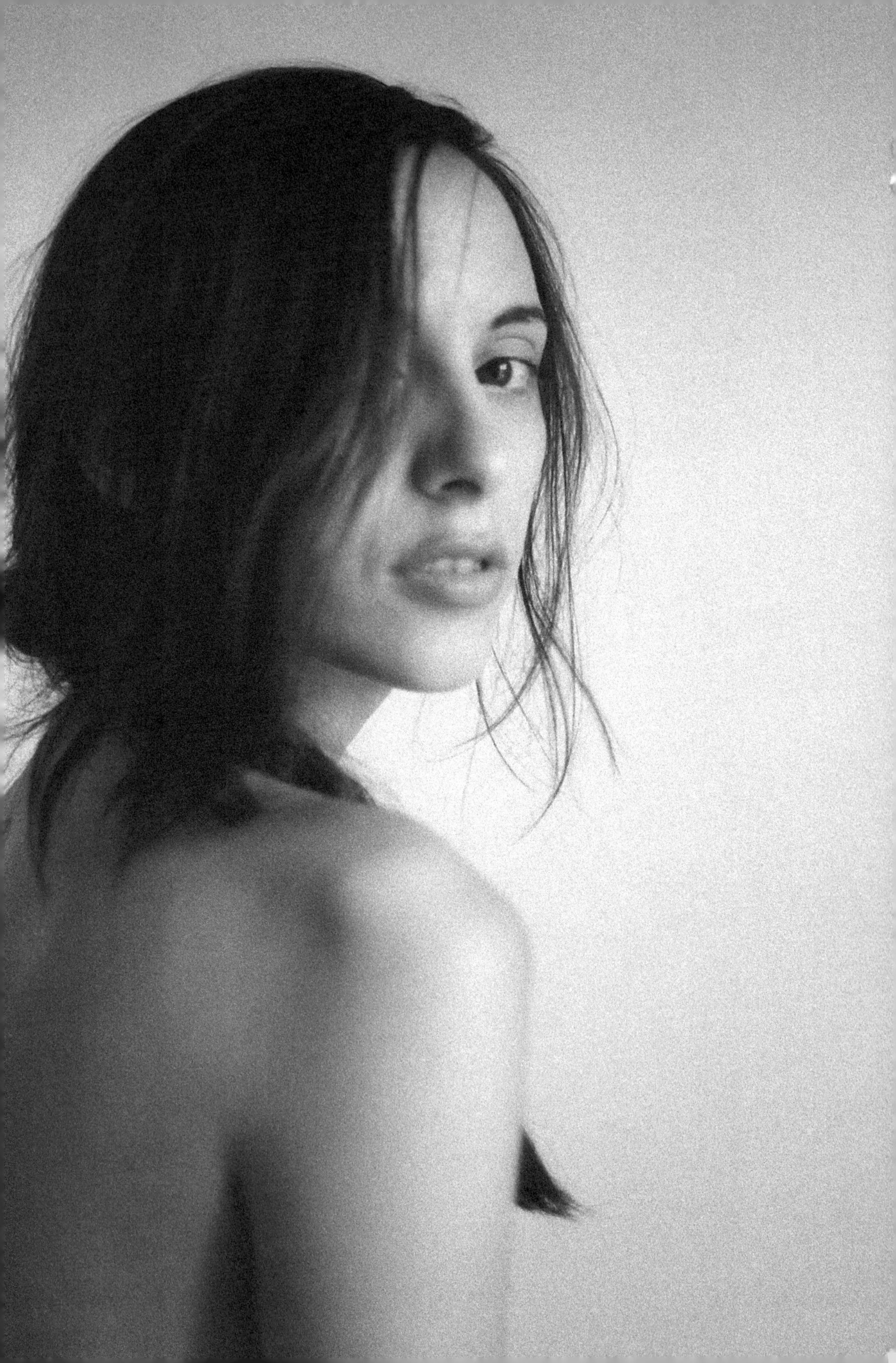

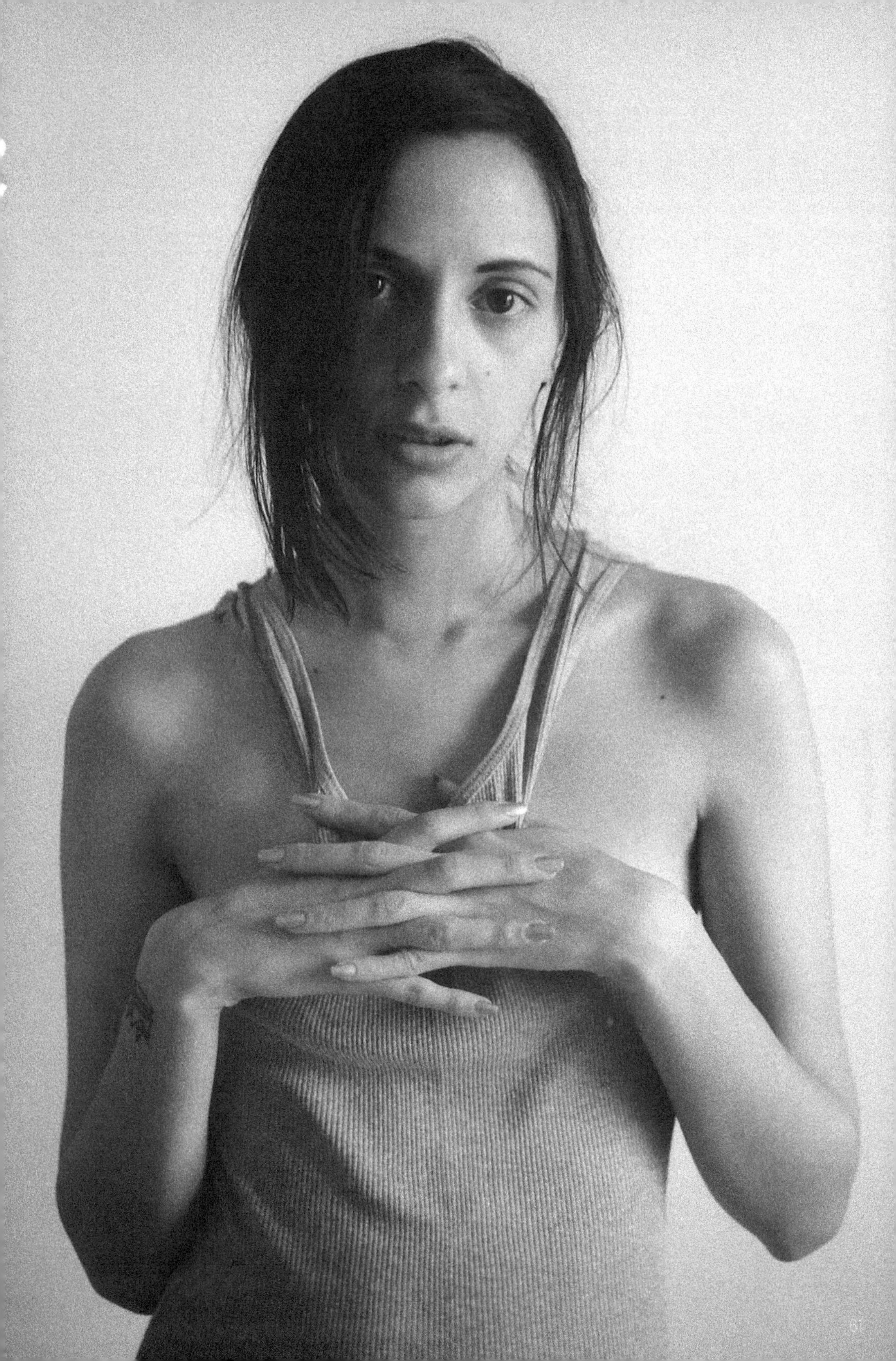

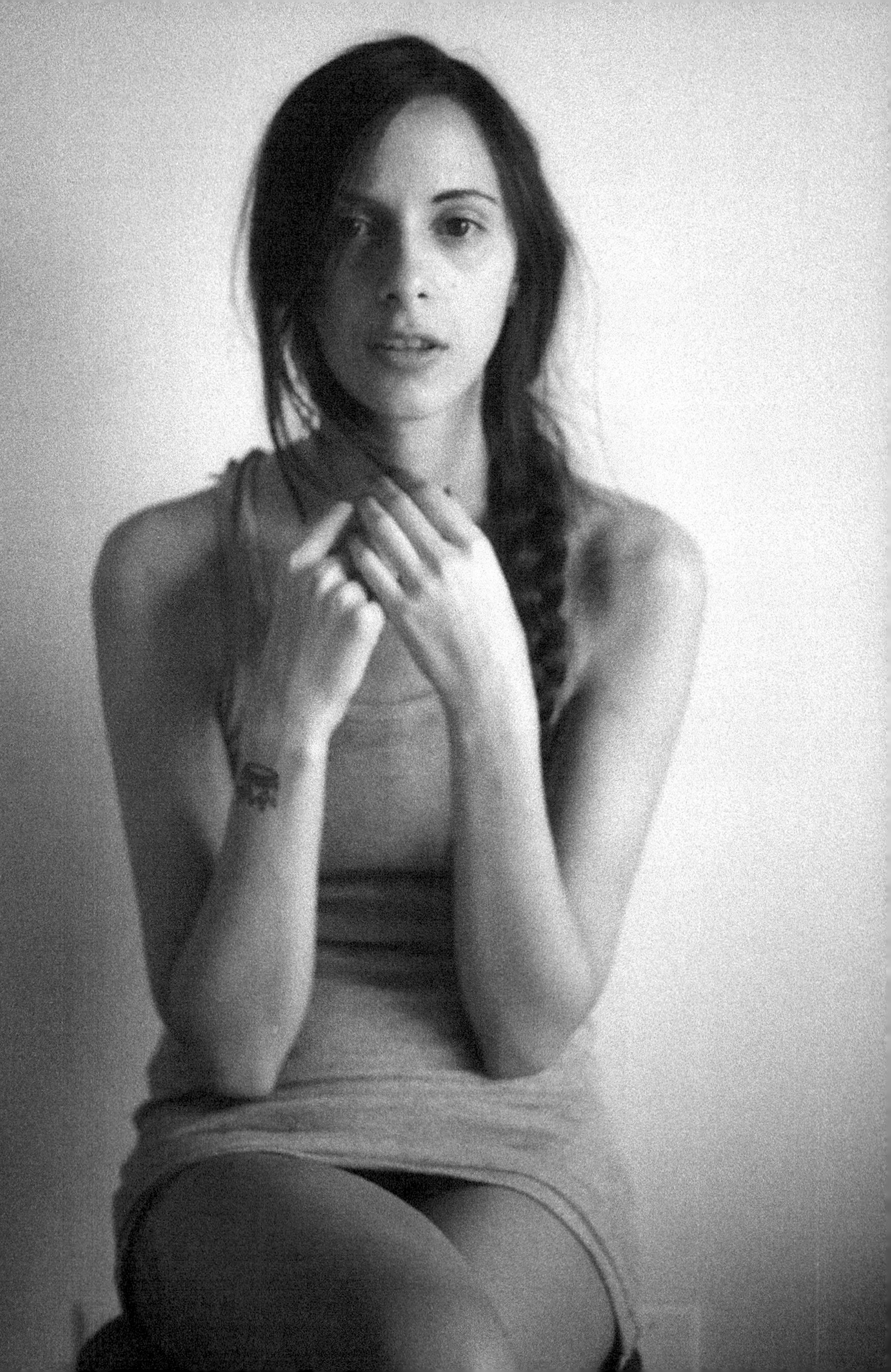

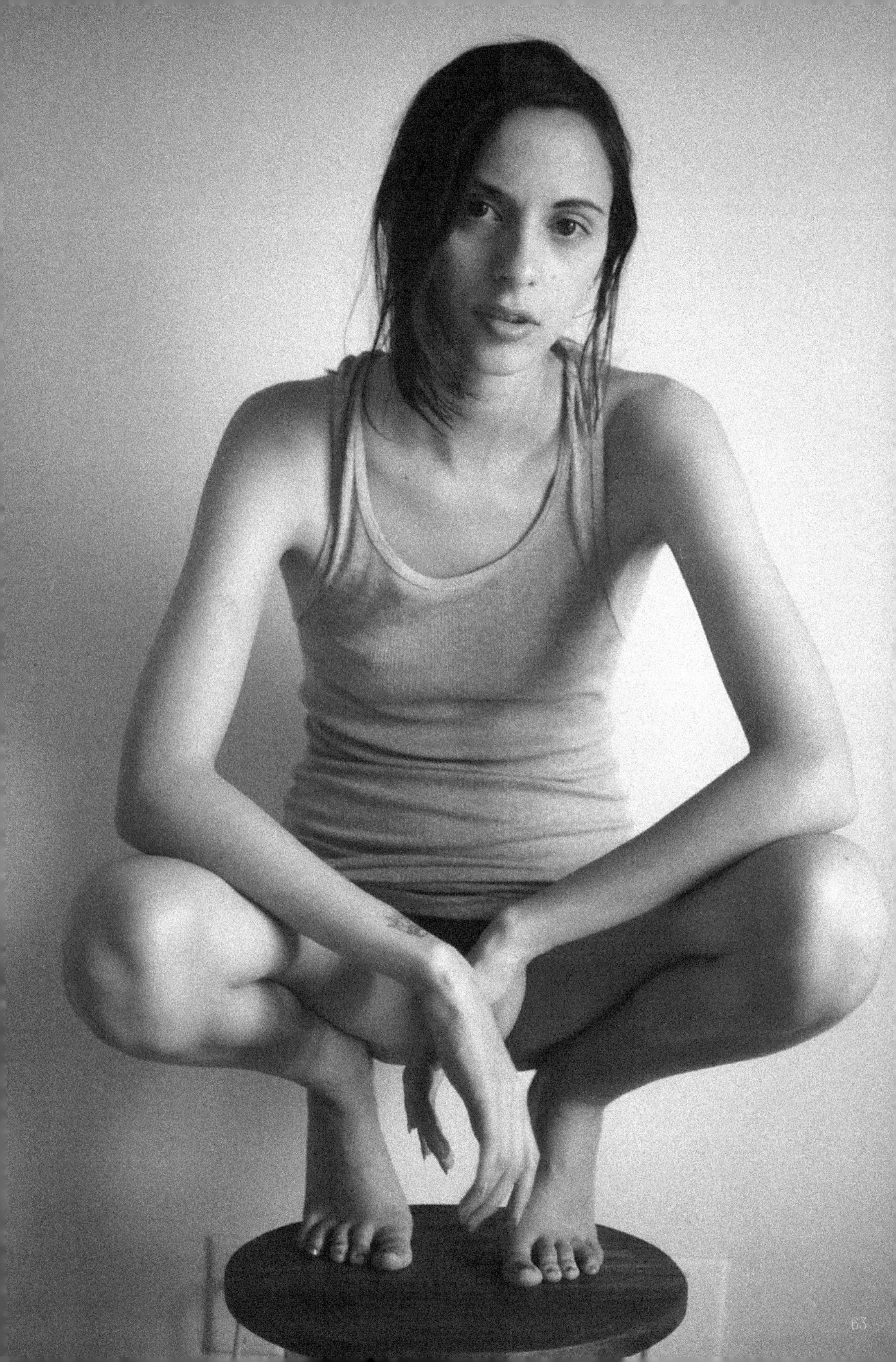

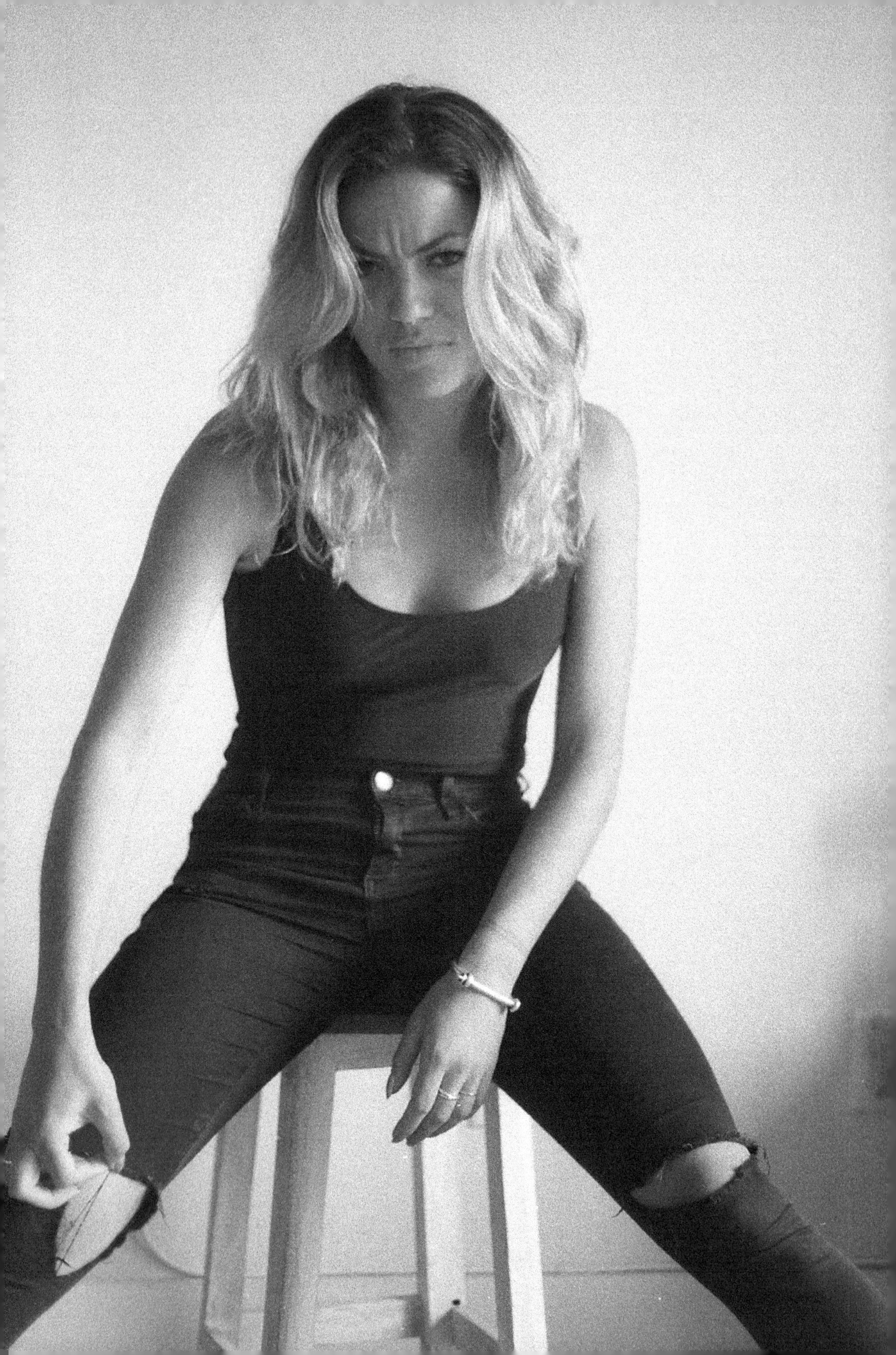

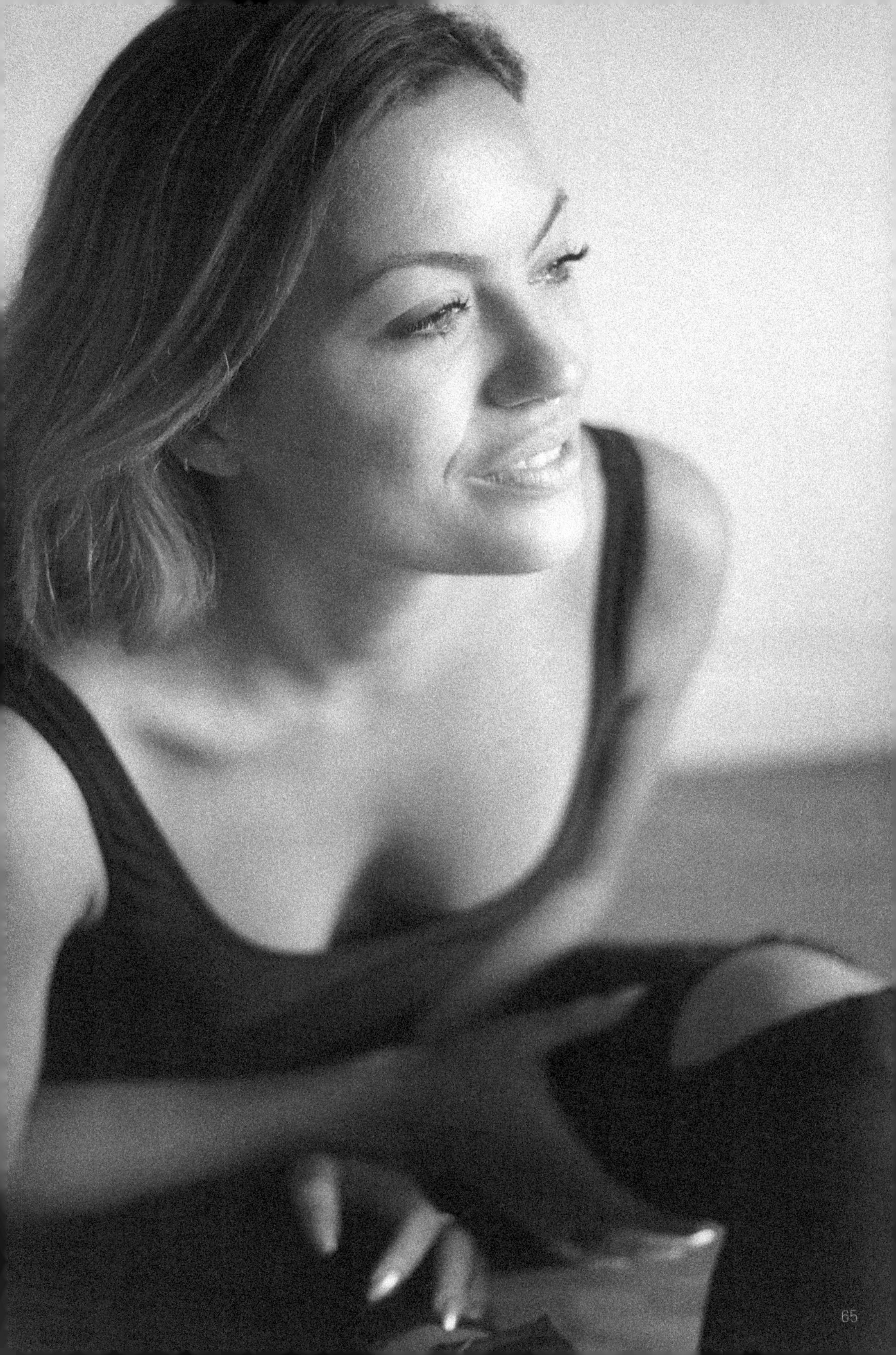

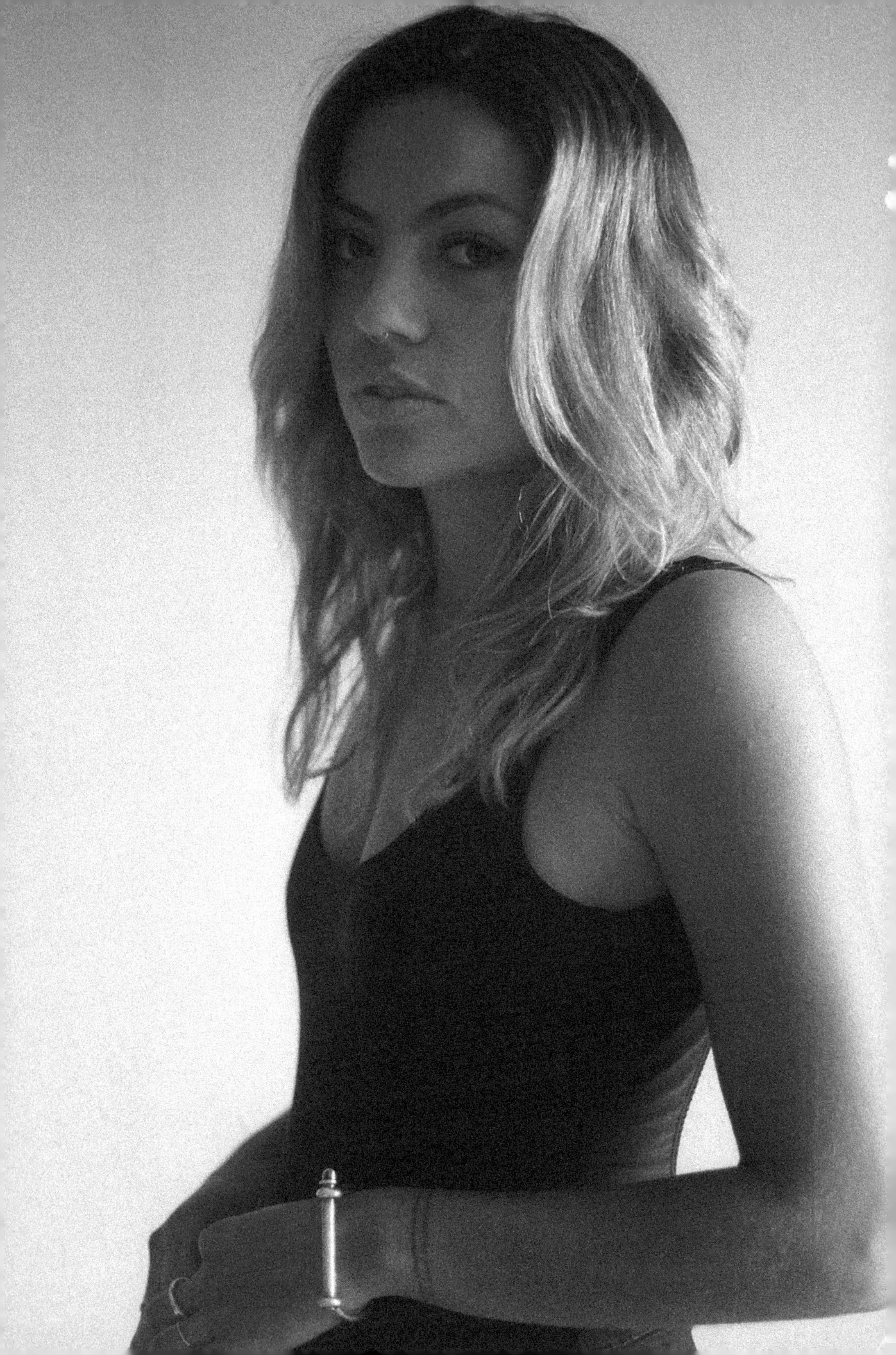

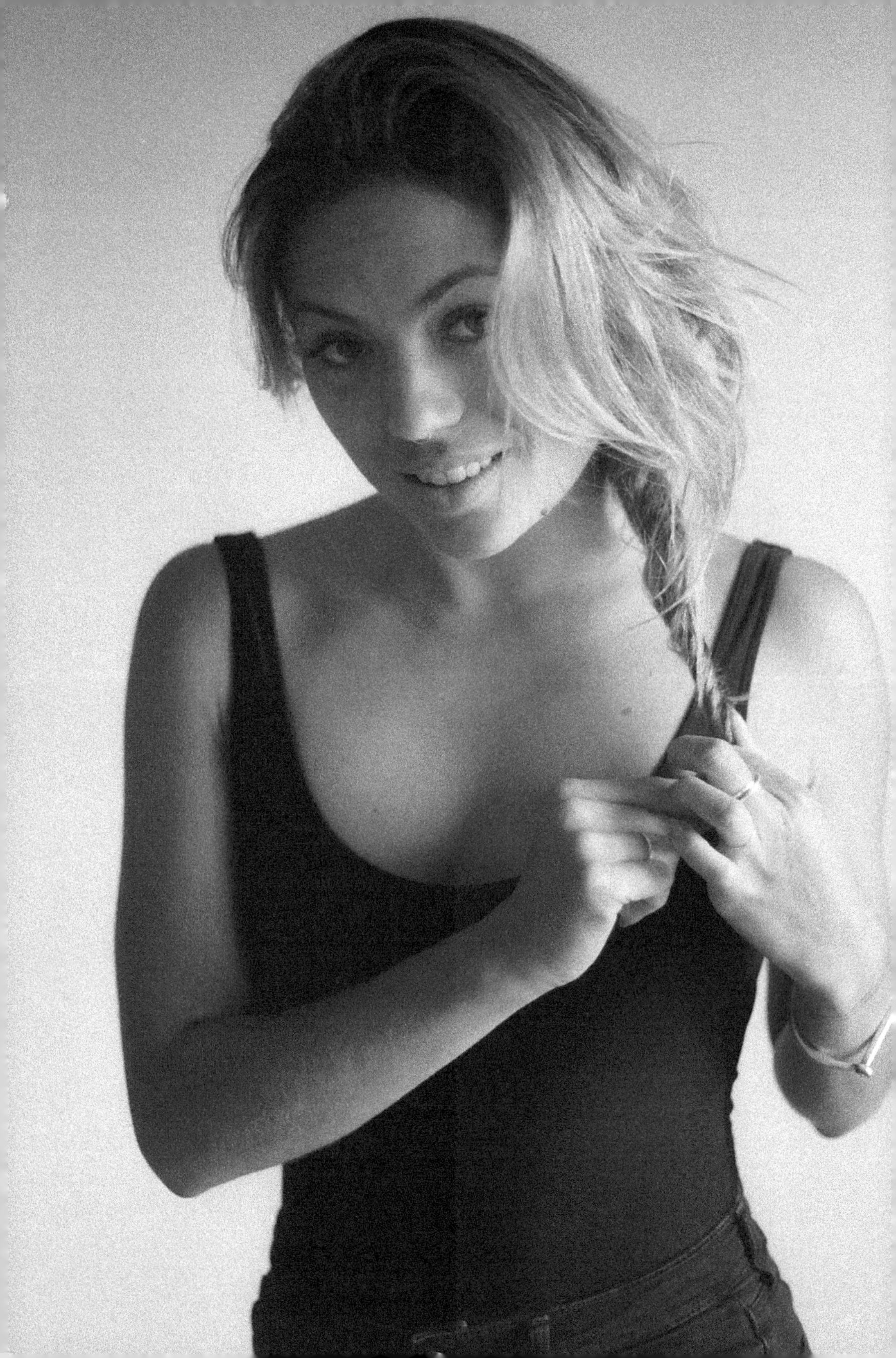

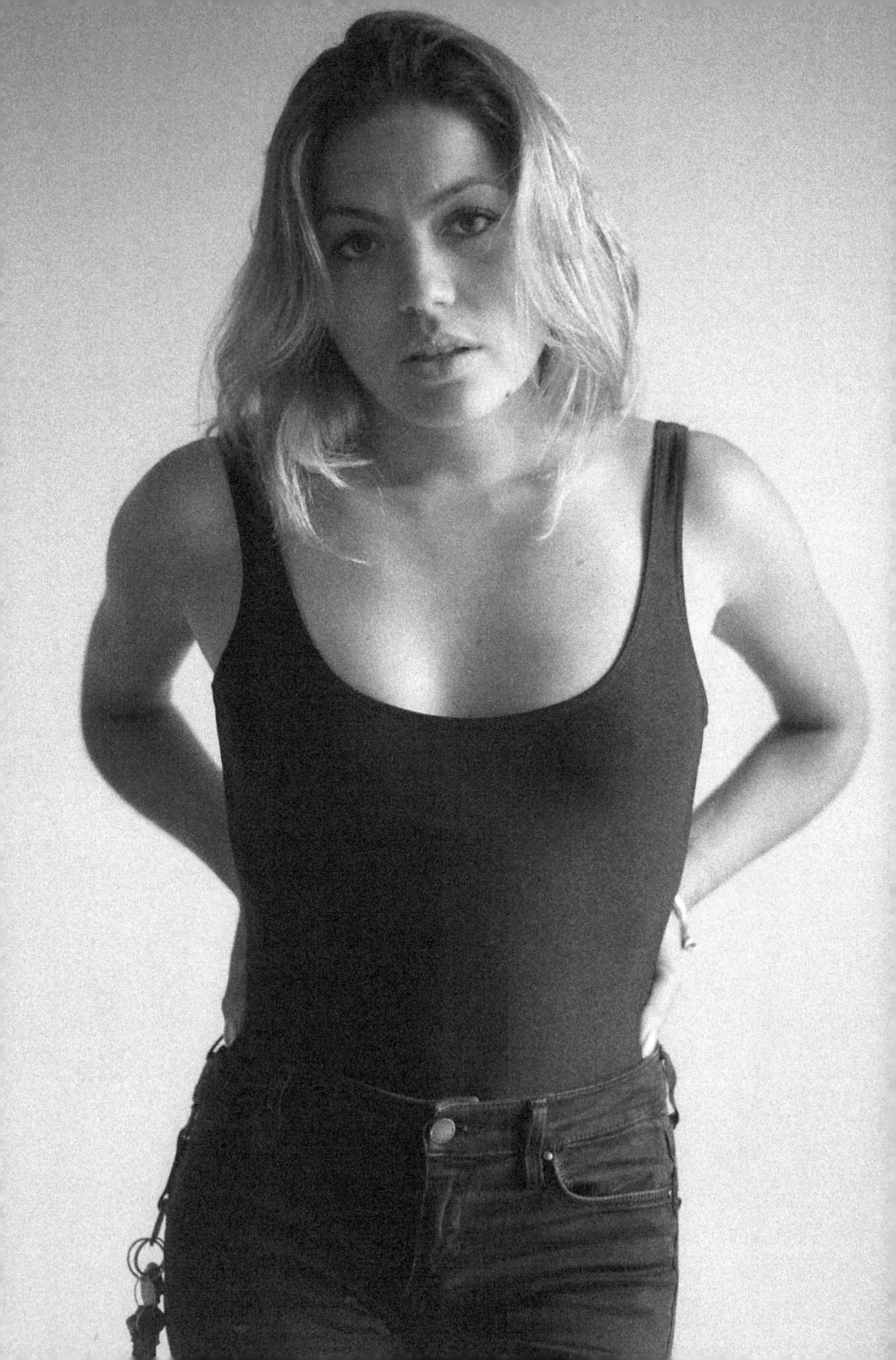

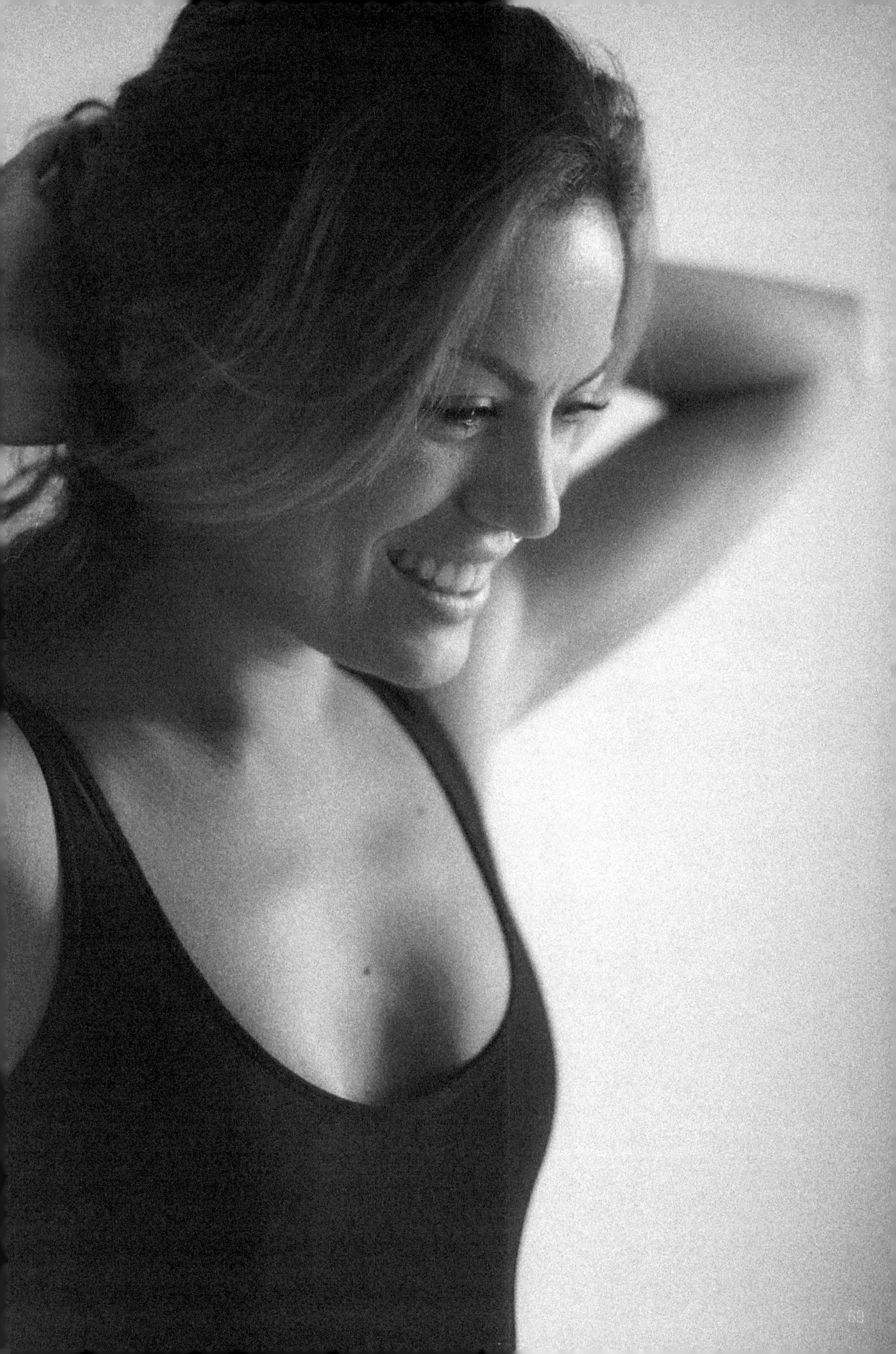

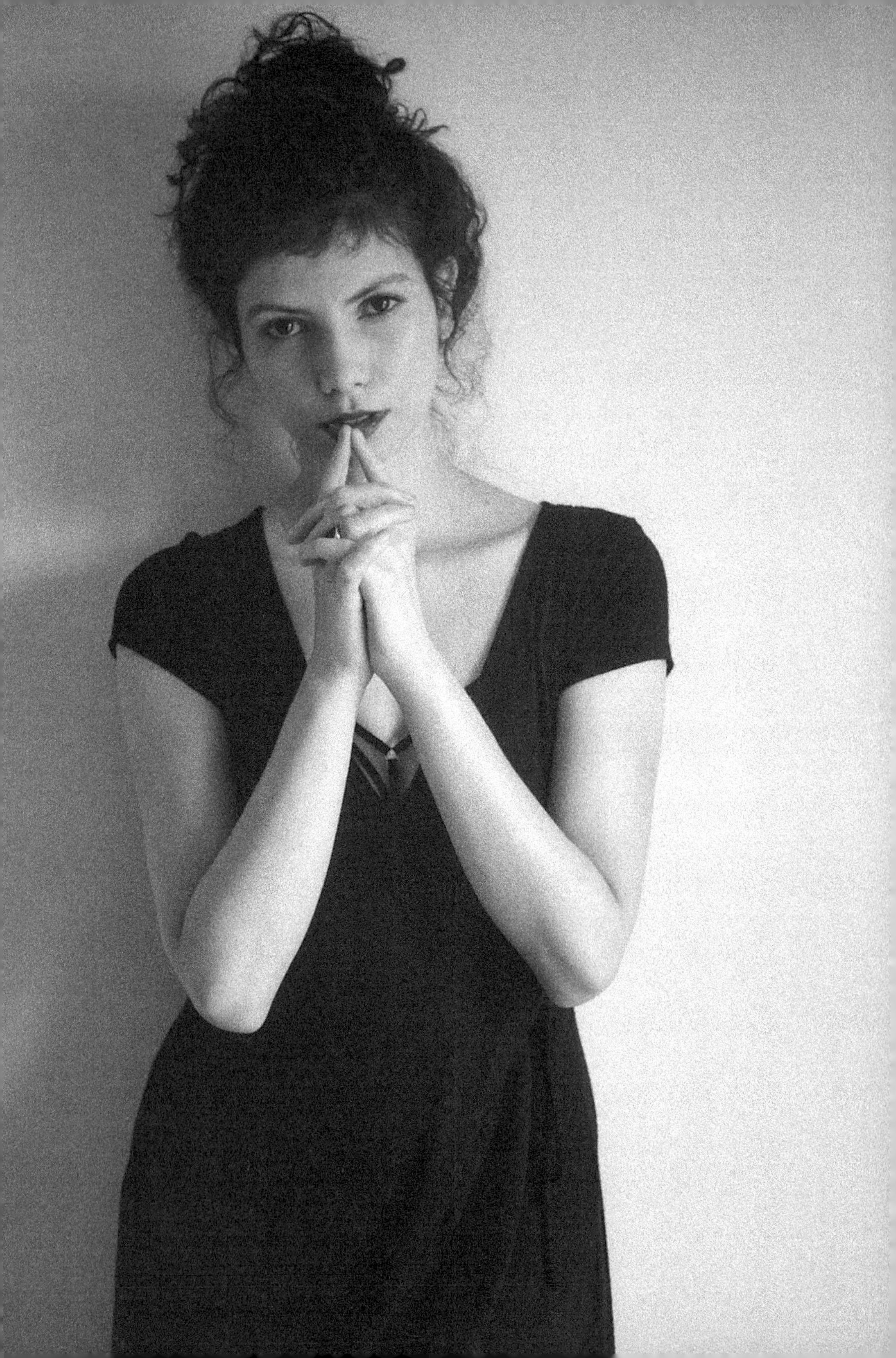

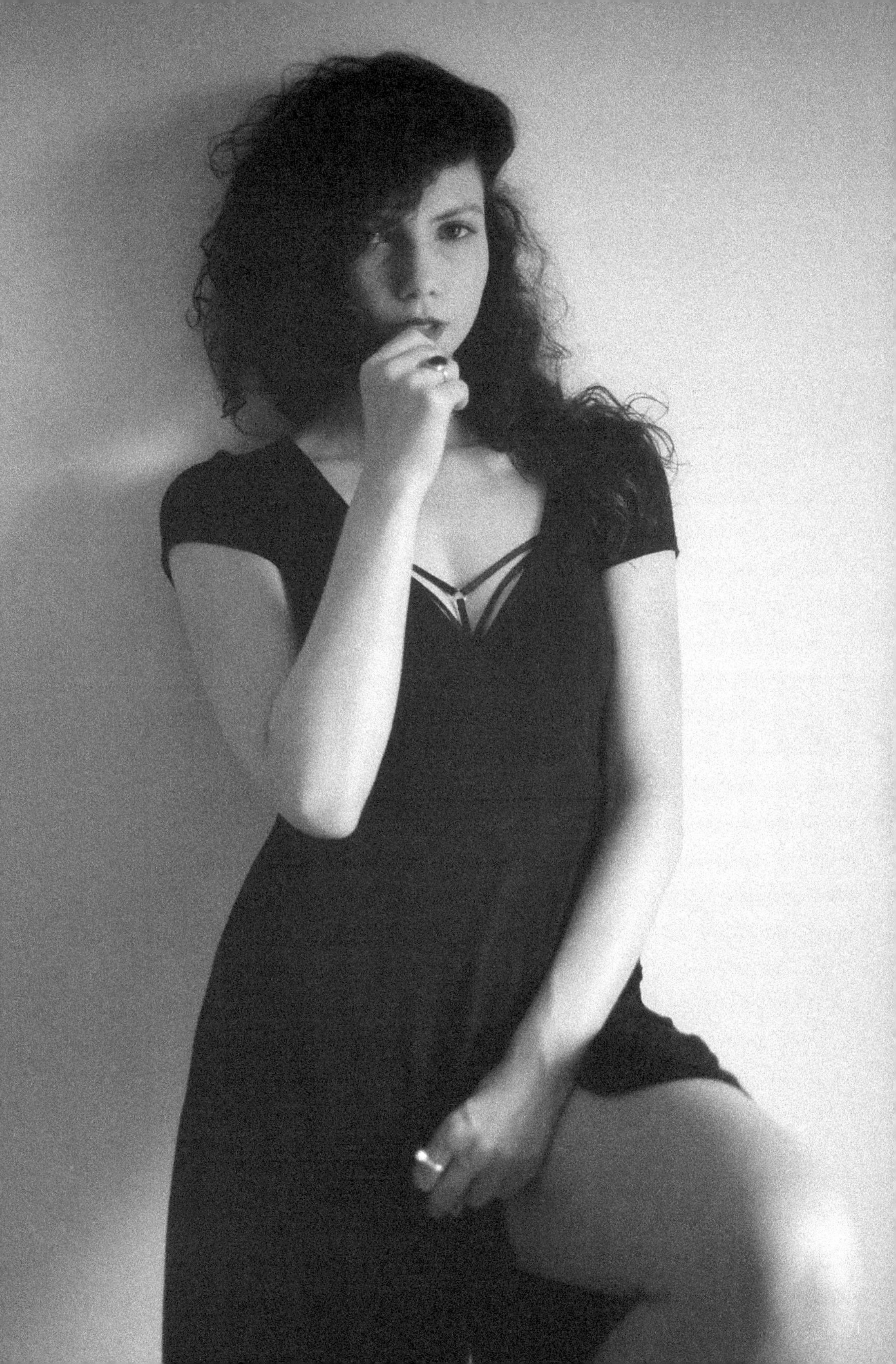

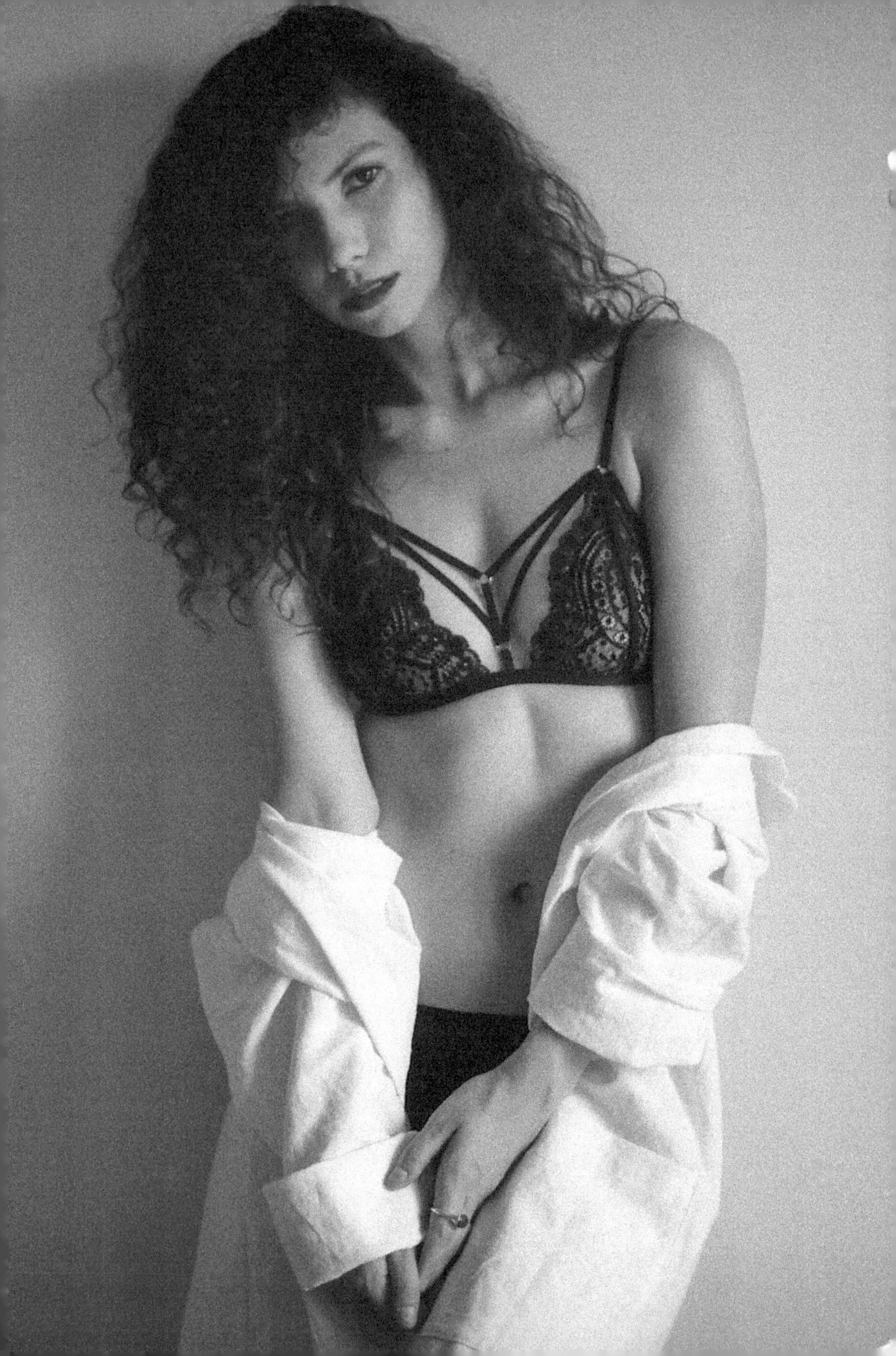

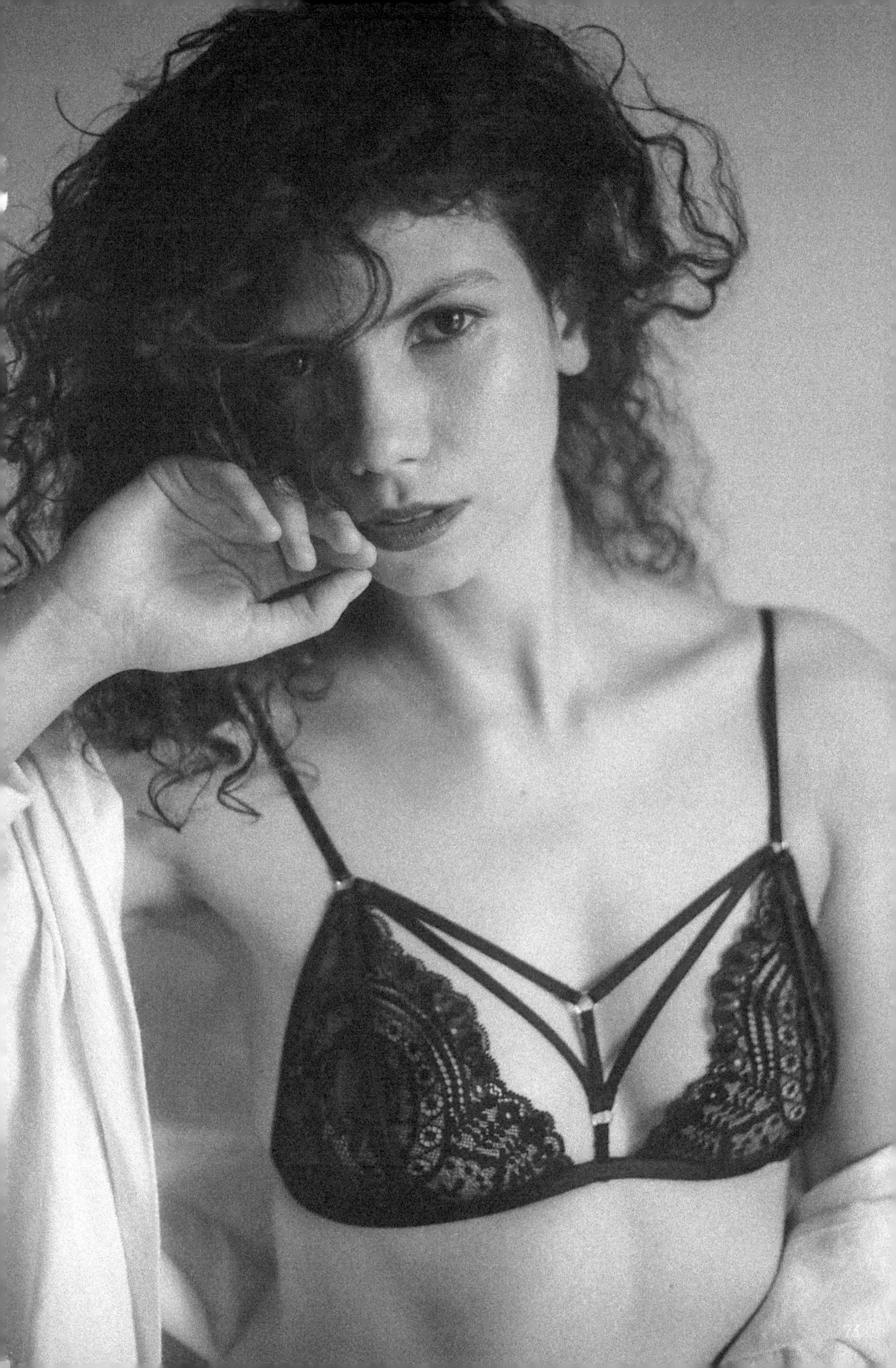

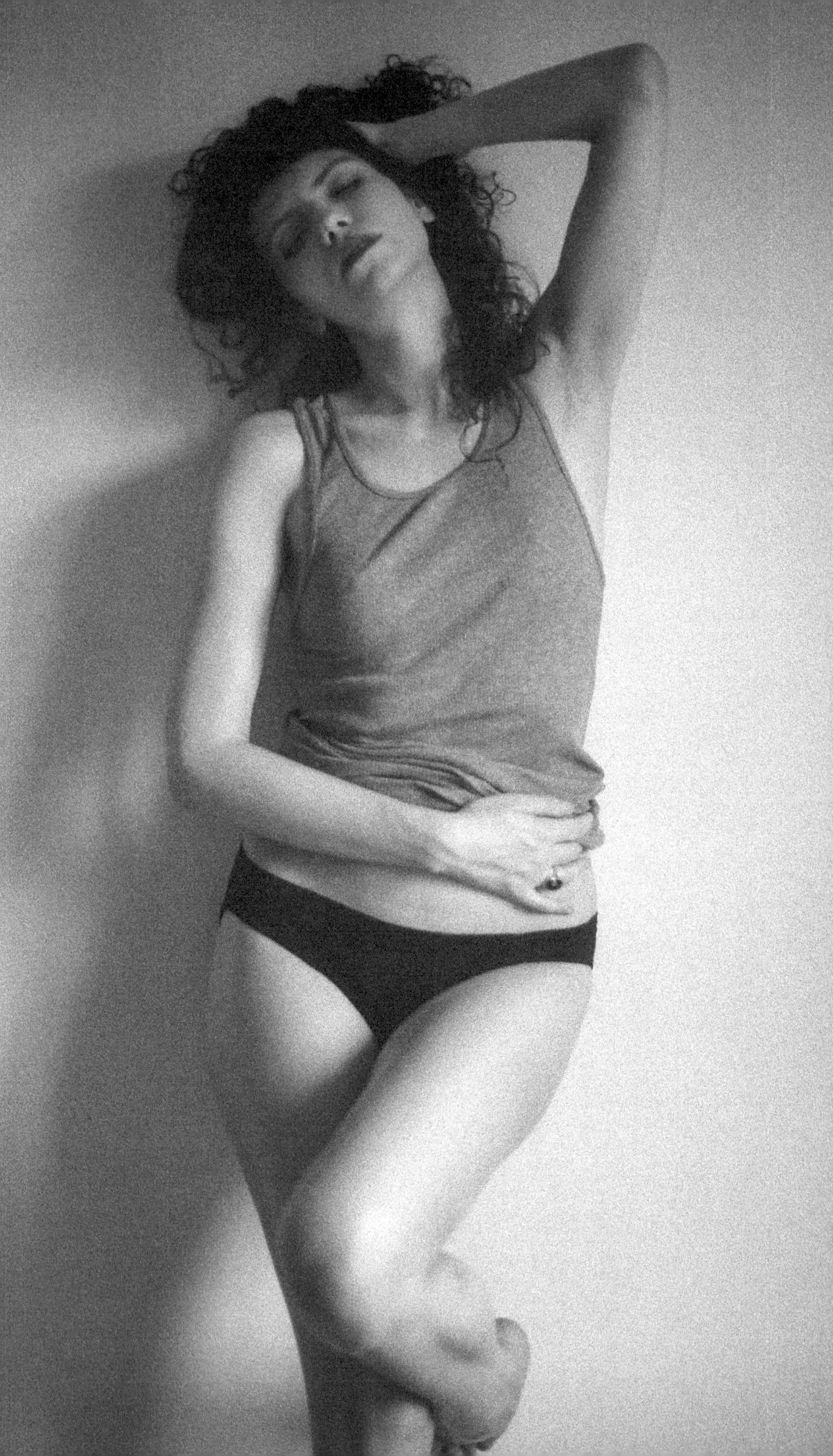

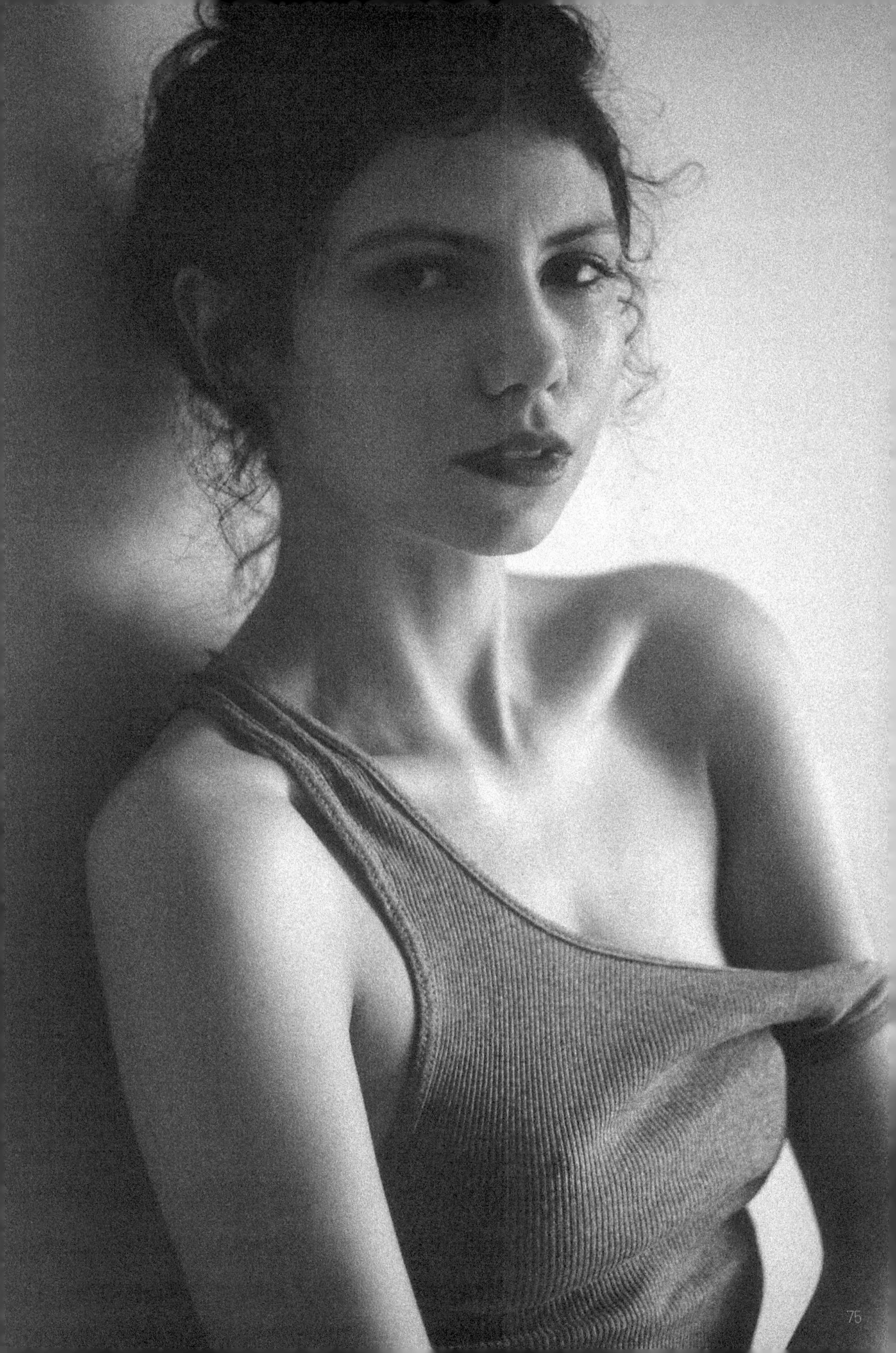

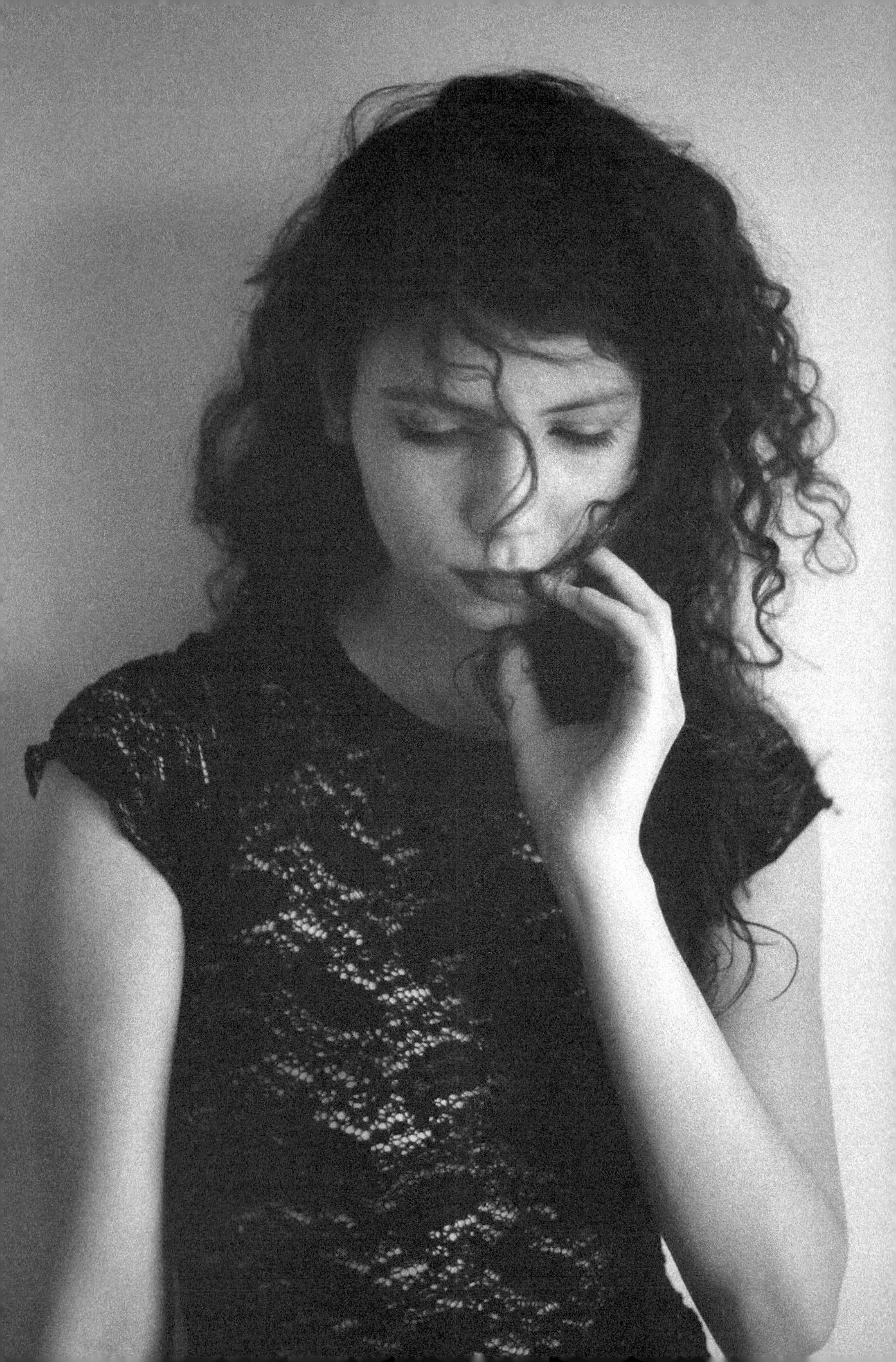

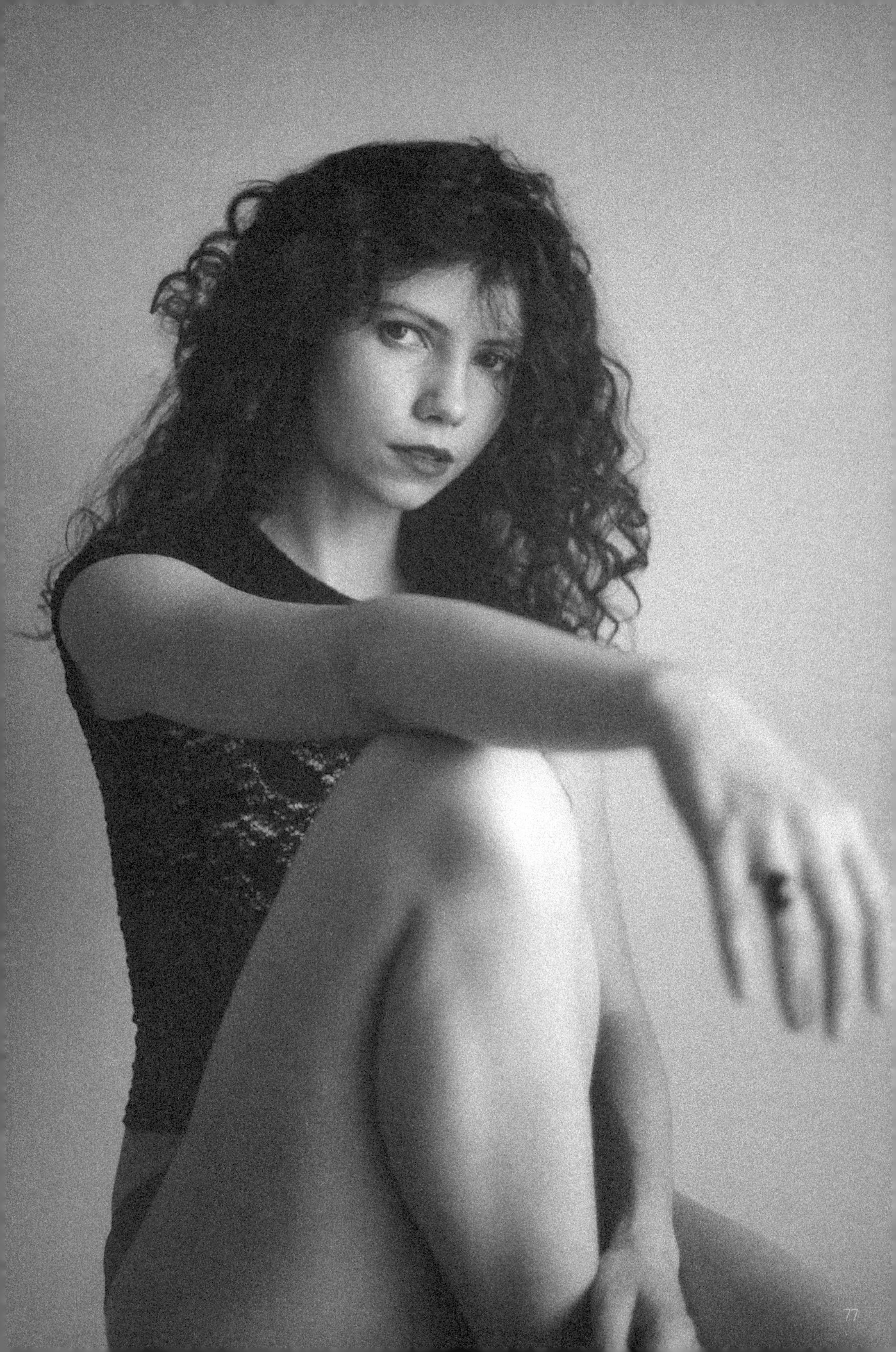

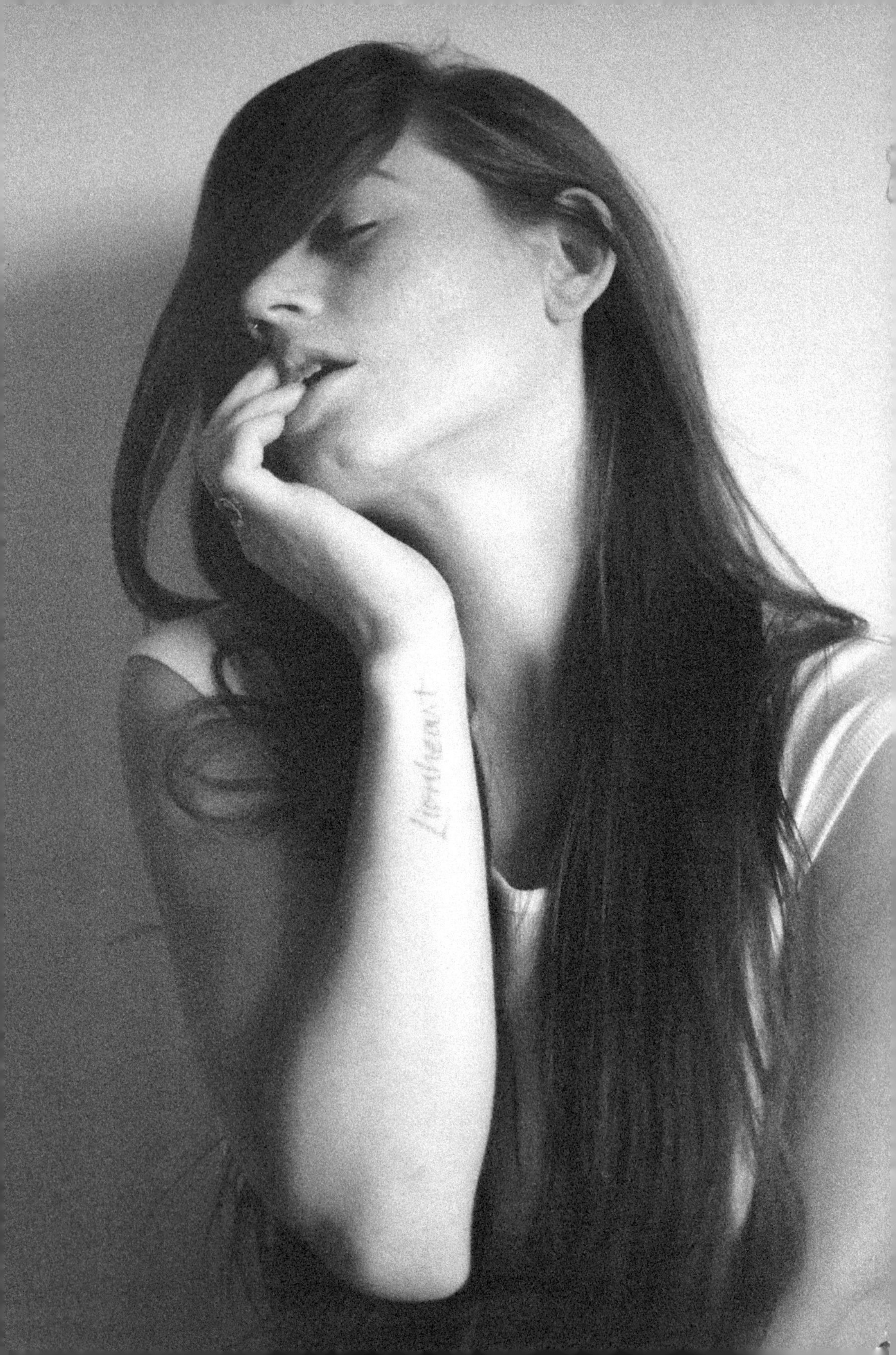

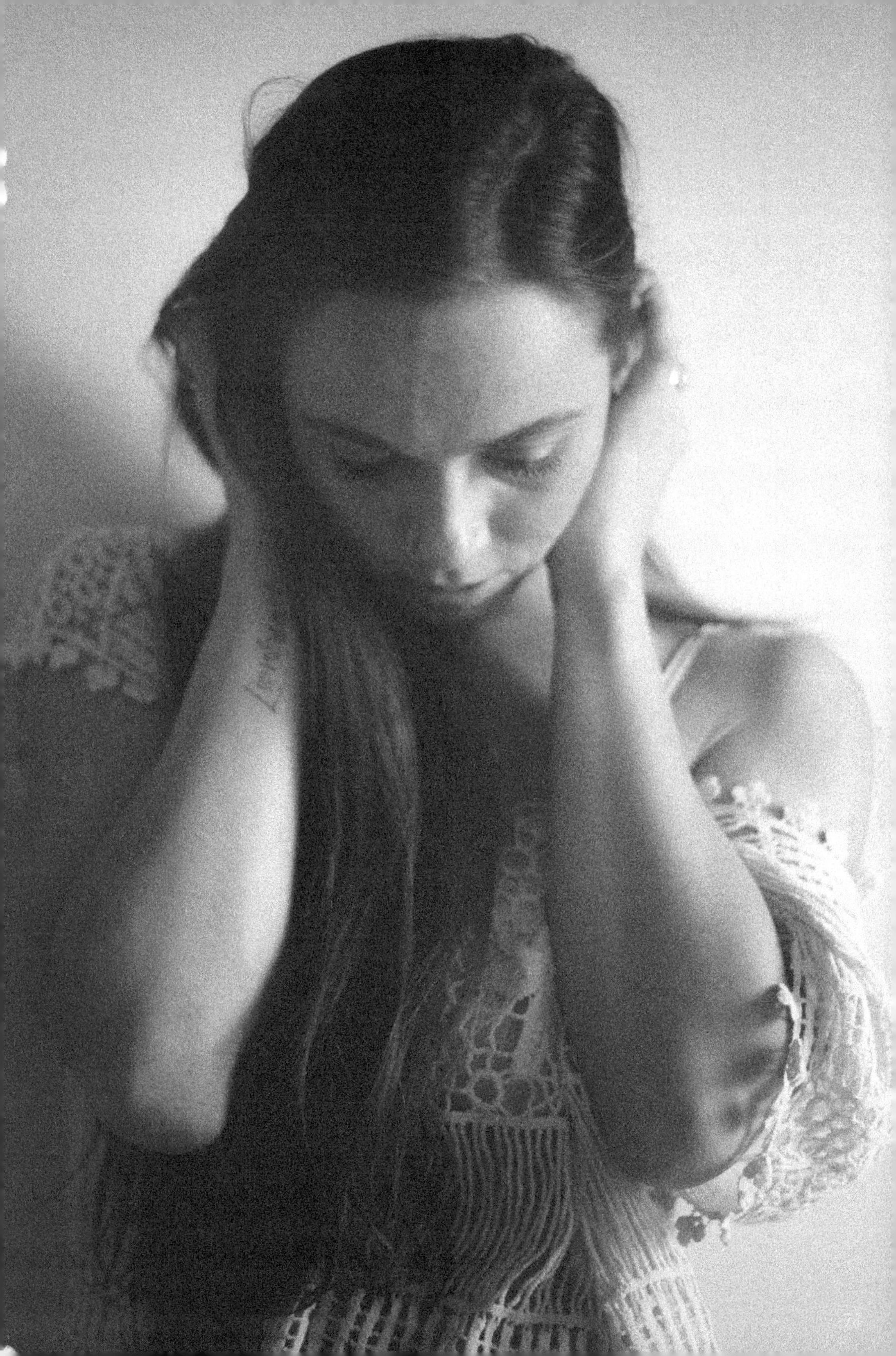

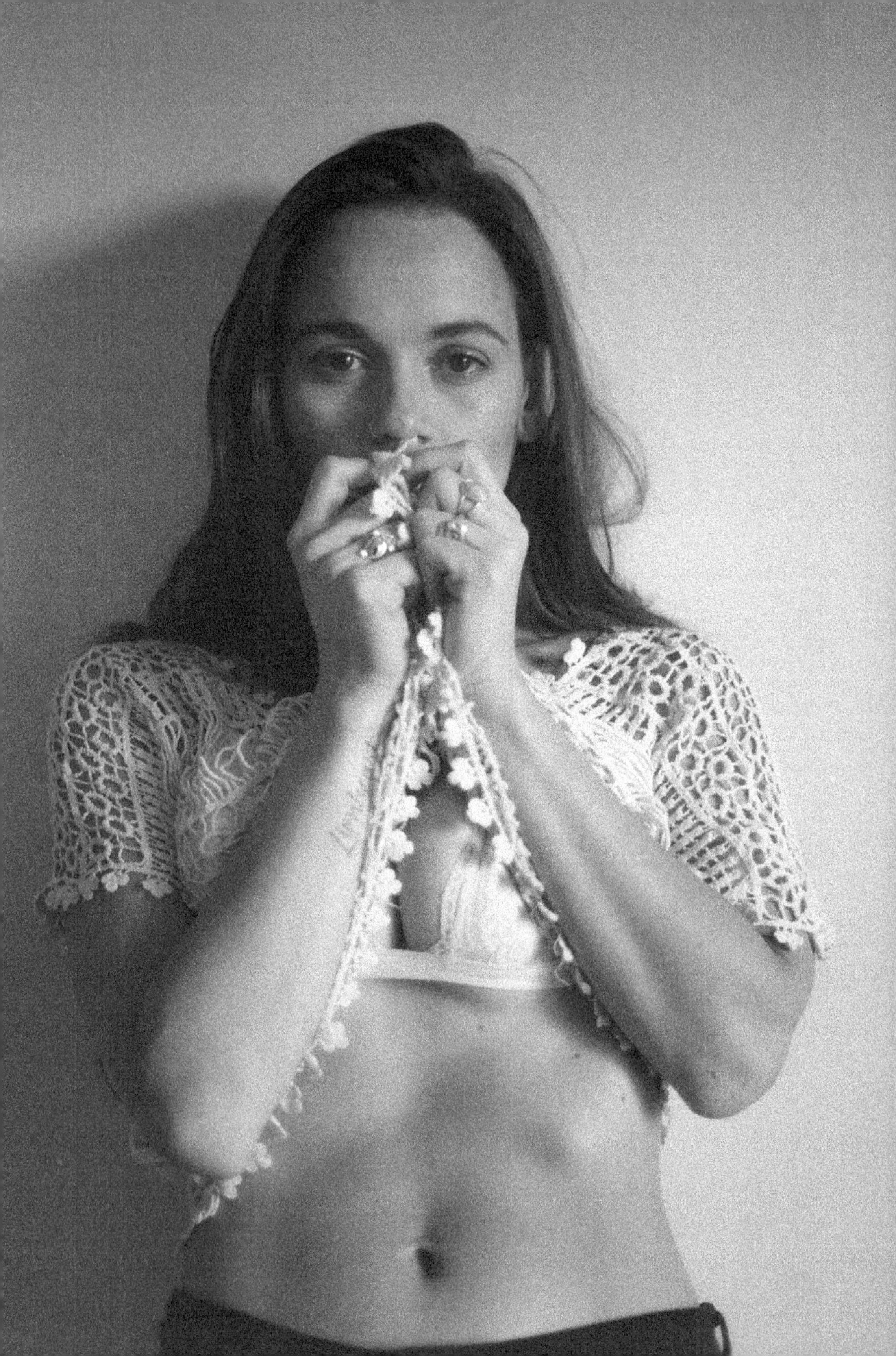

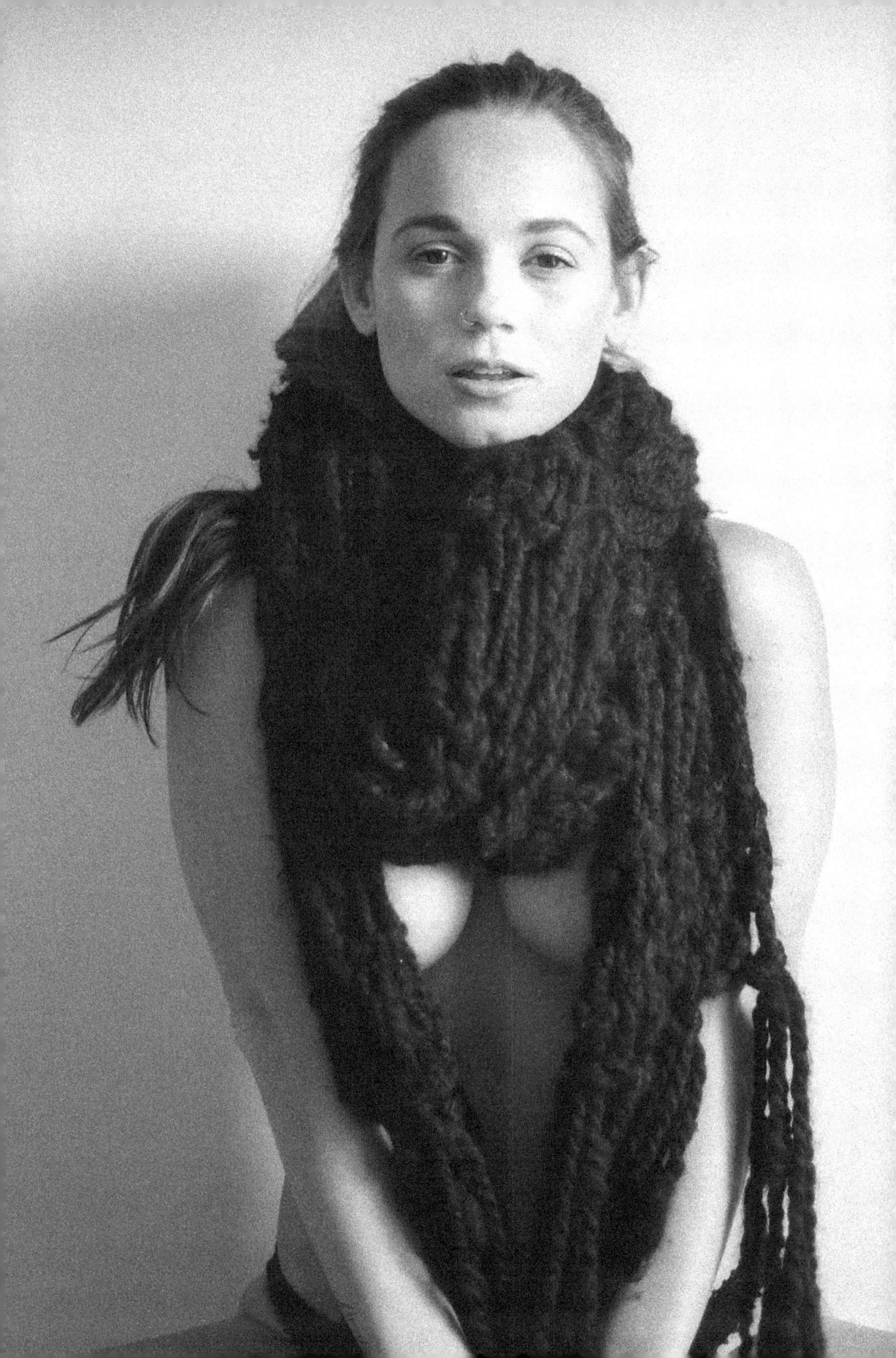

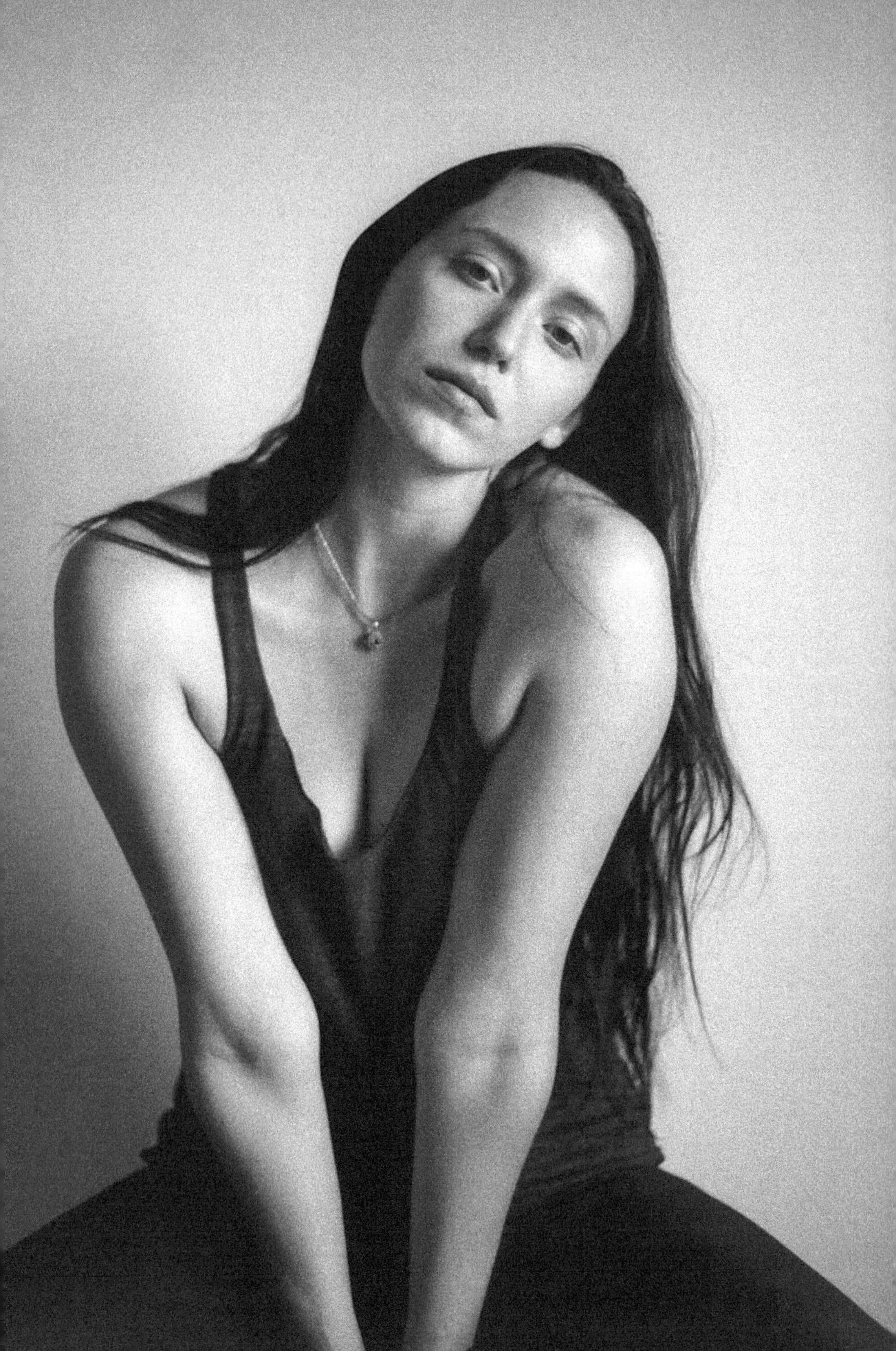

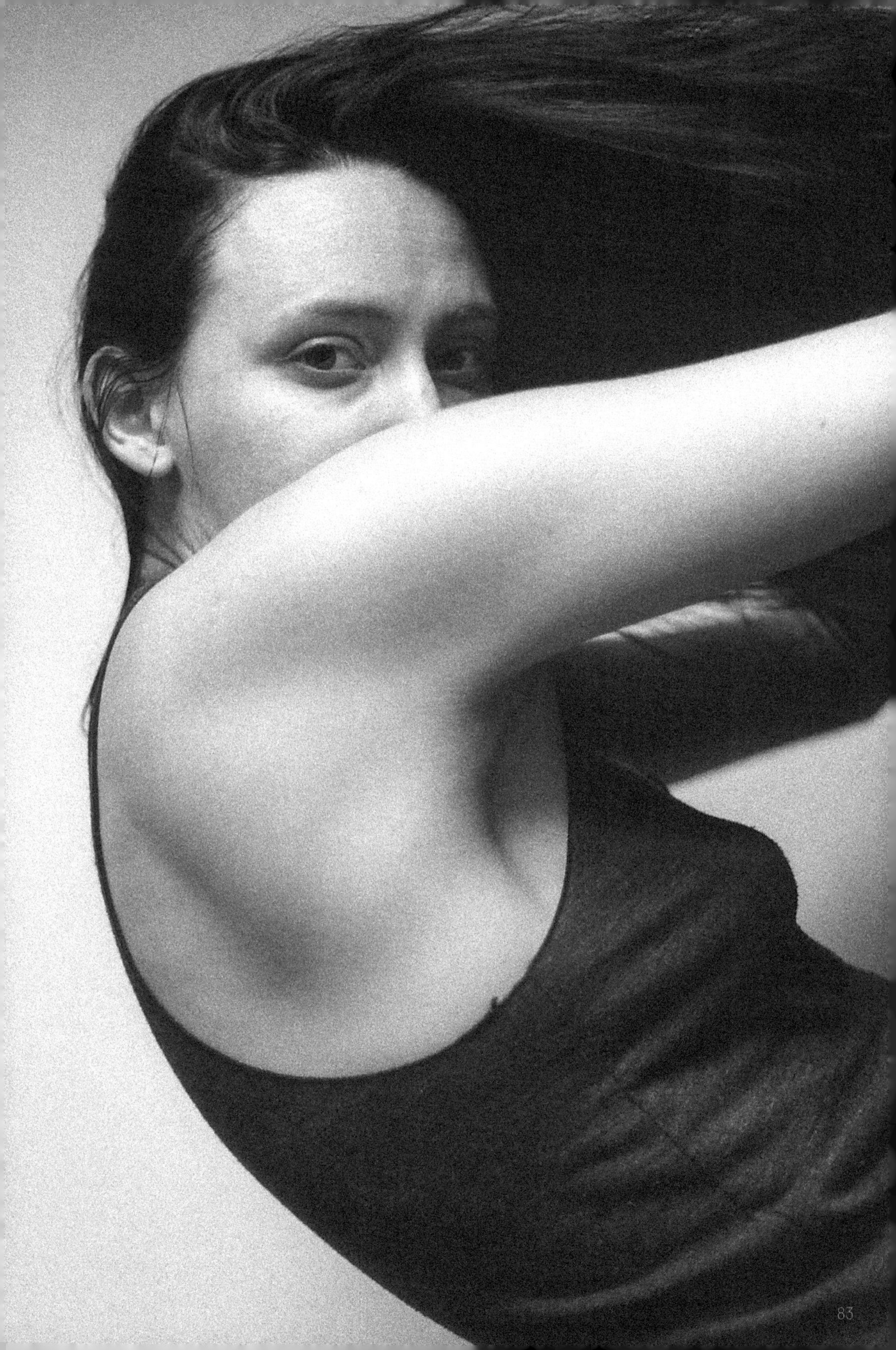

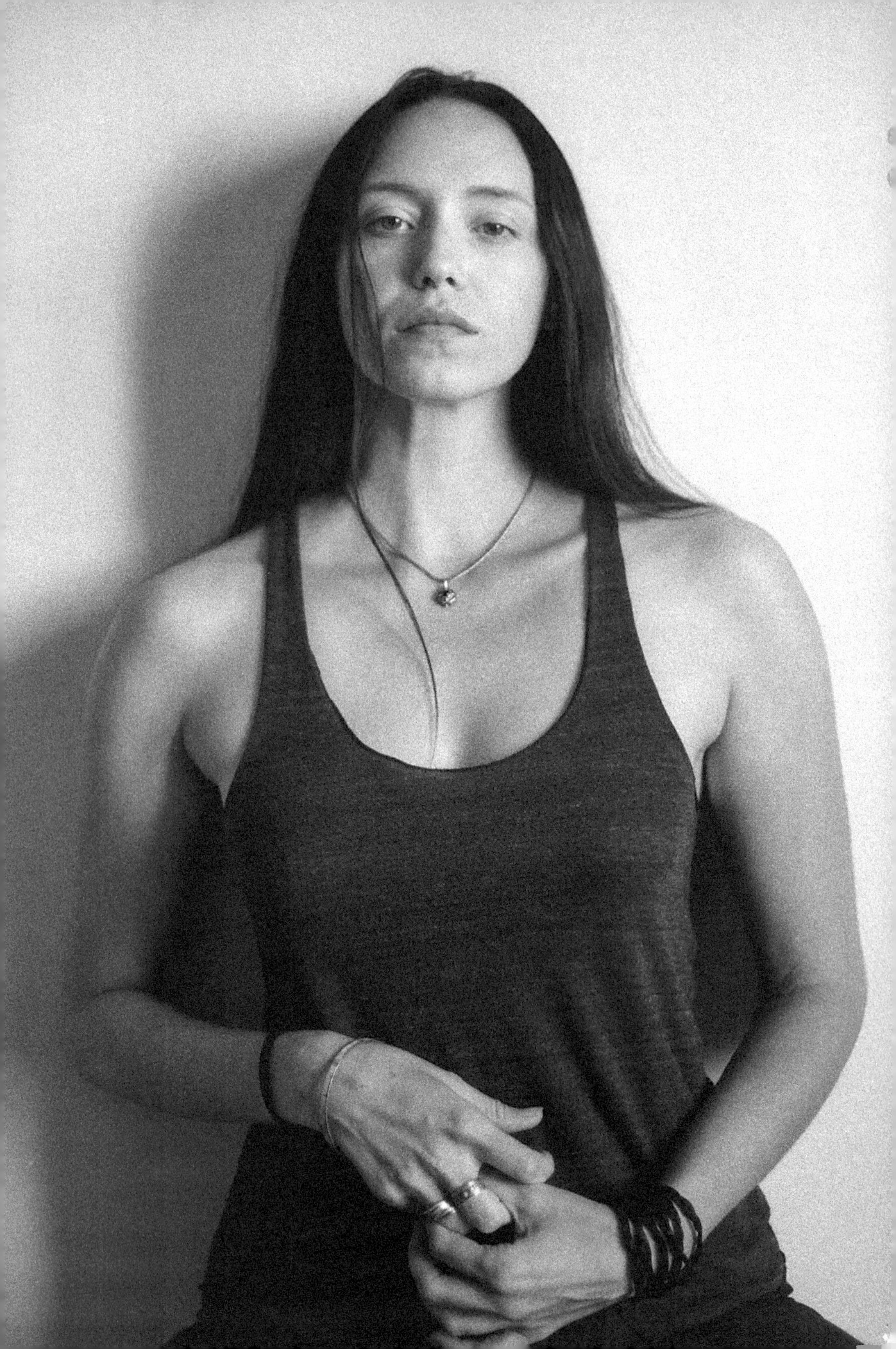

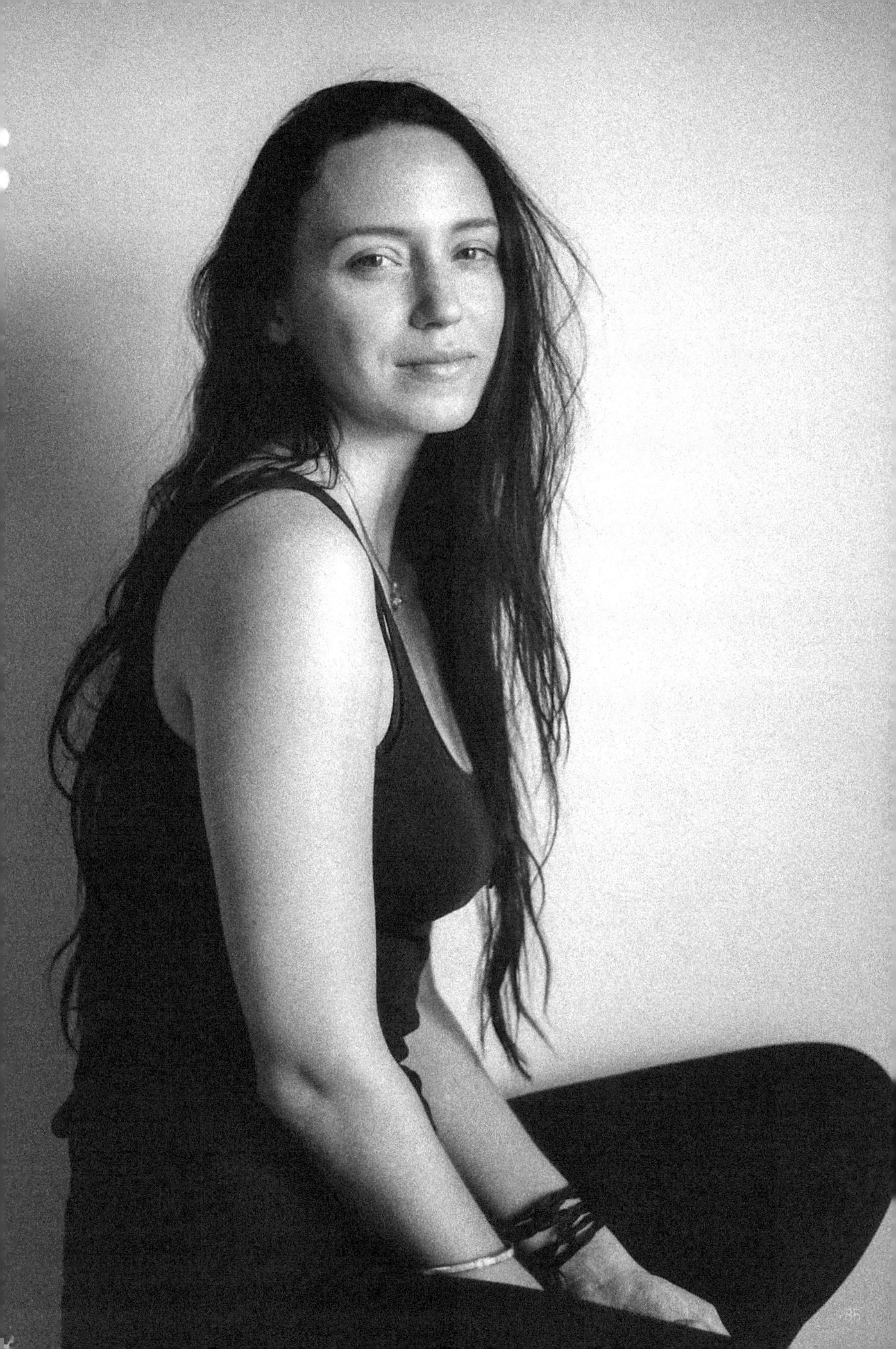

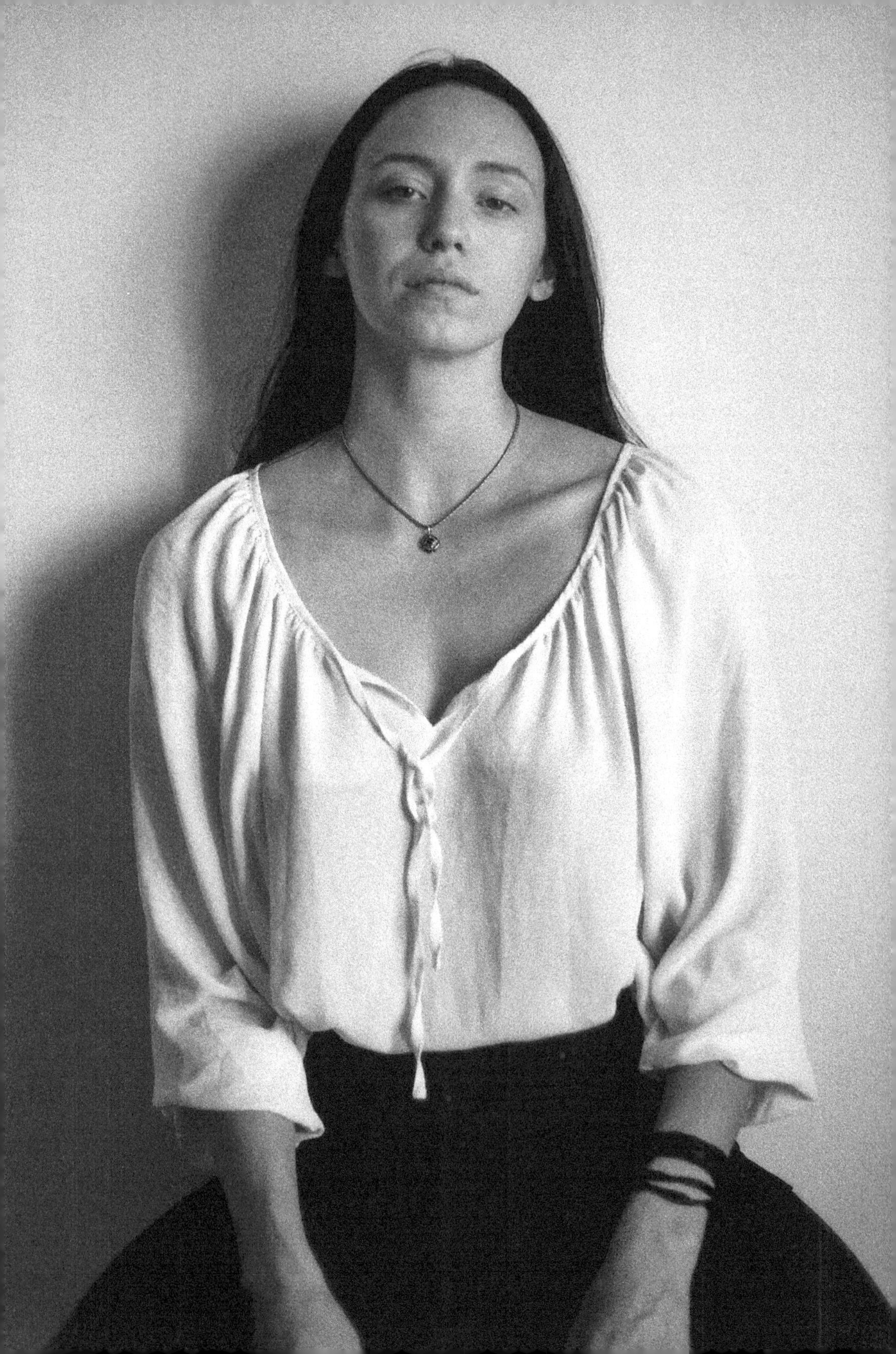

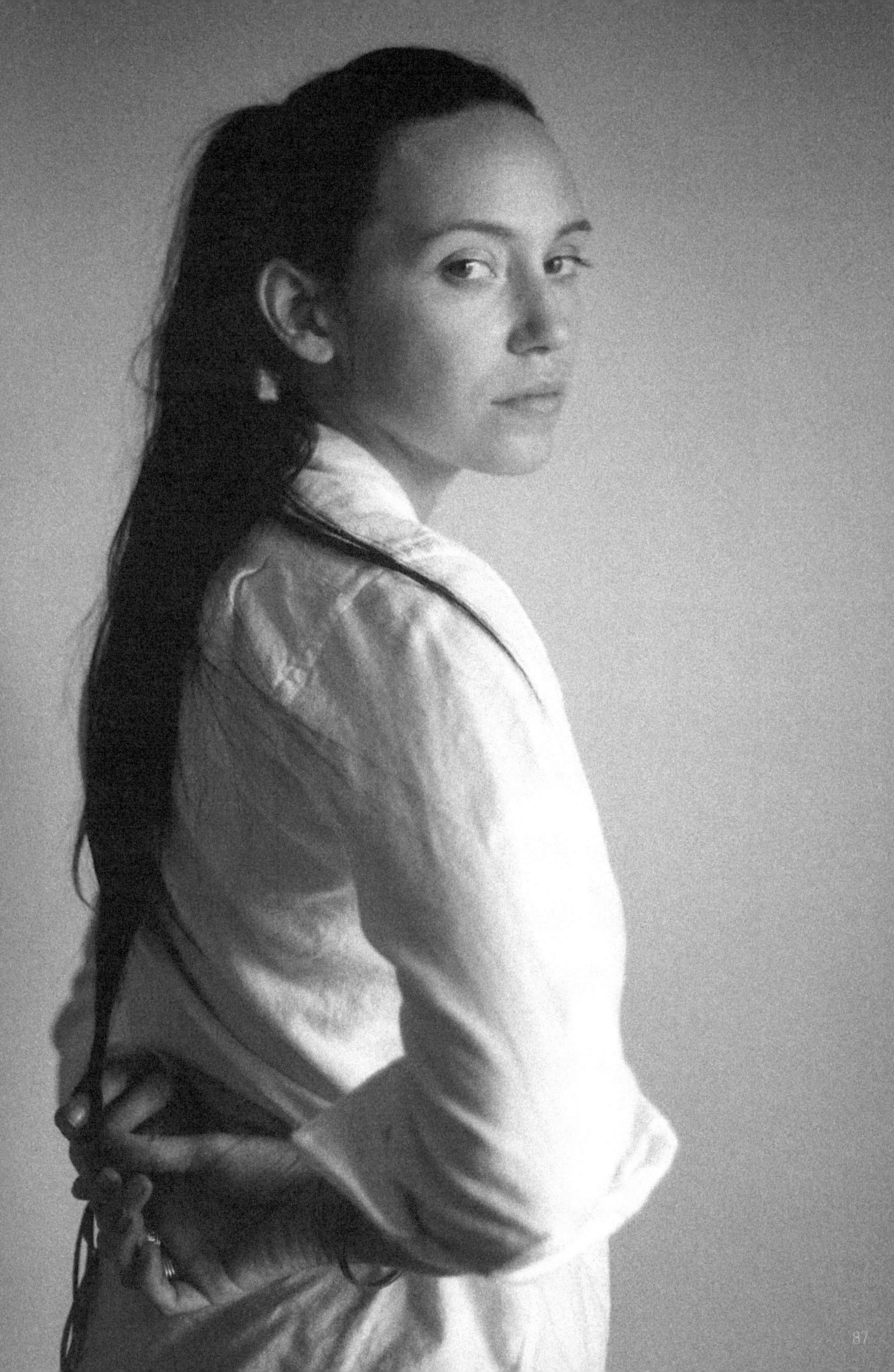

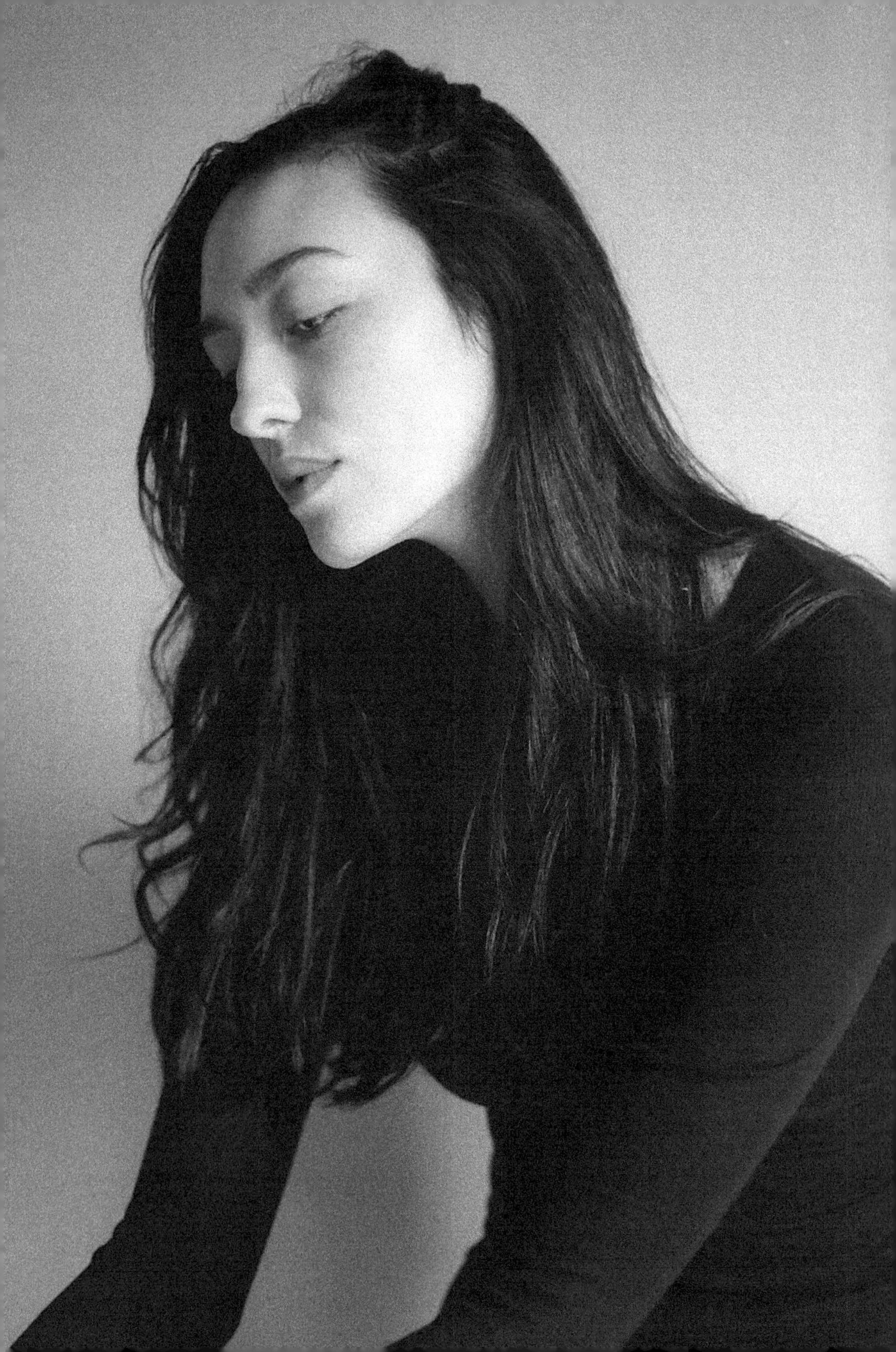

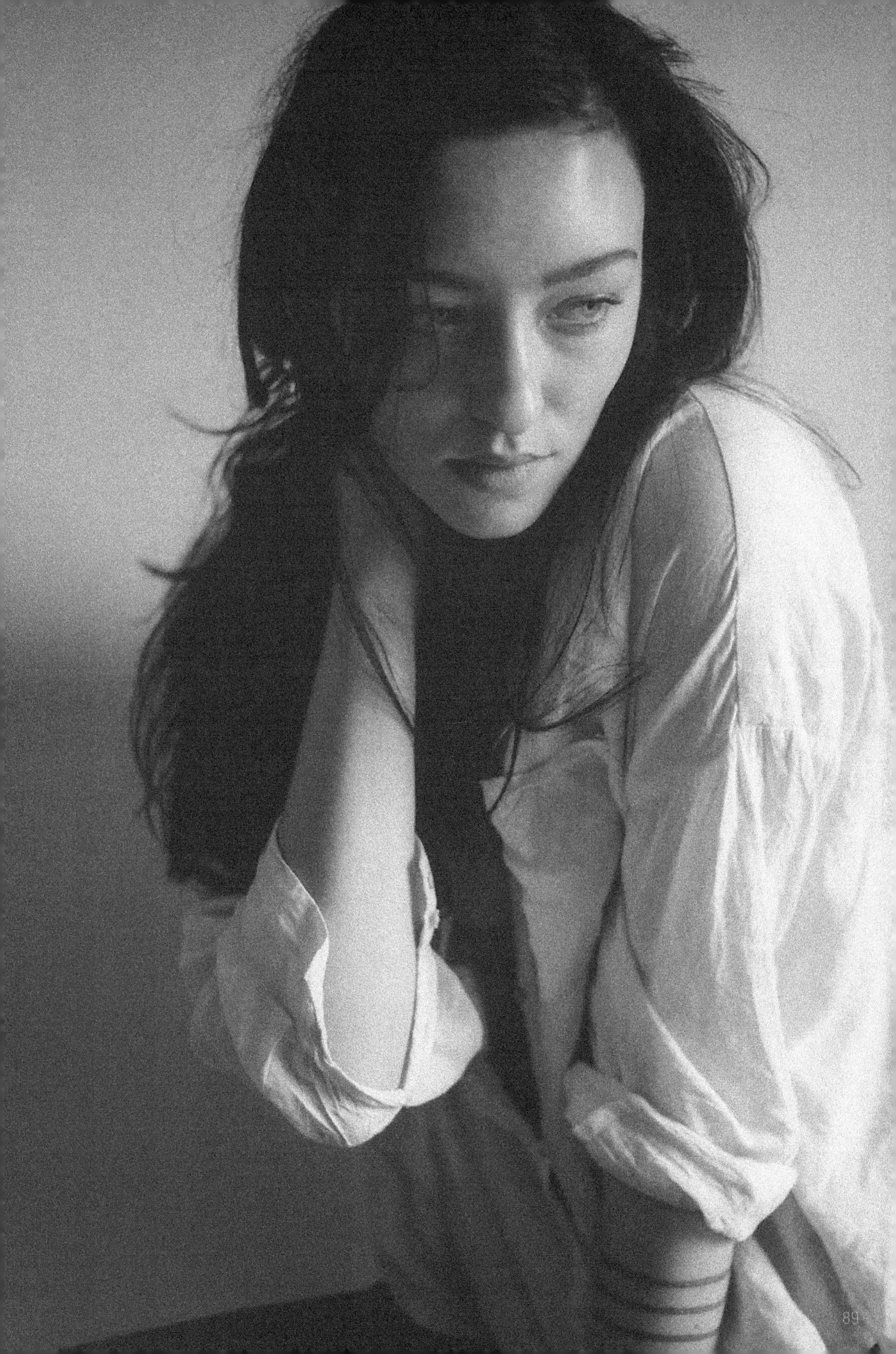

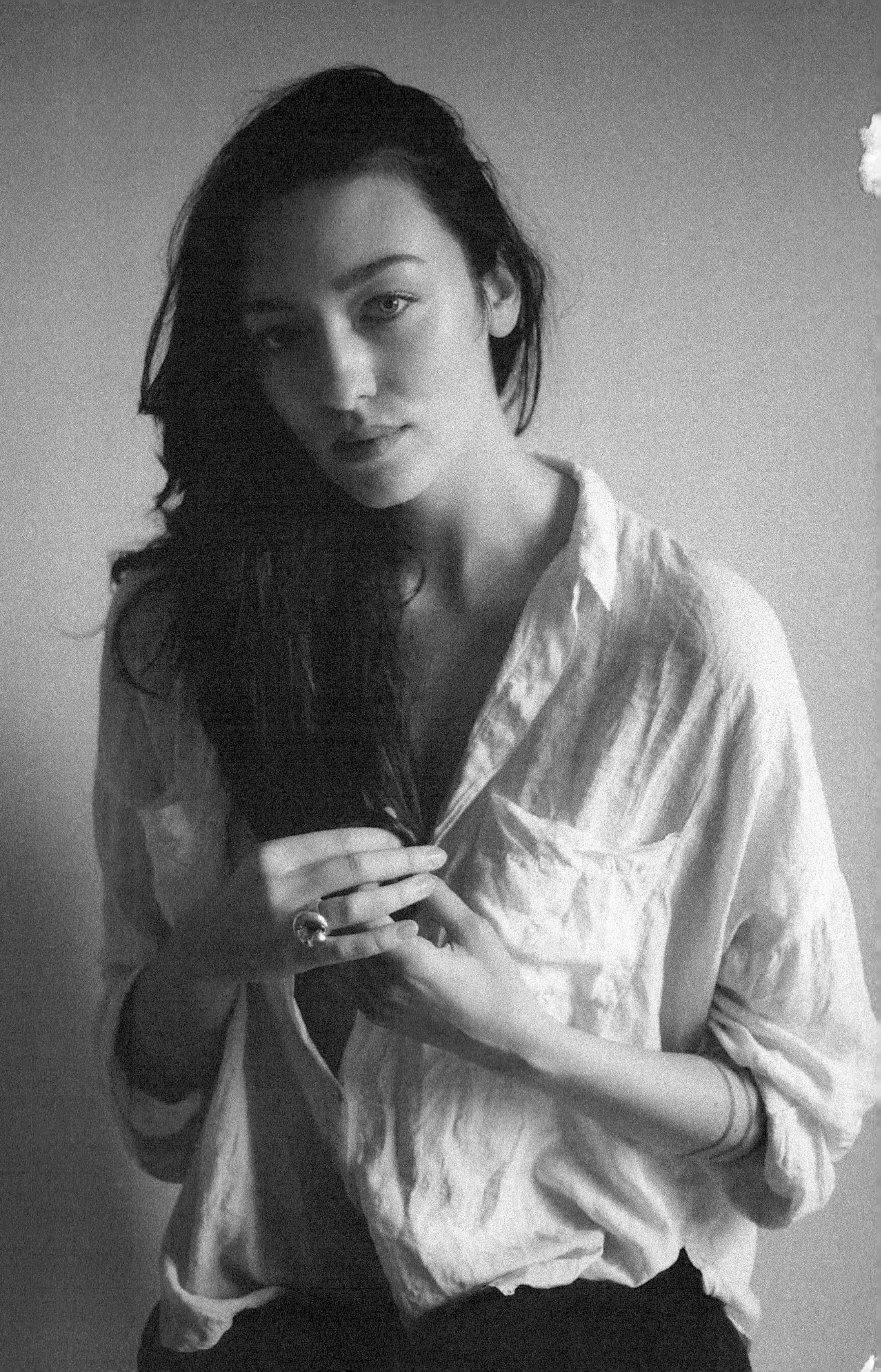

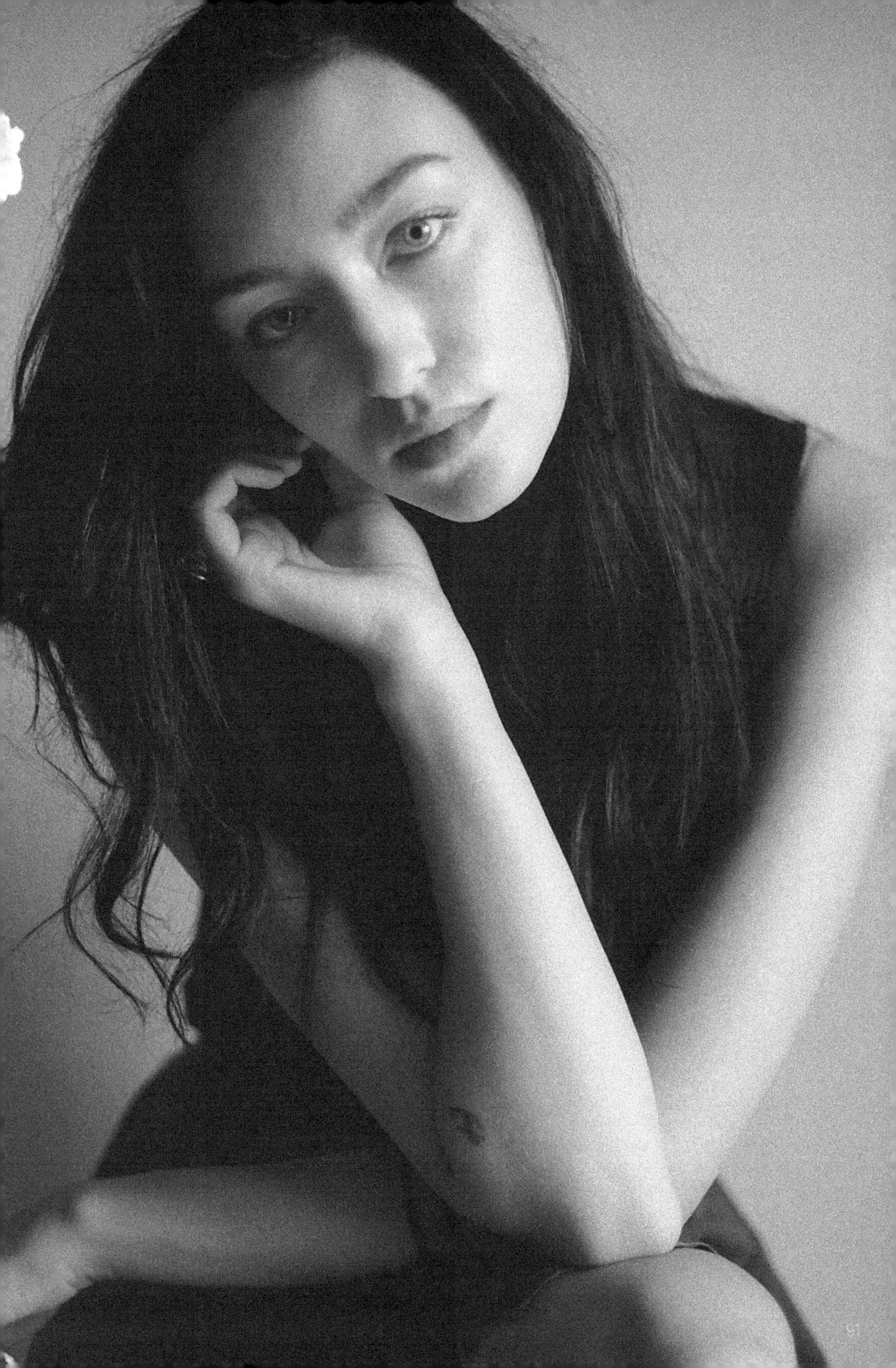

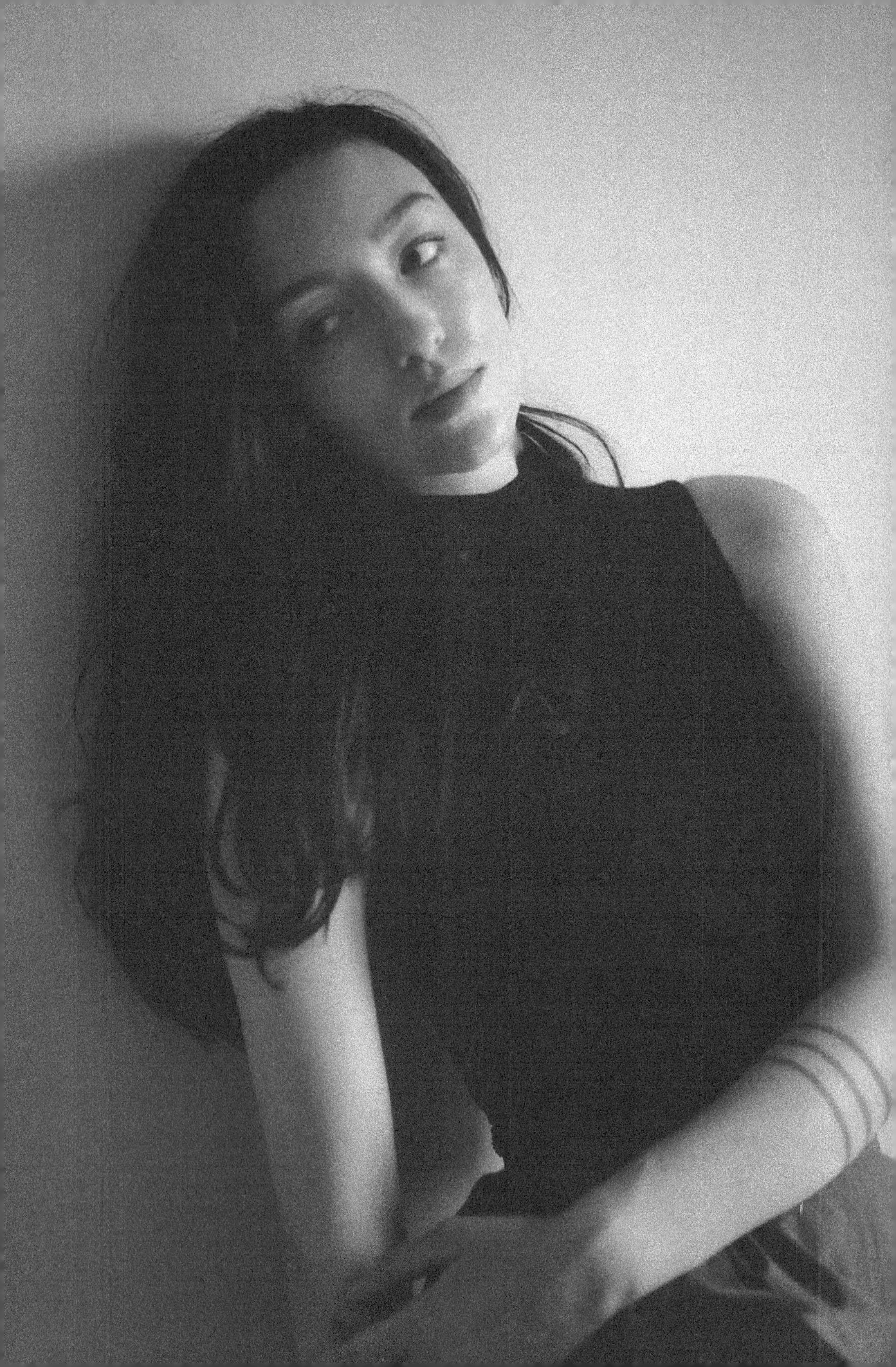

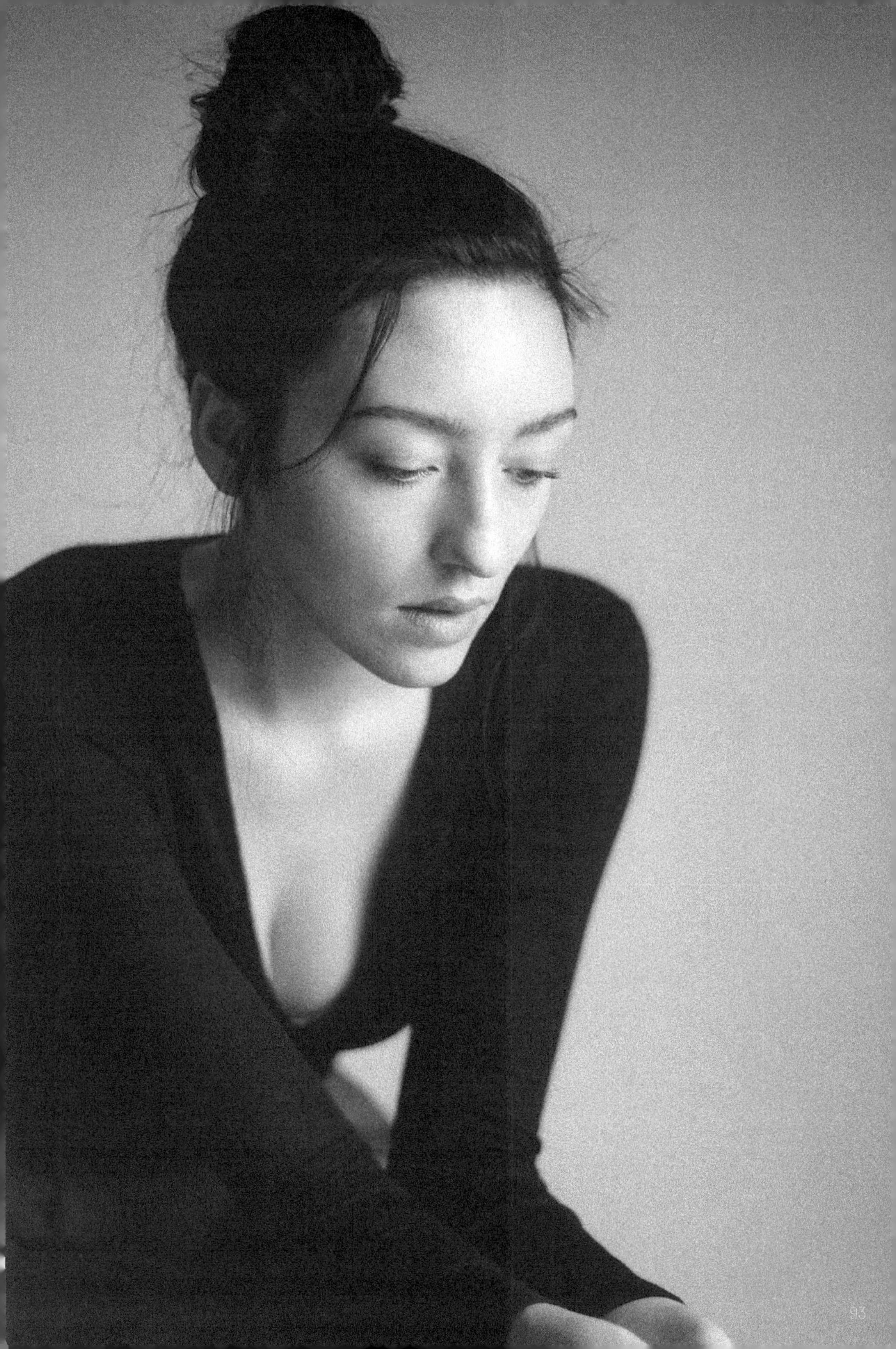

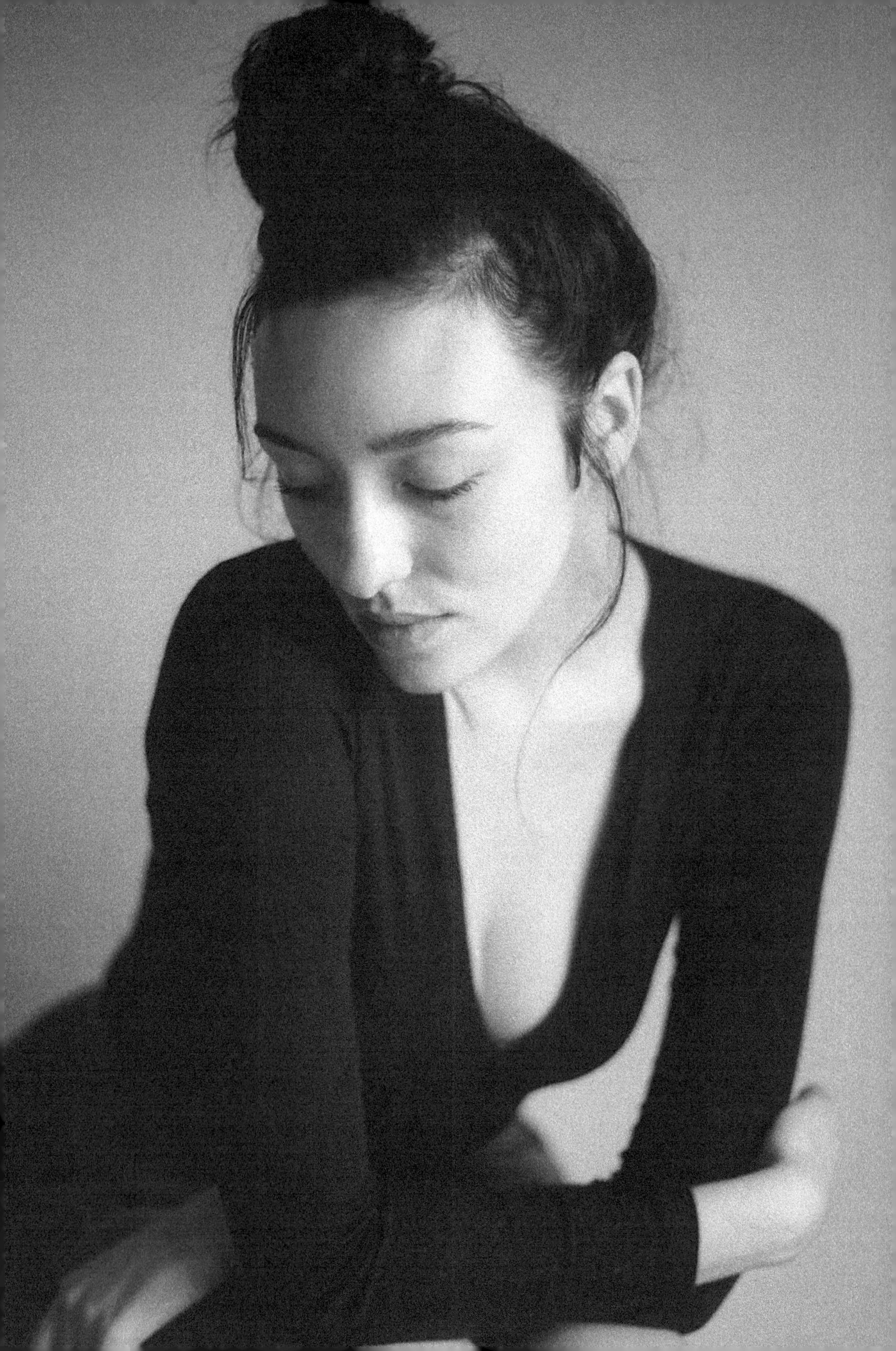

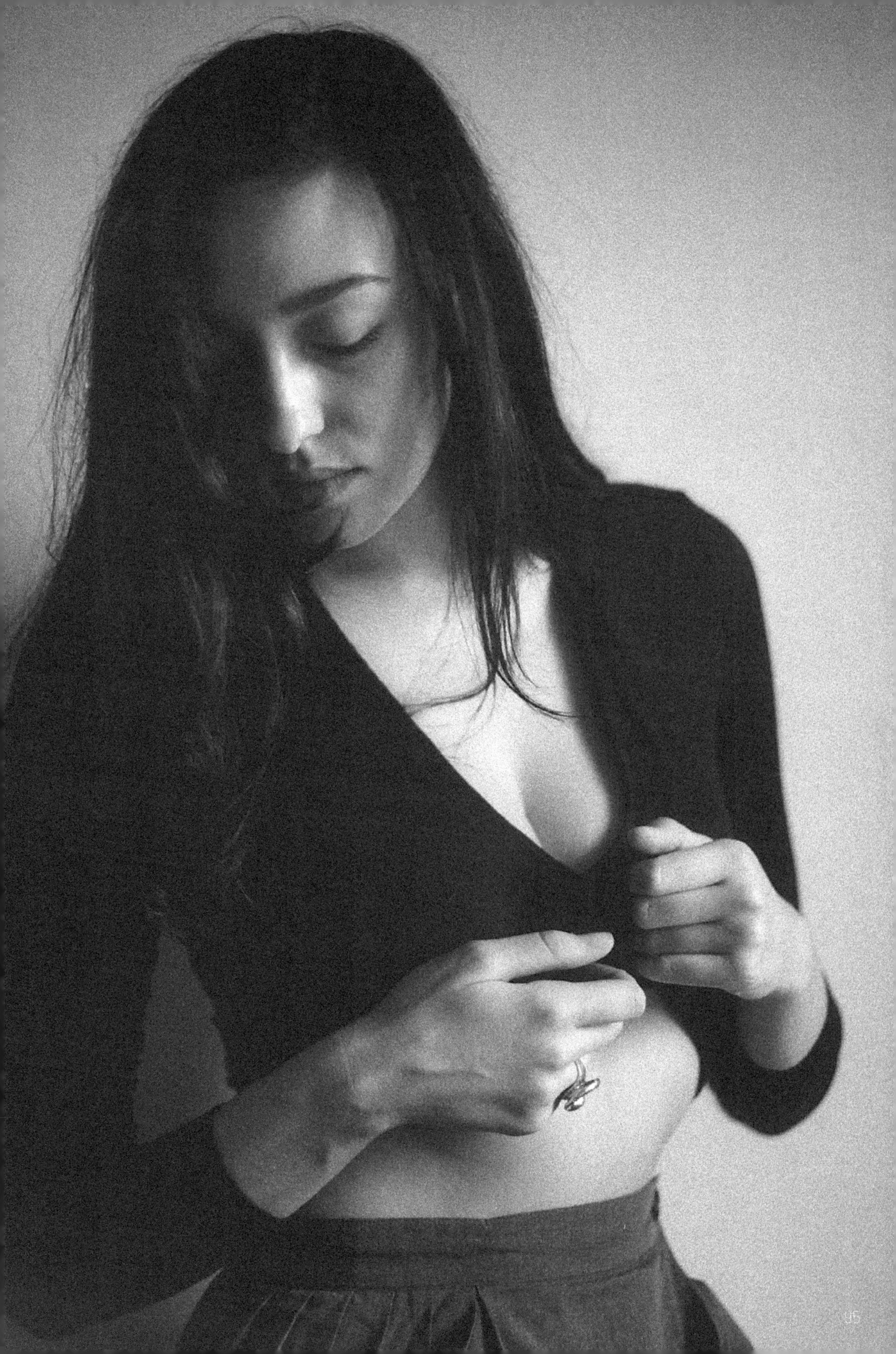

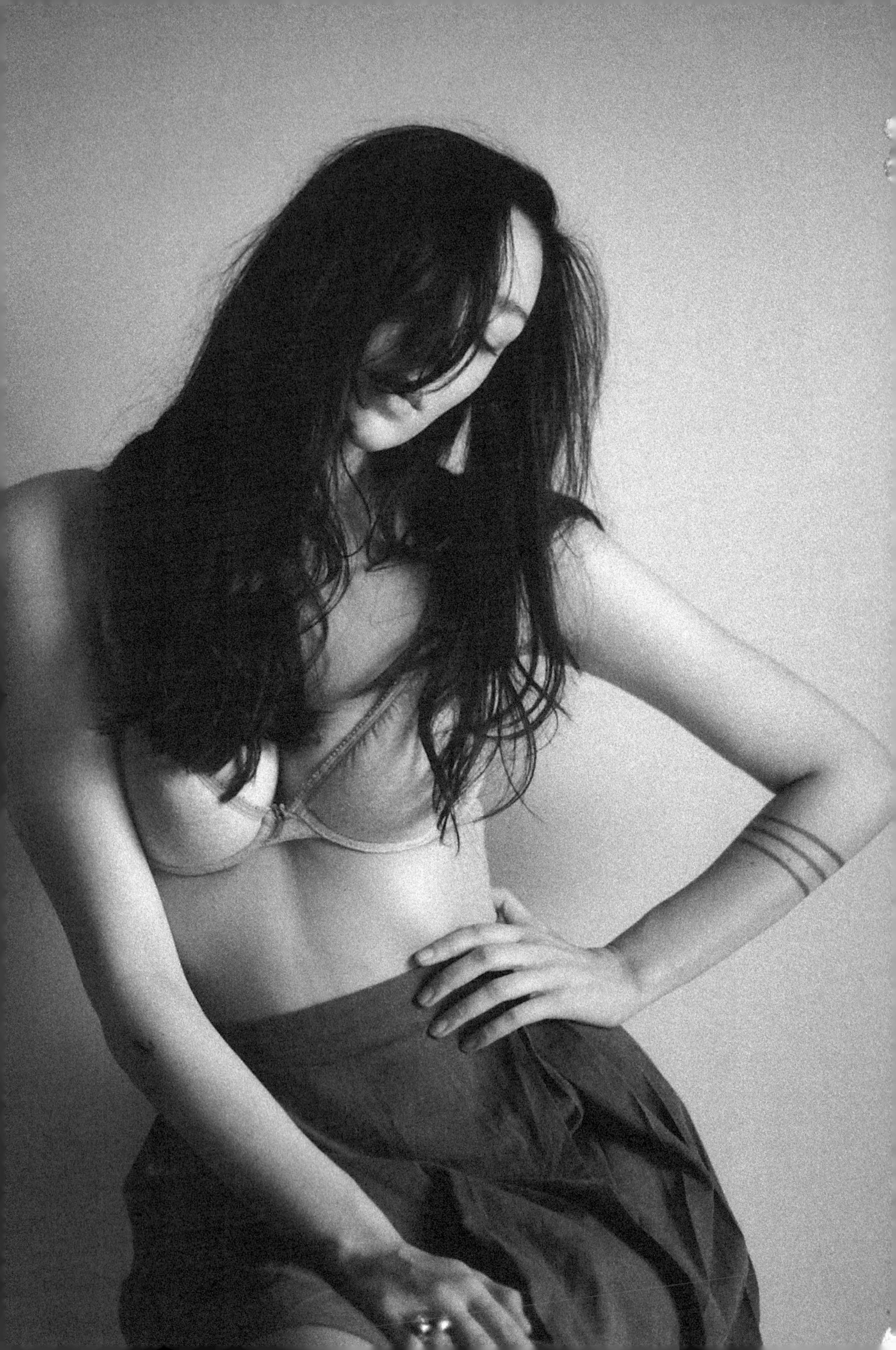

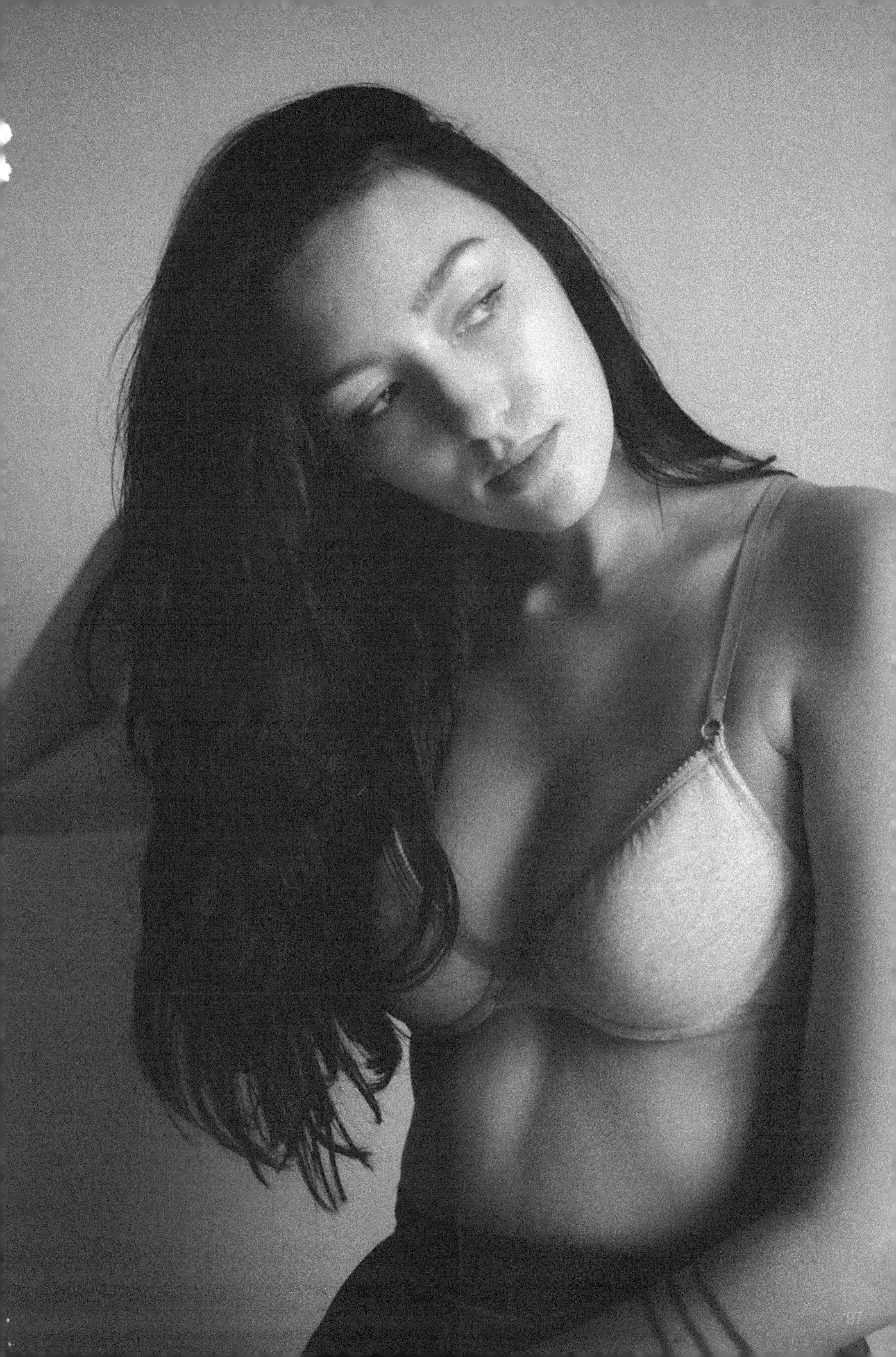

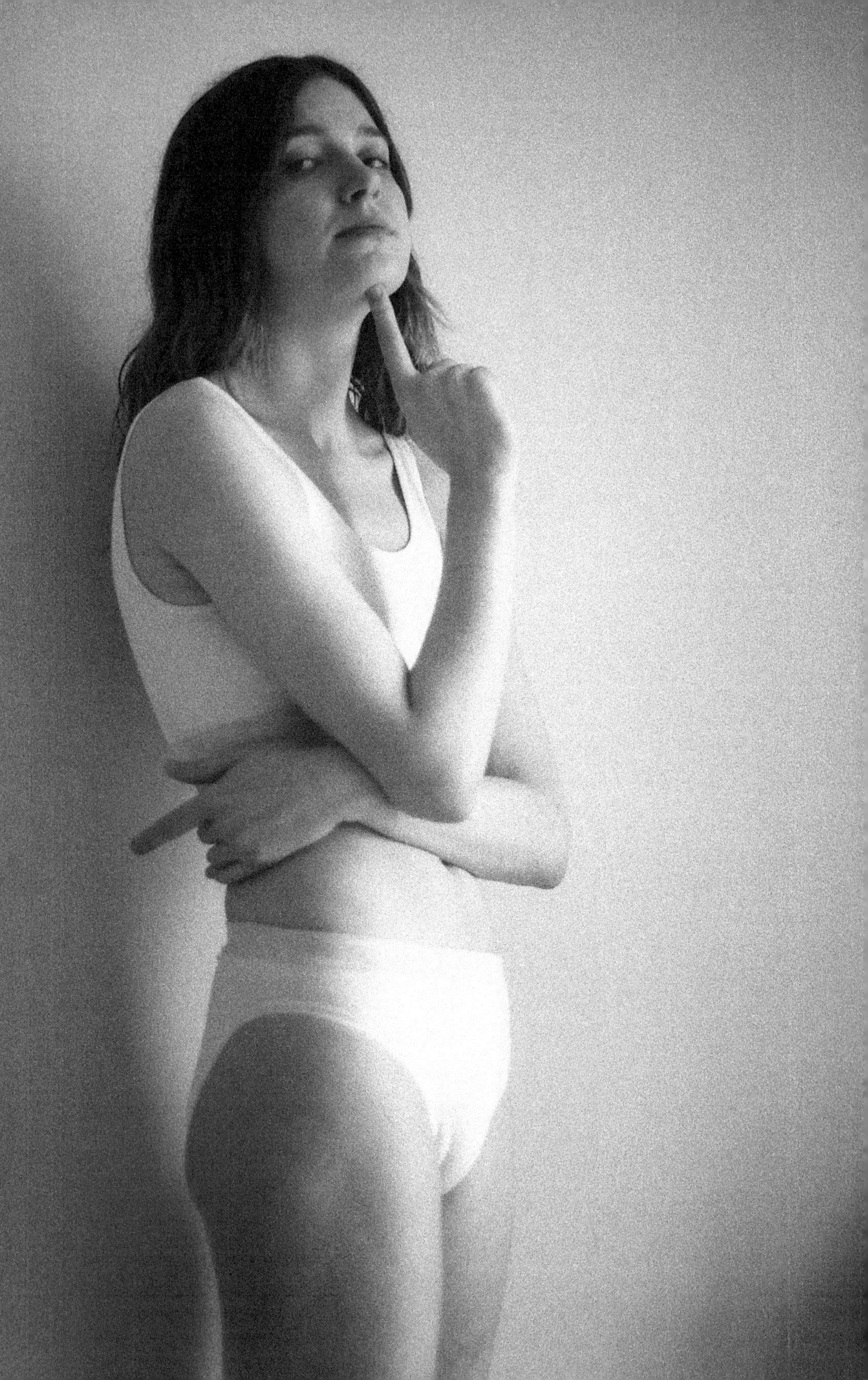

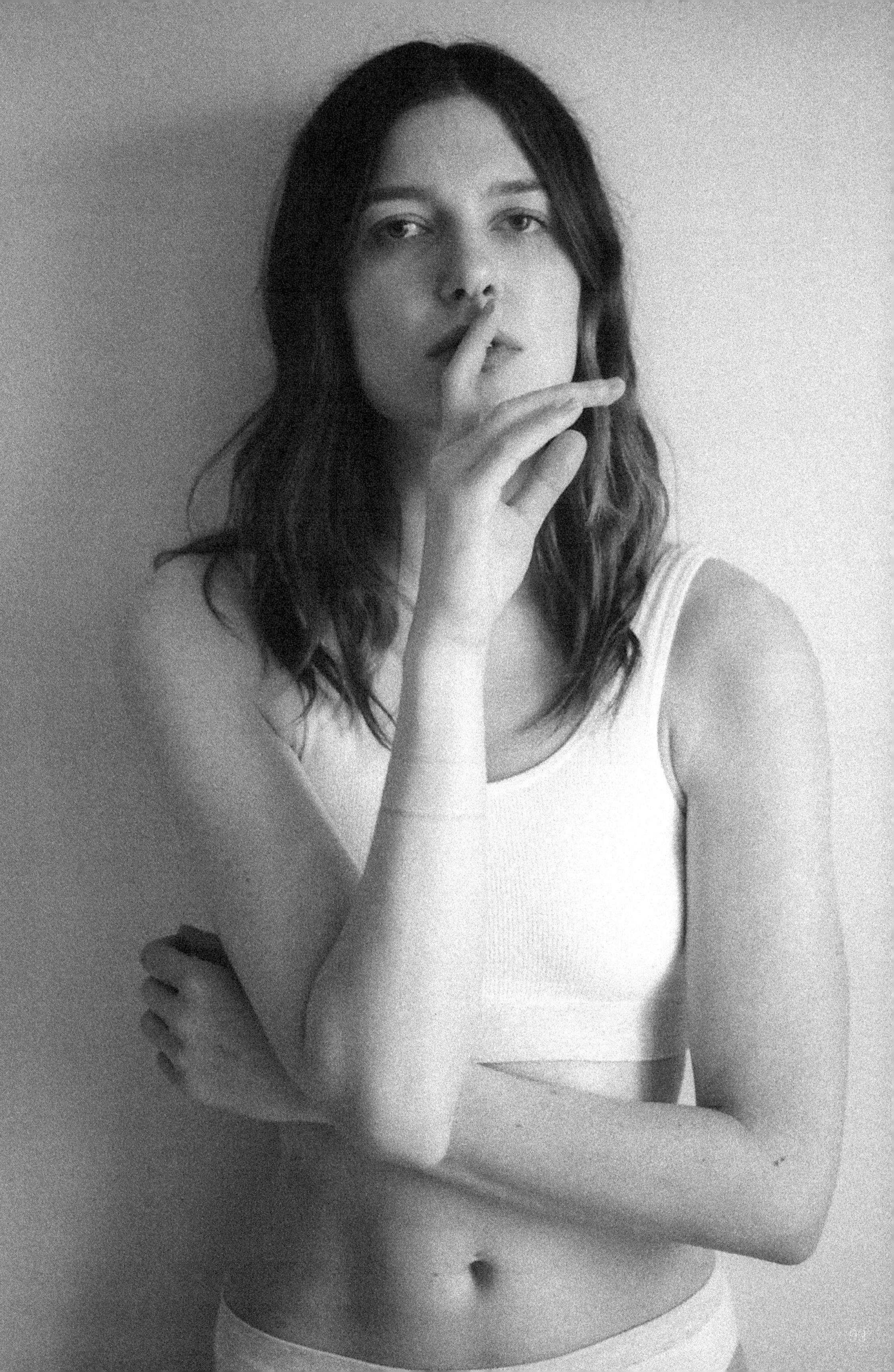

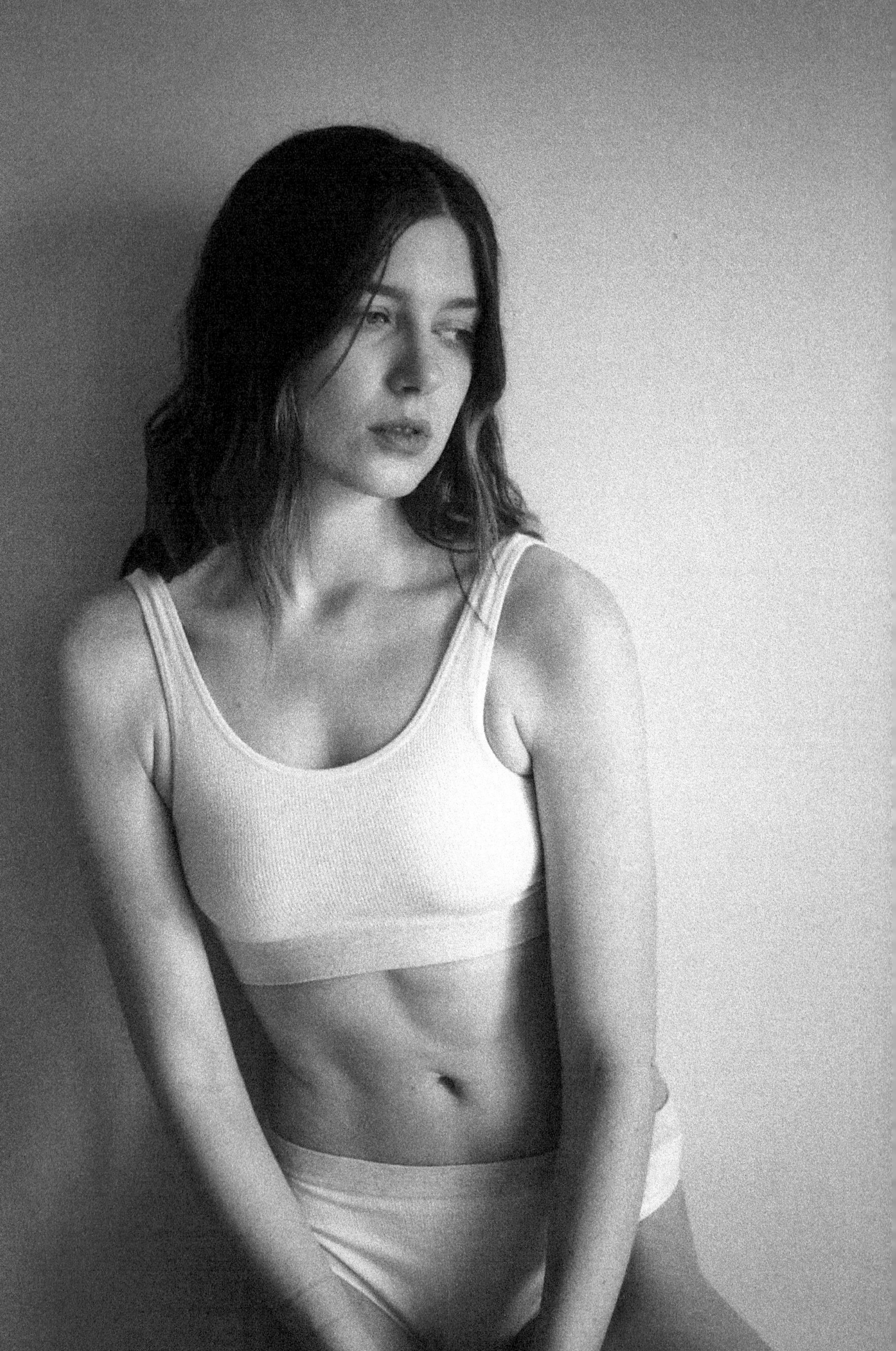

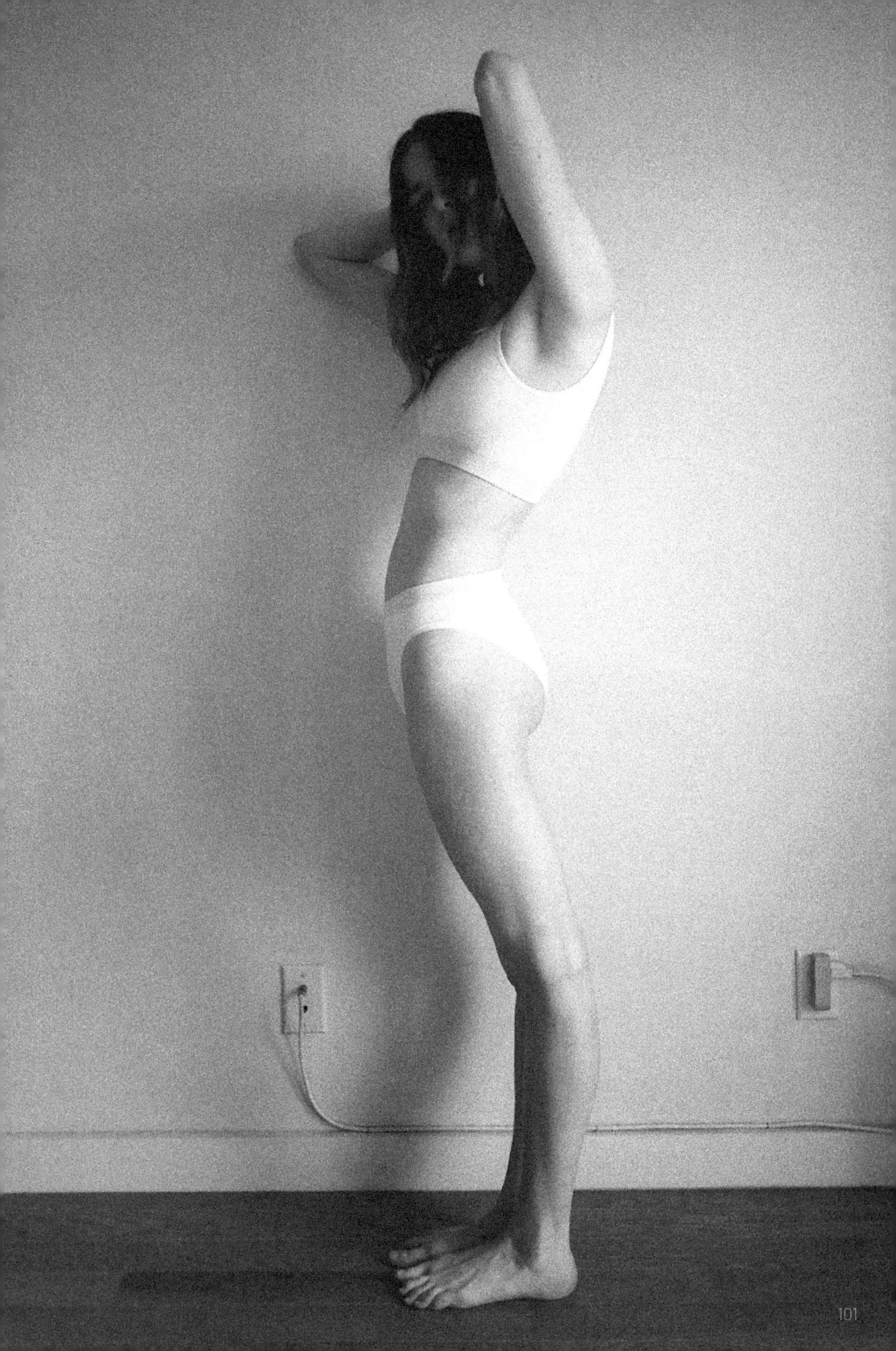

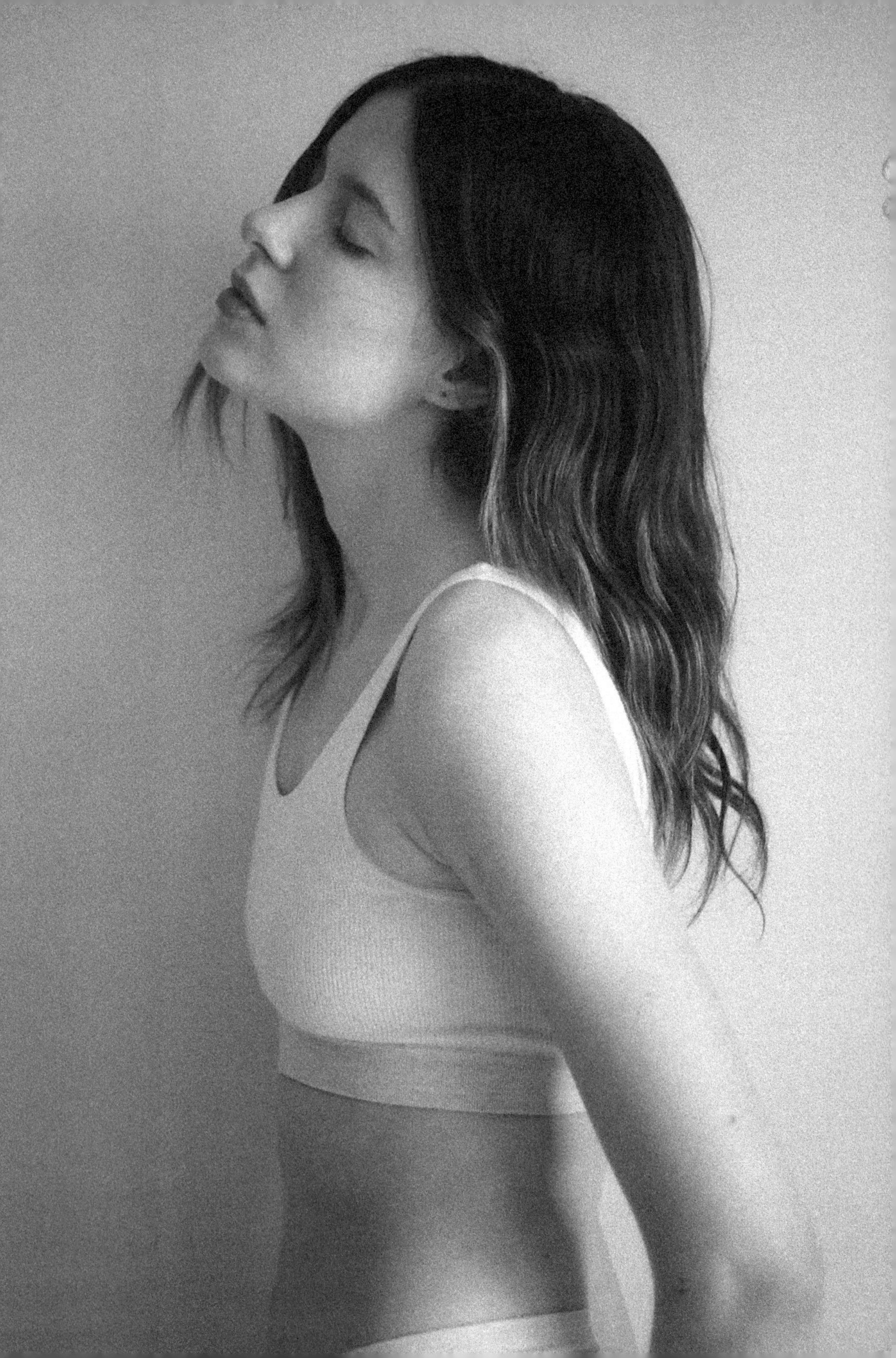

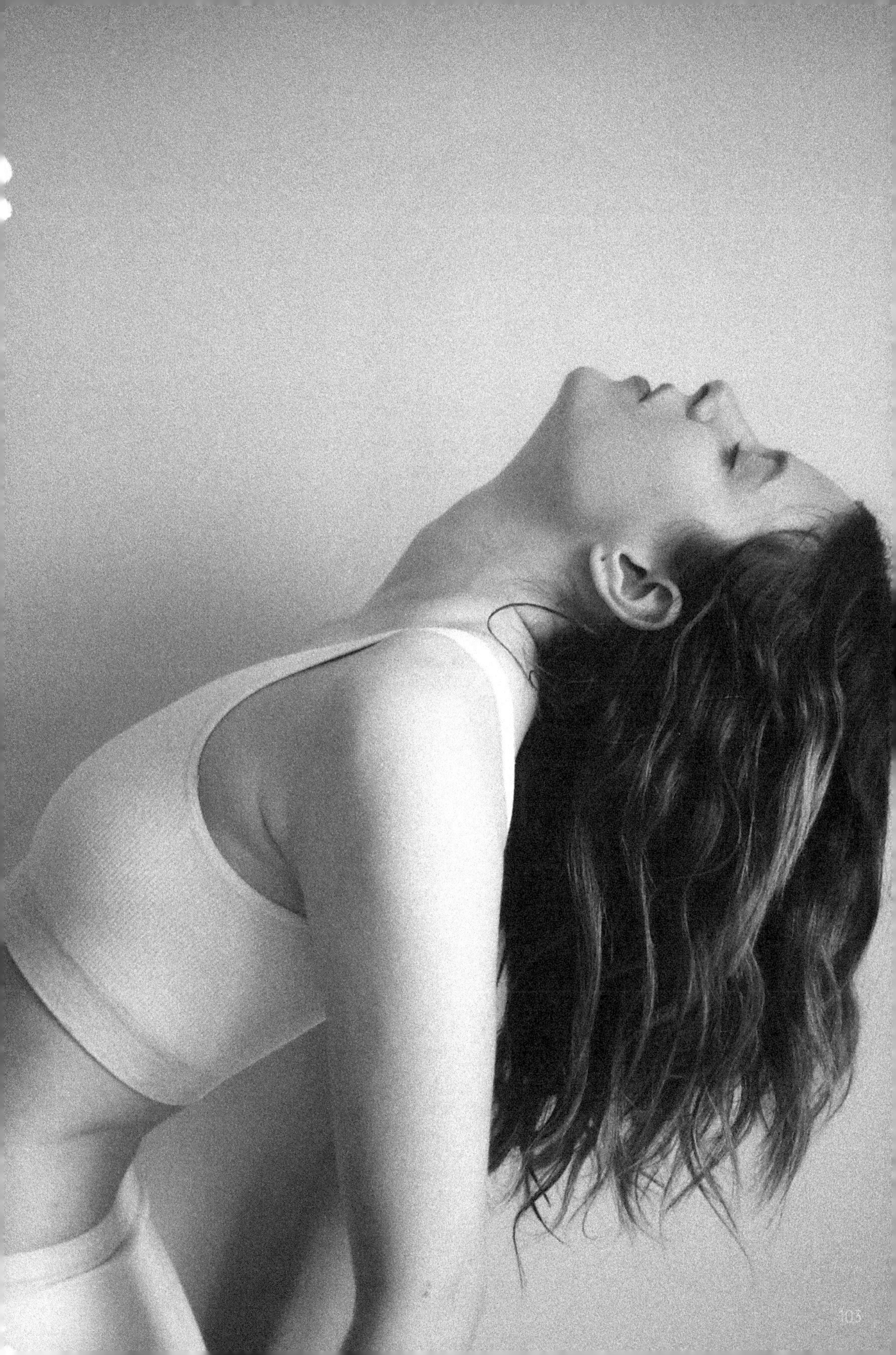

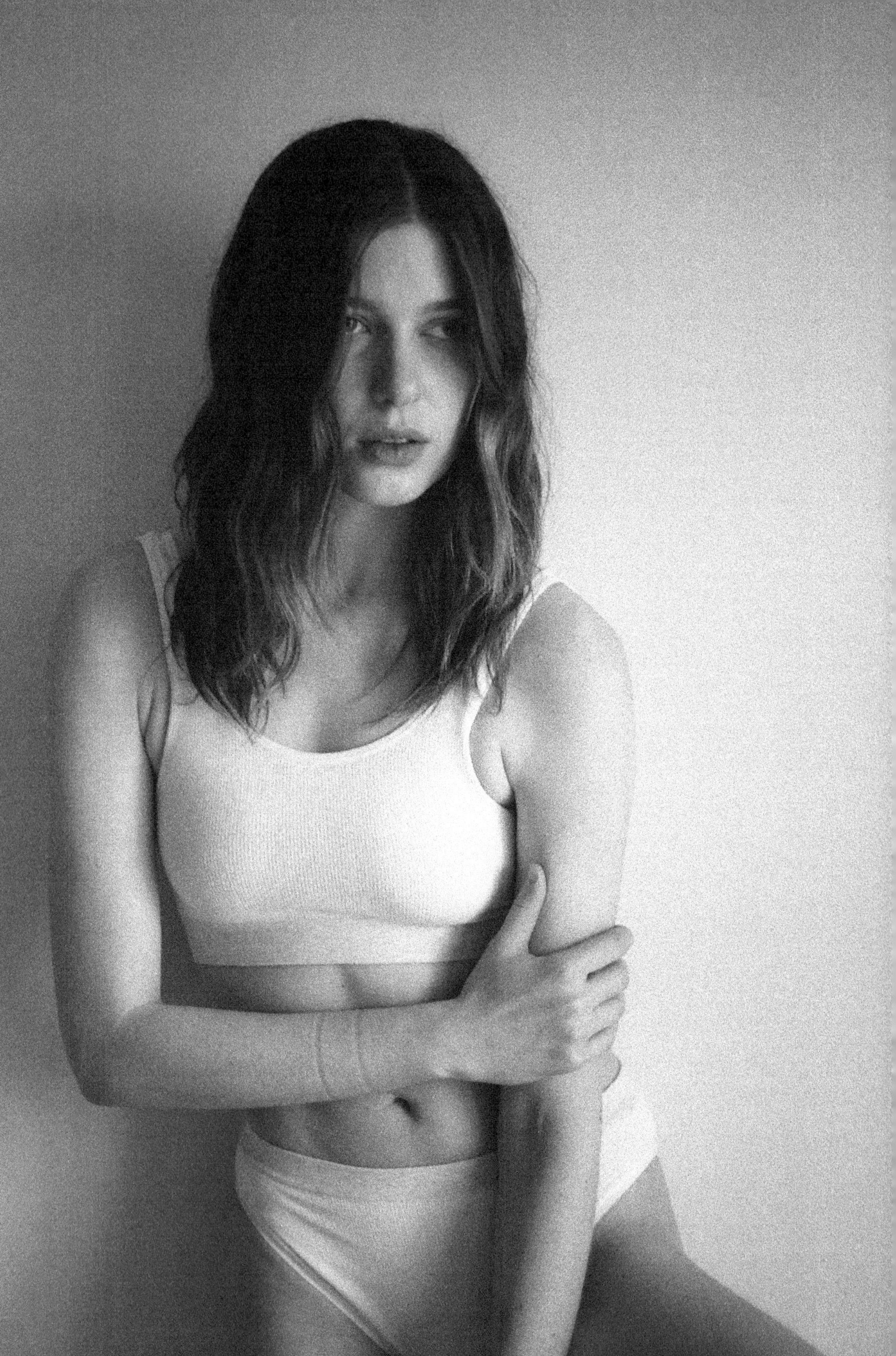

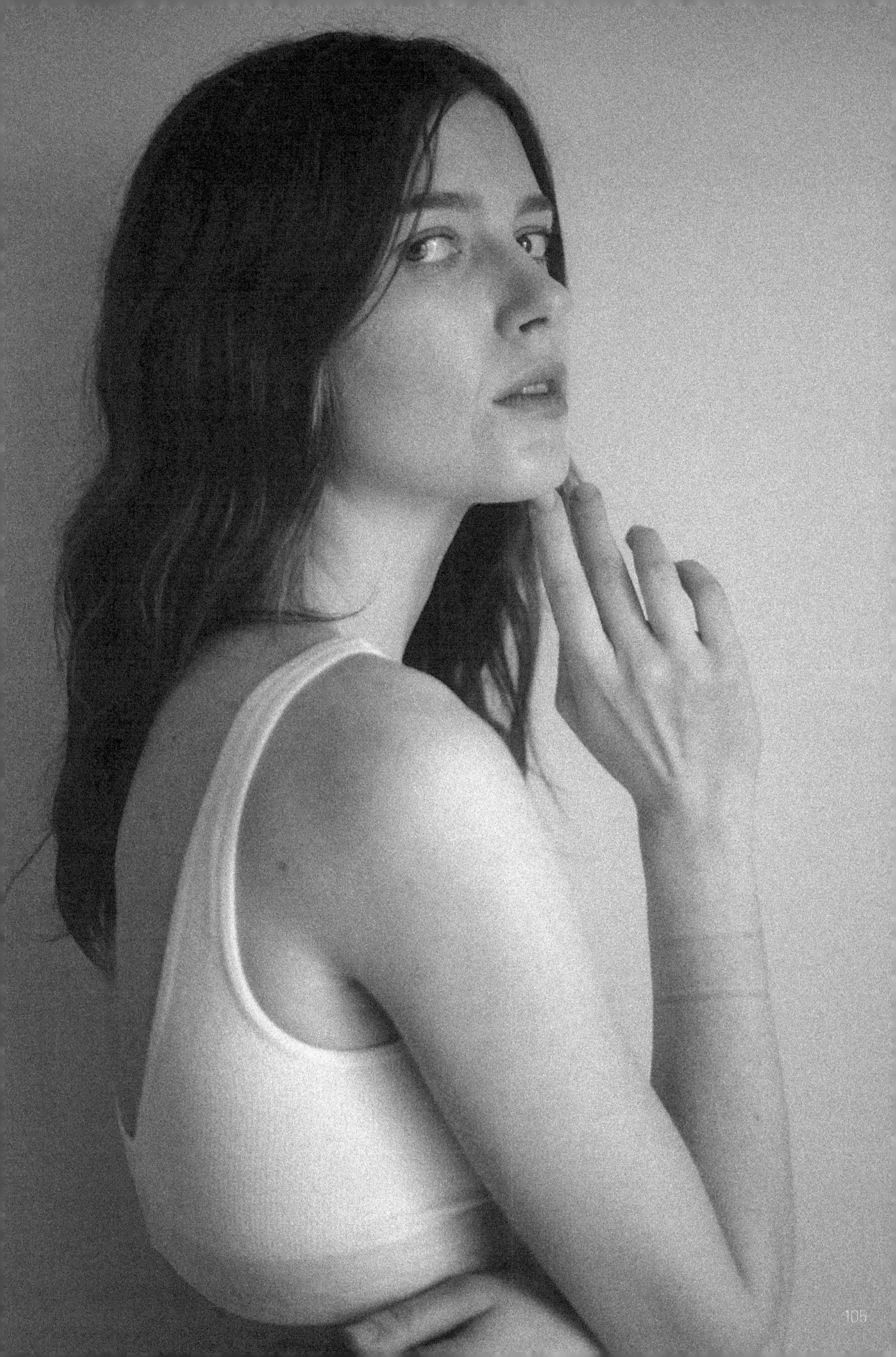

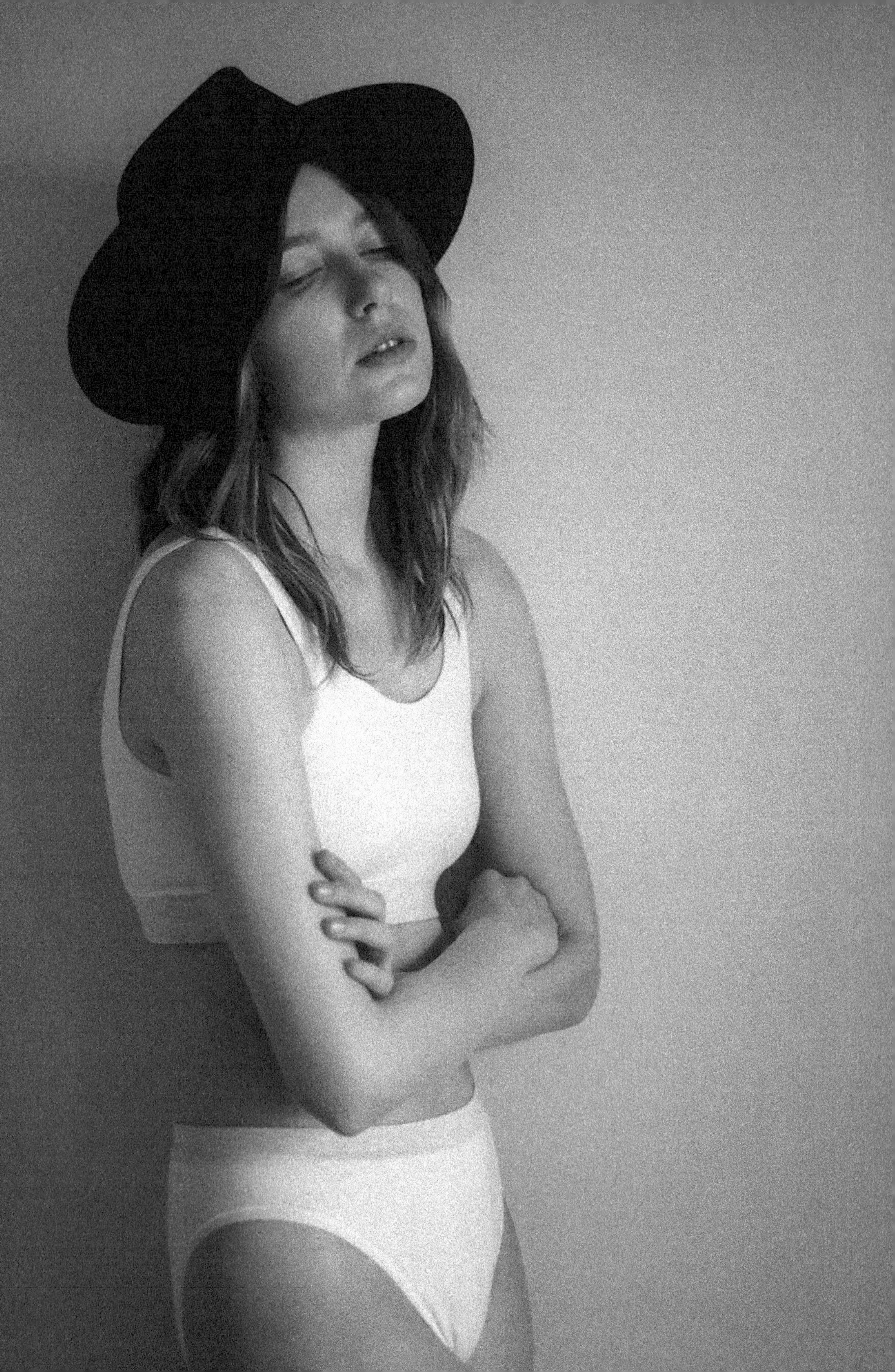

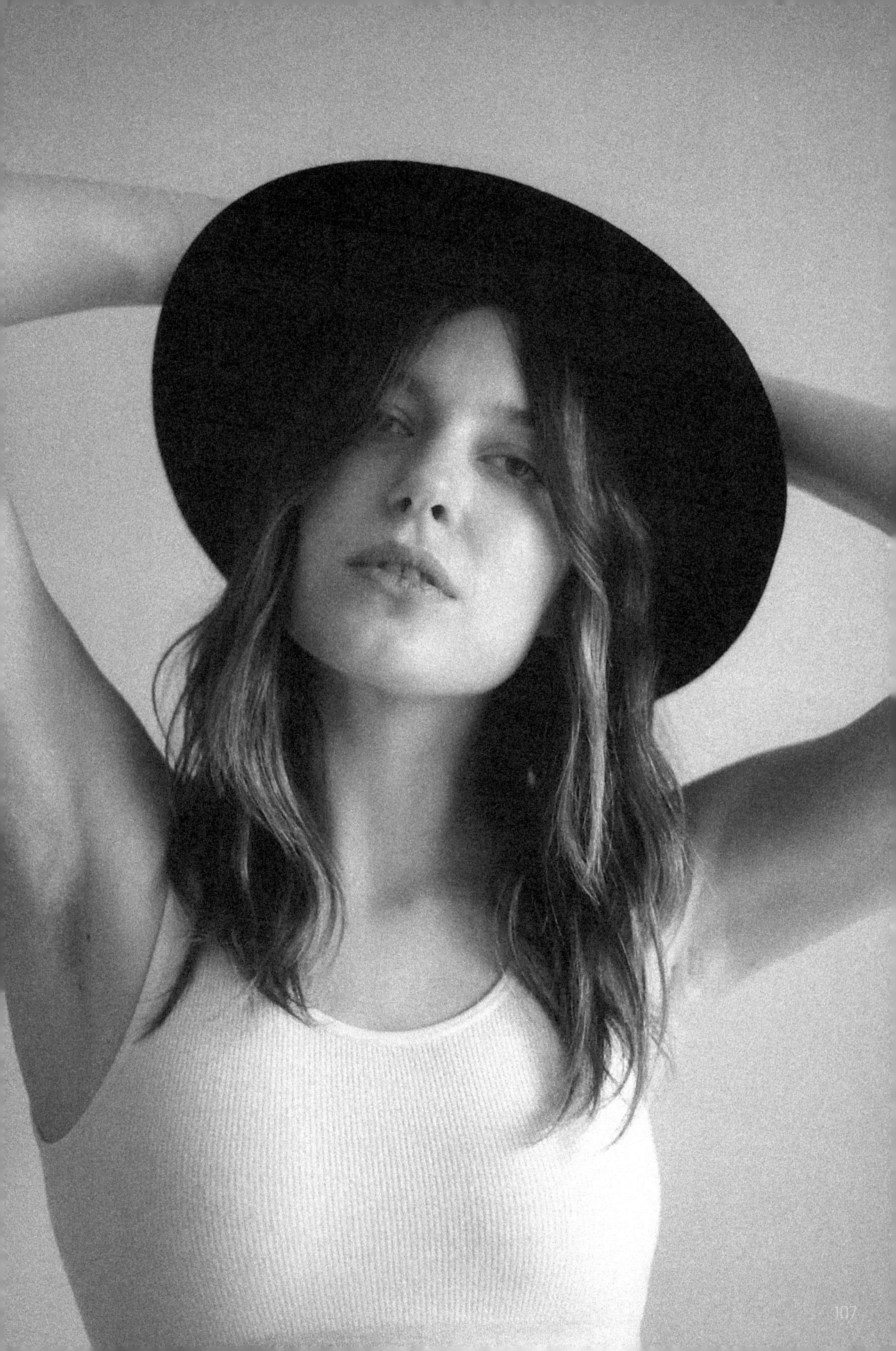

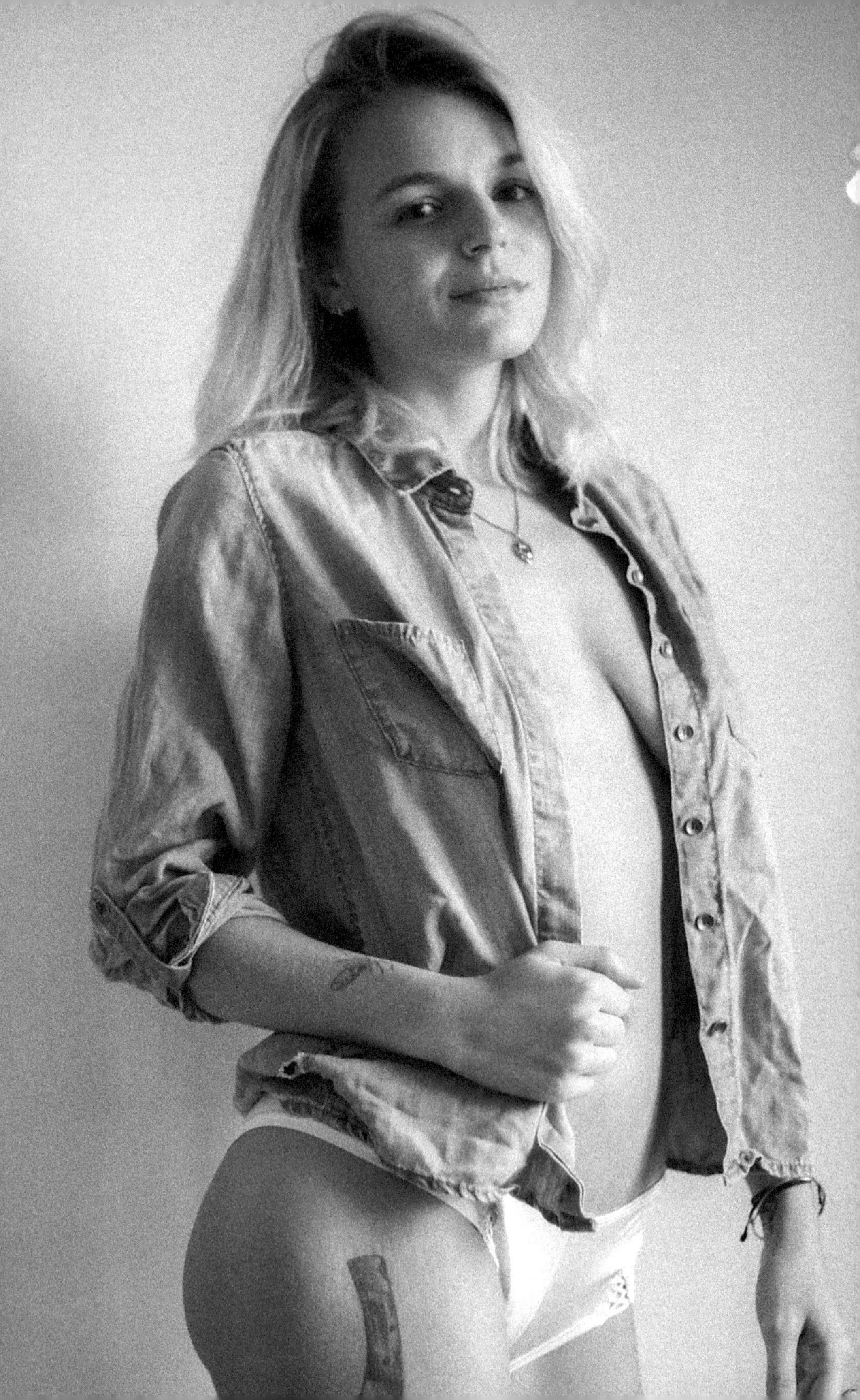

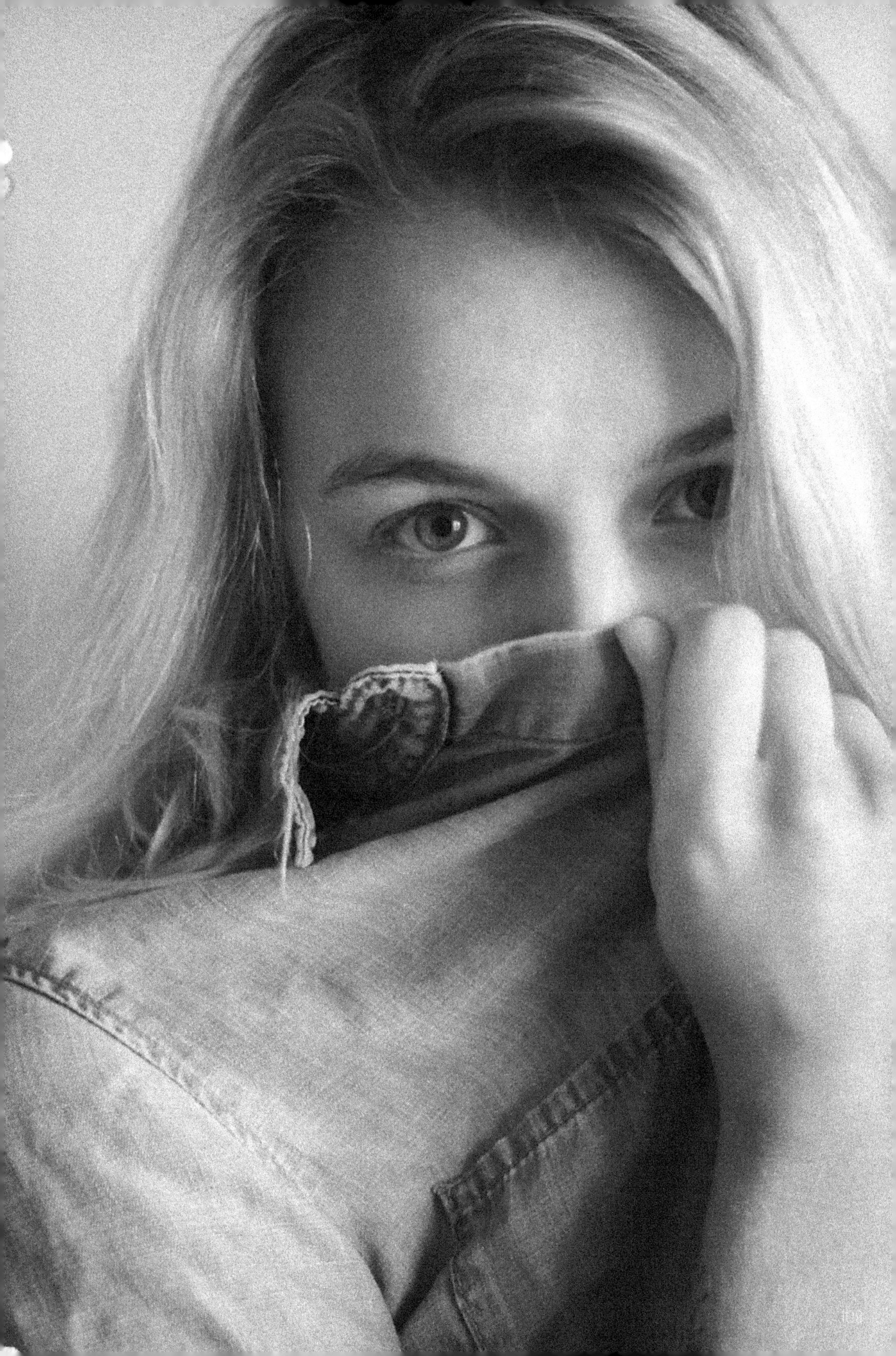

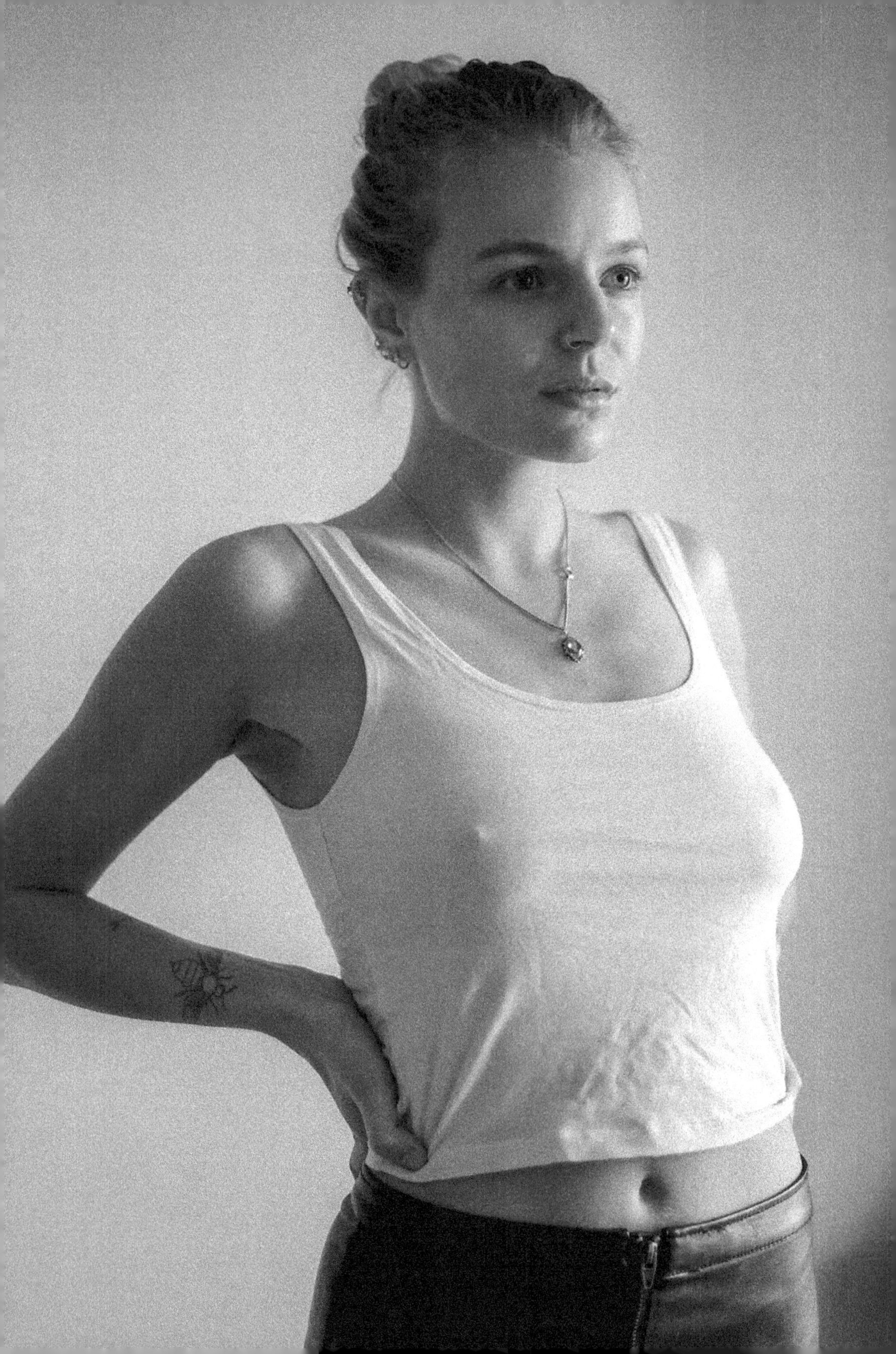

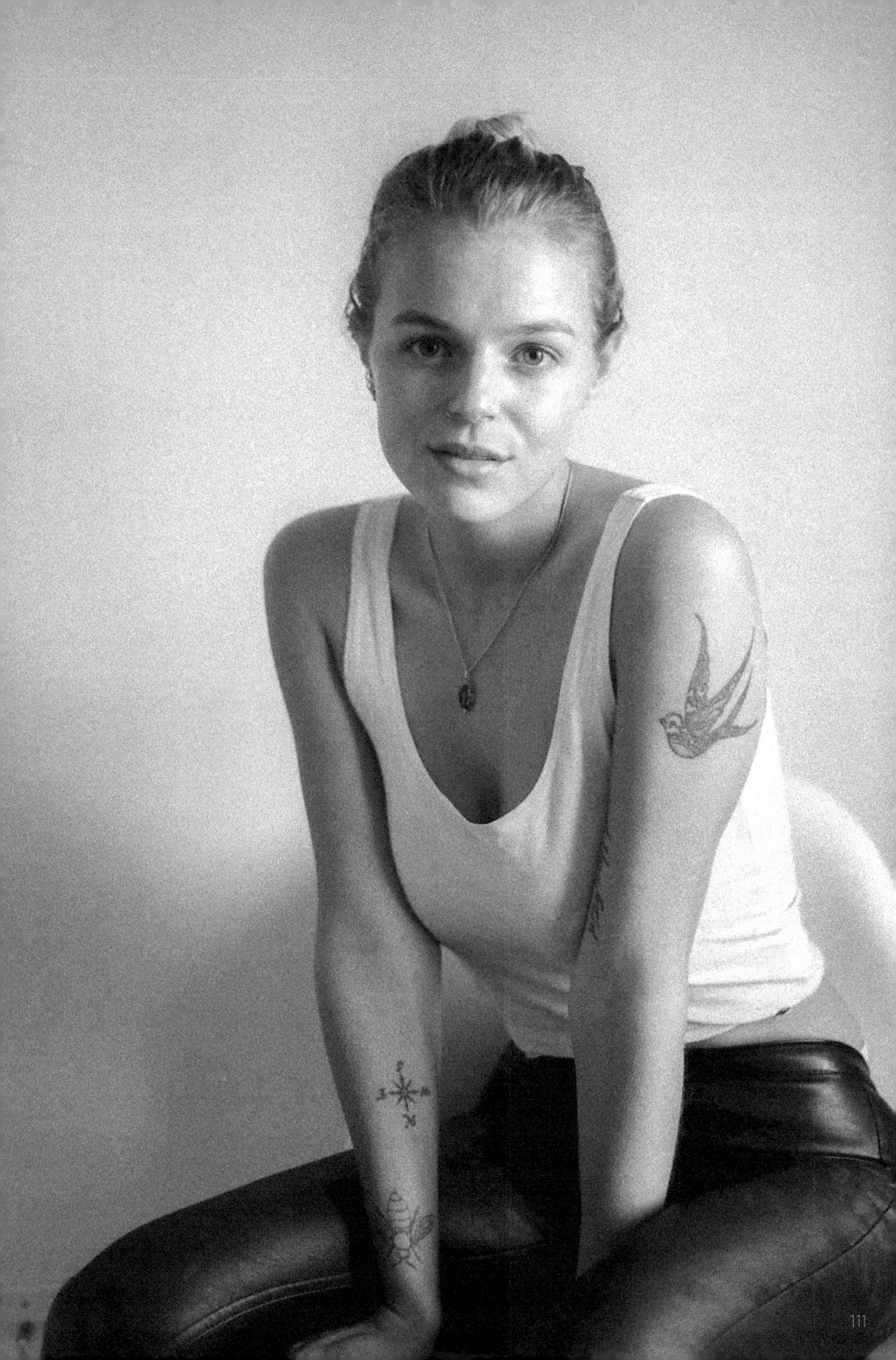

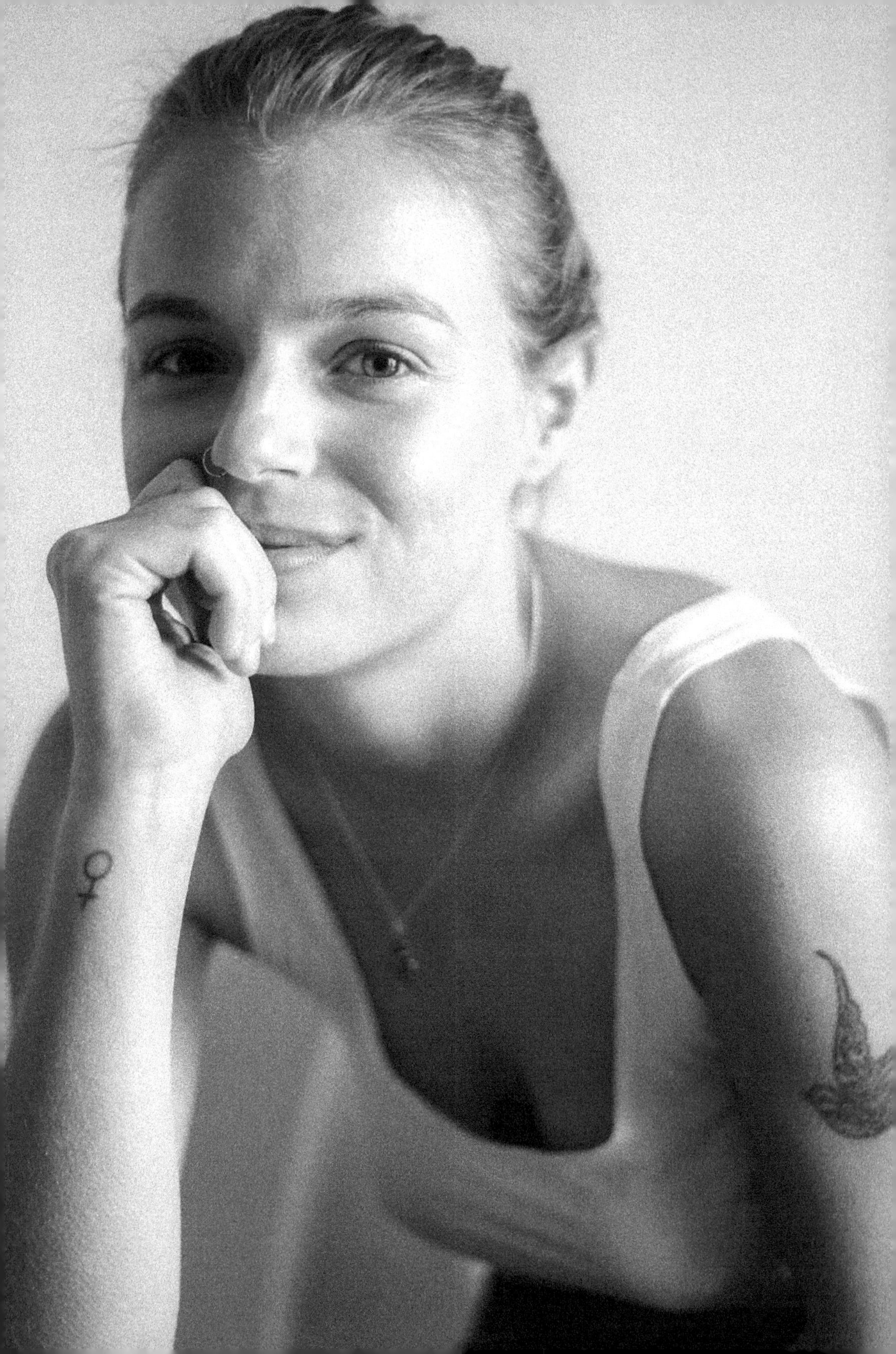

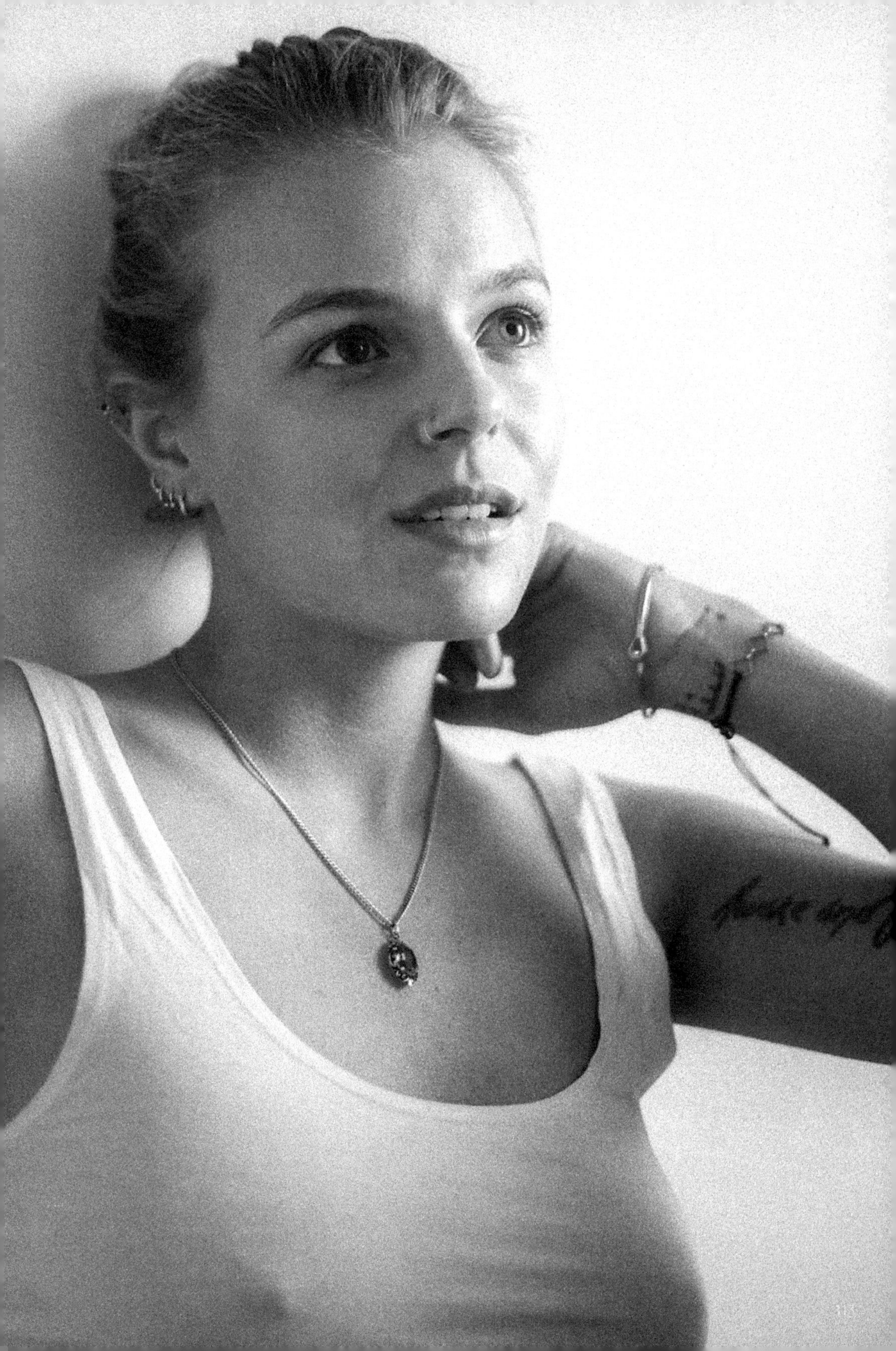

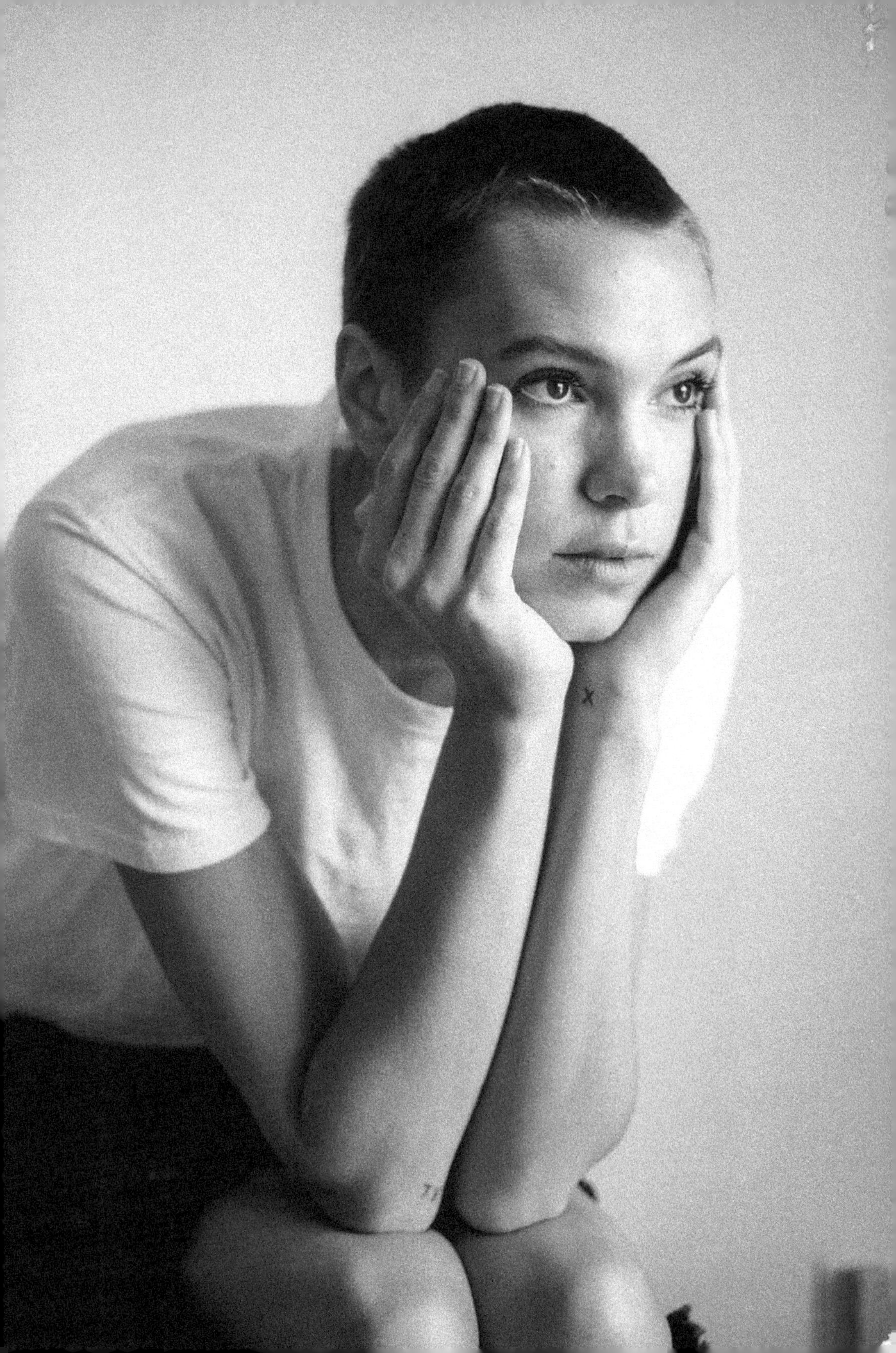

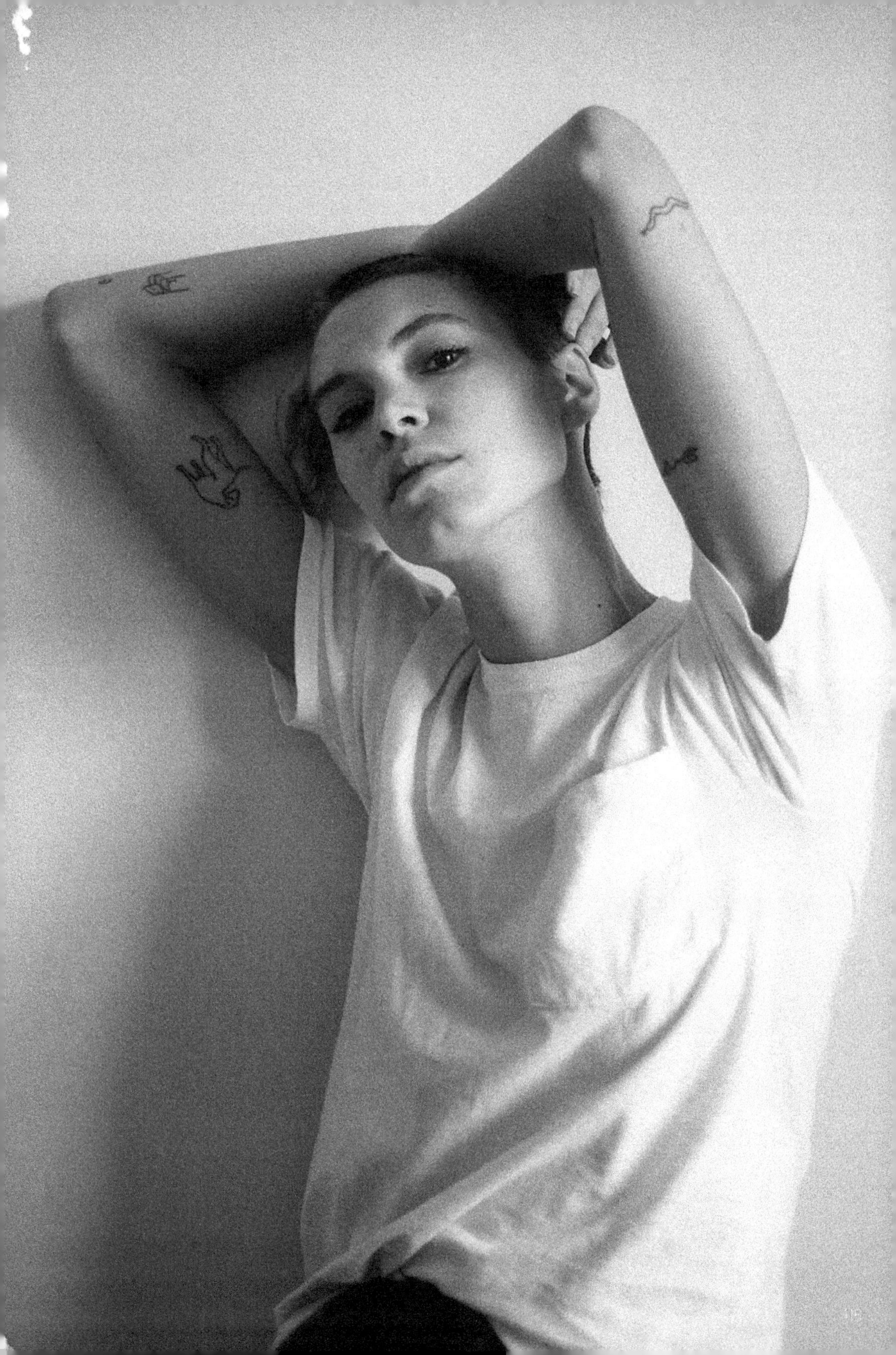

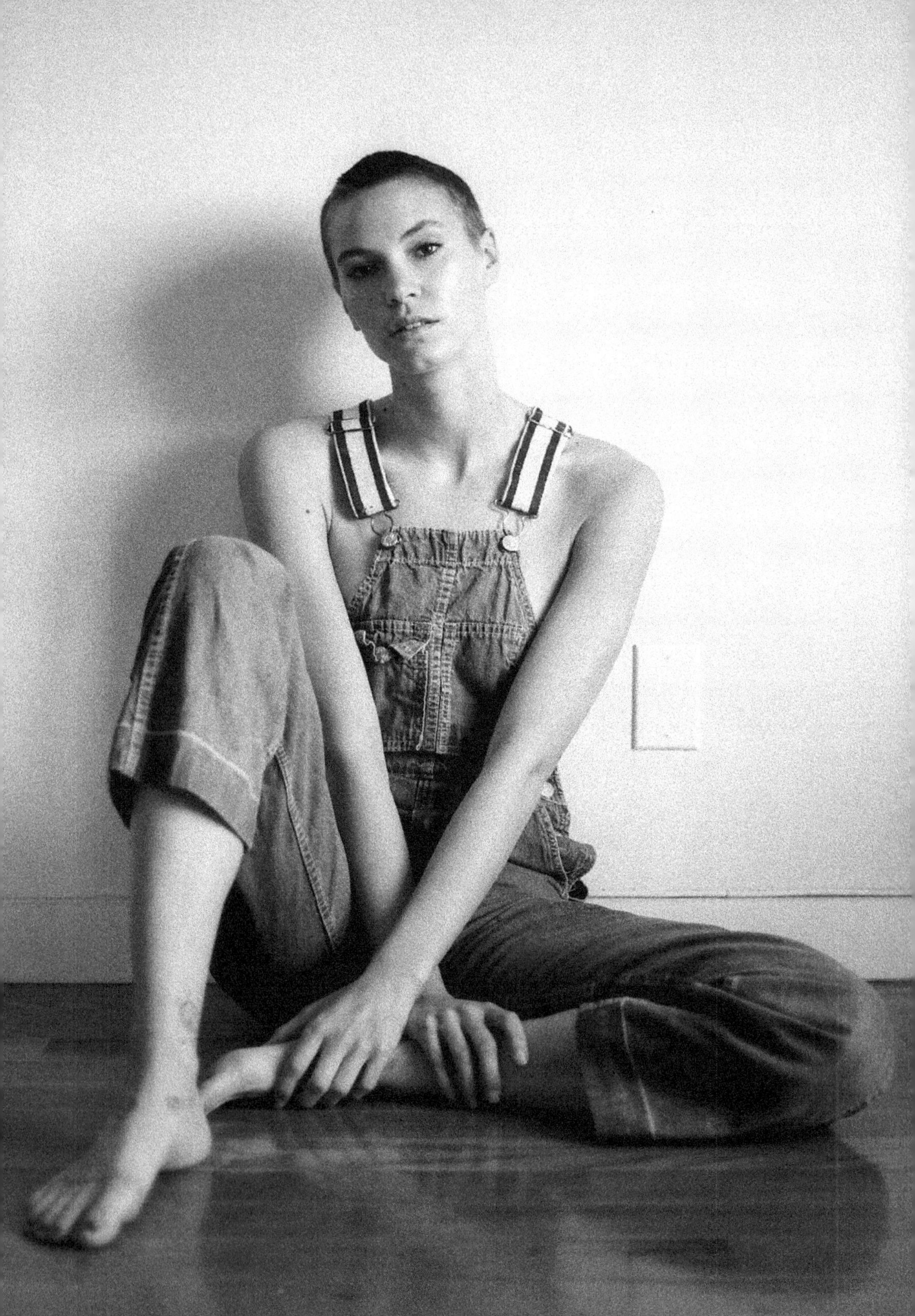

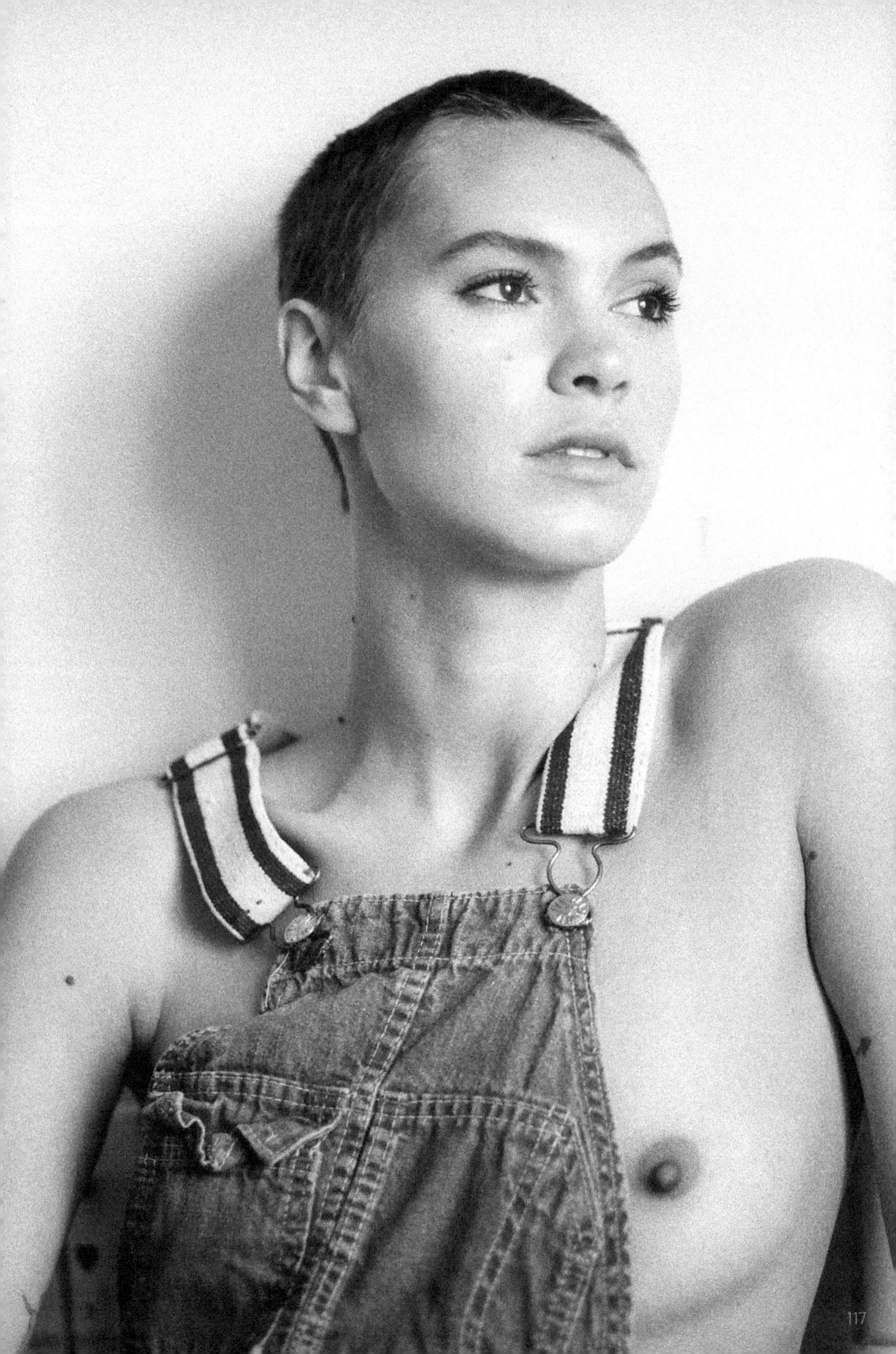

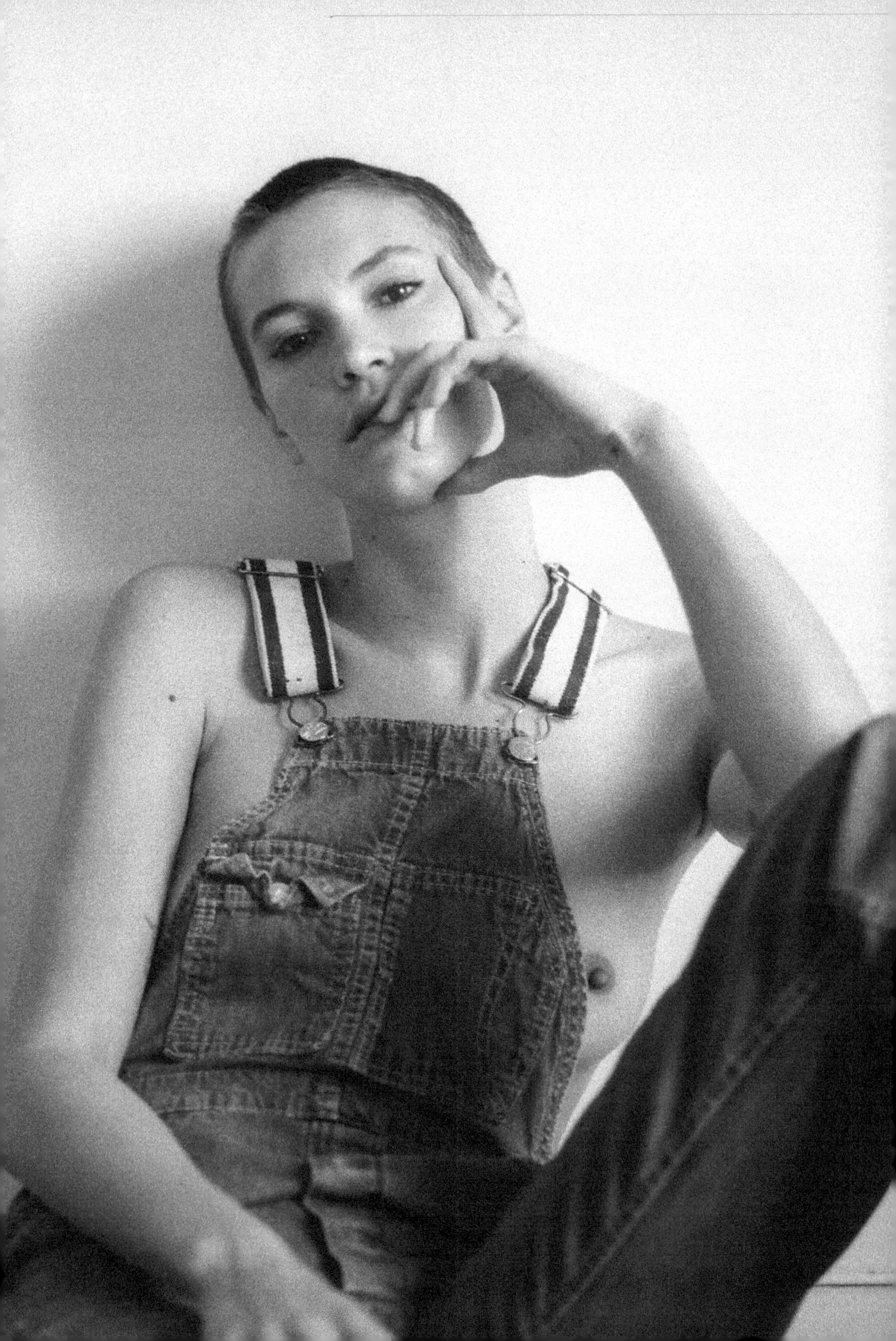

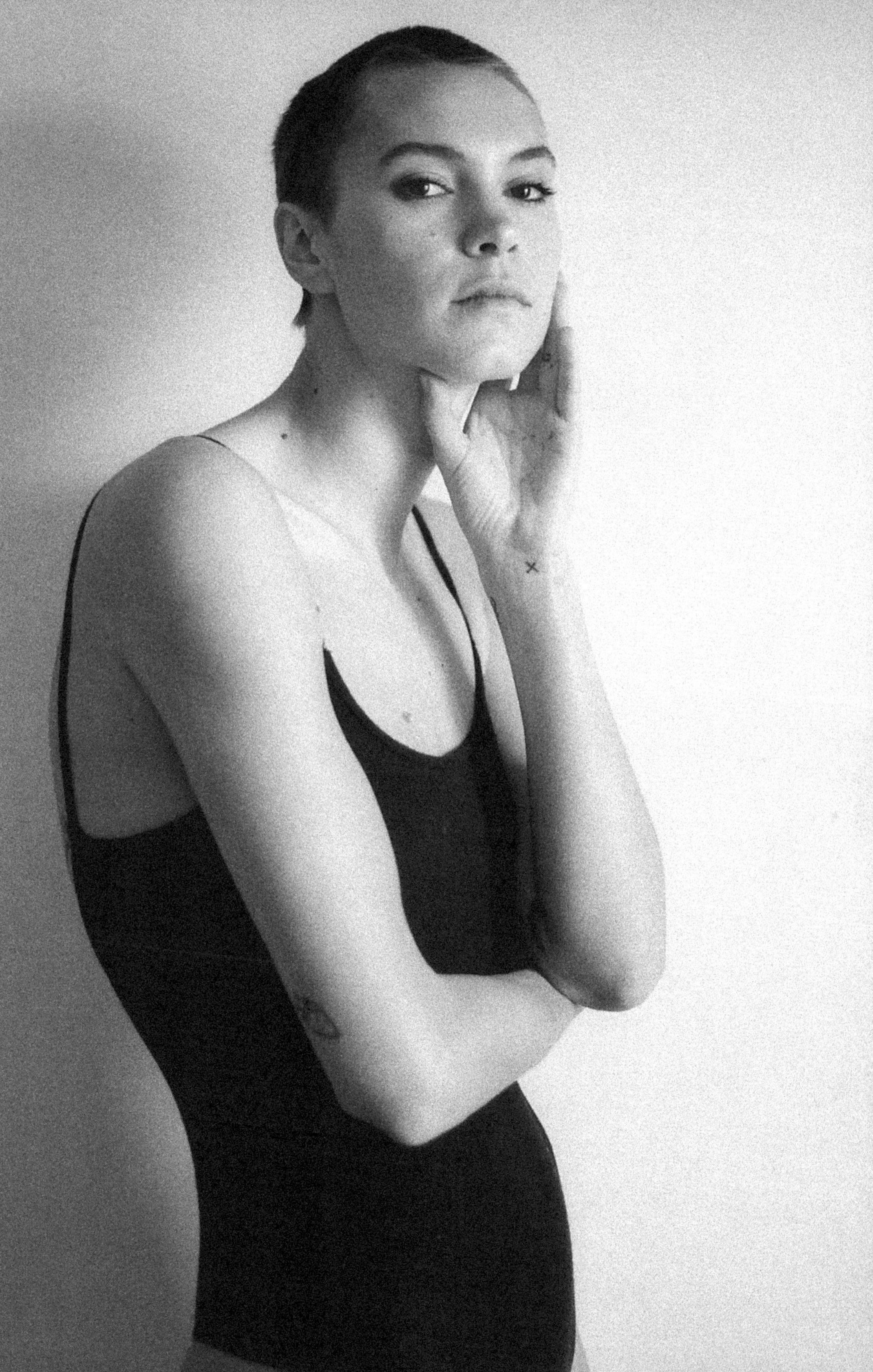

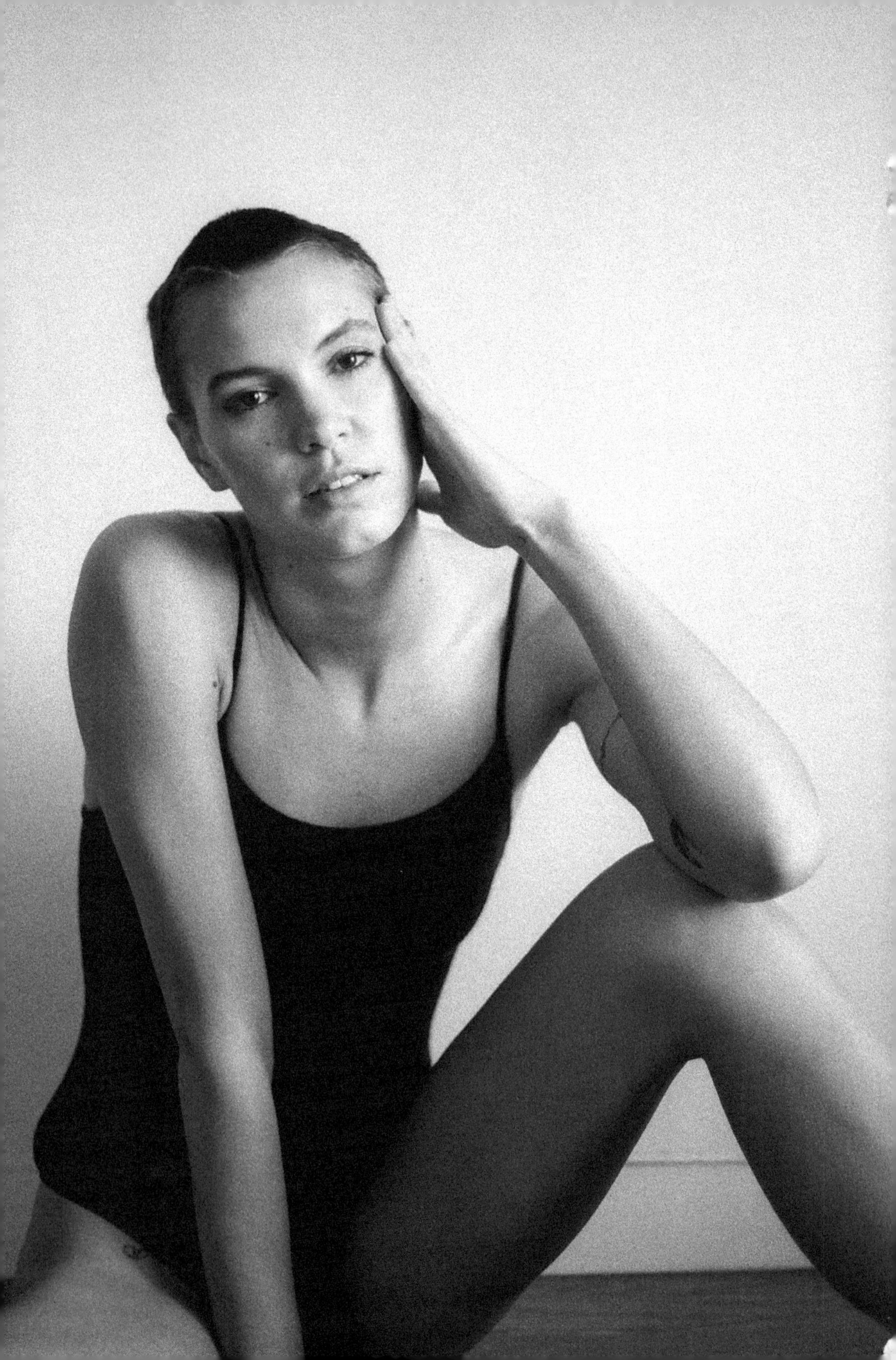

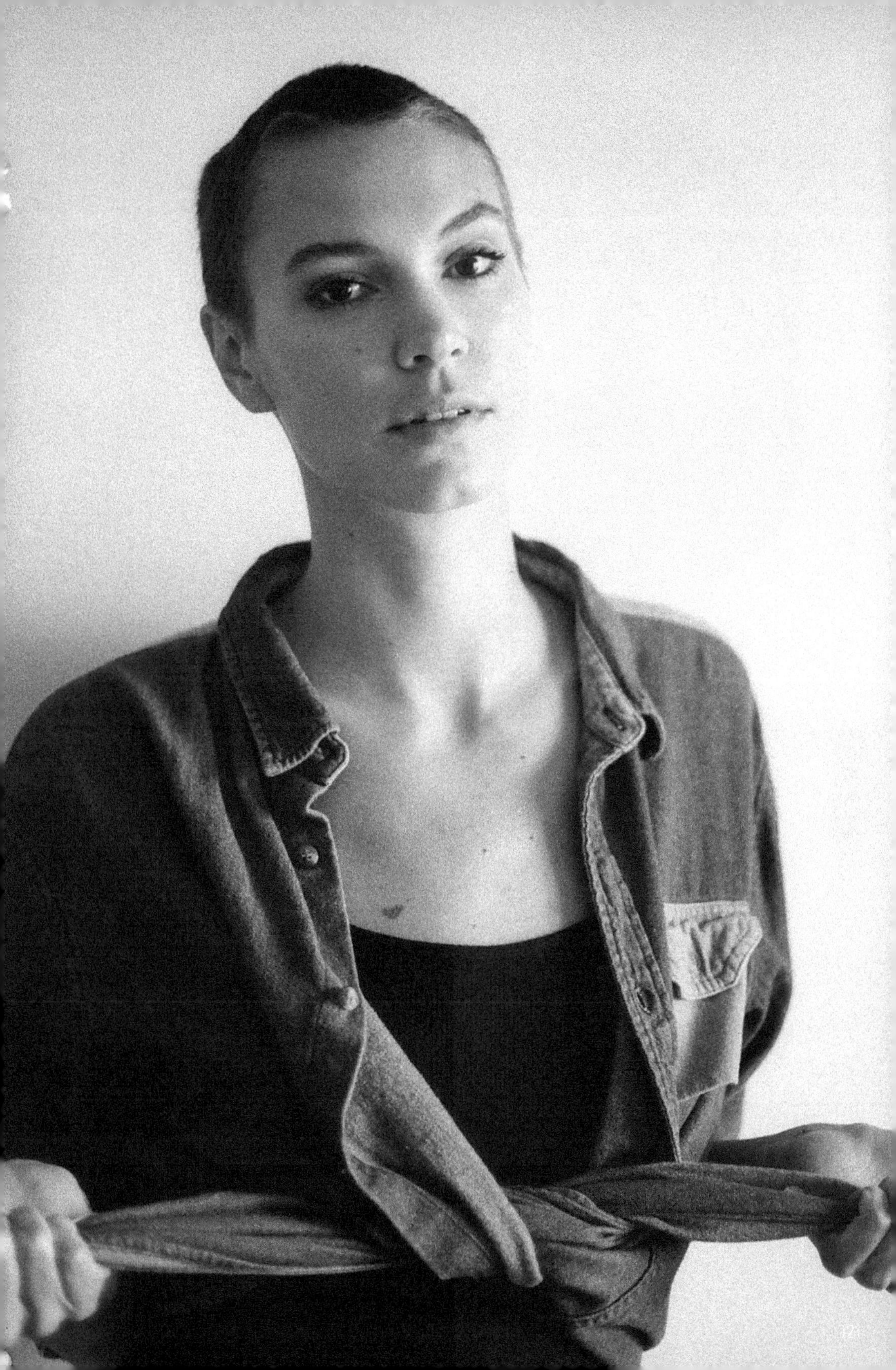

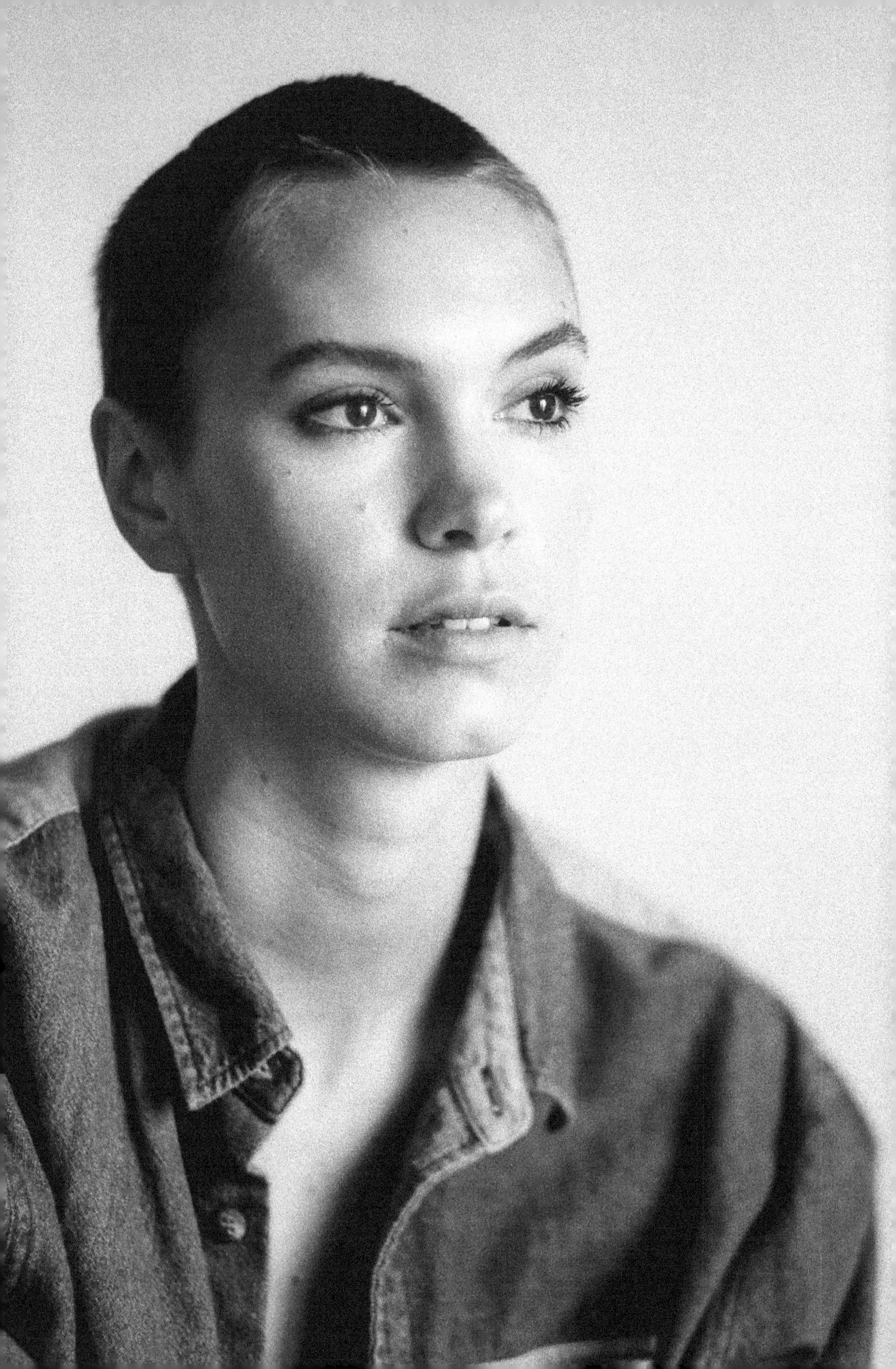

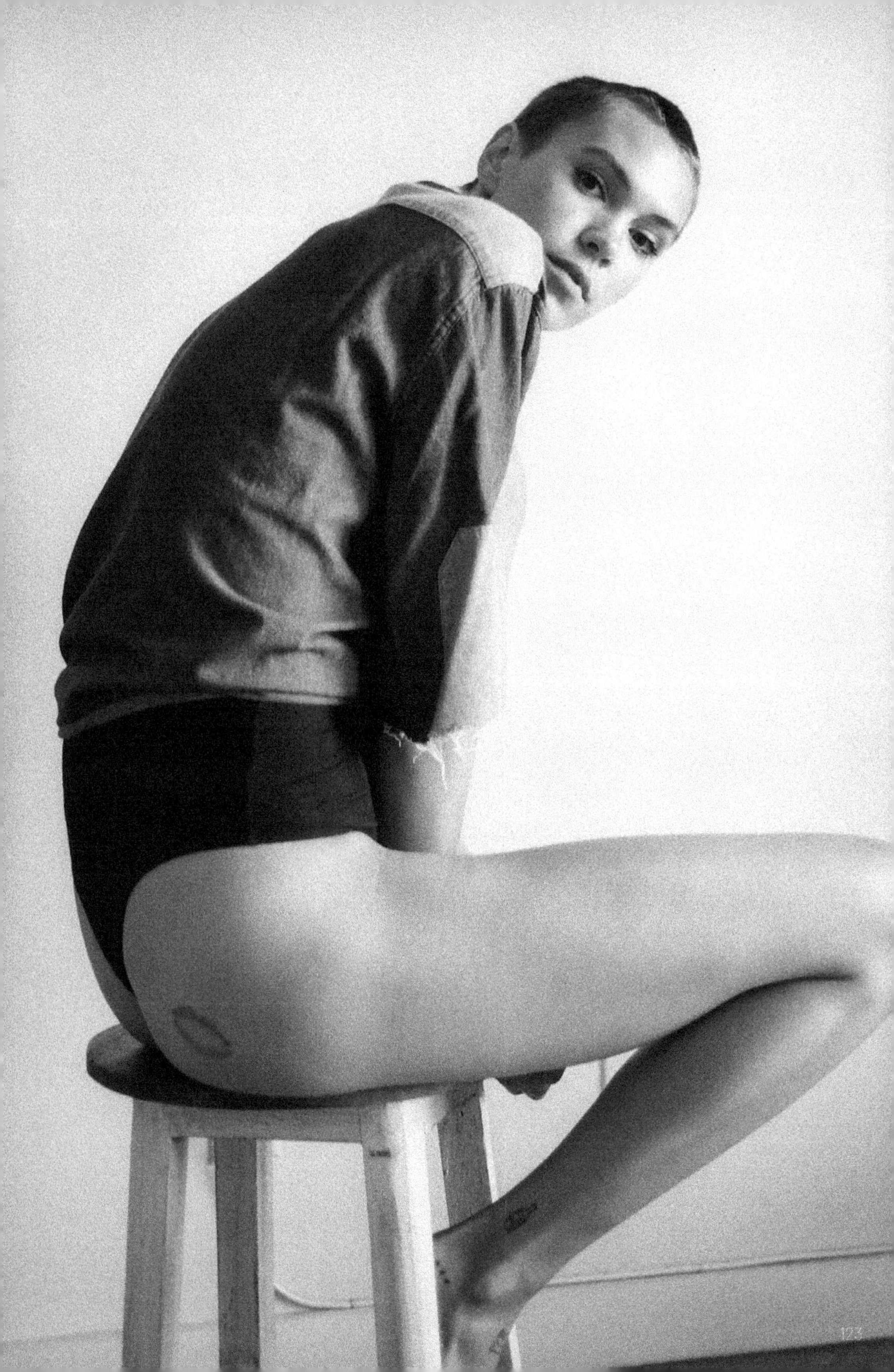

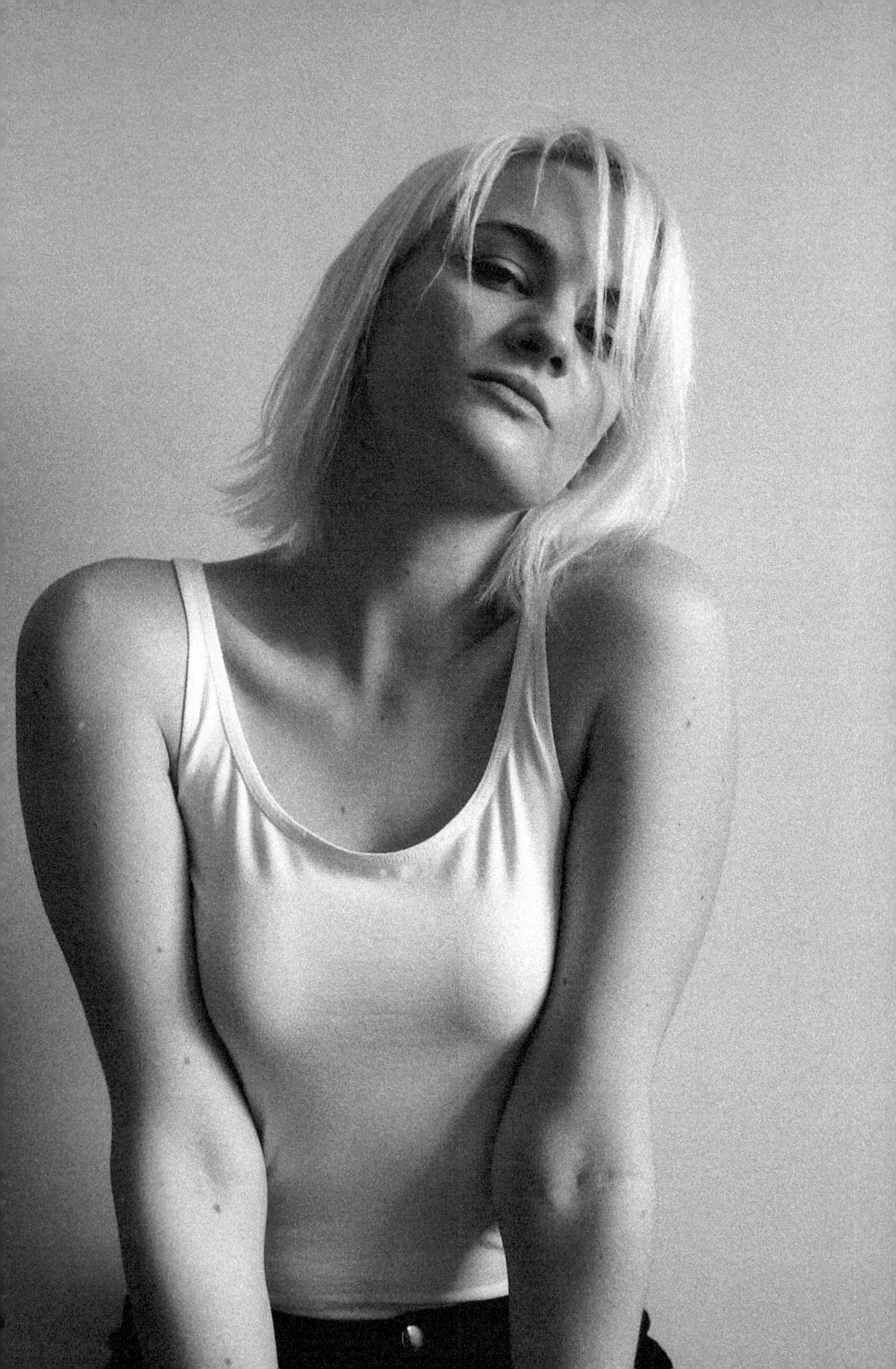

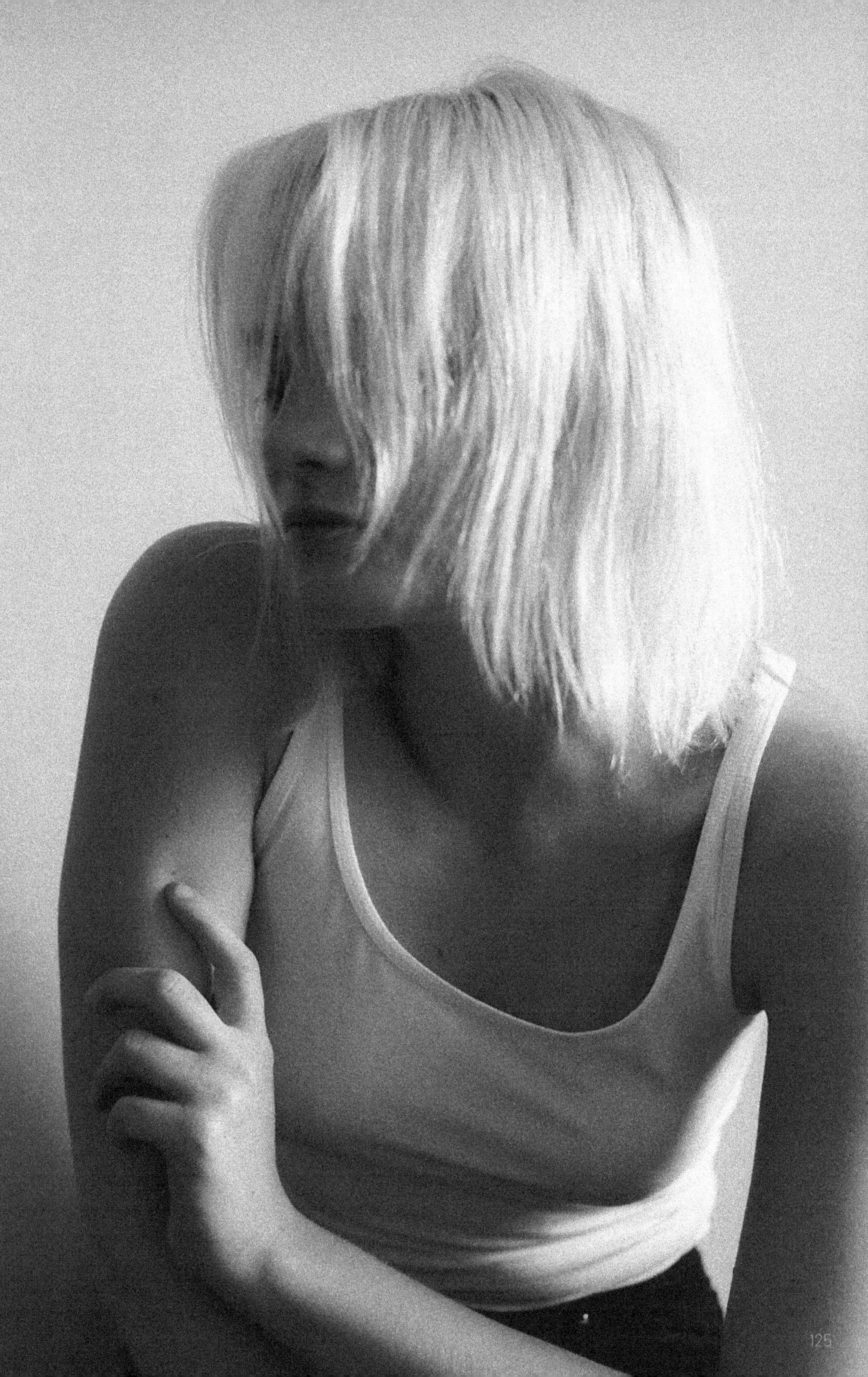

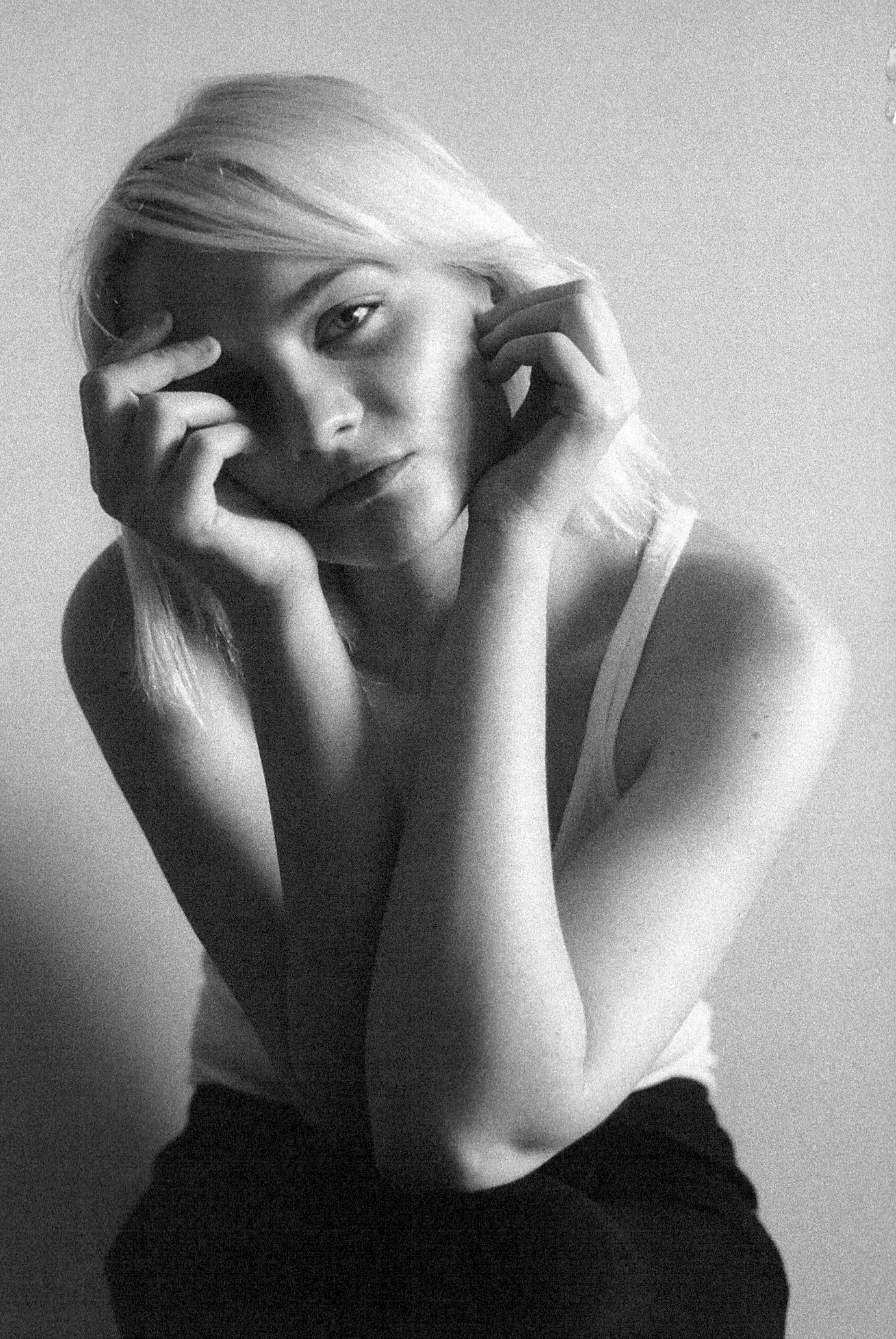

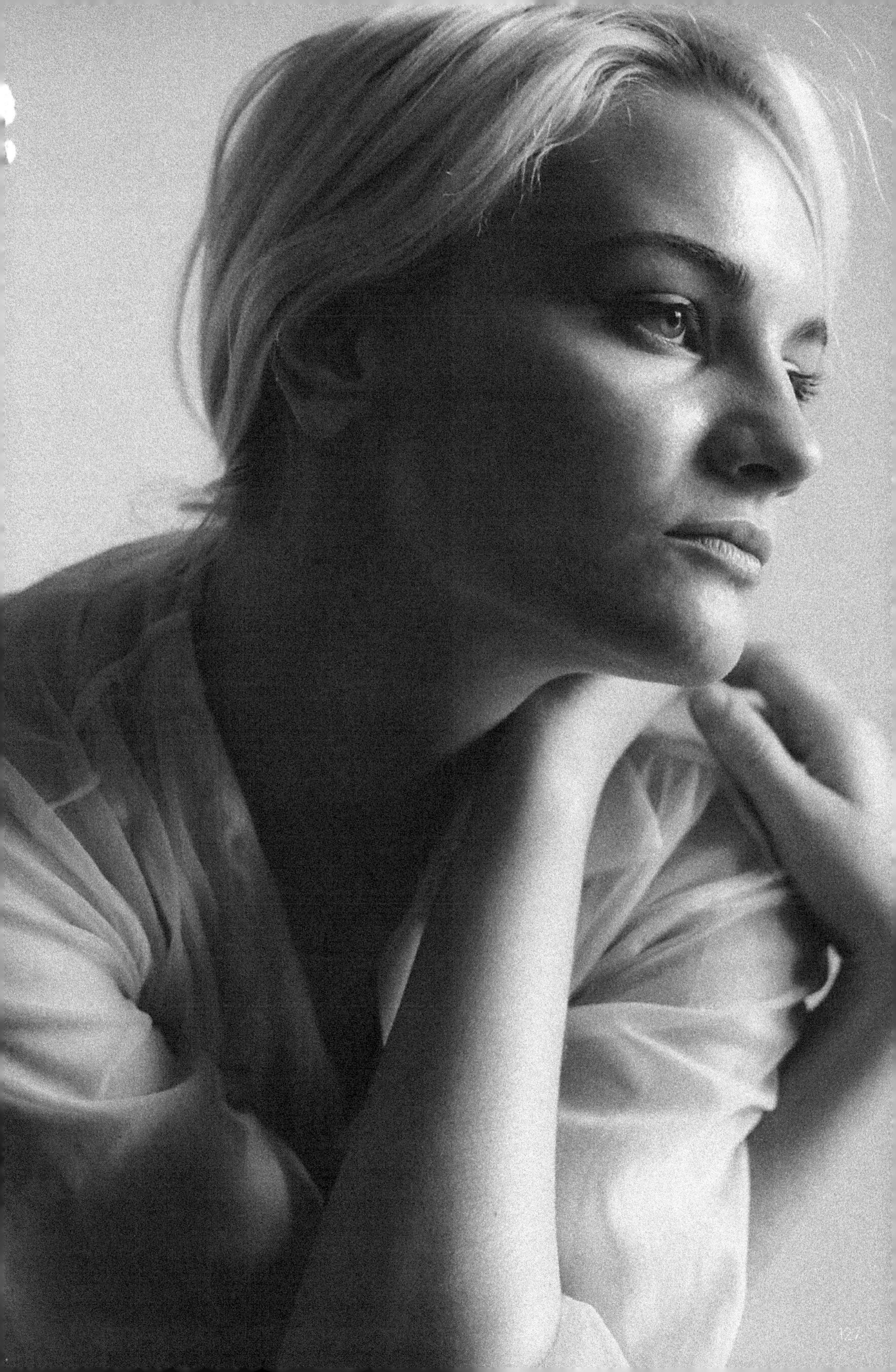

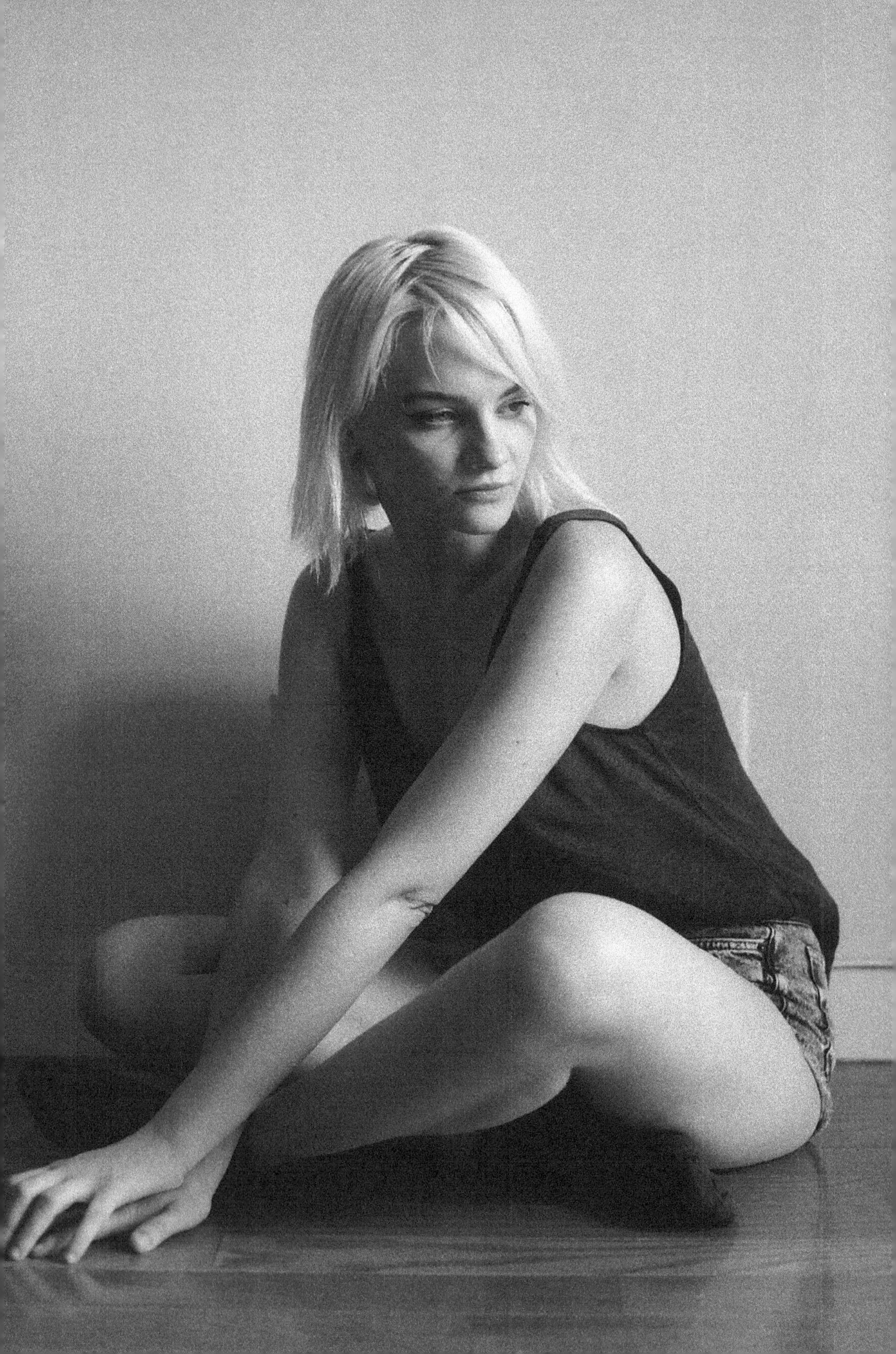

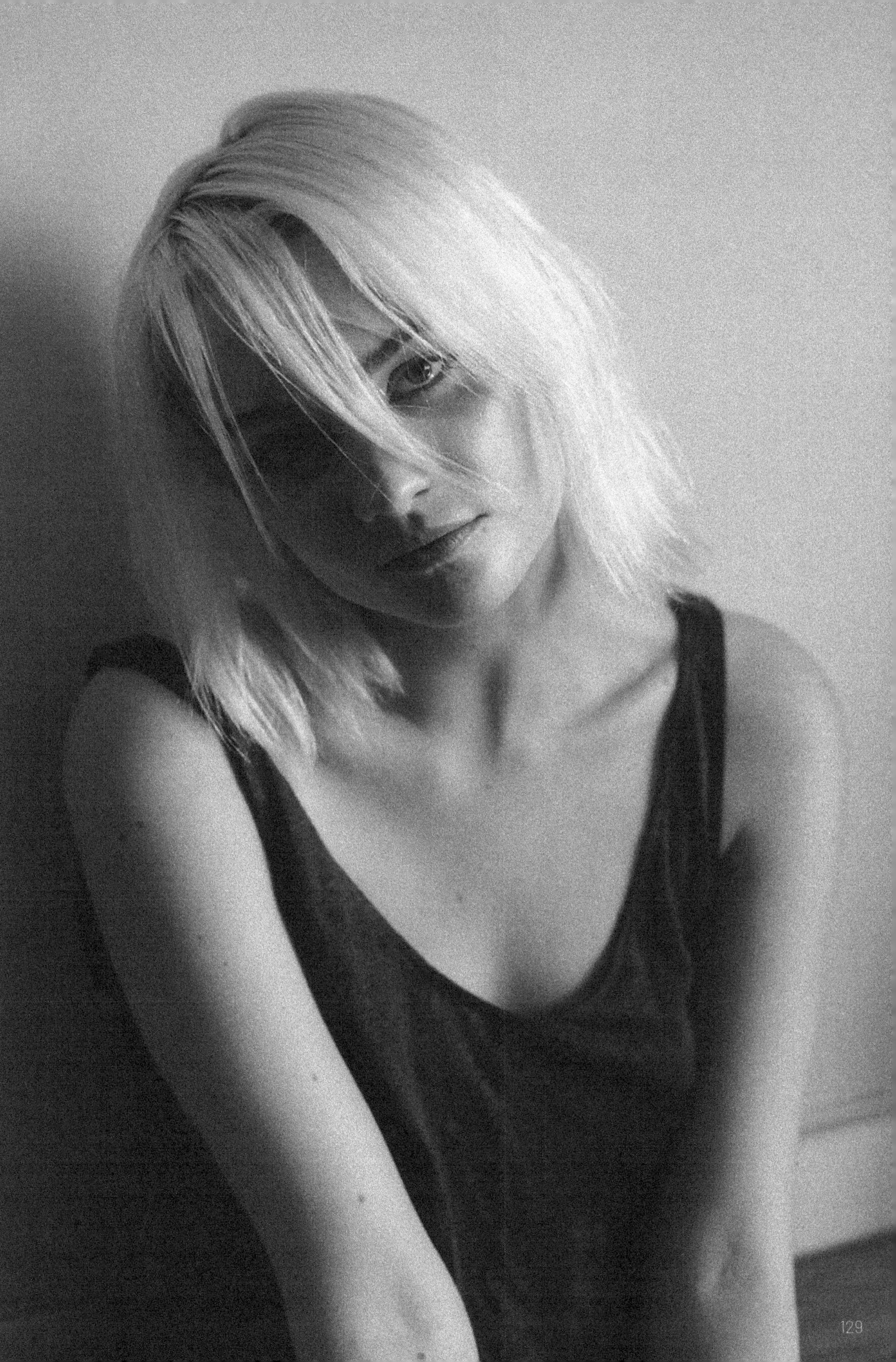

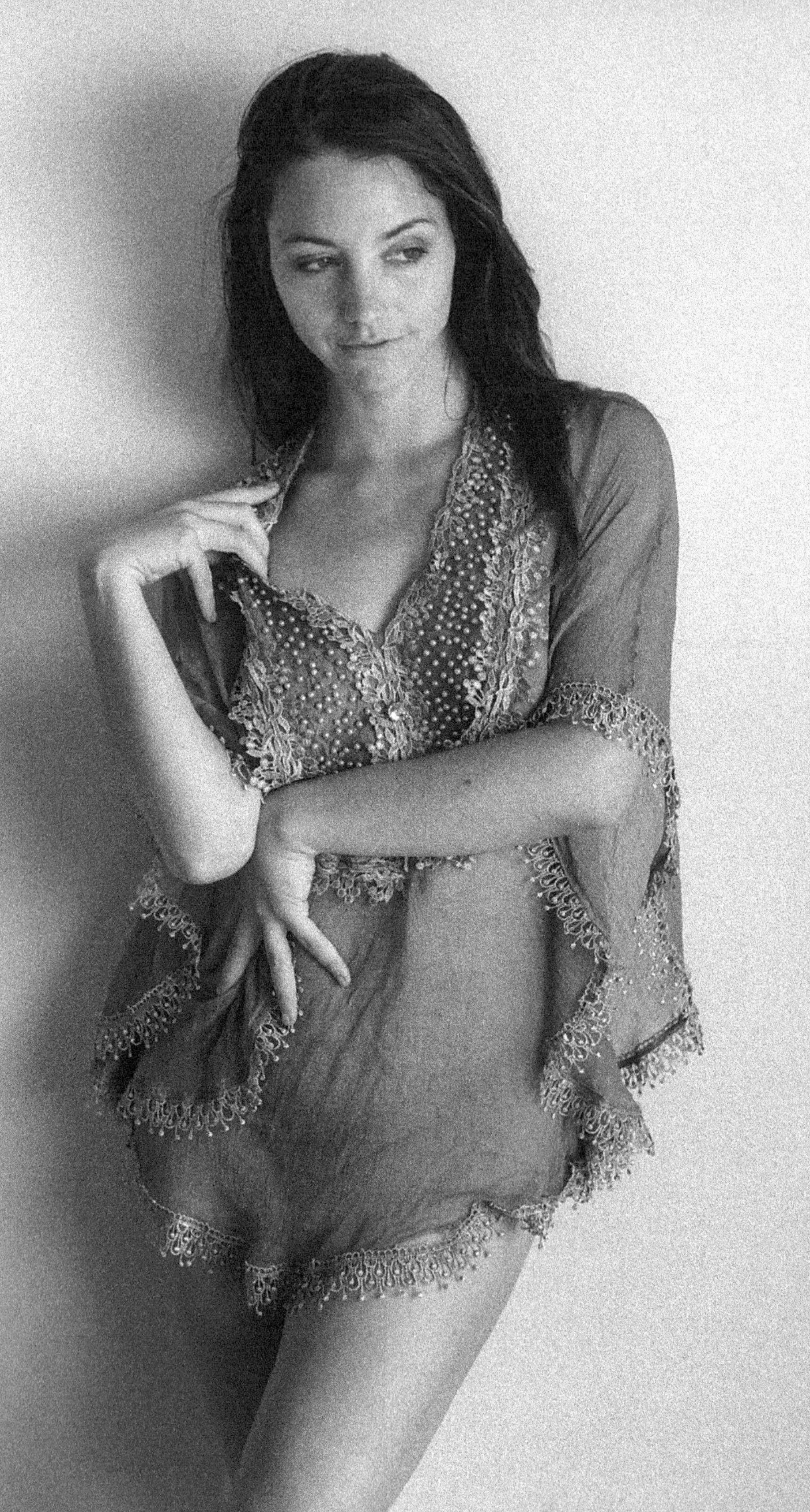

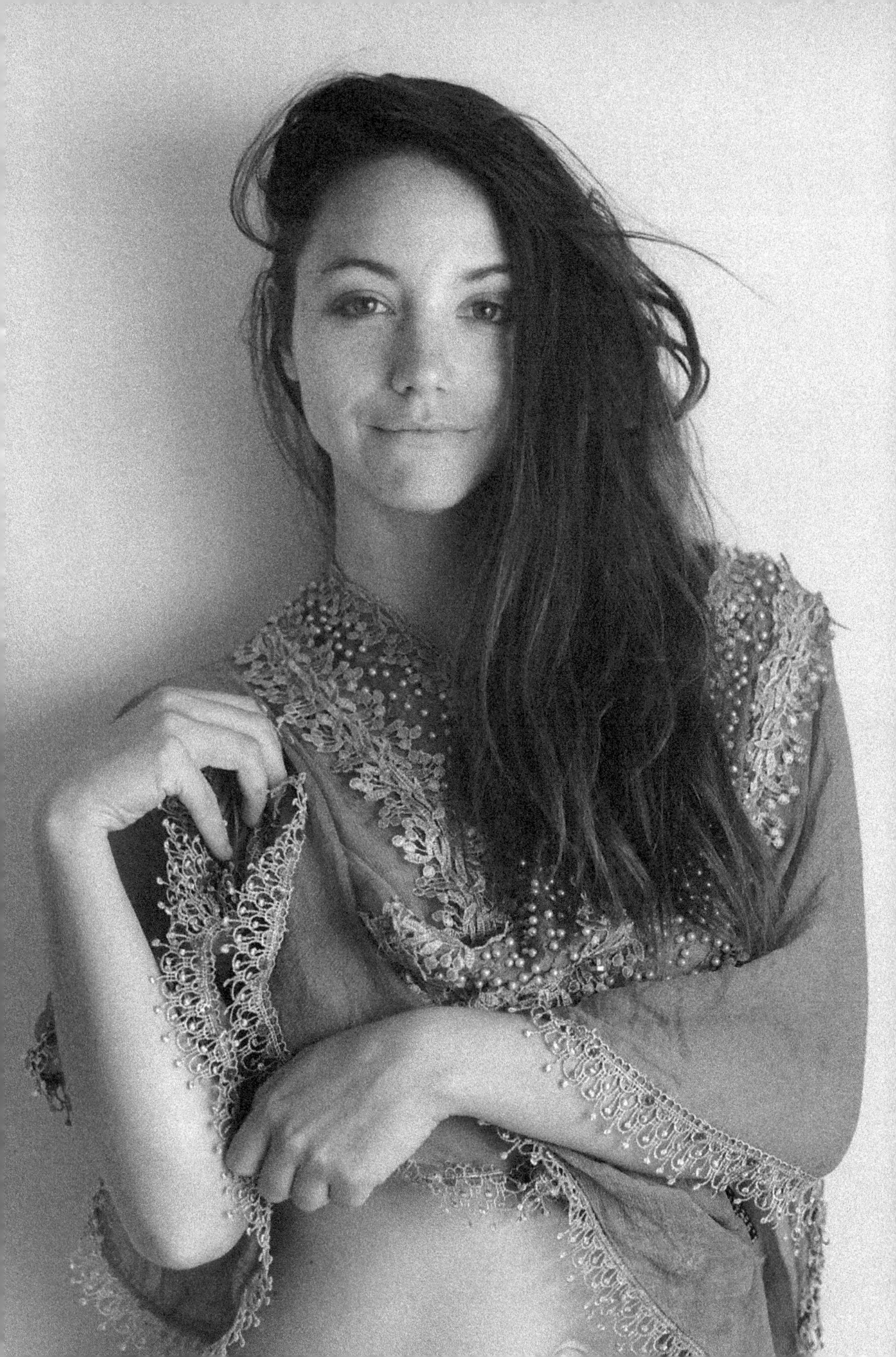

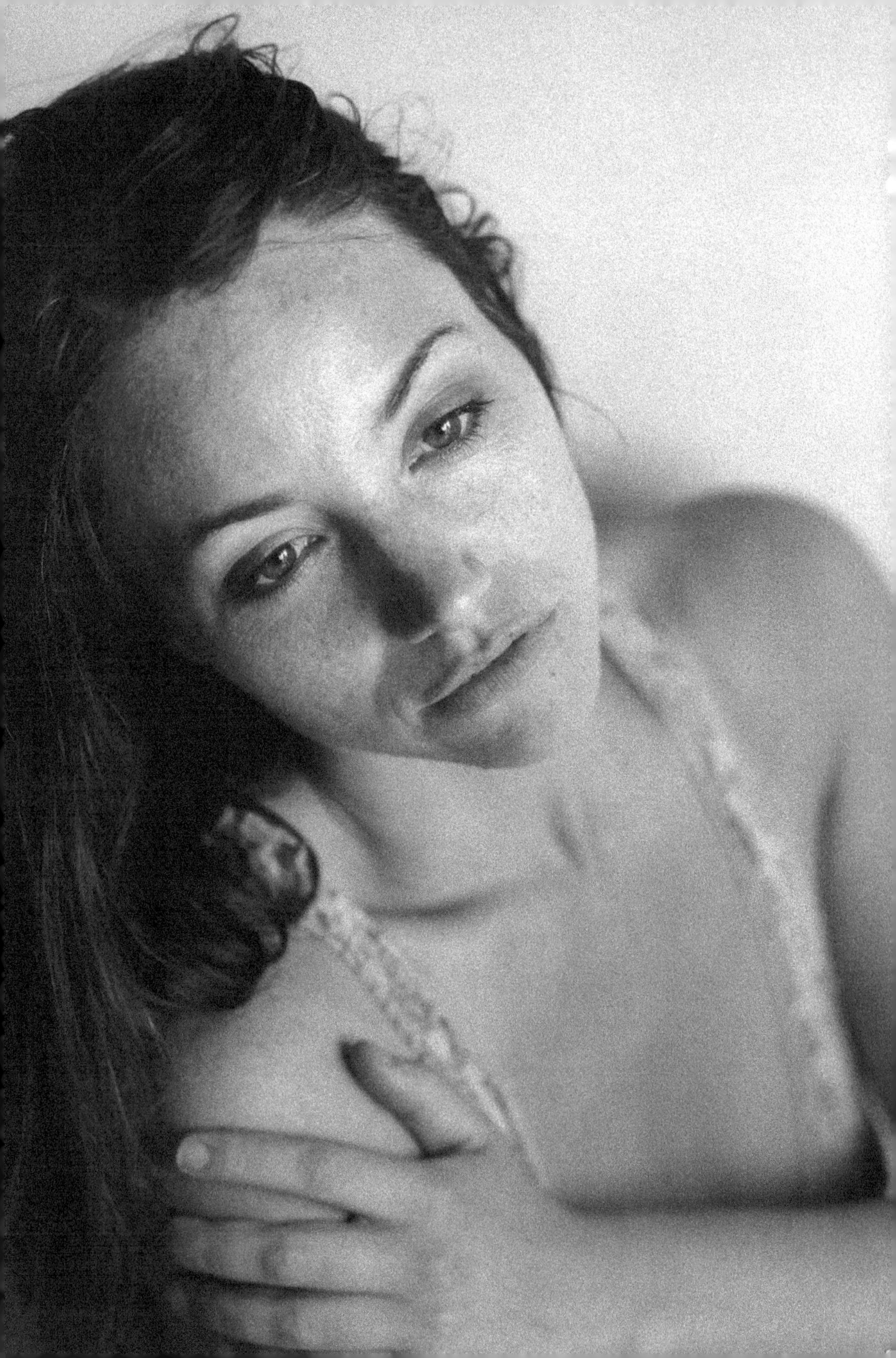

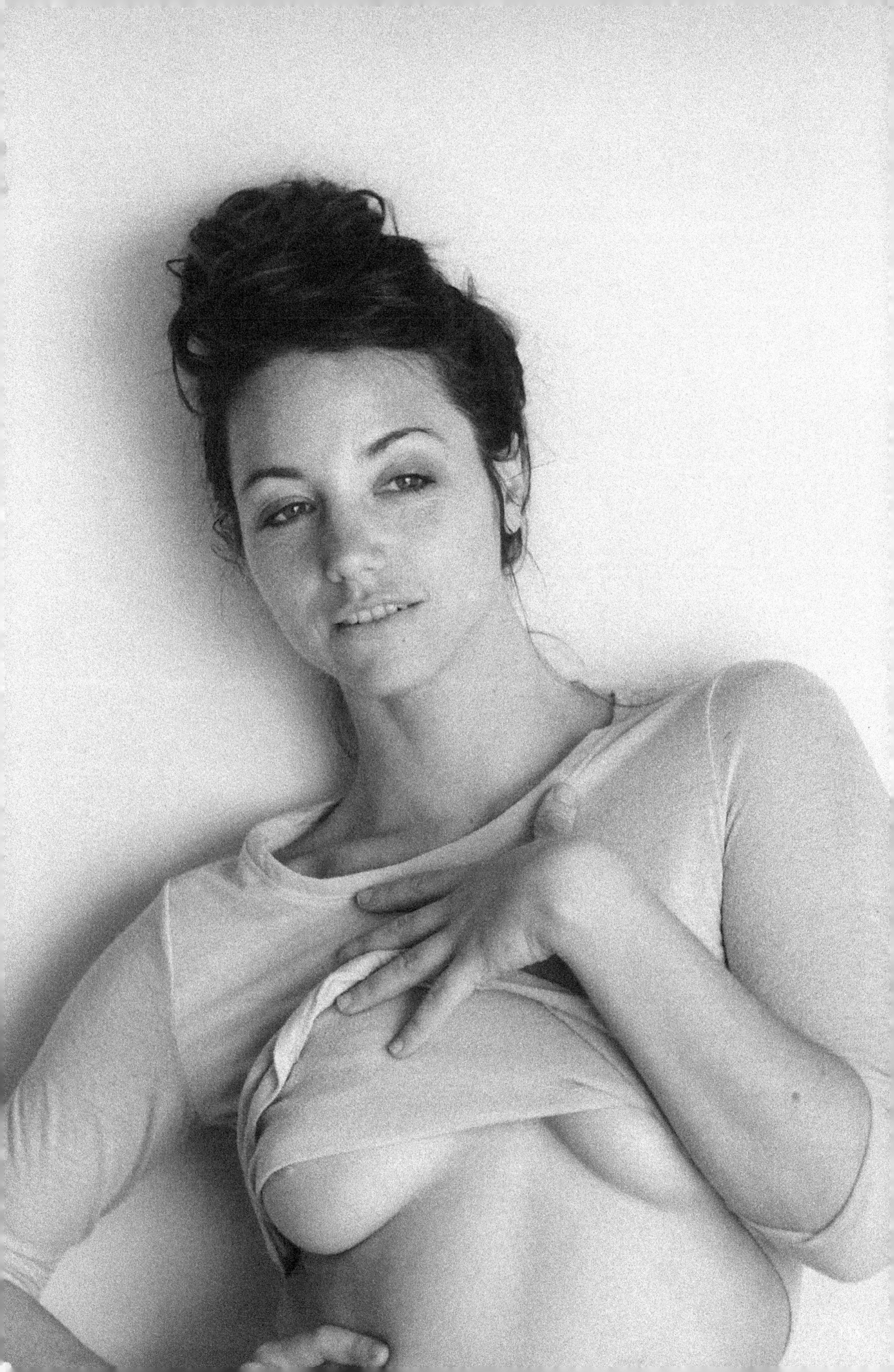

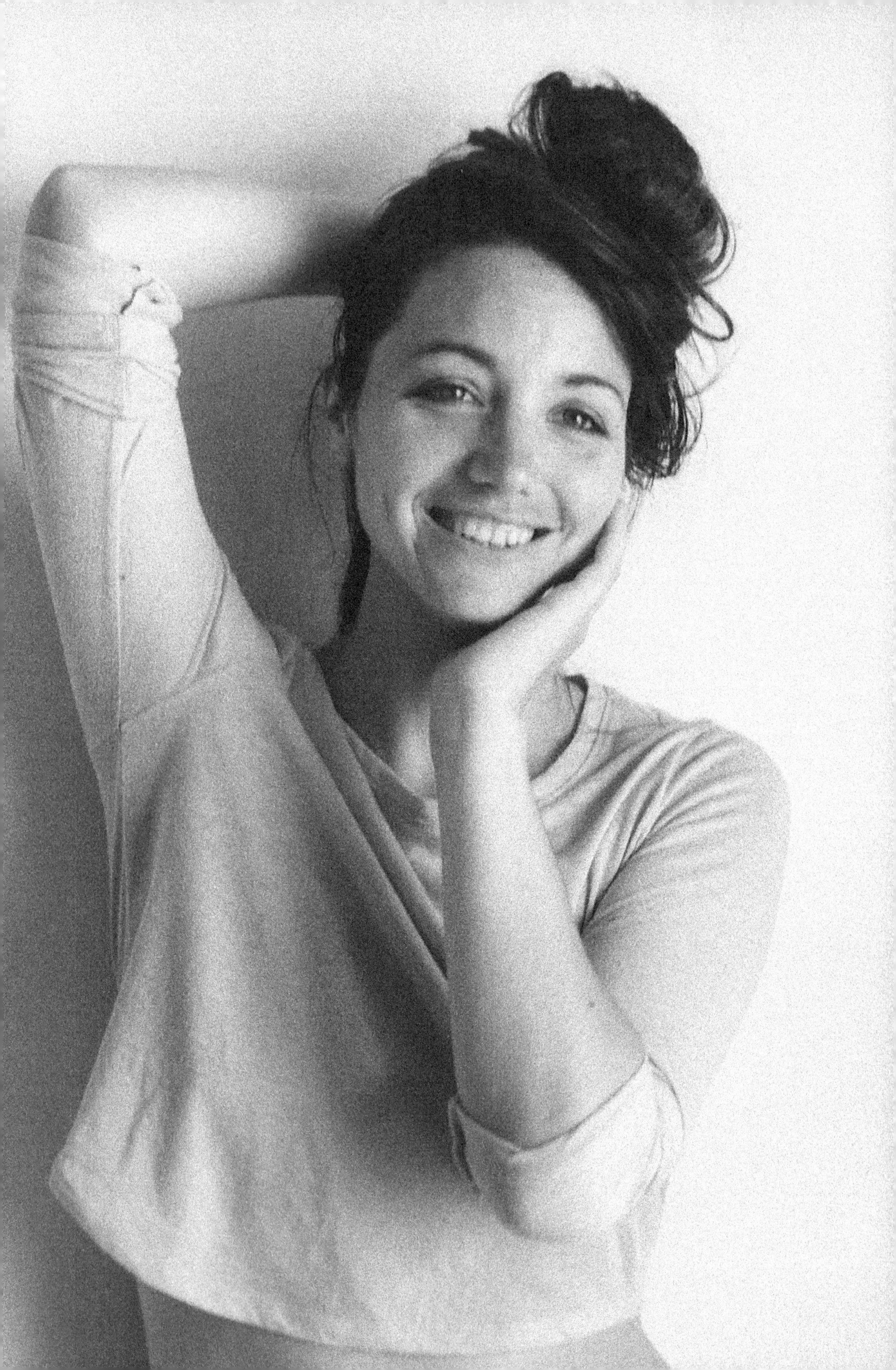

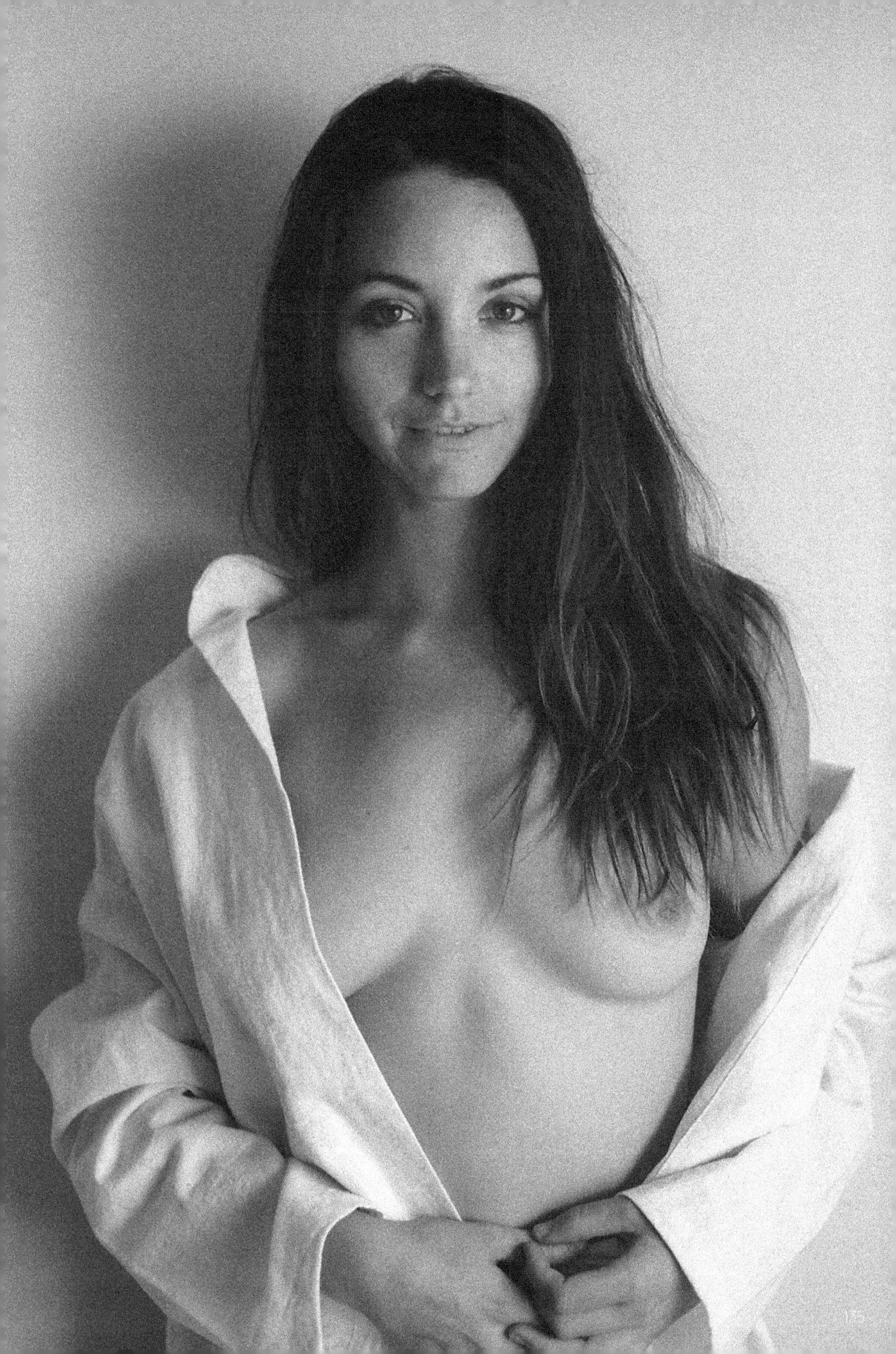

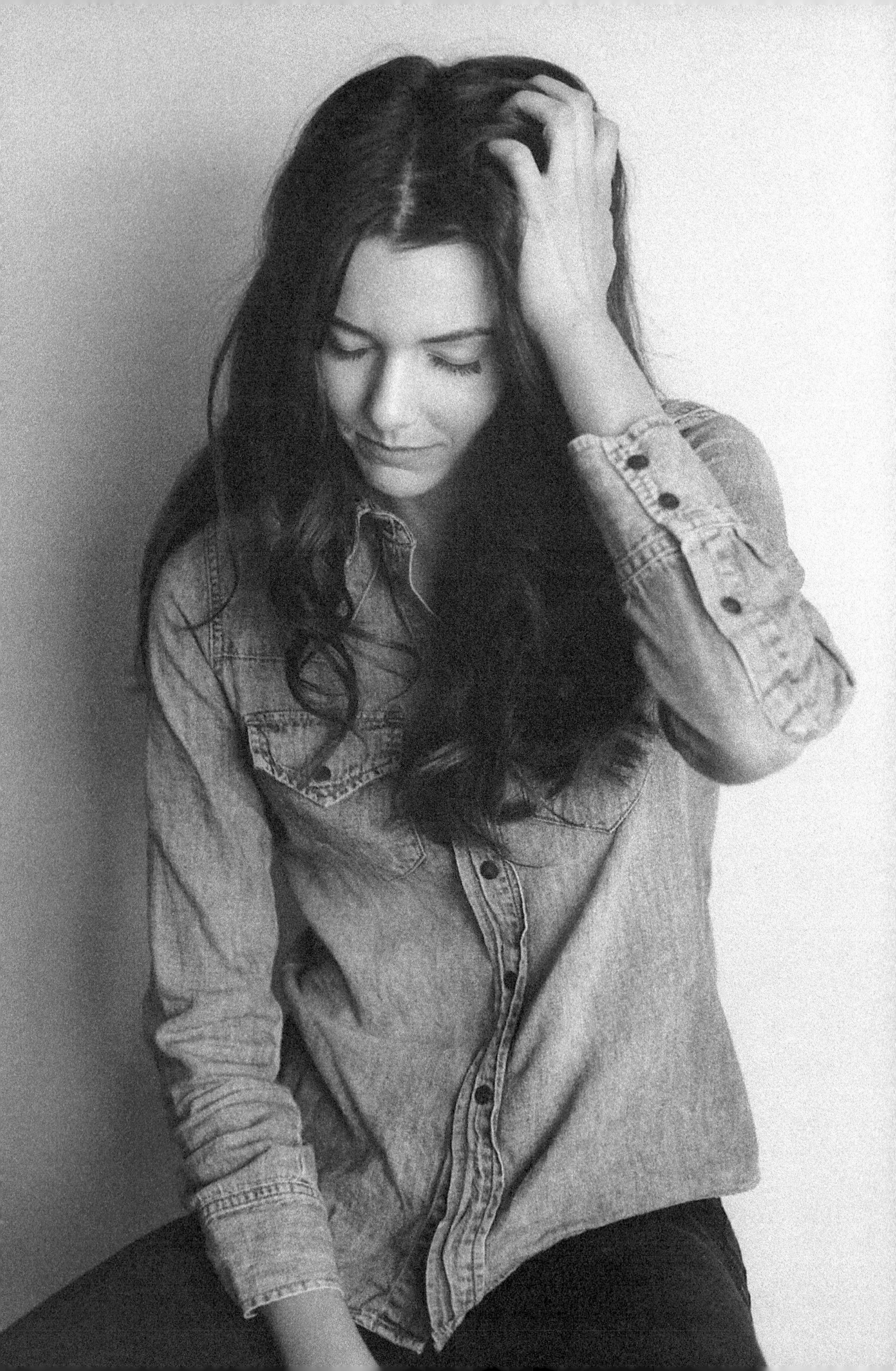

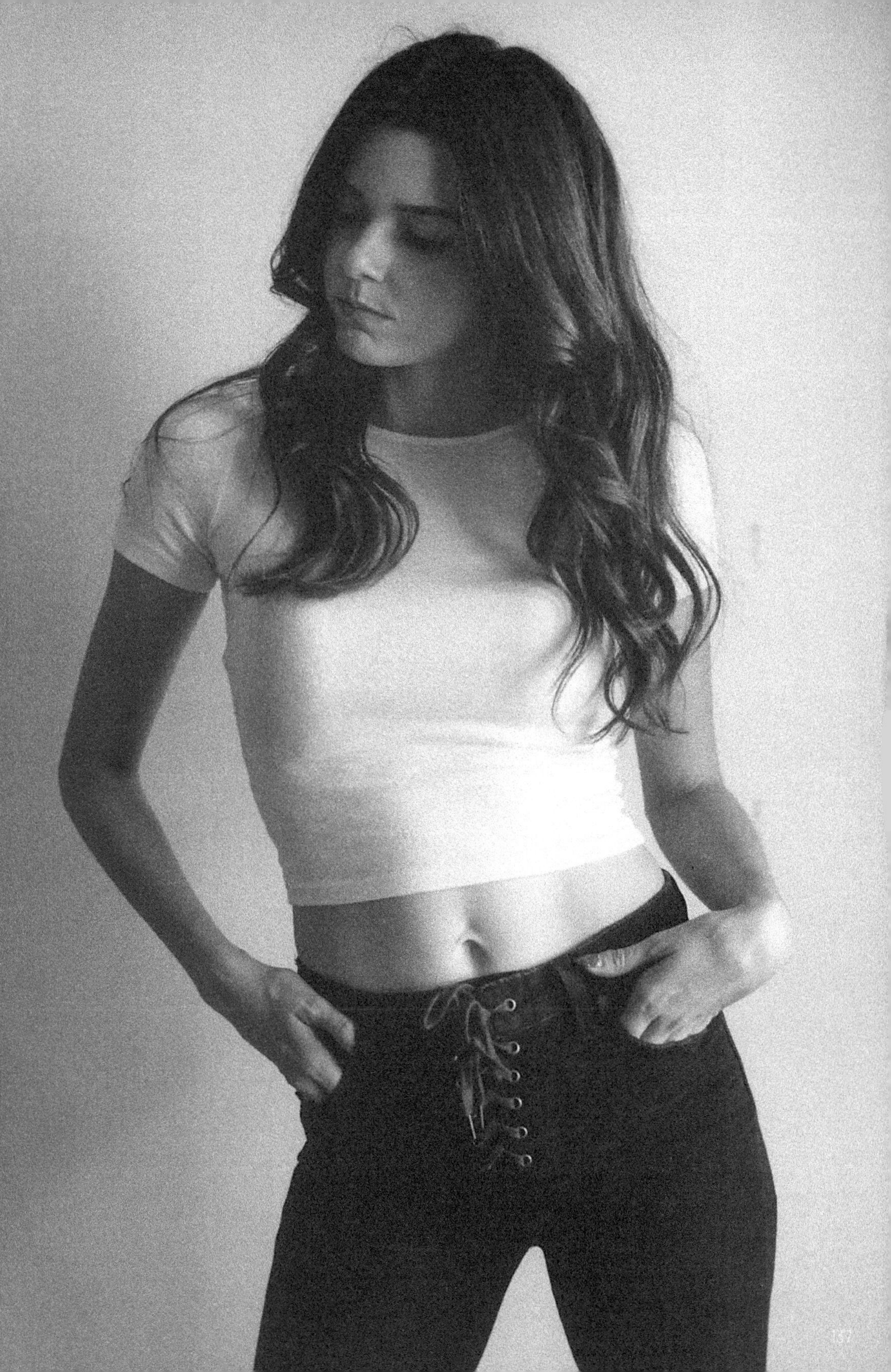

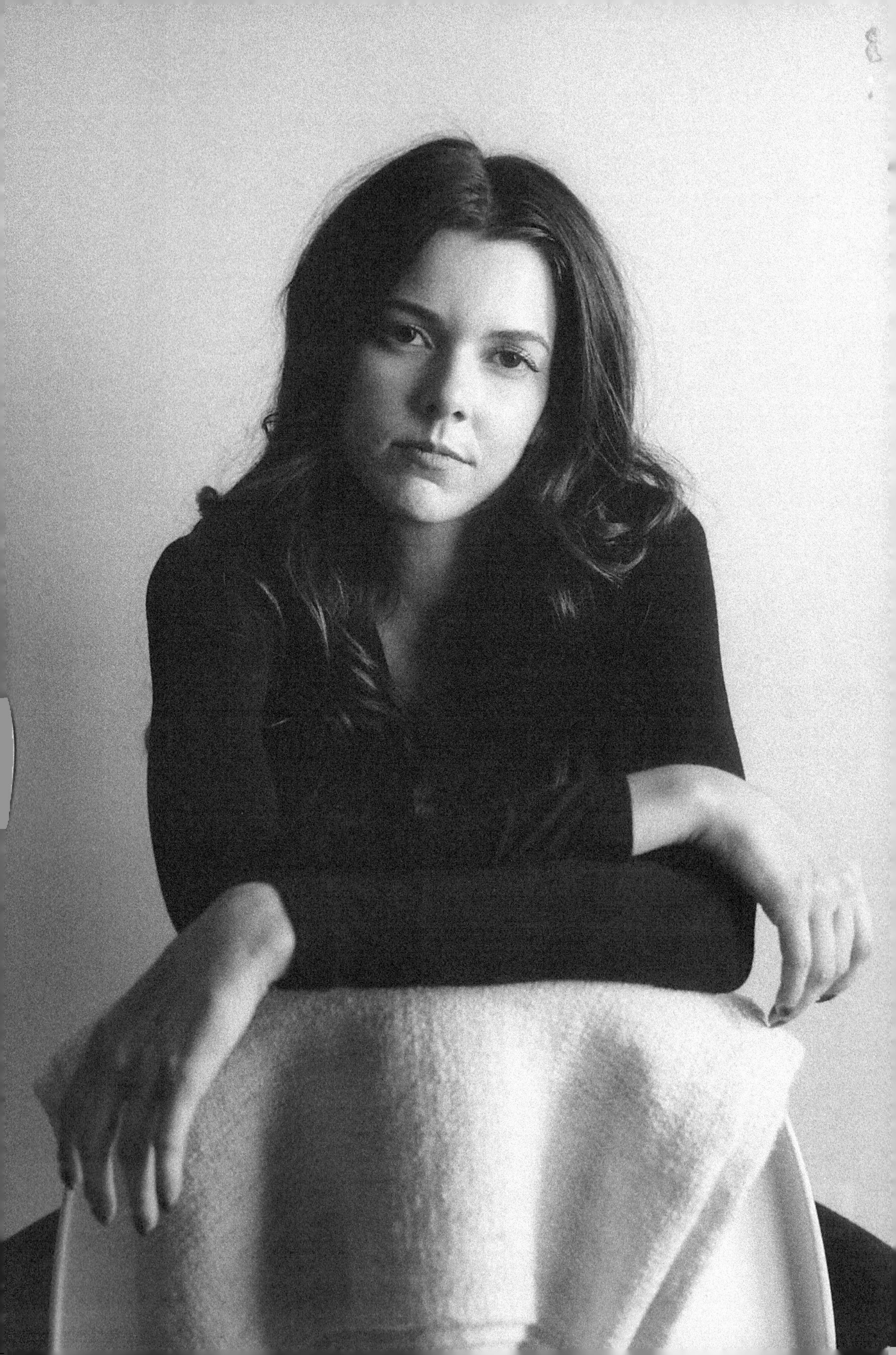

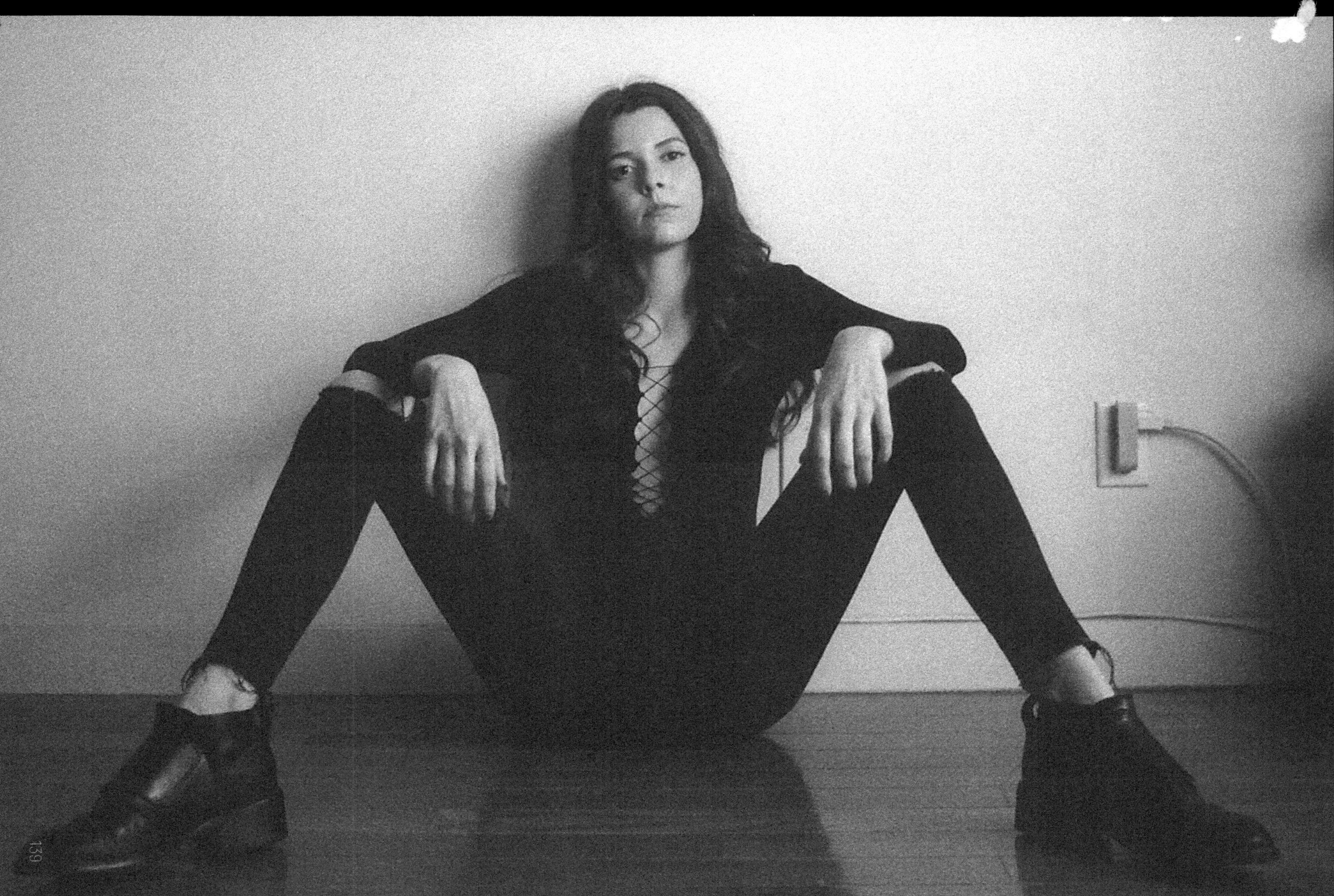

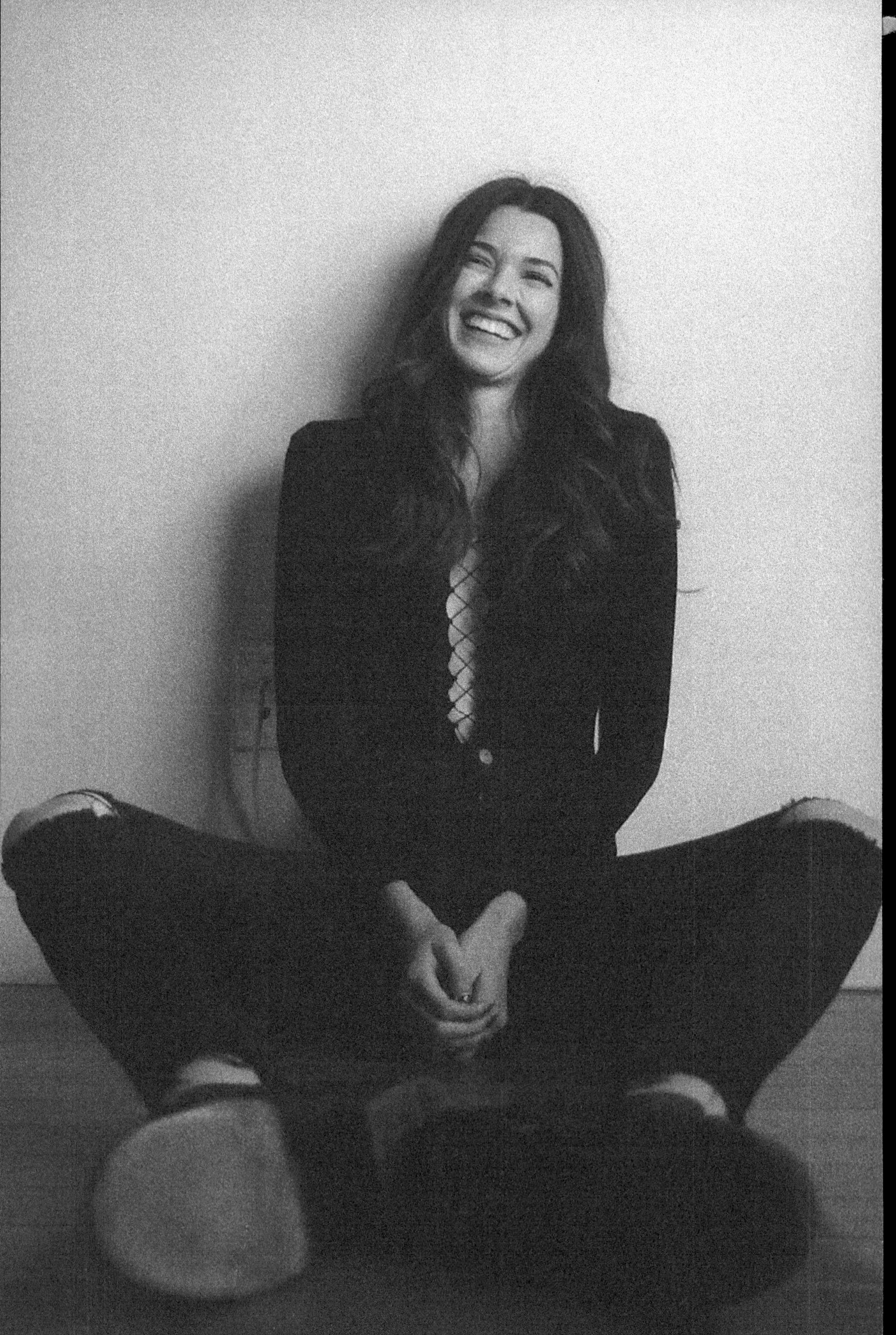

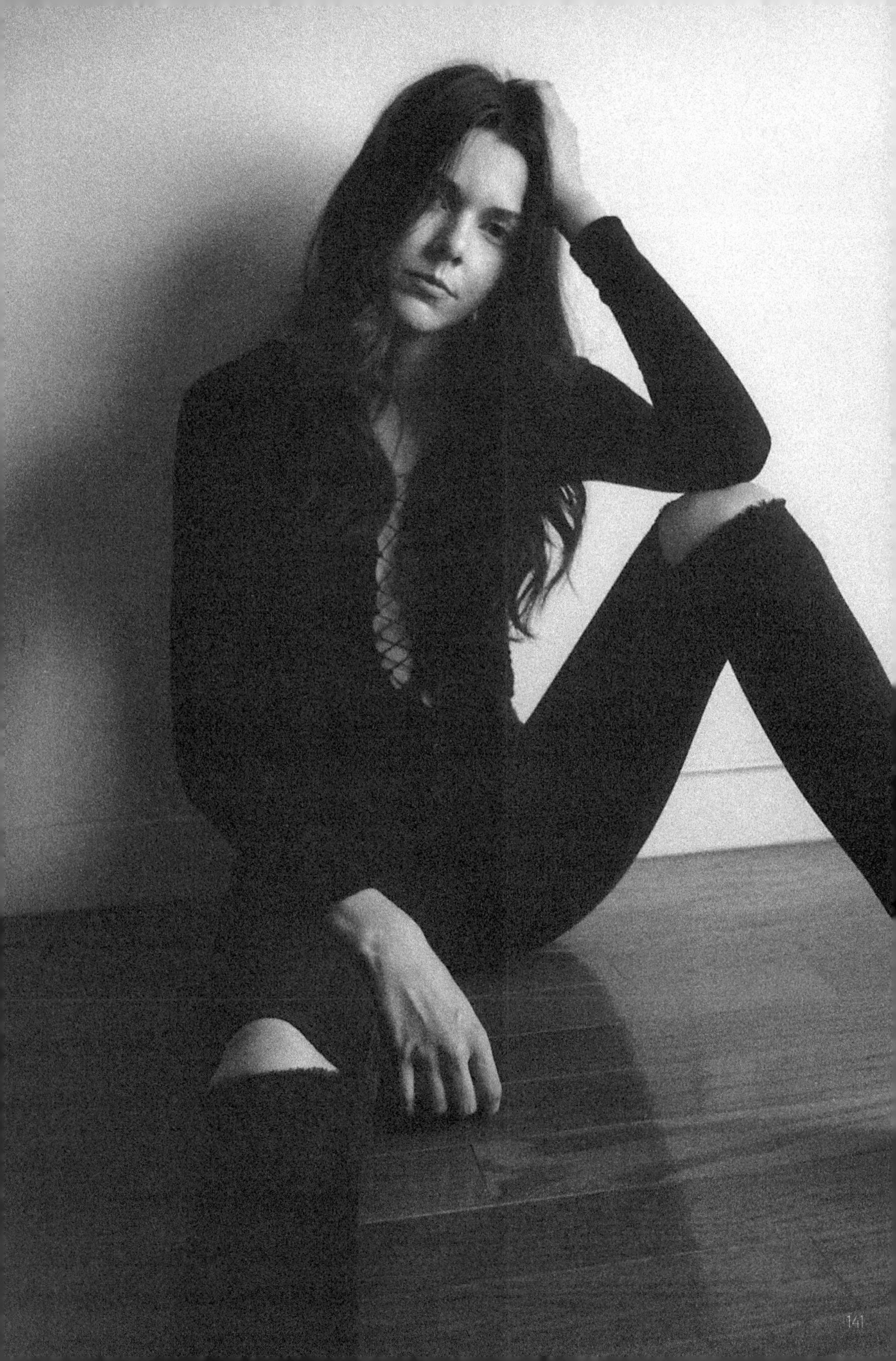

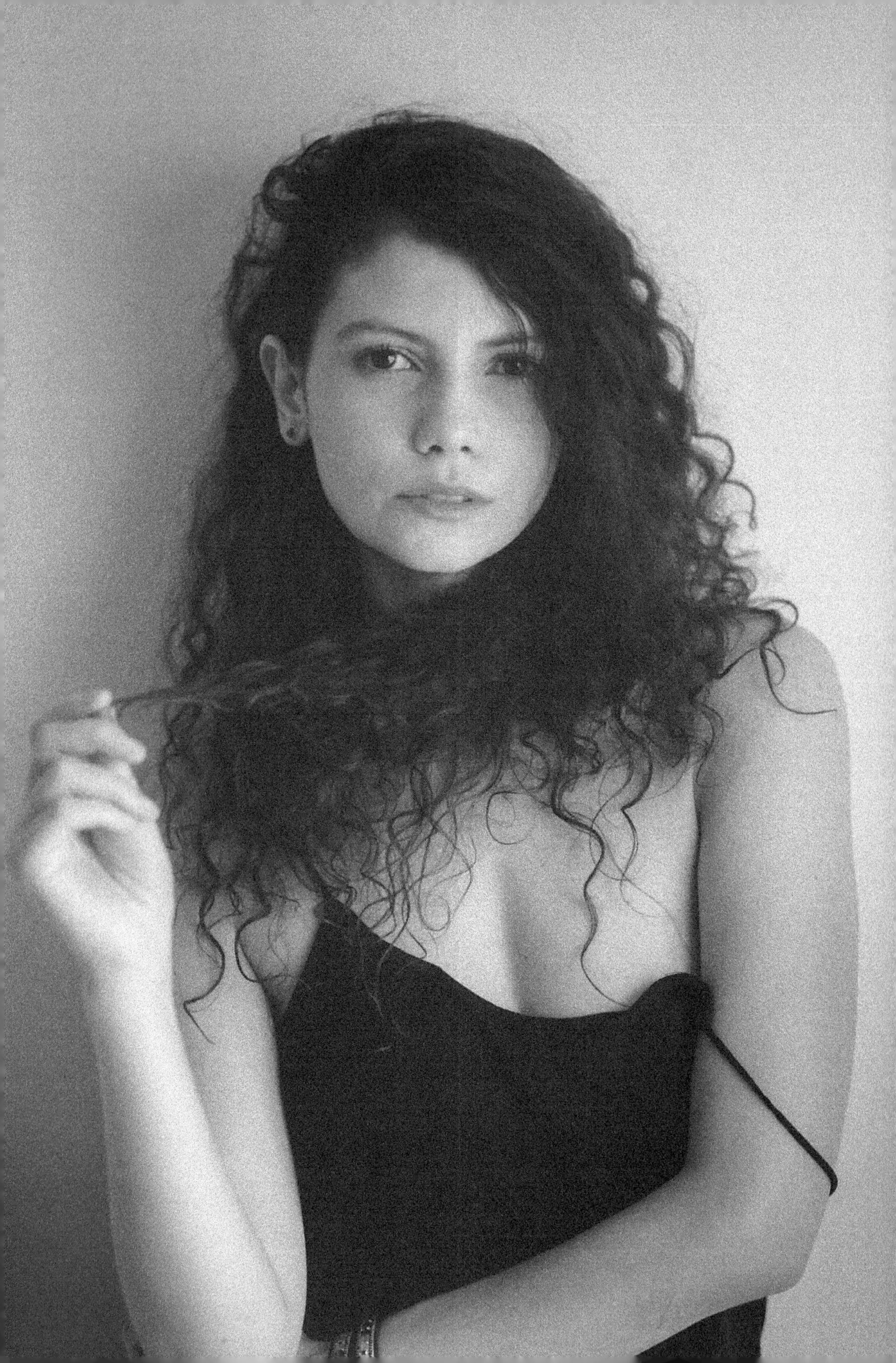

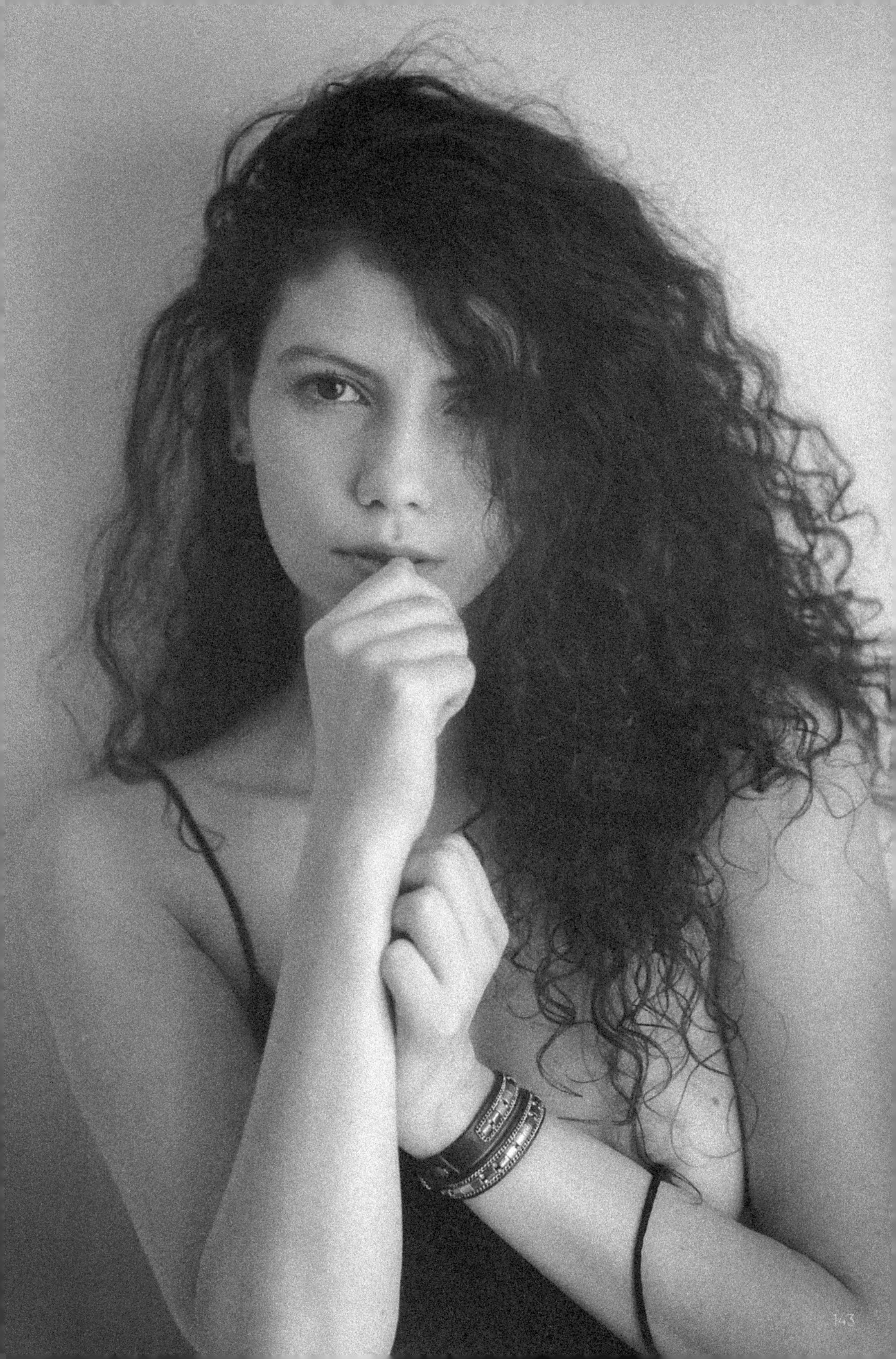

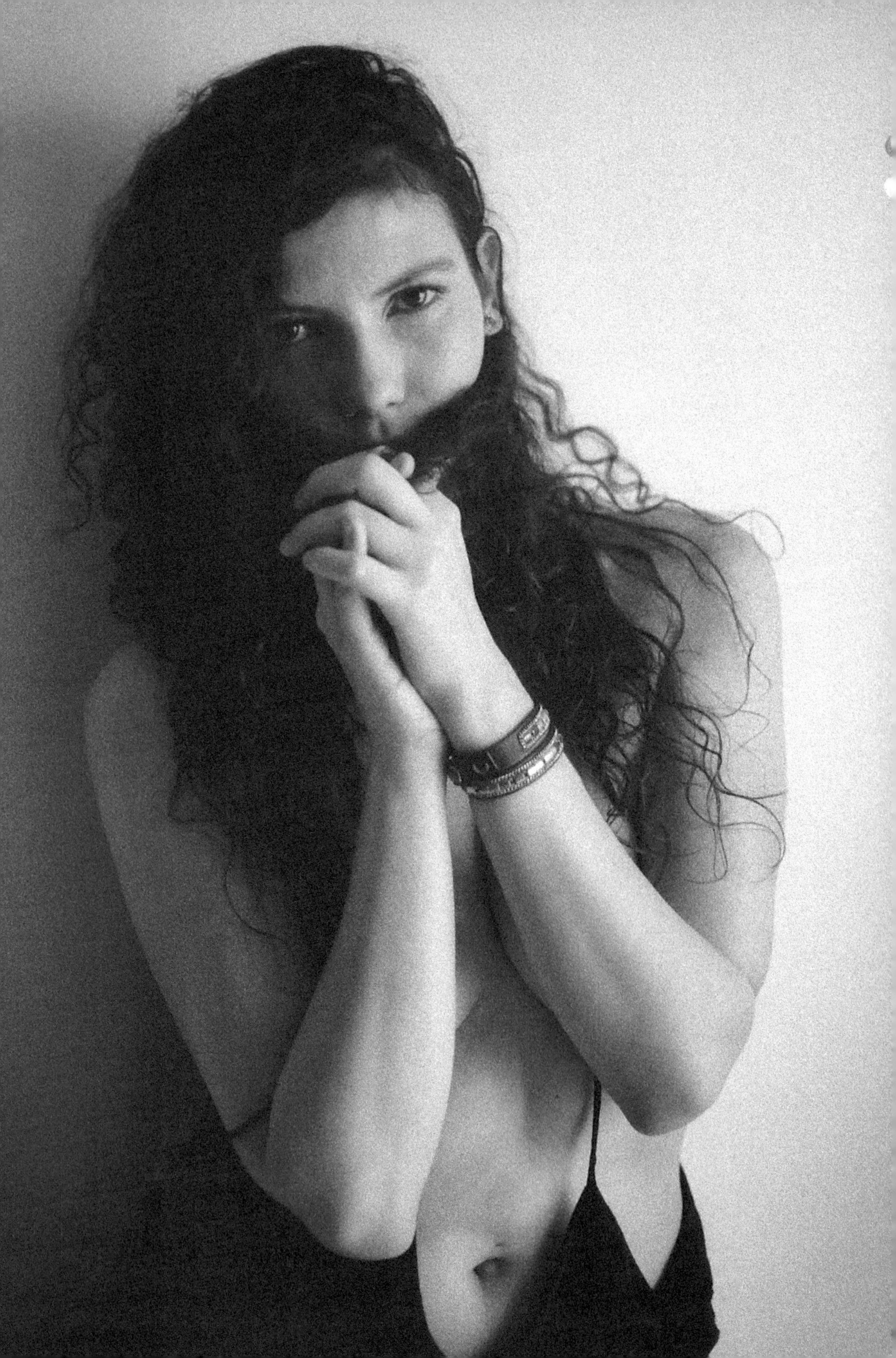

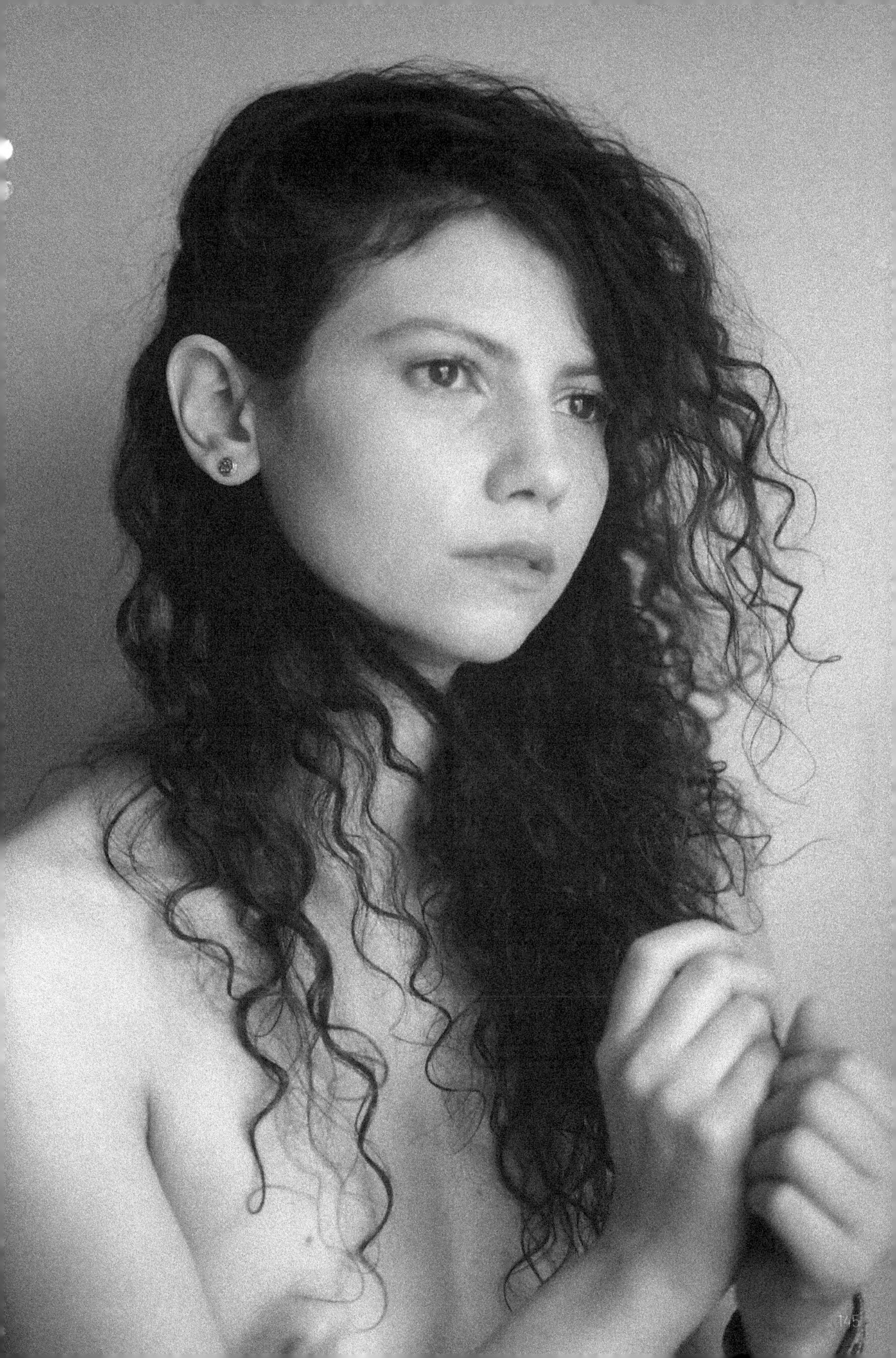

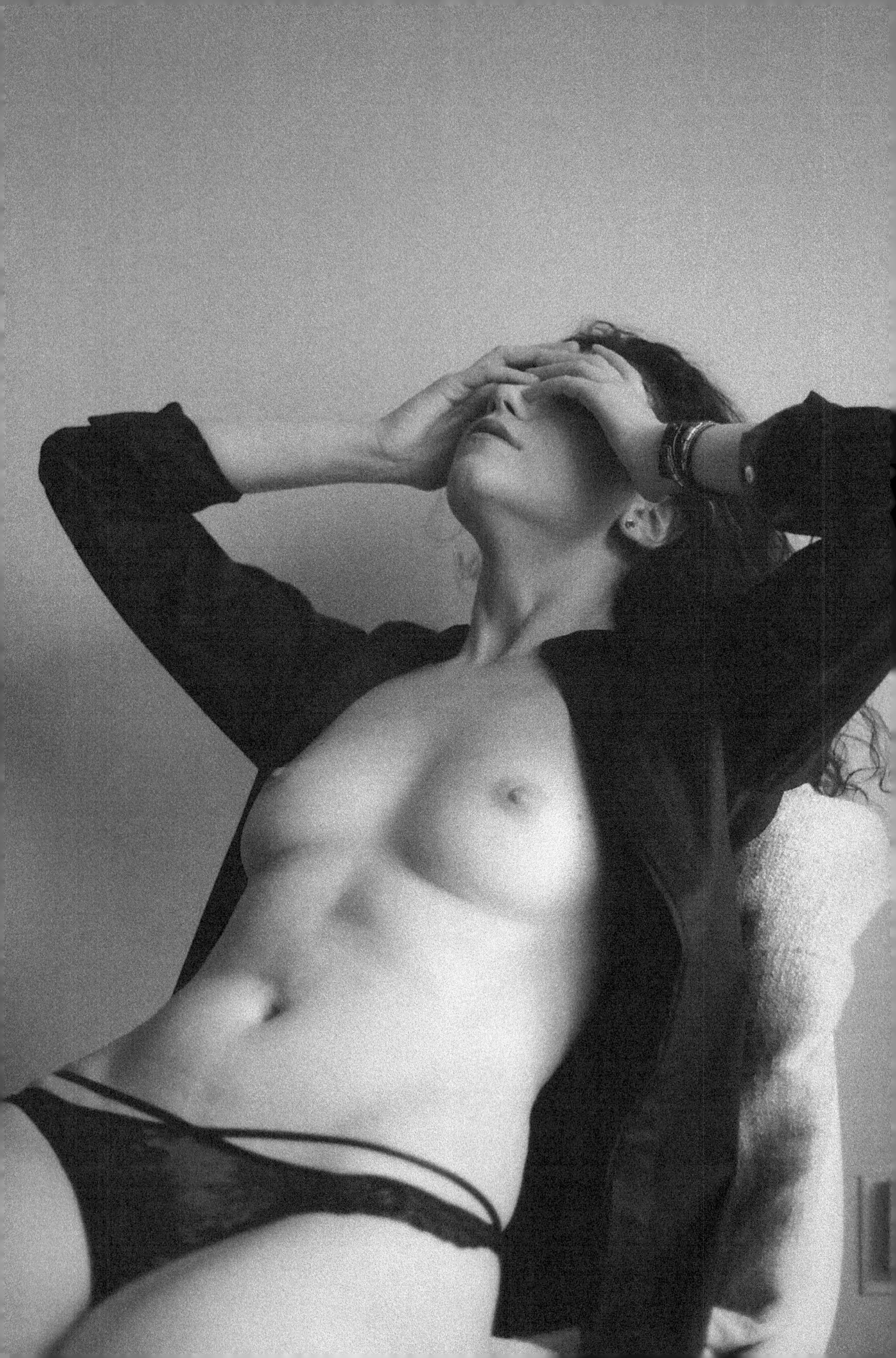

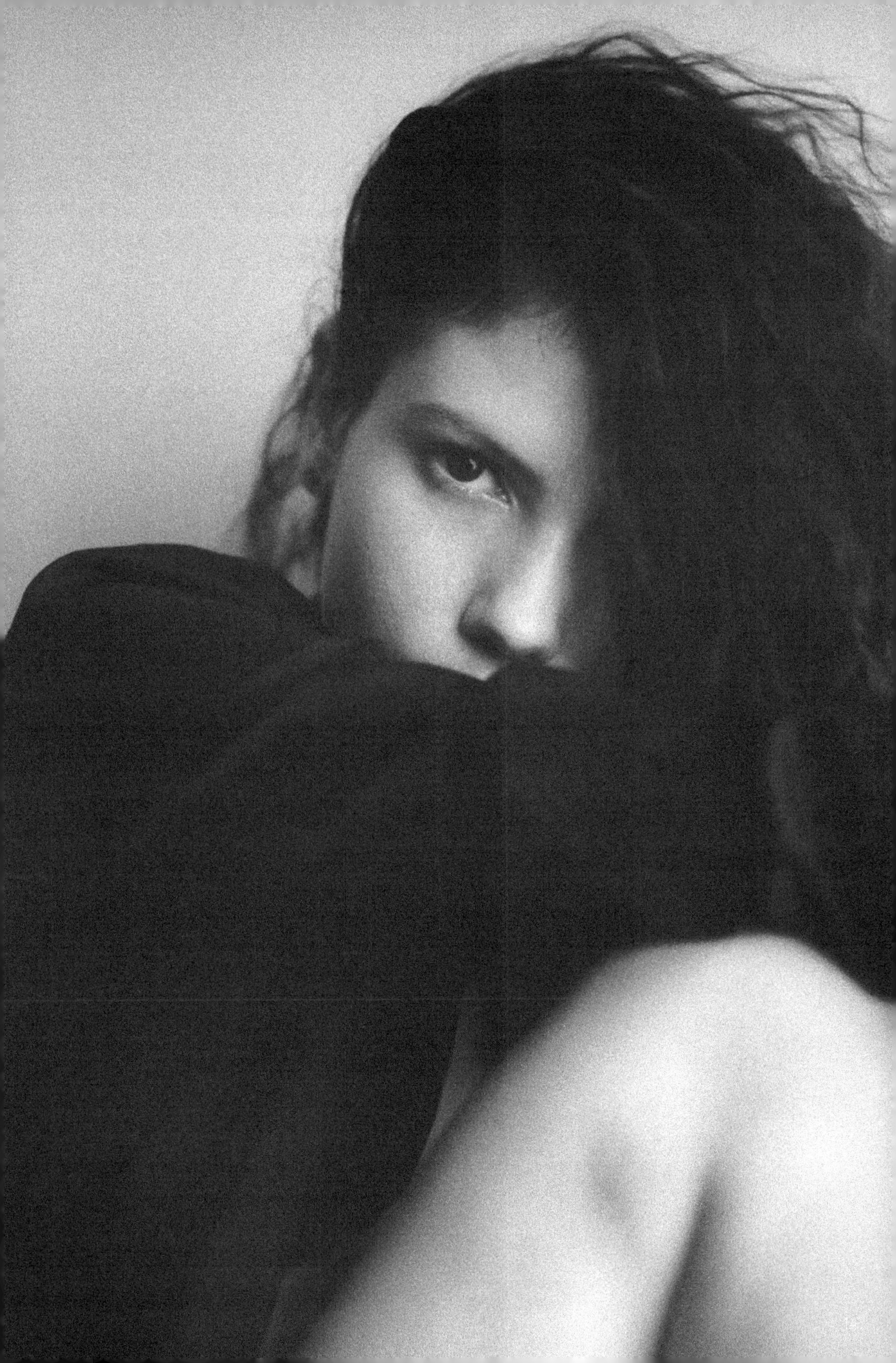

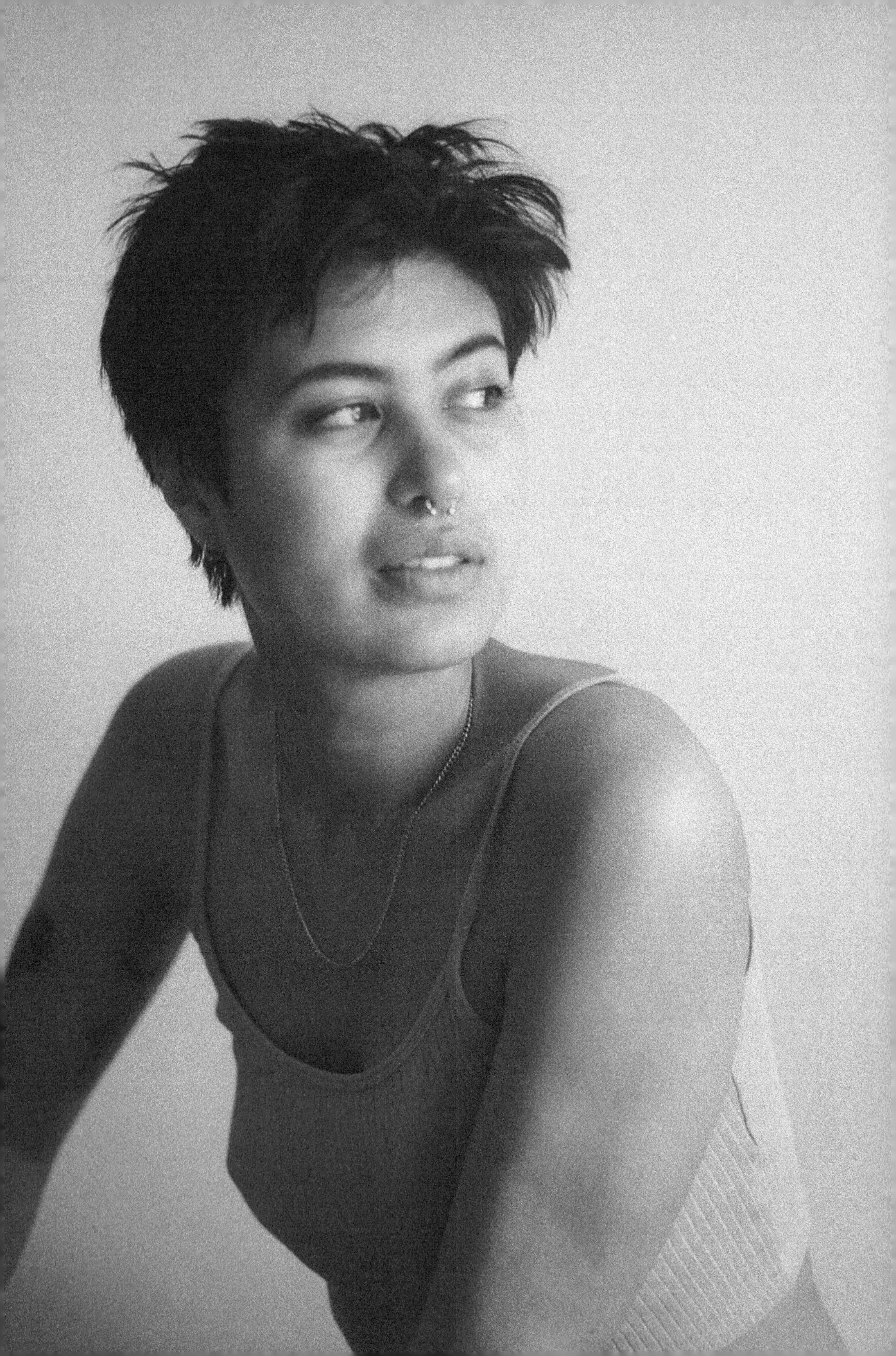

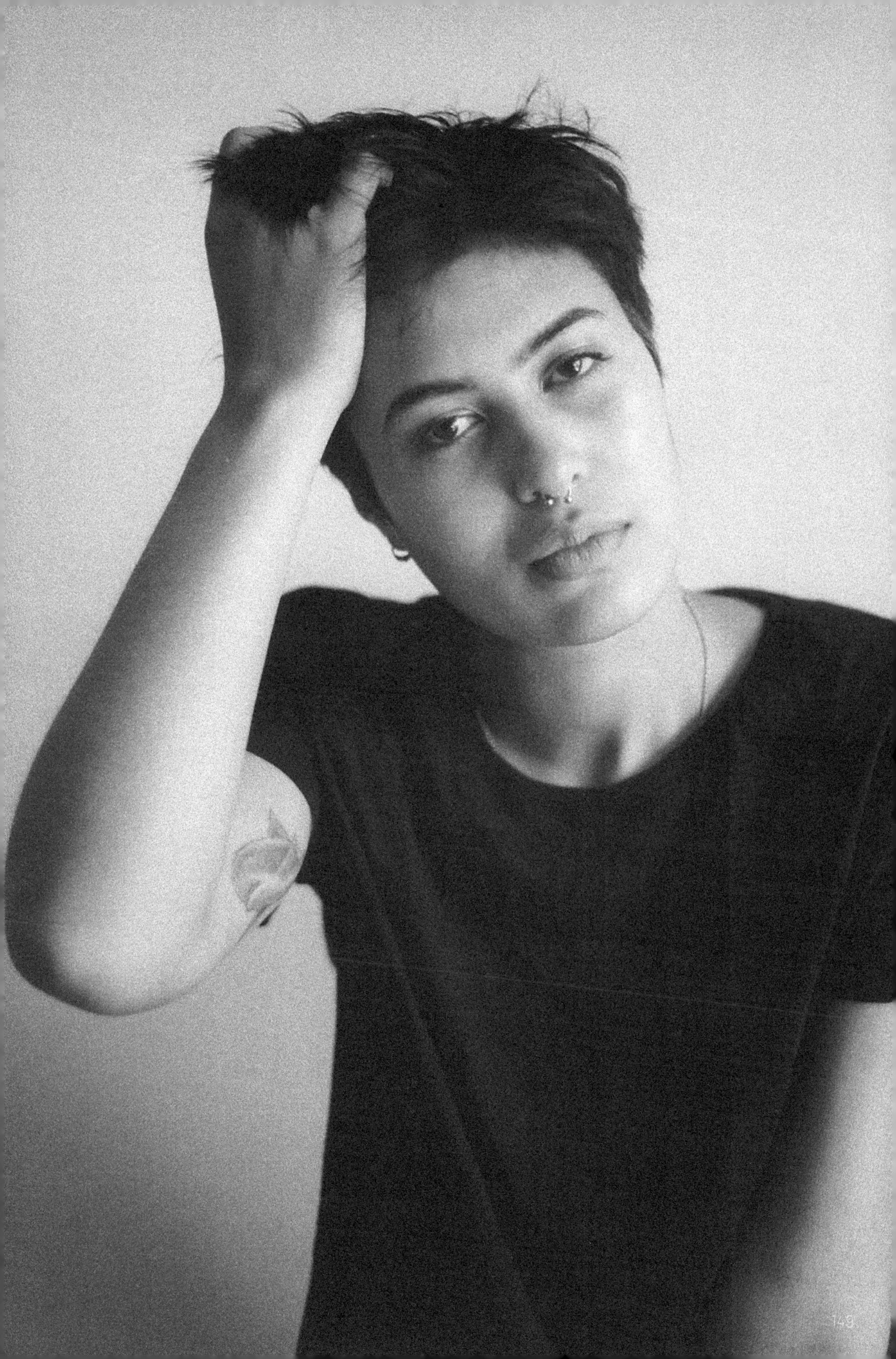
149

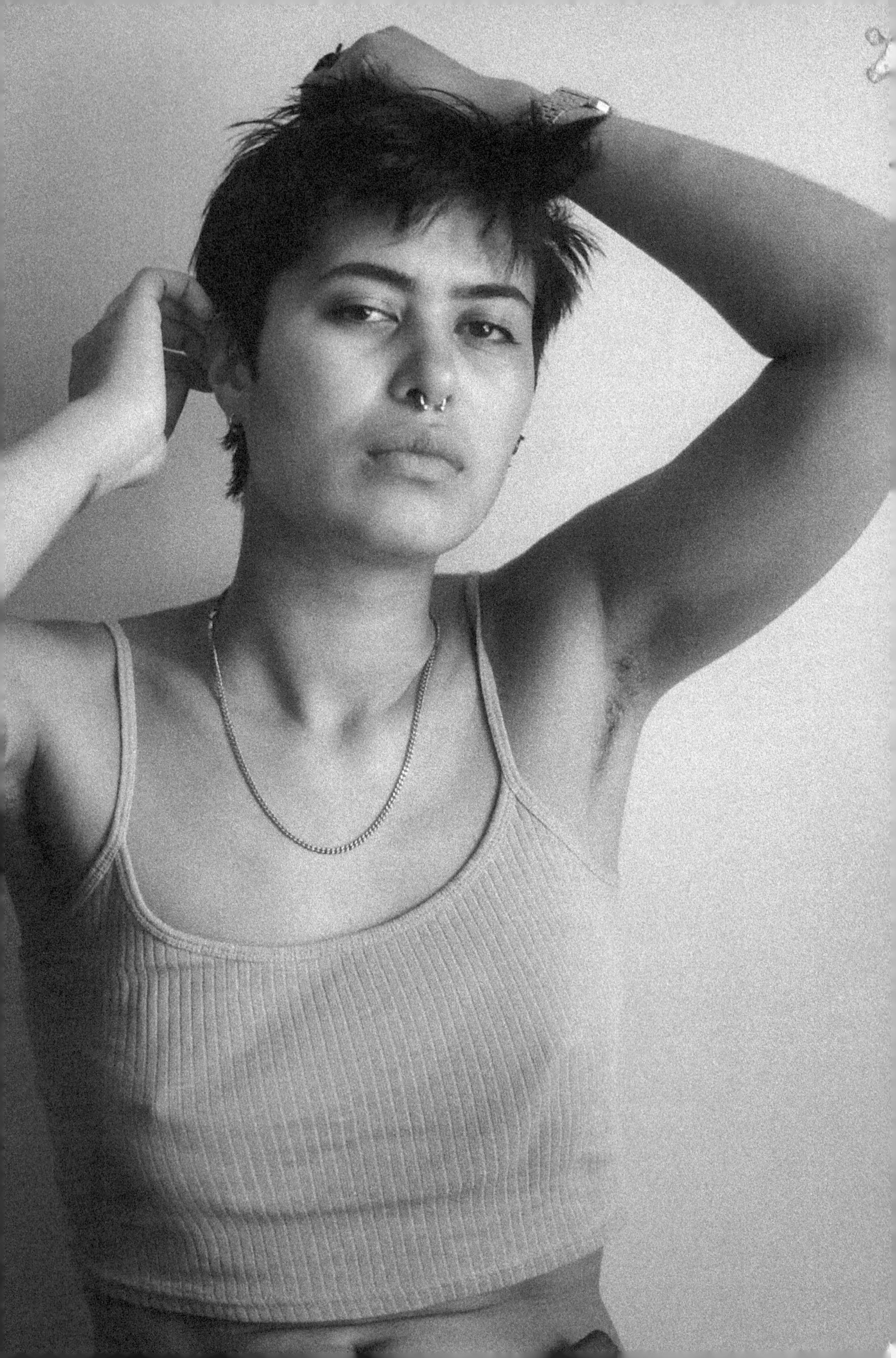

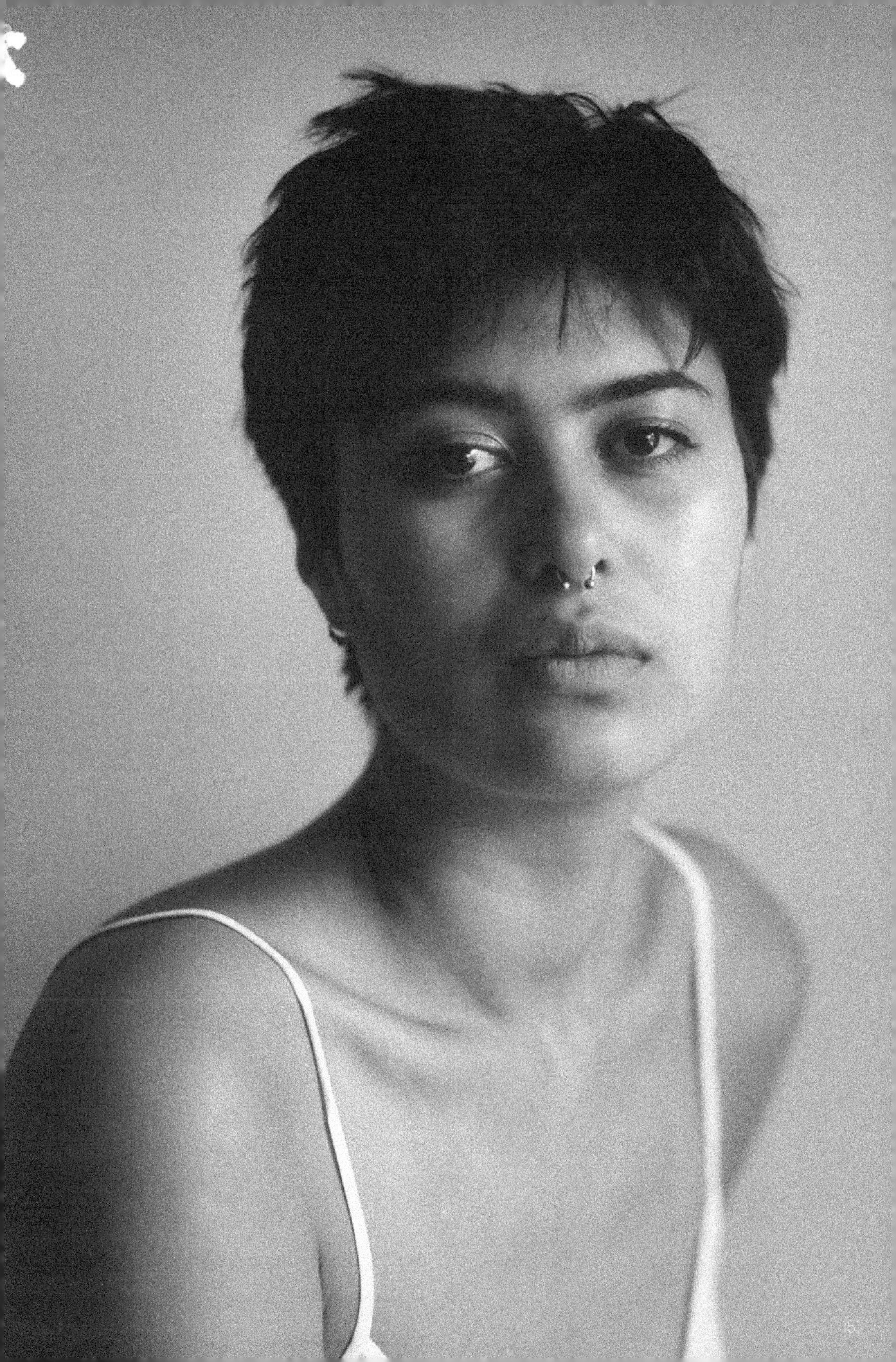

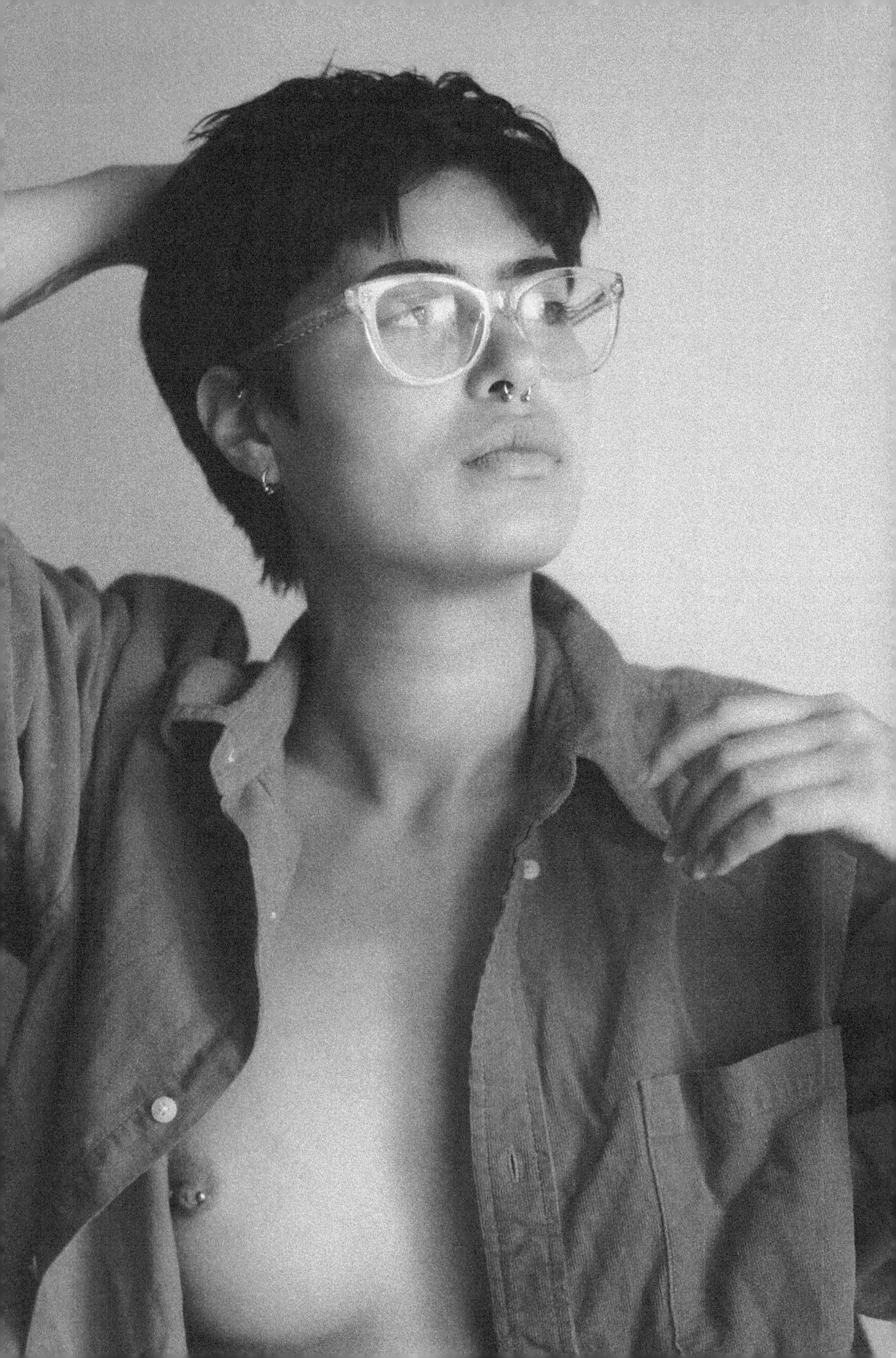

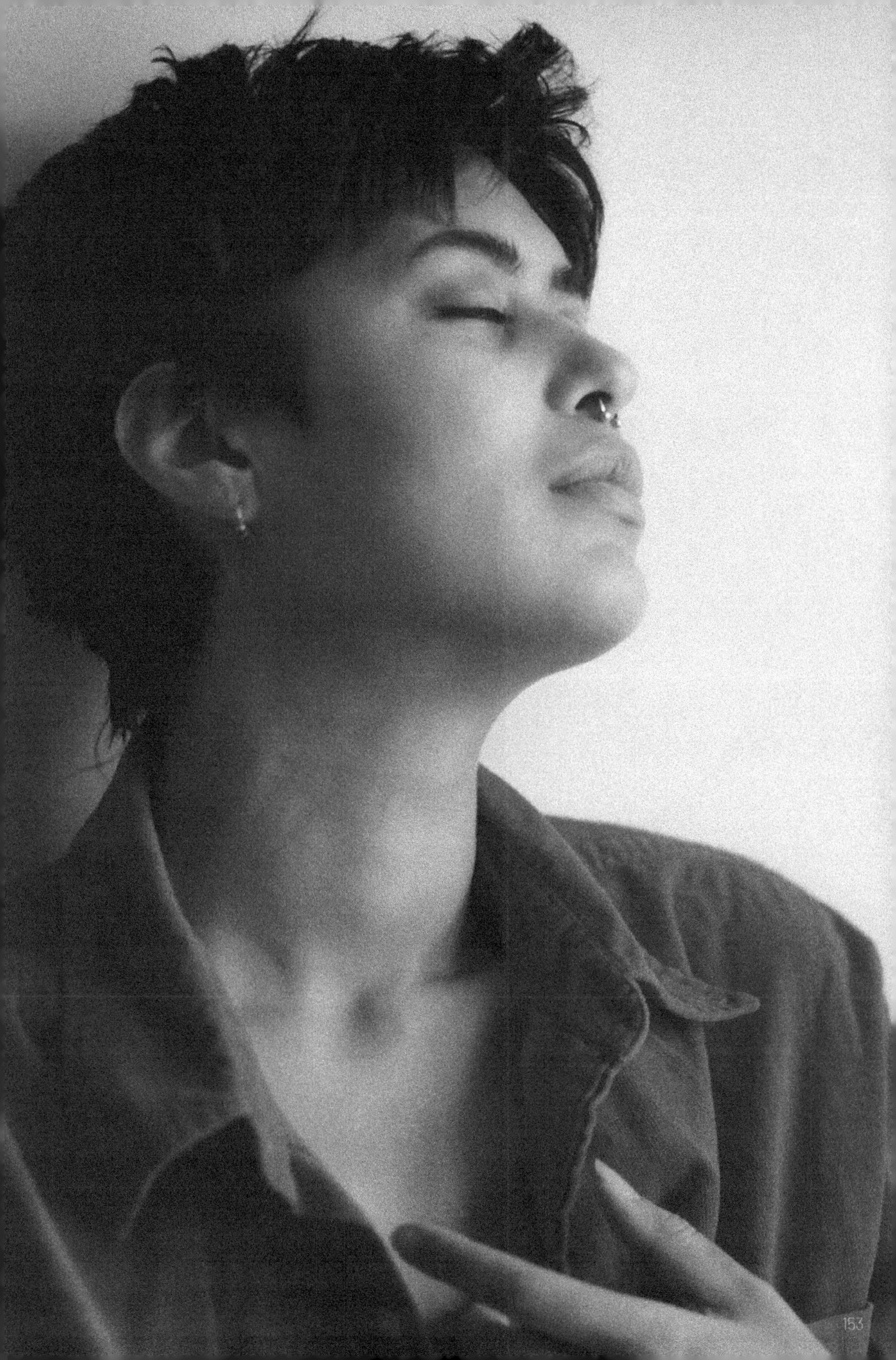

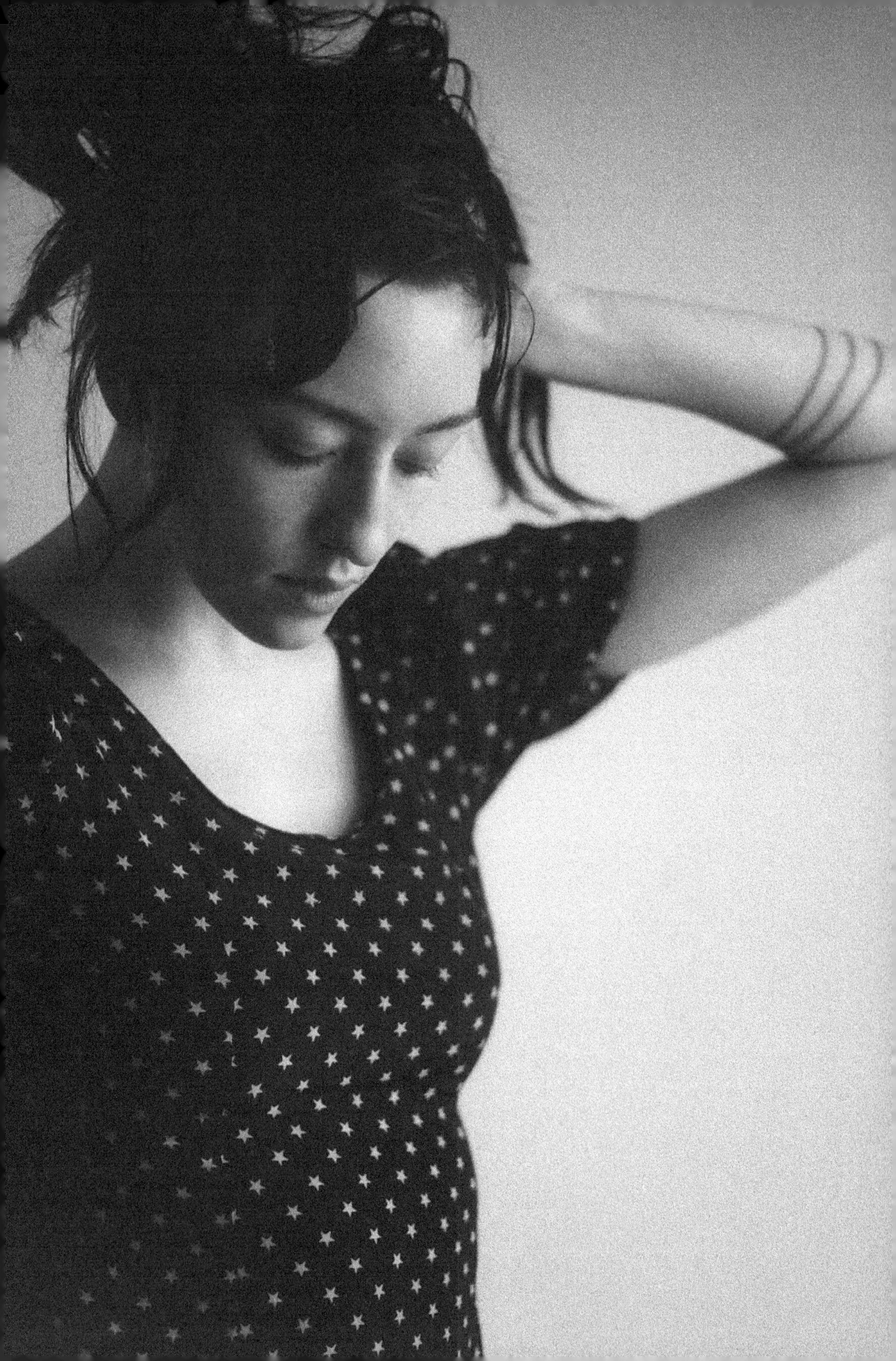

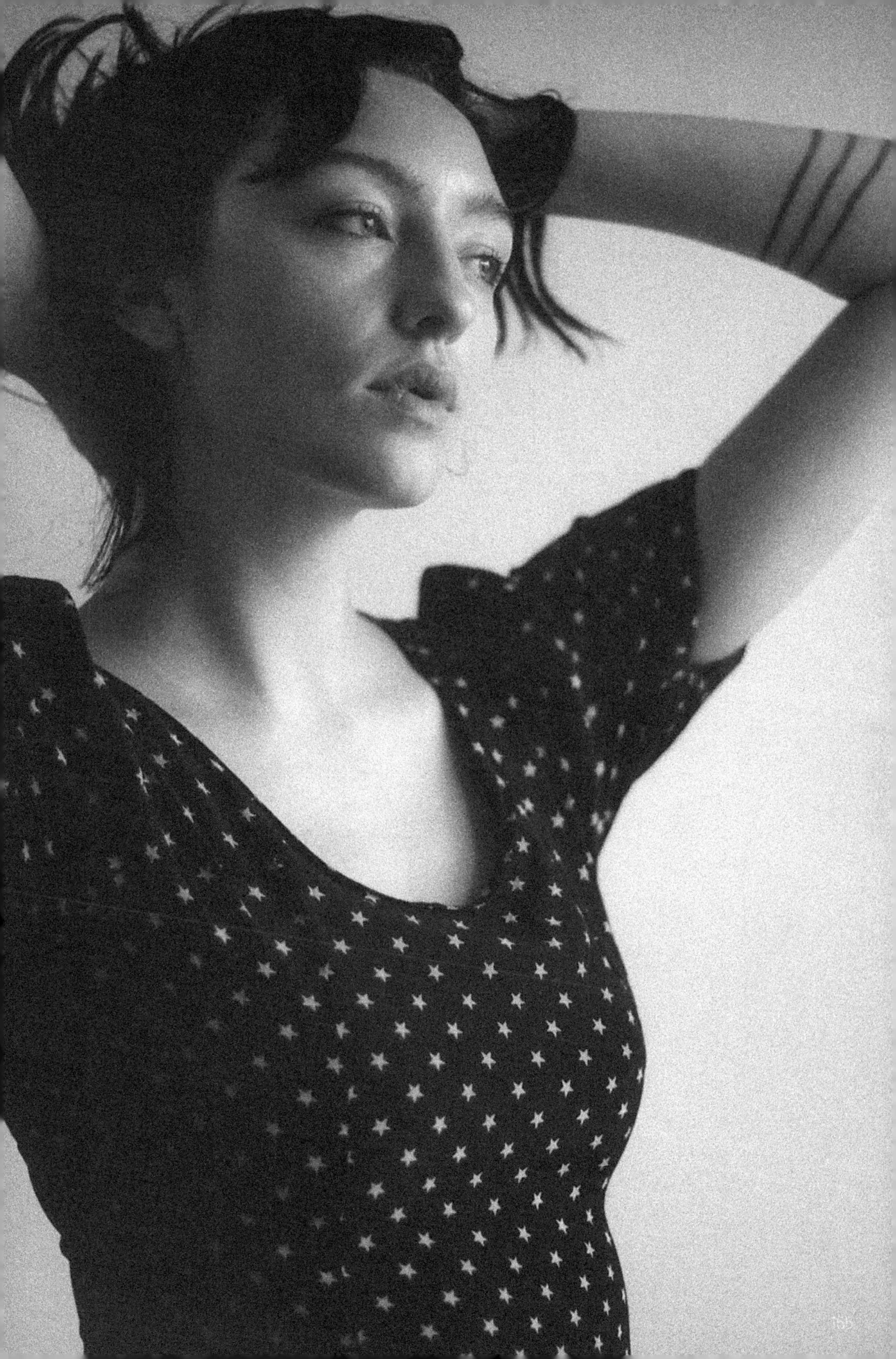

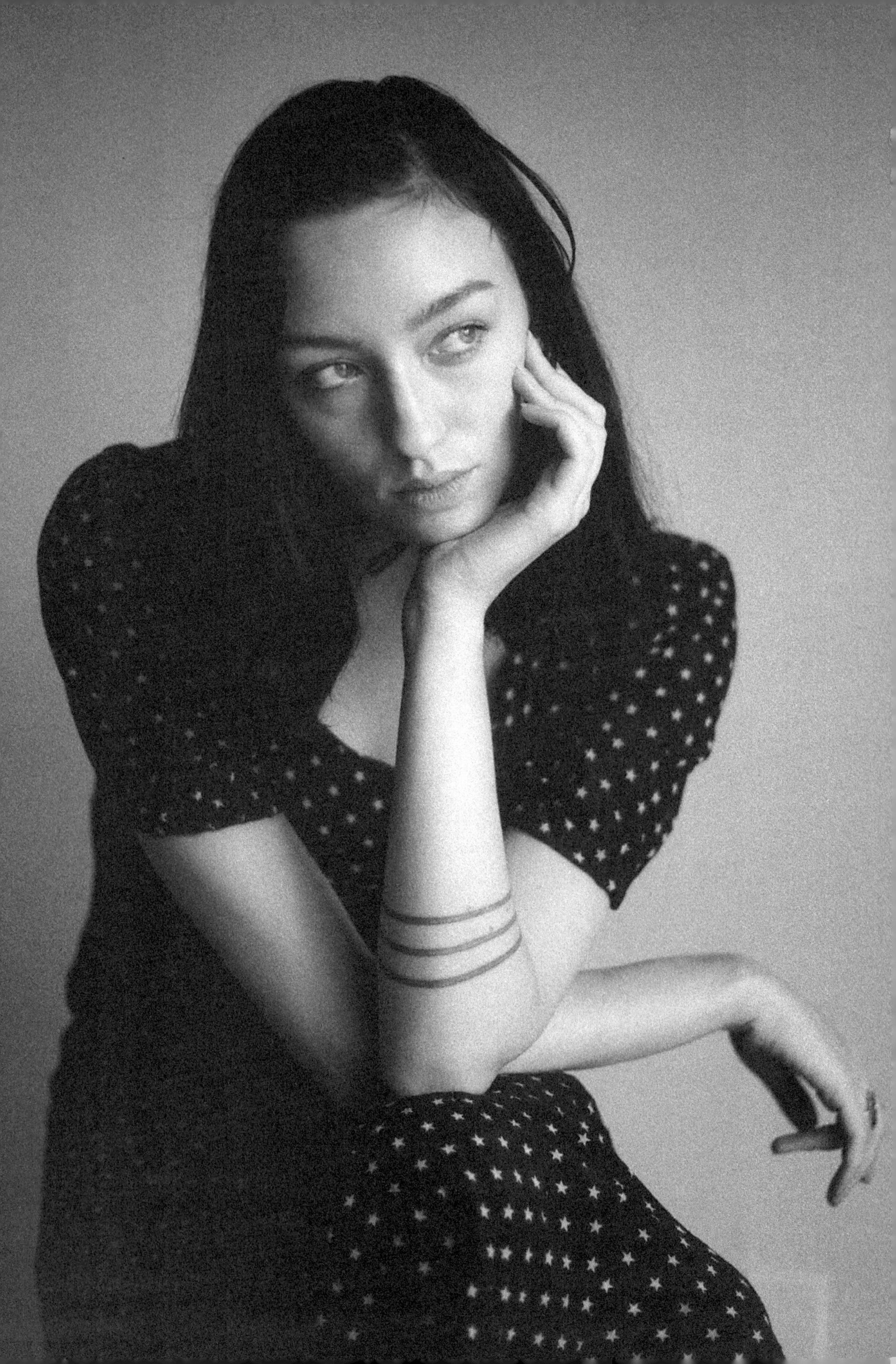

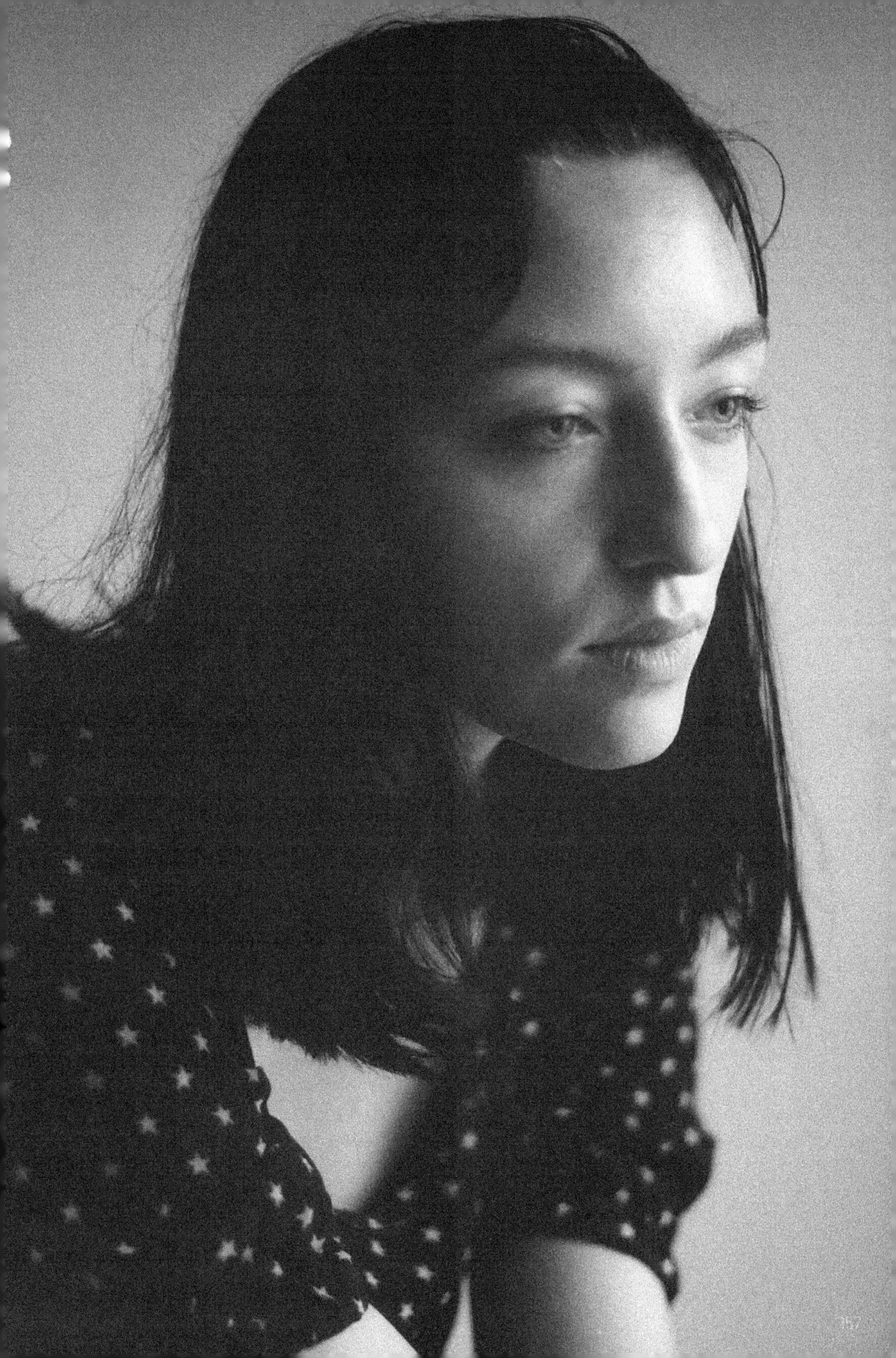

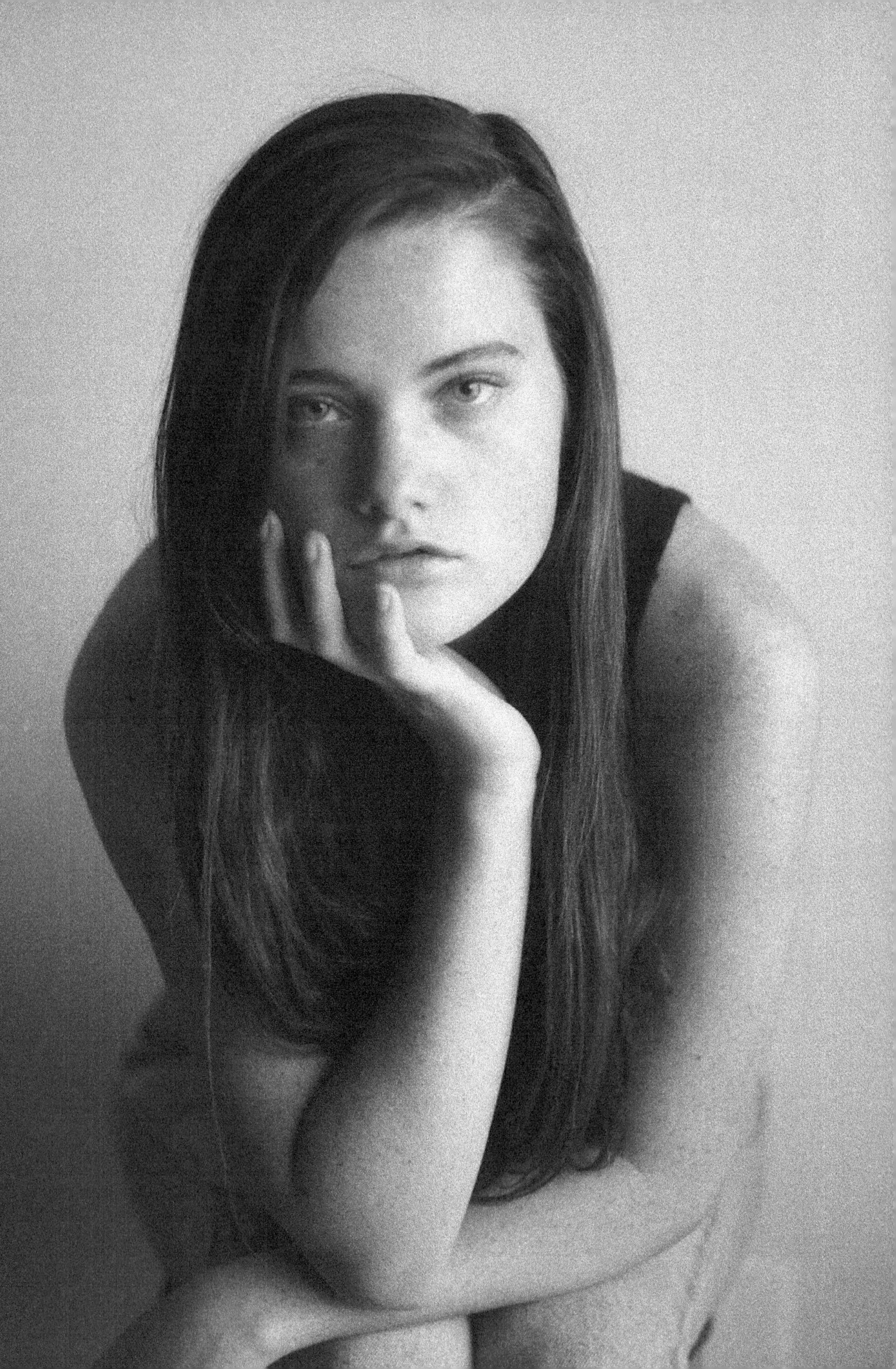

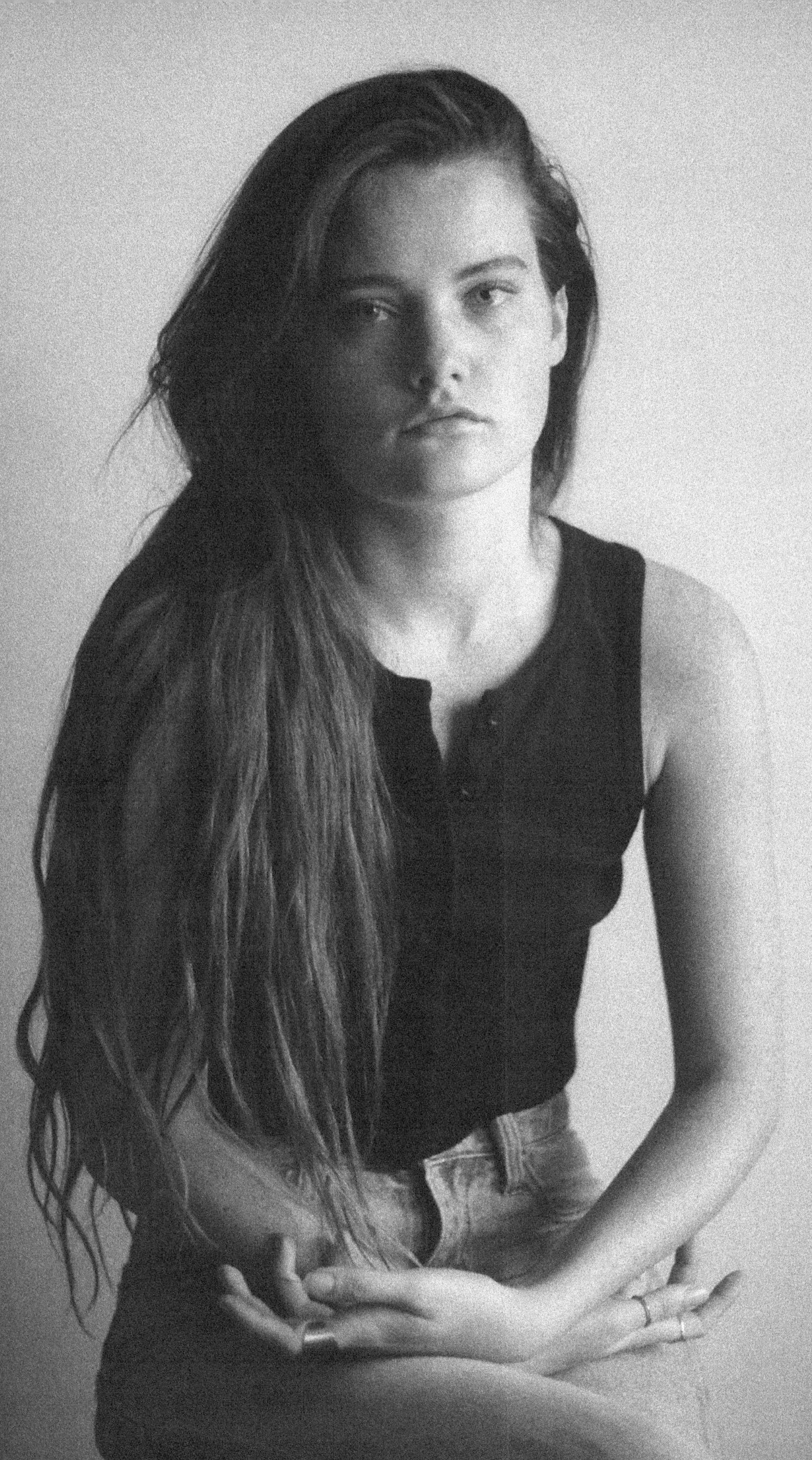

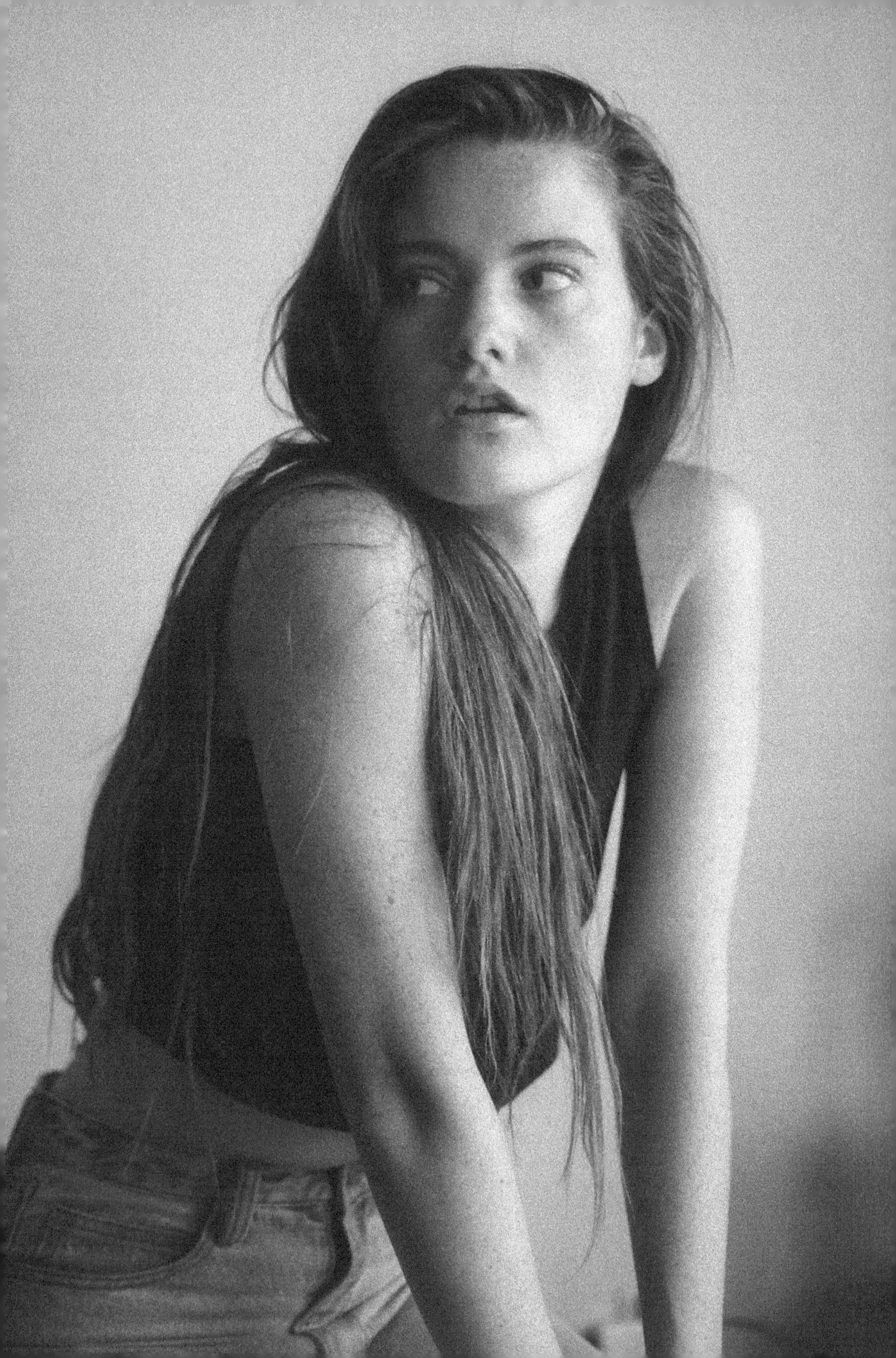

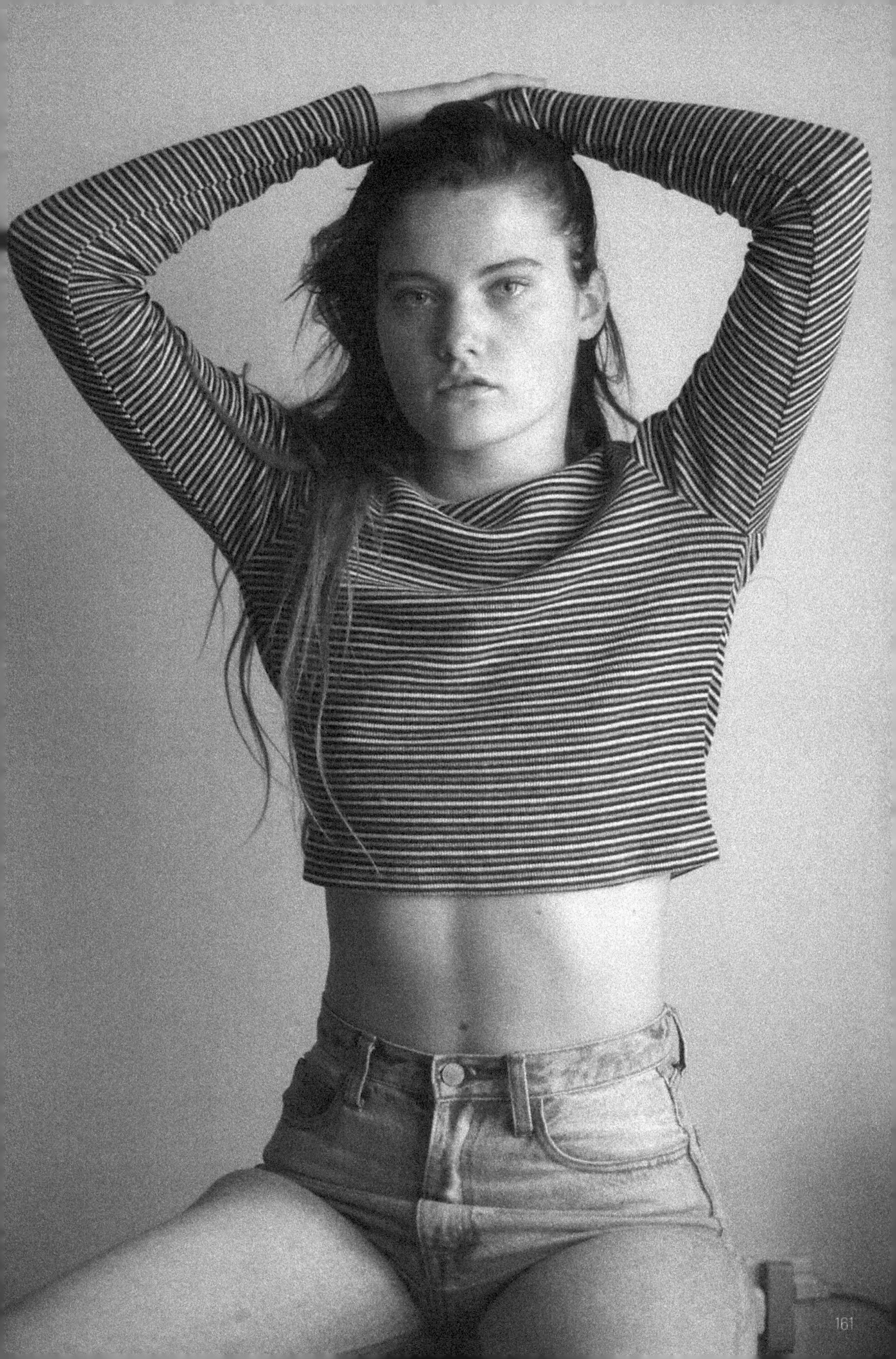

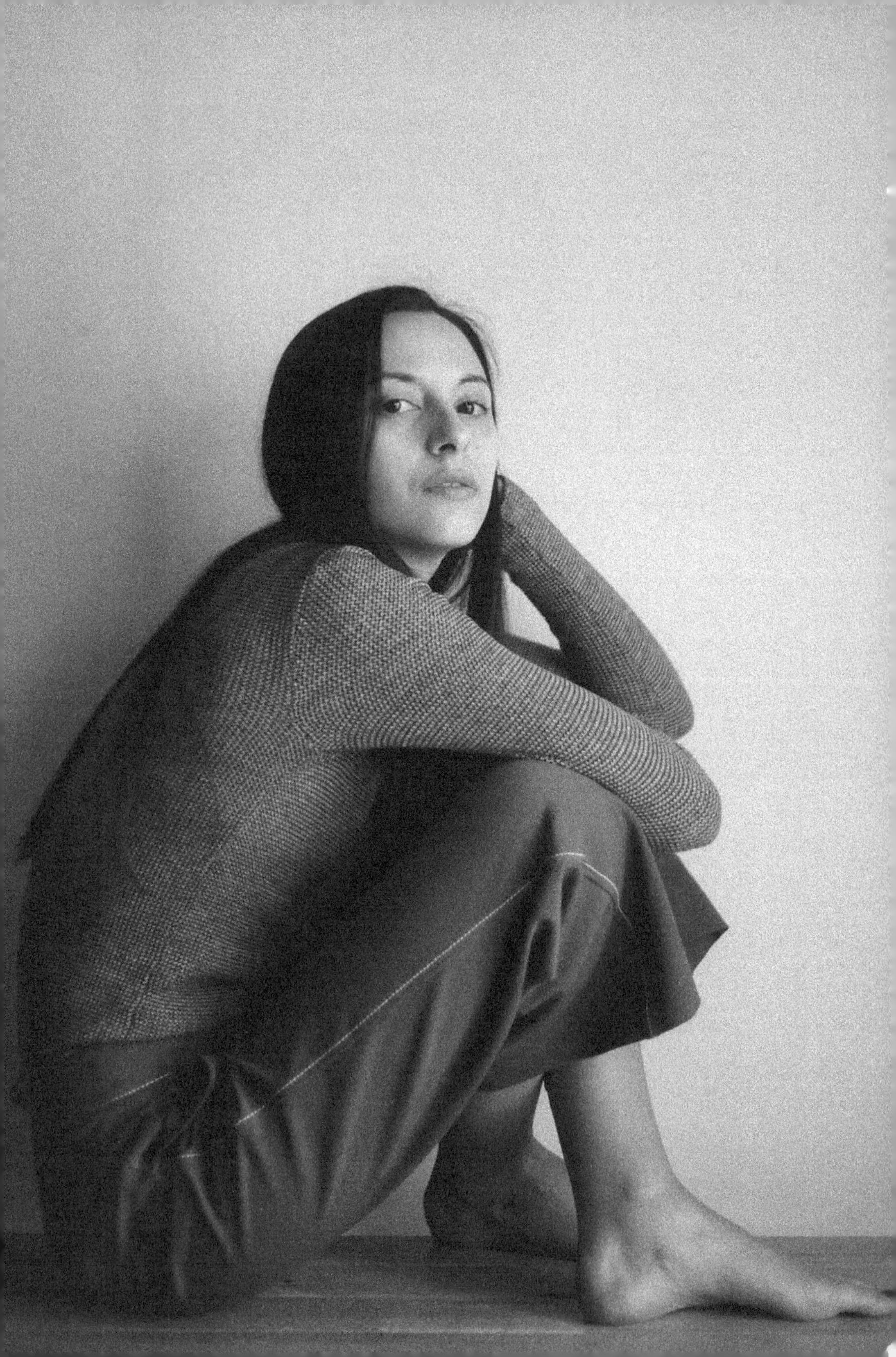

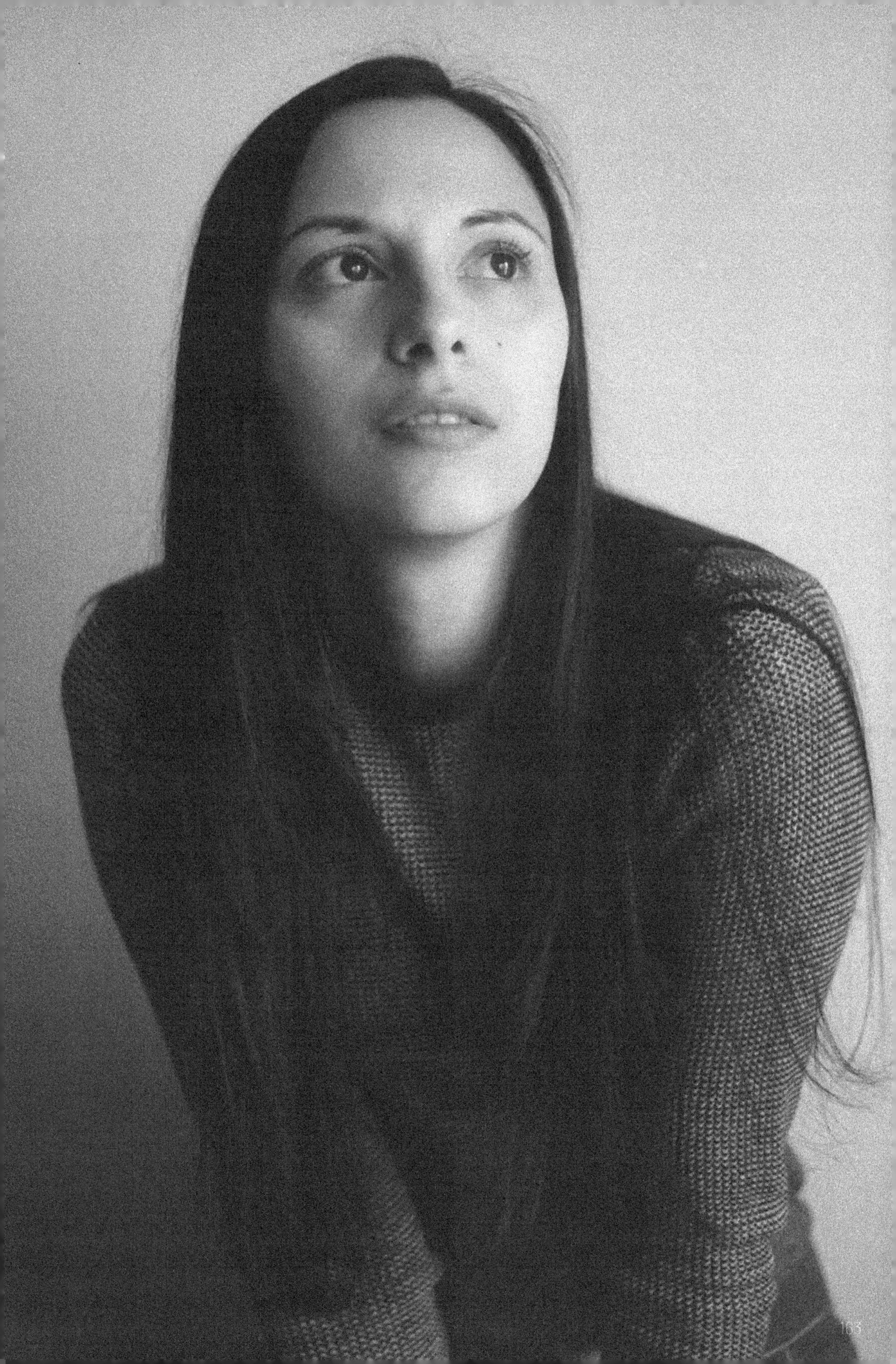

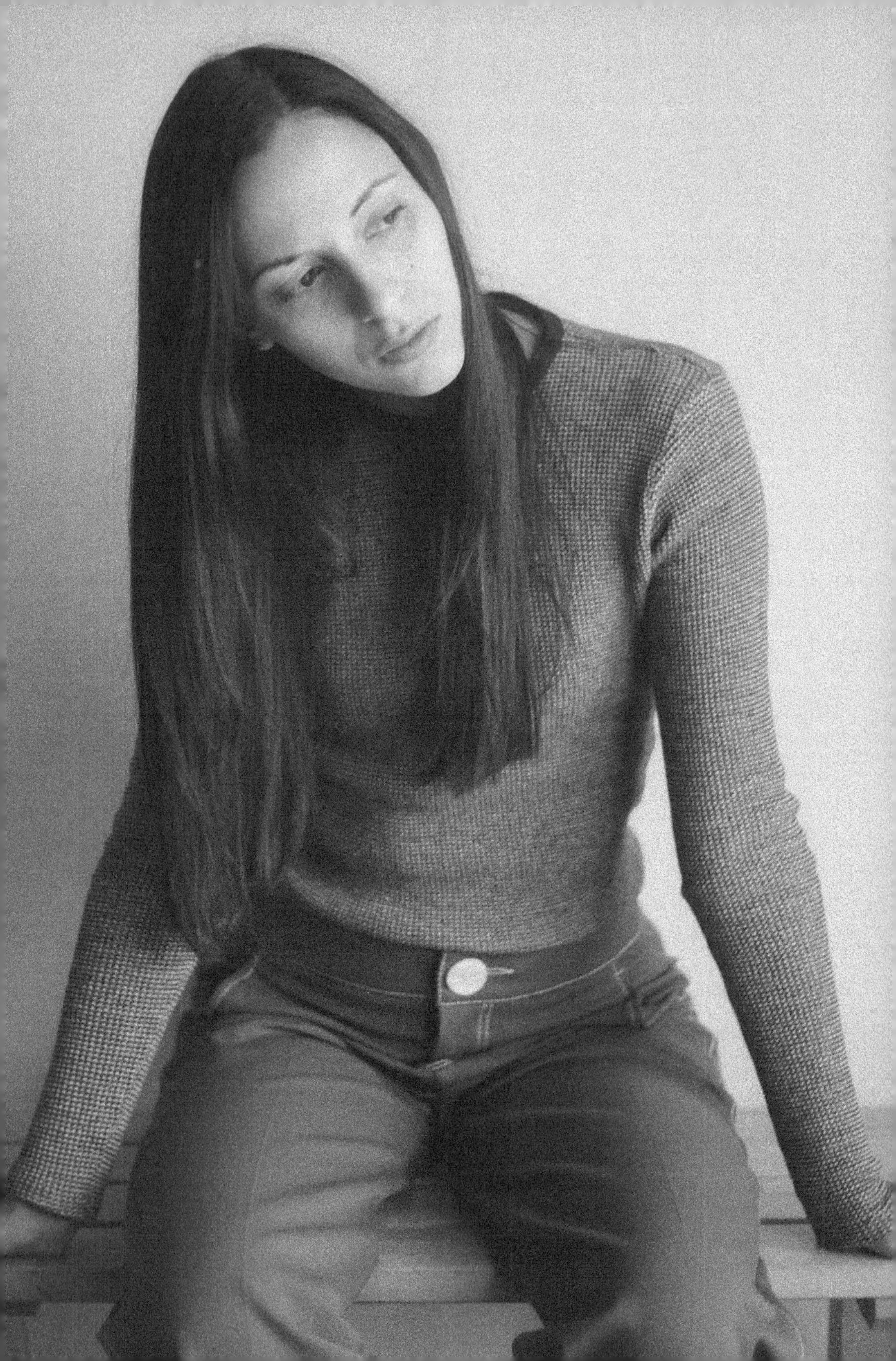

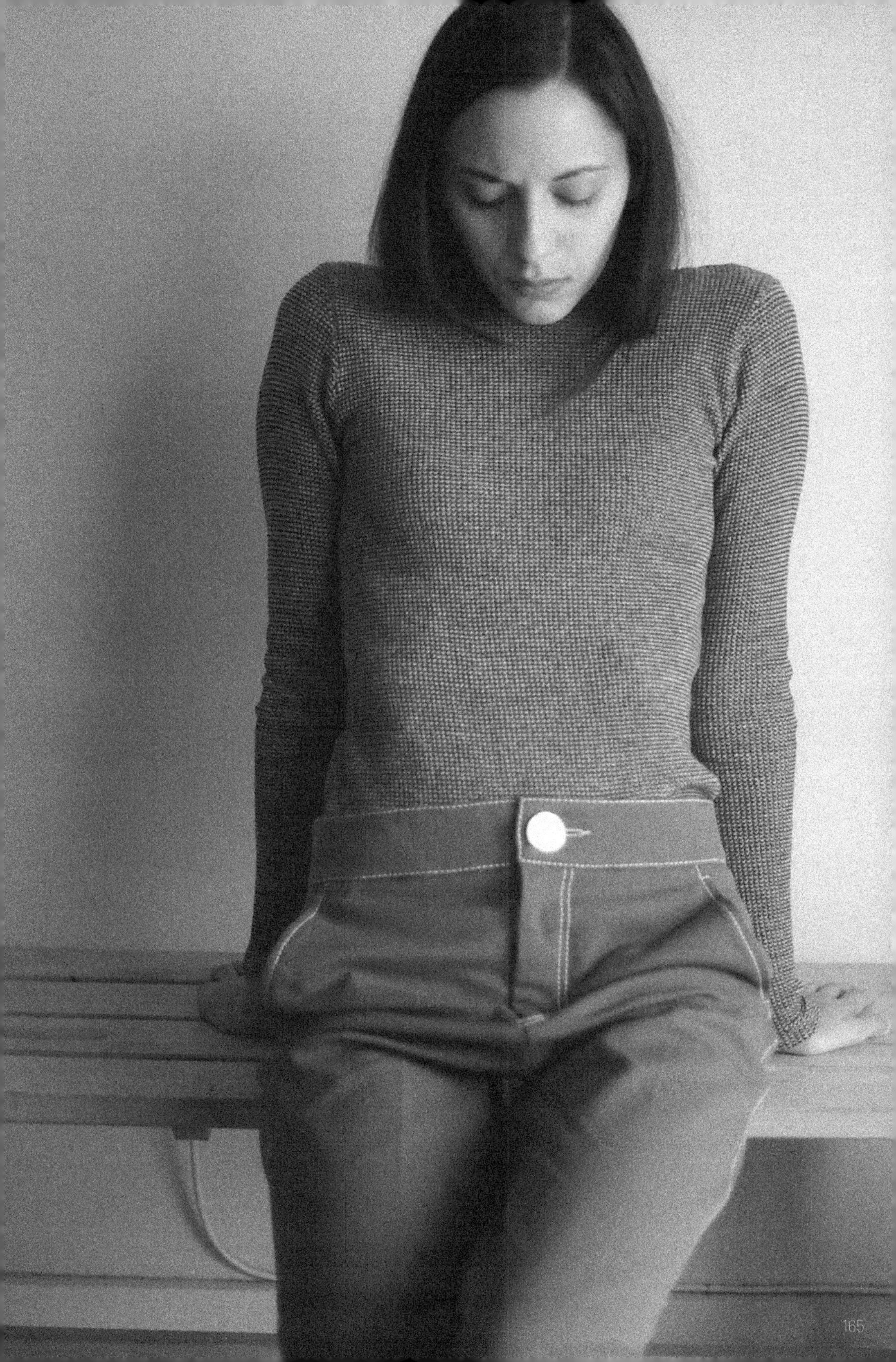

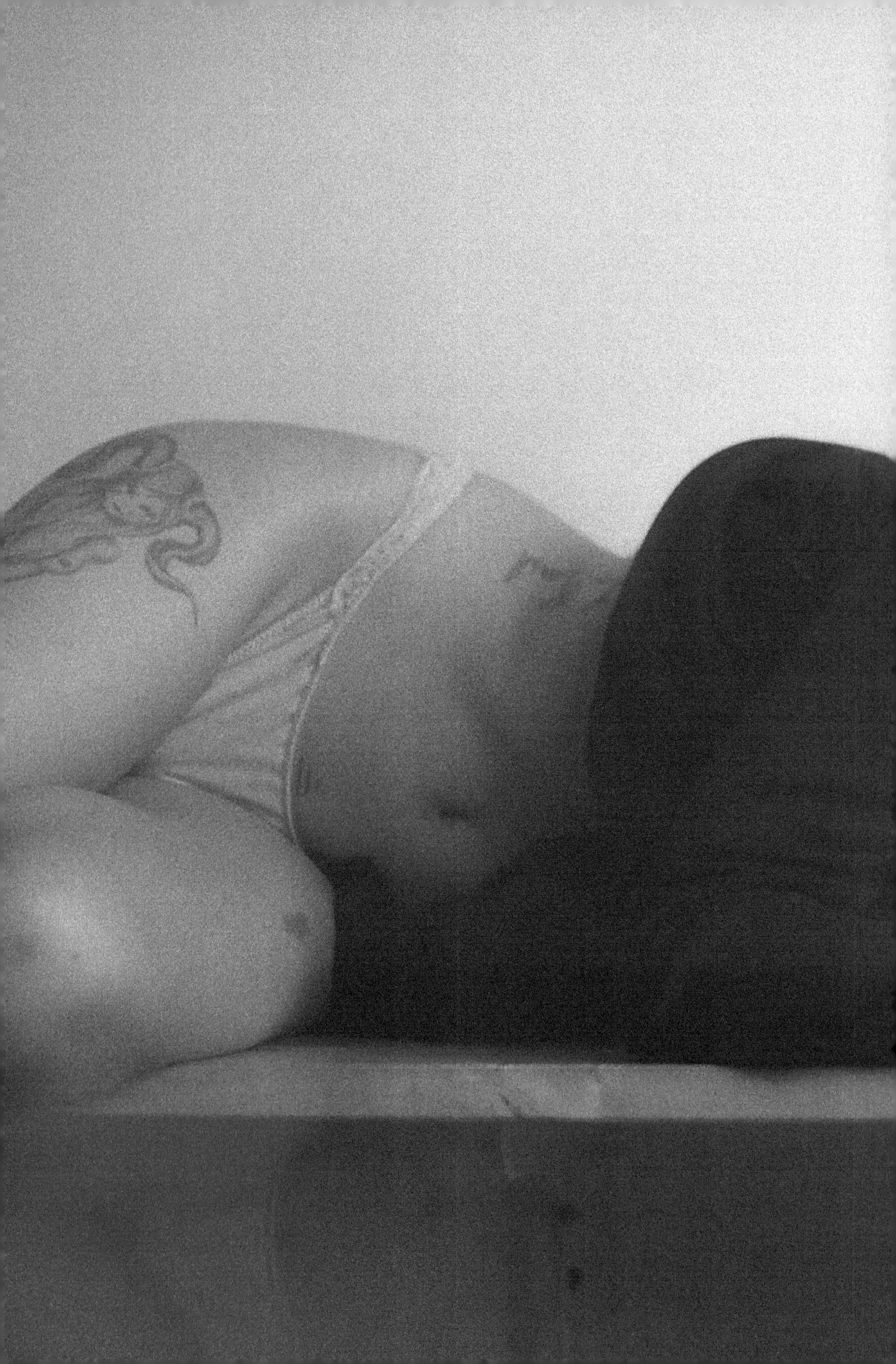

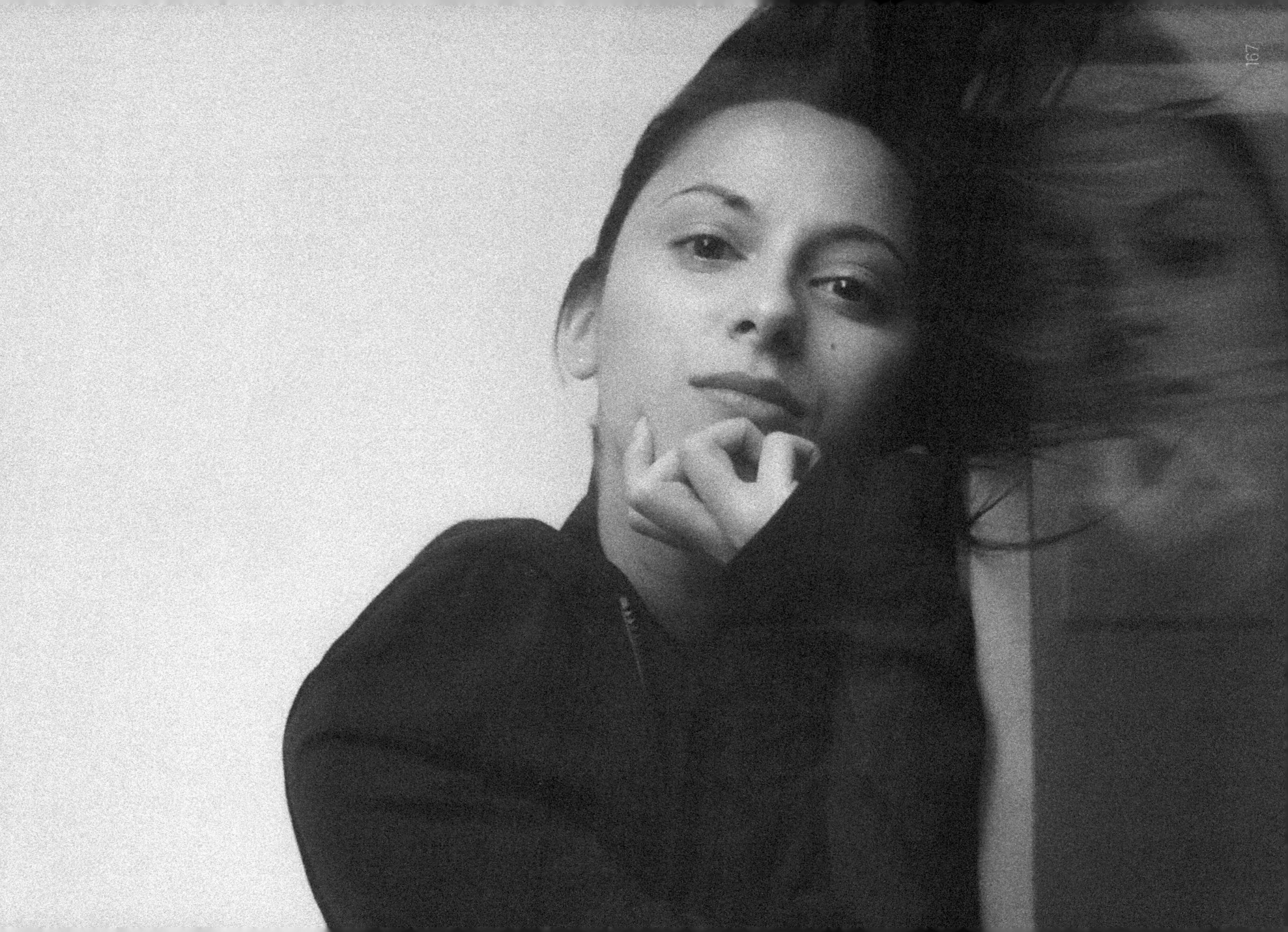

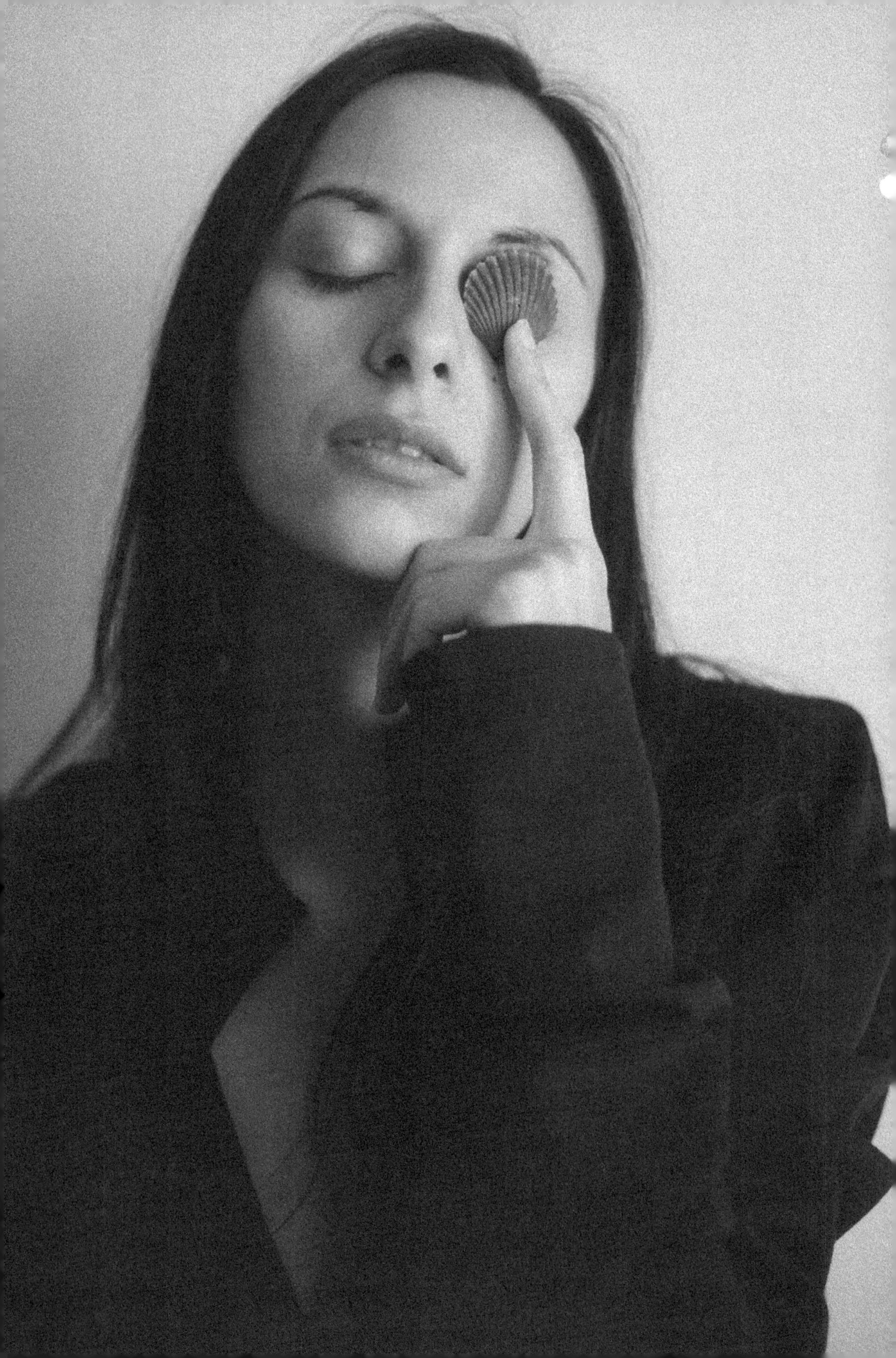

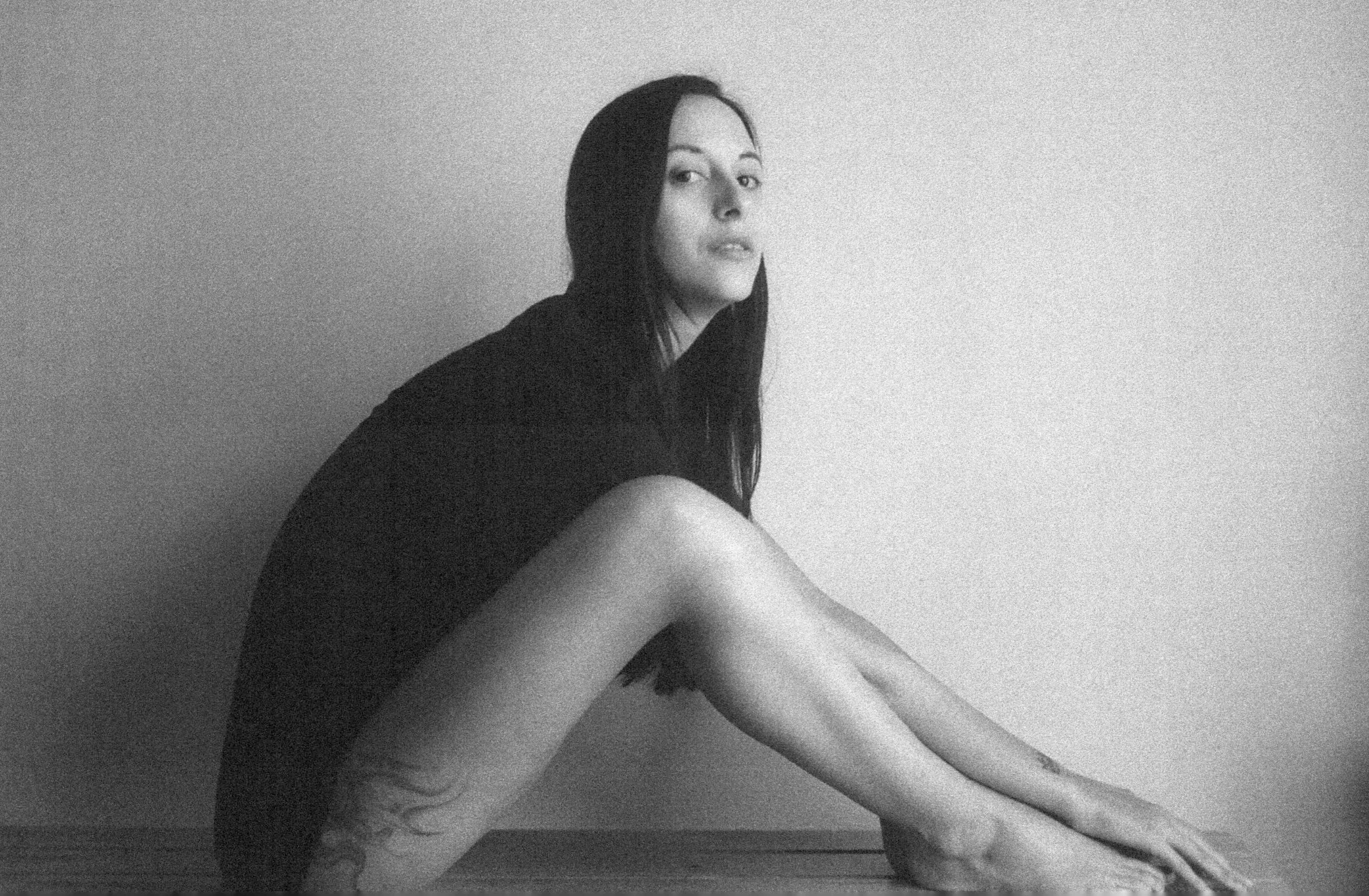

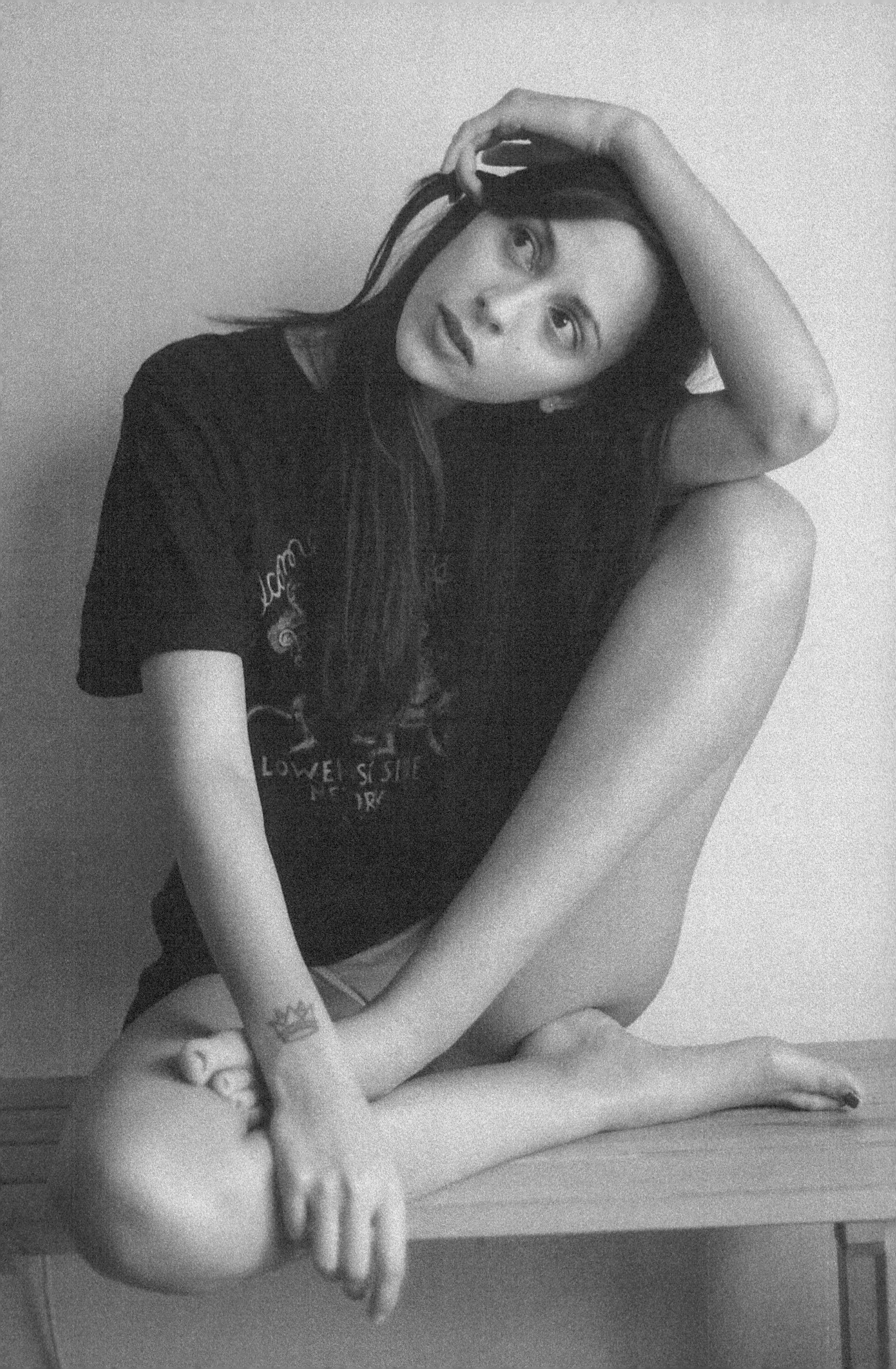

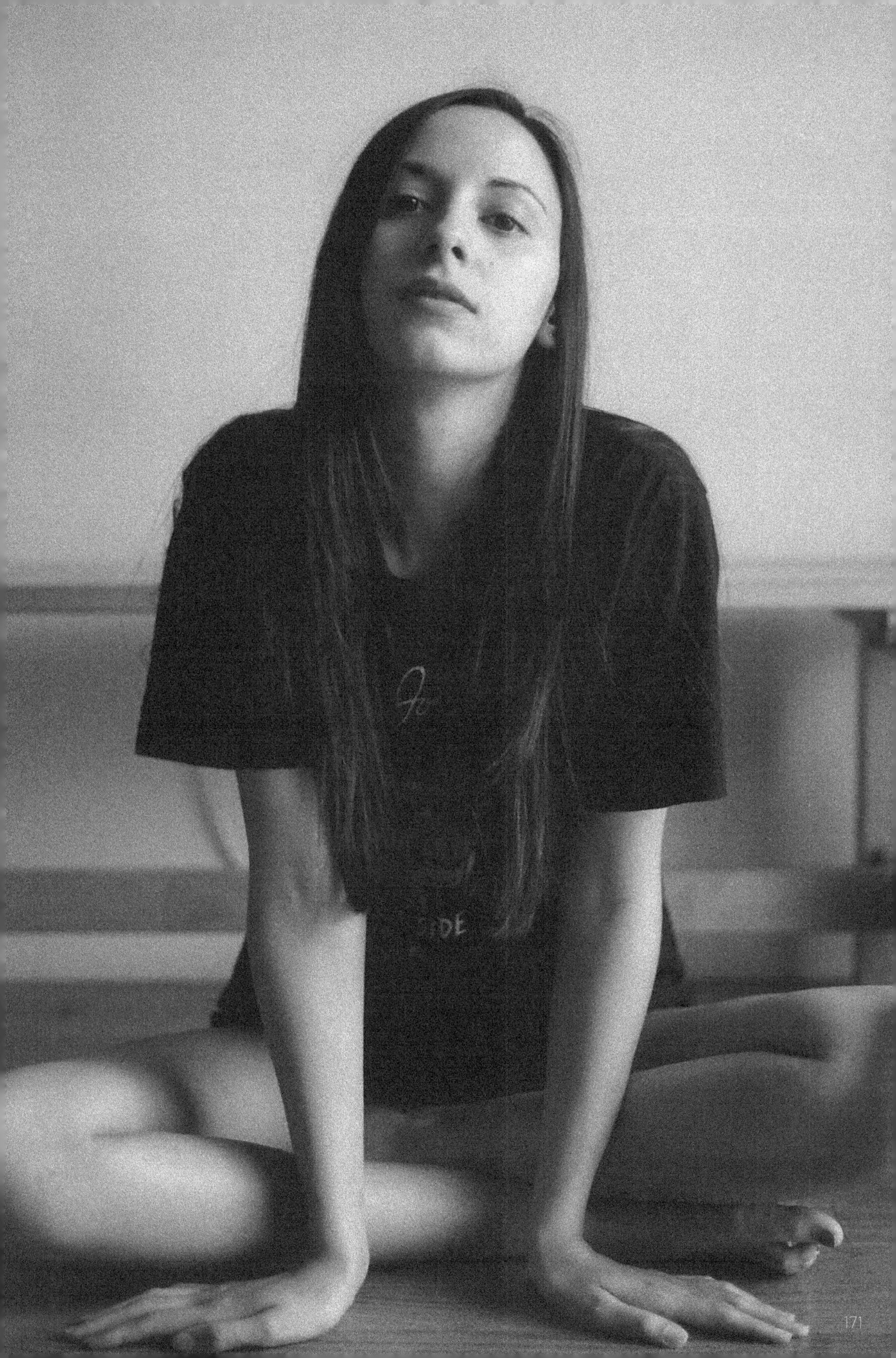

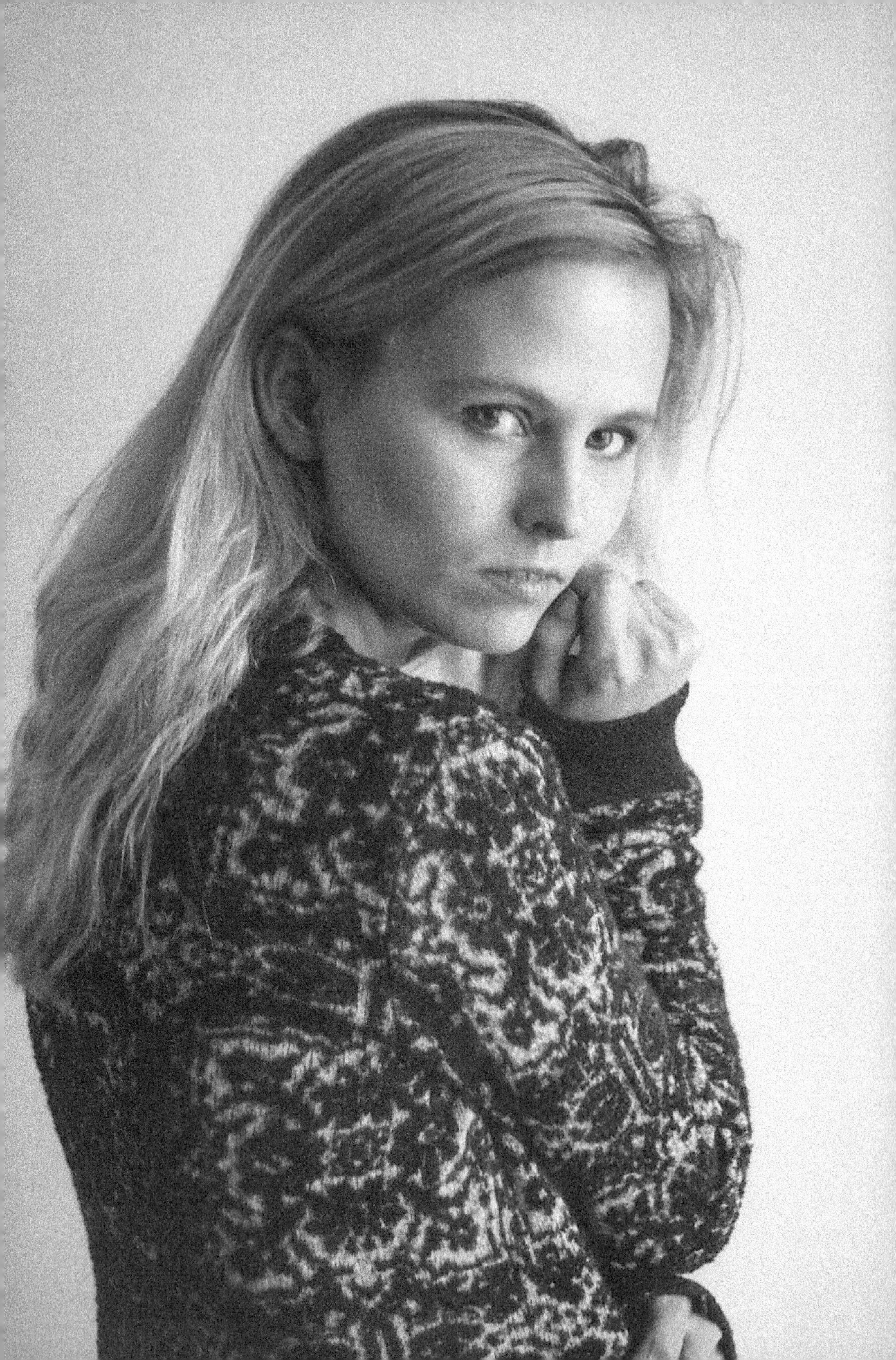

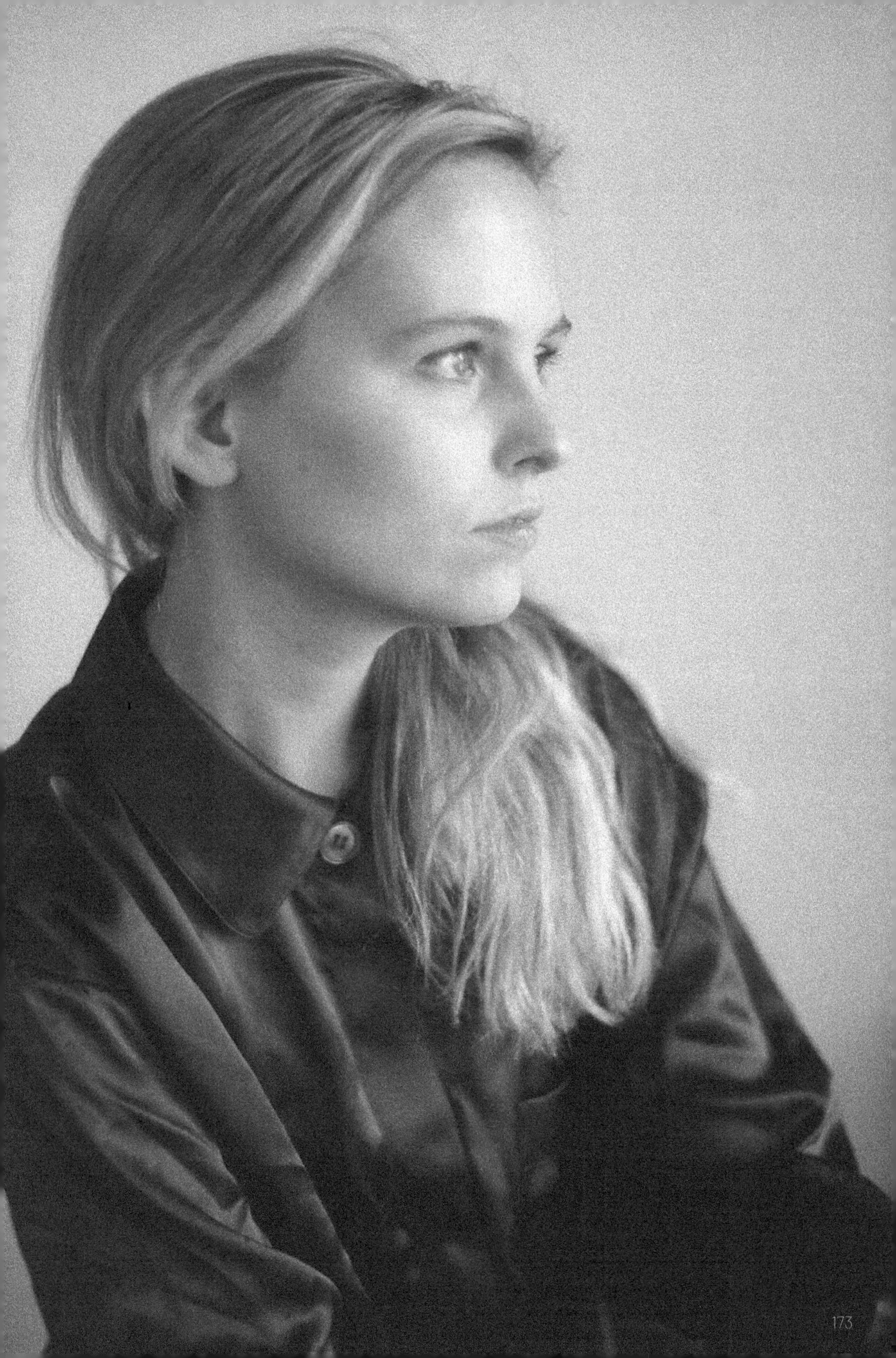

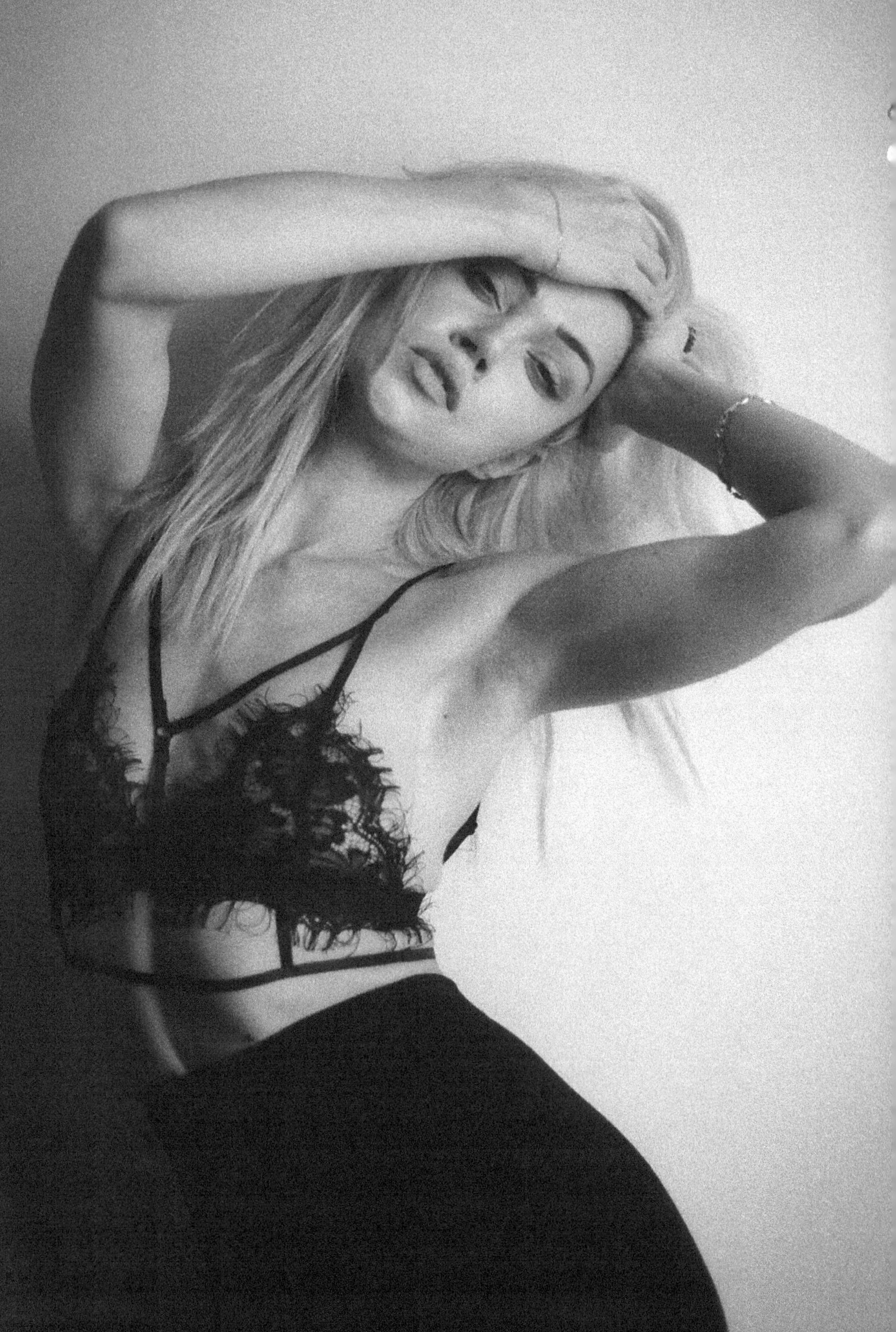

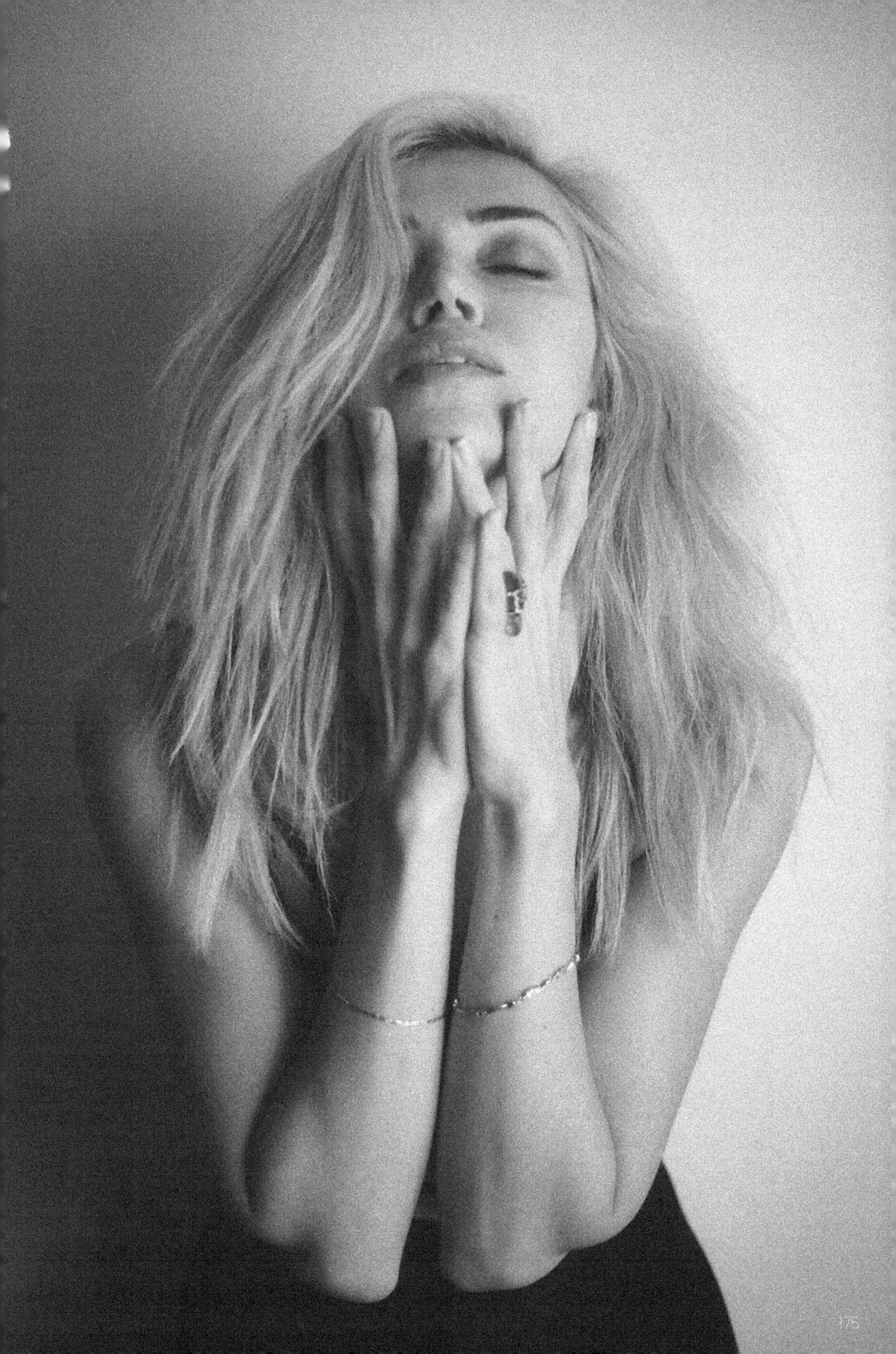

175

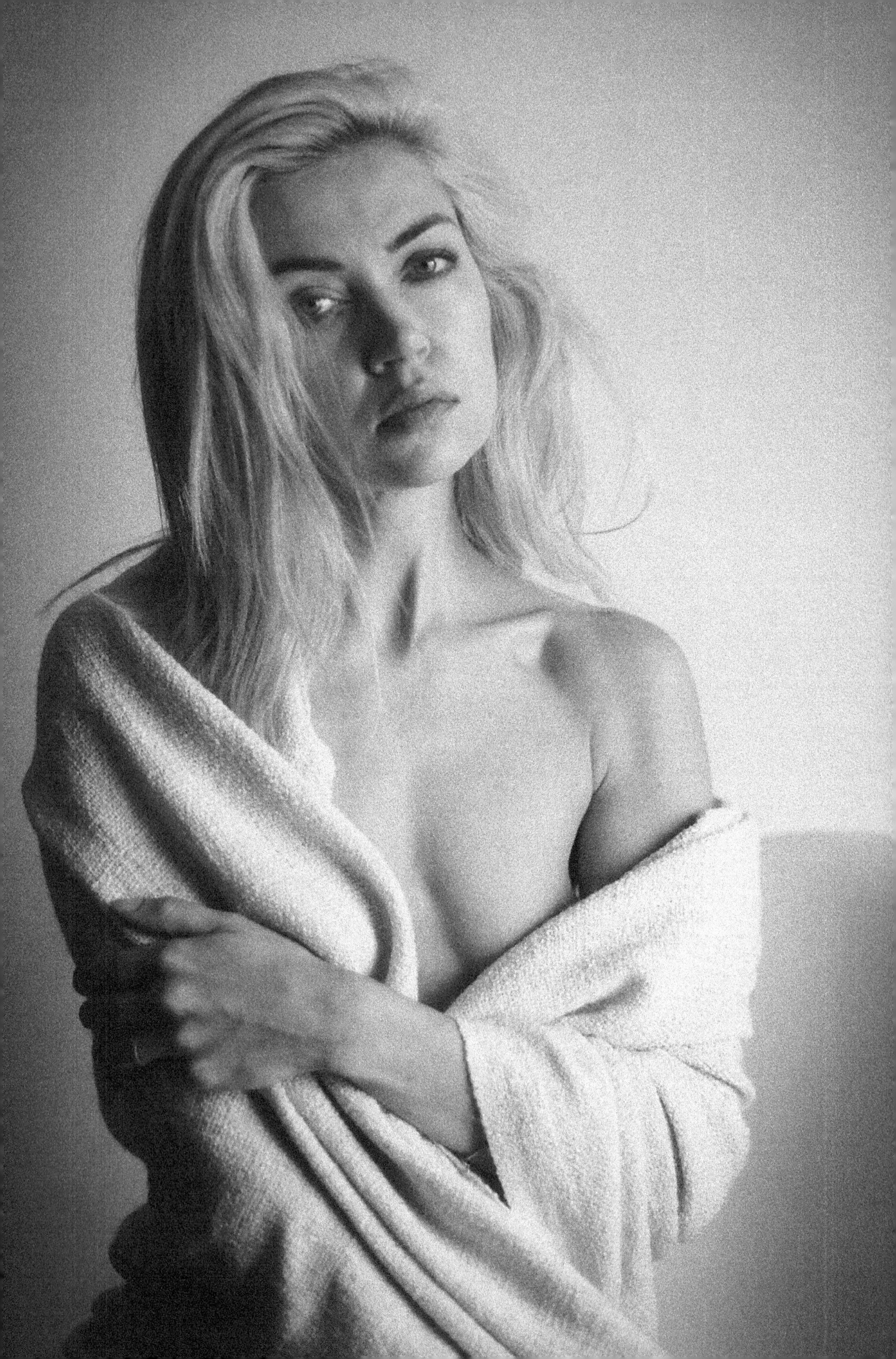

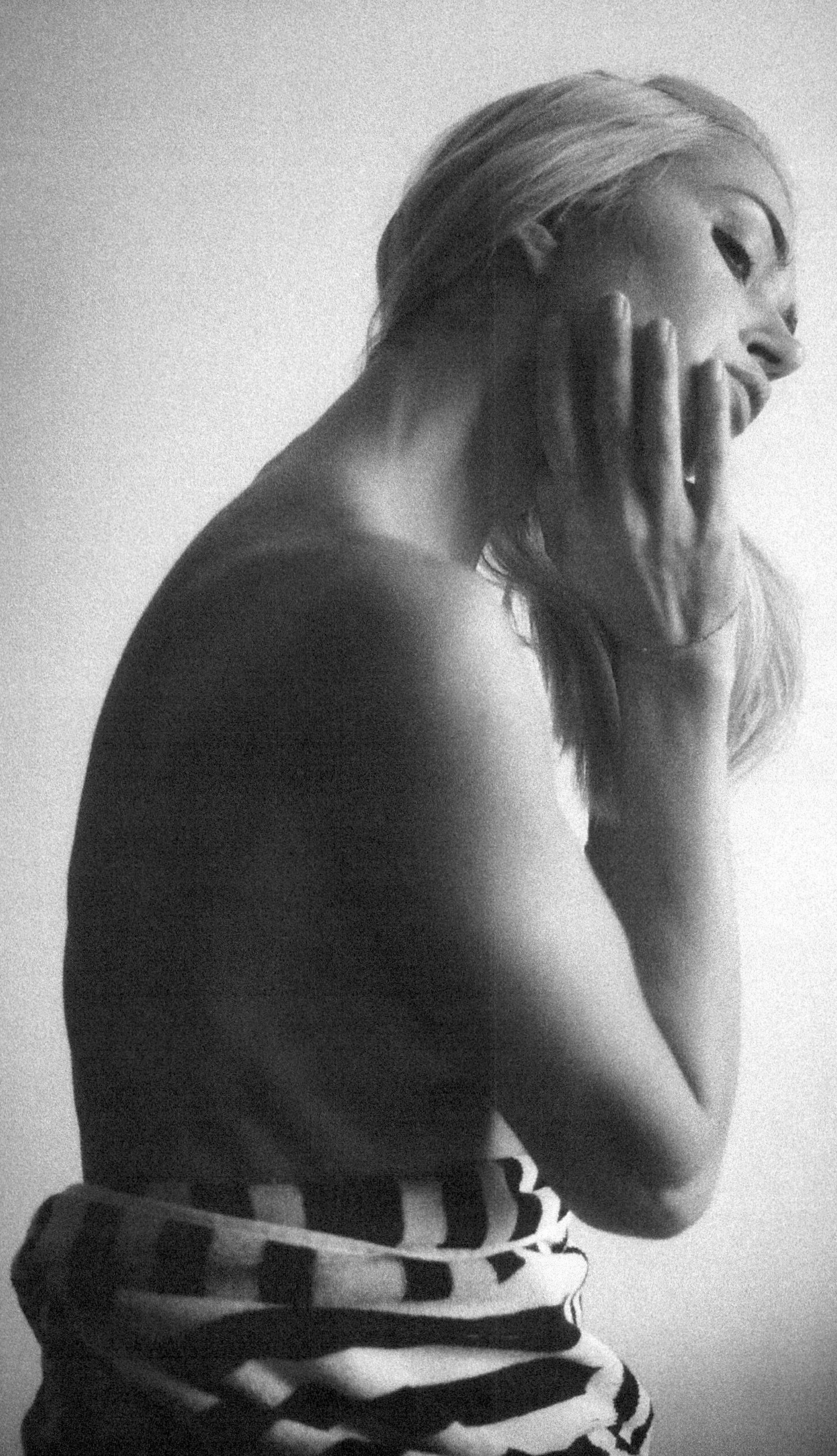

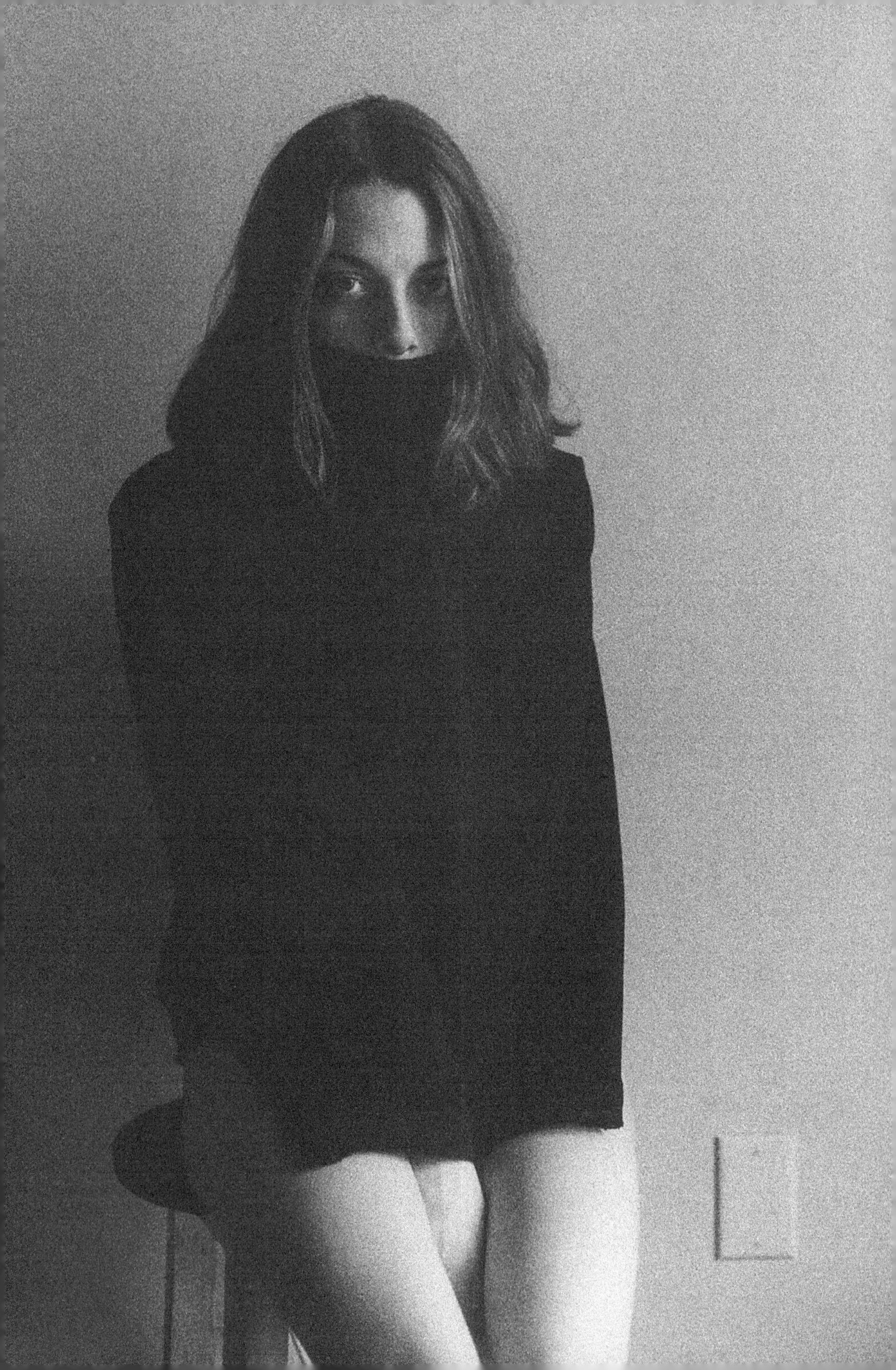

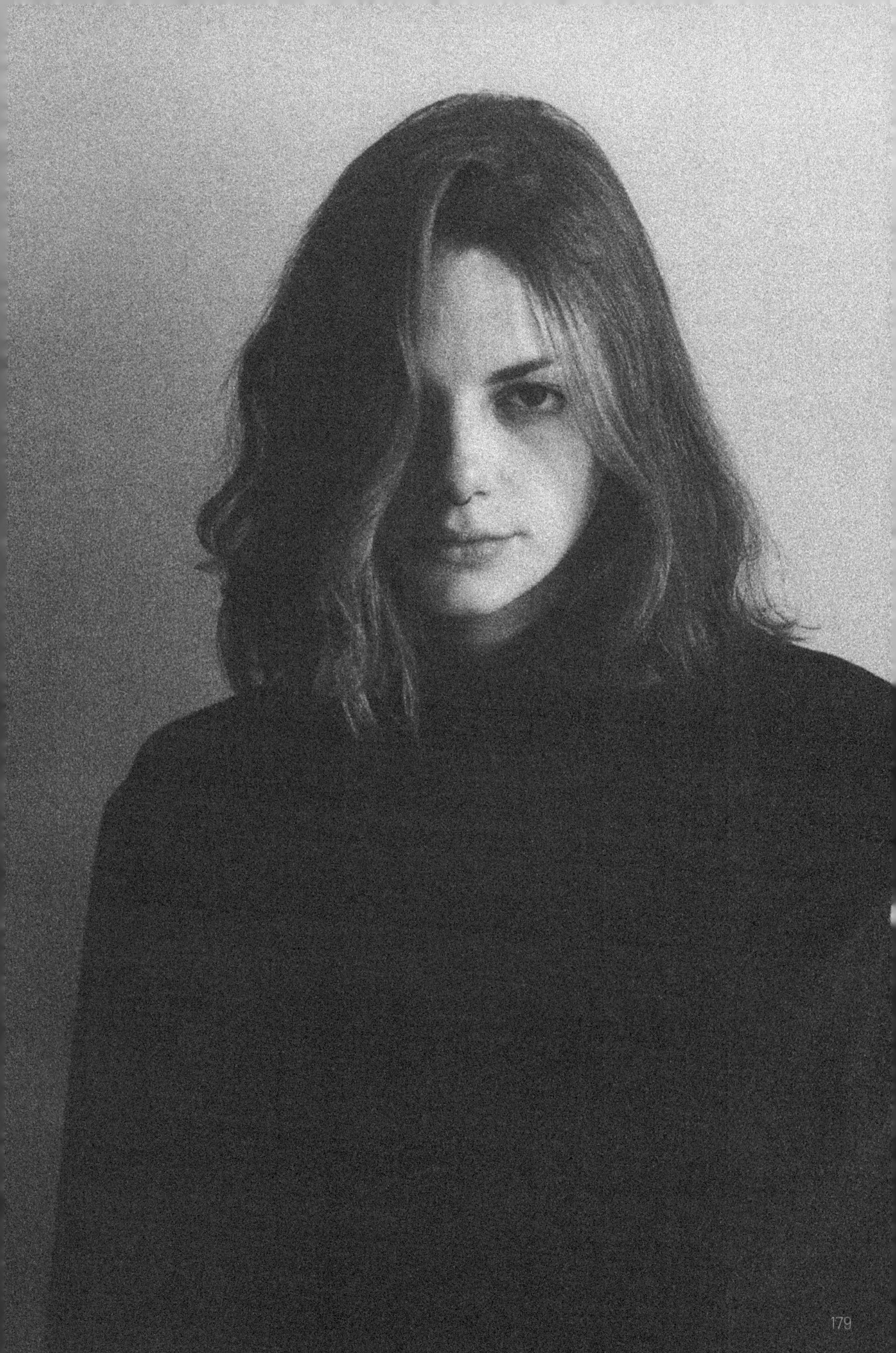

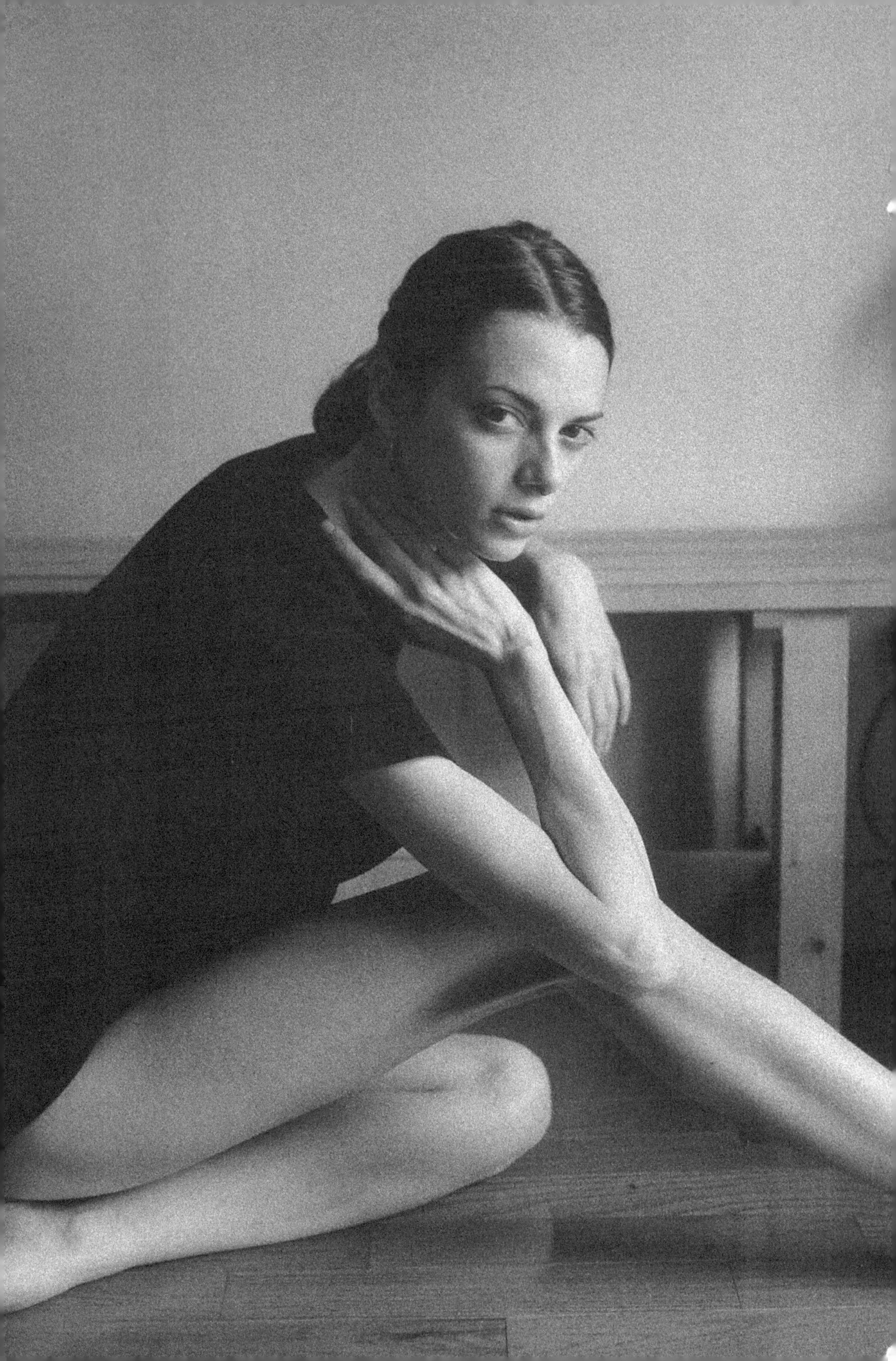

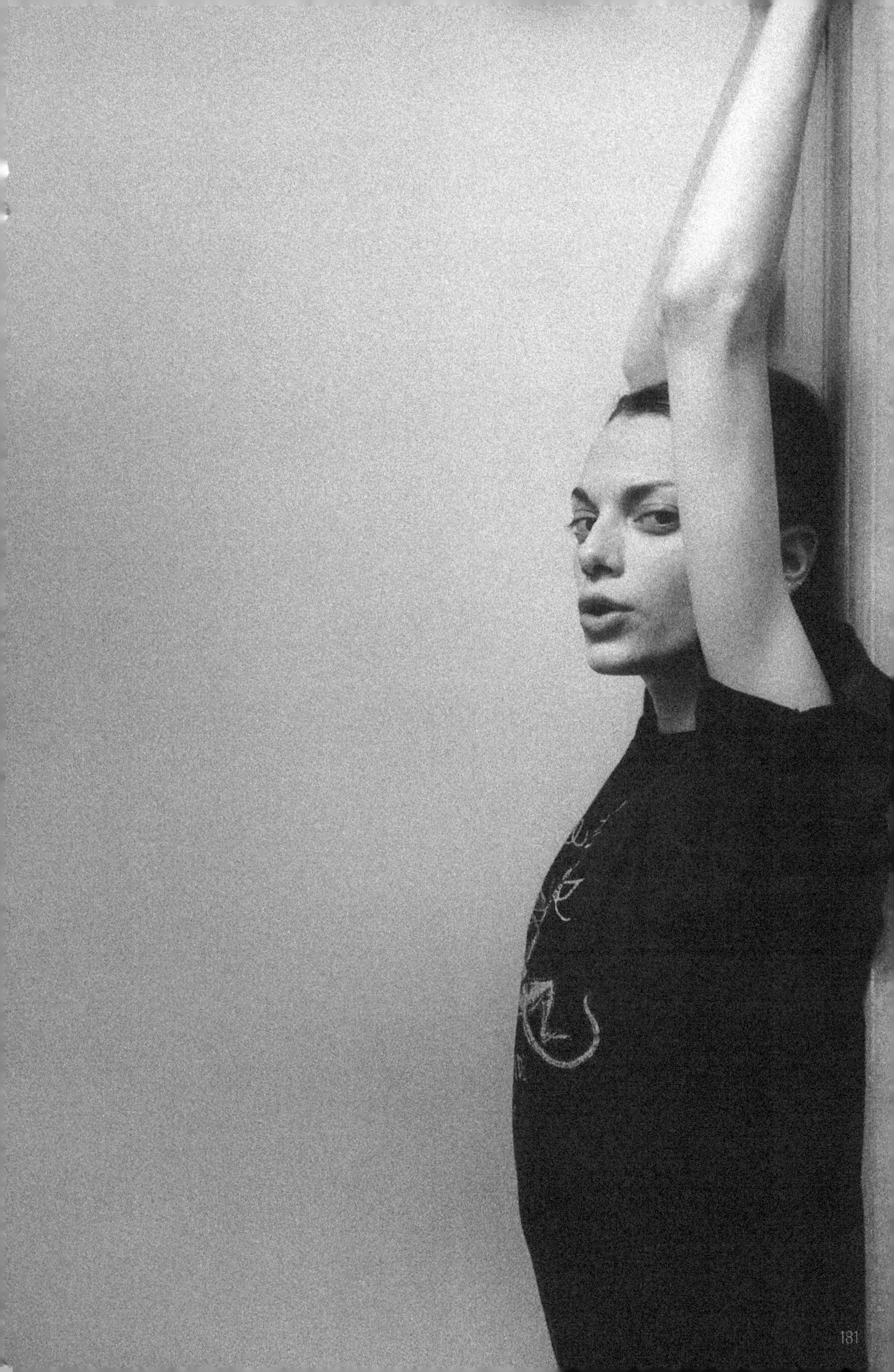

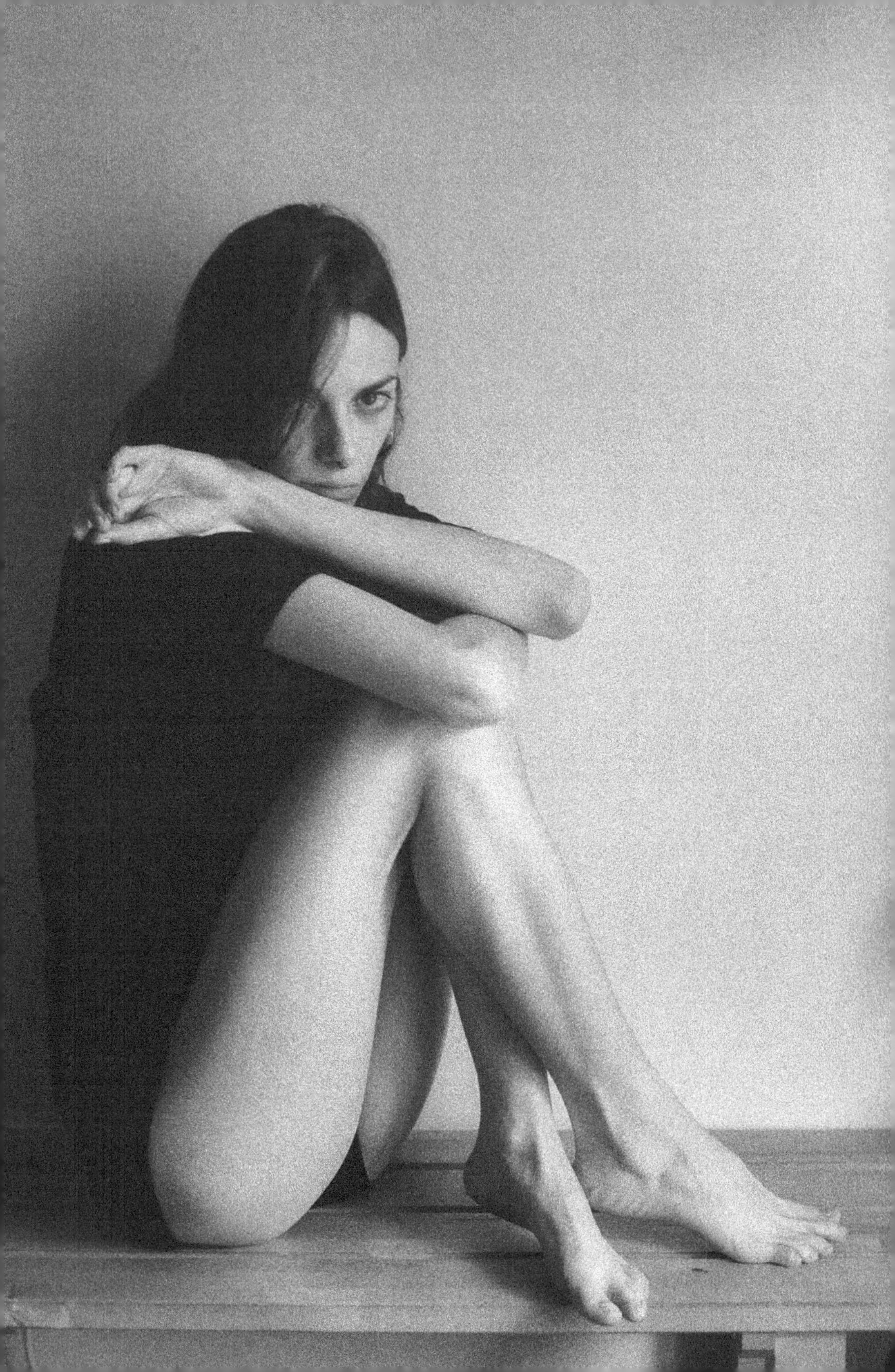

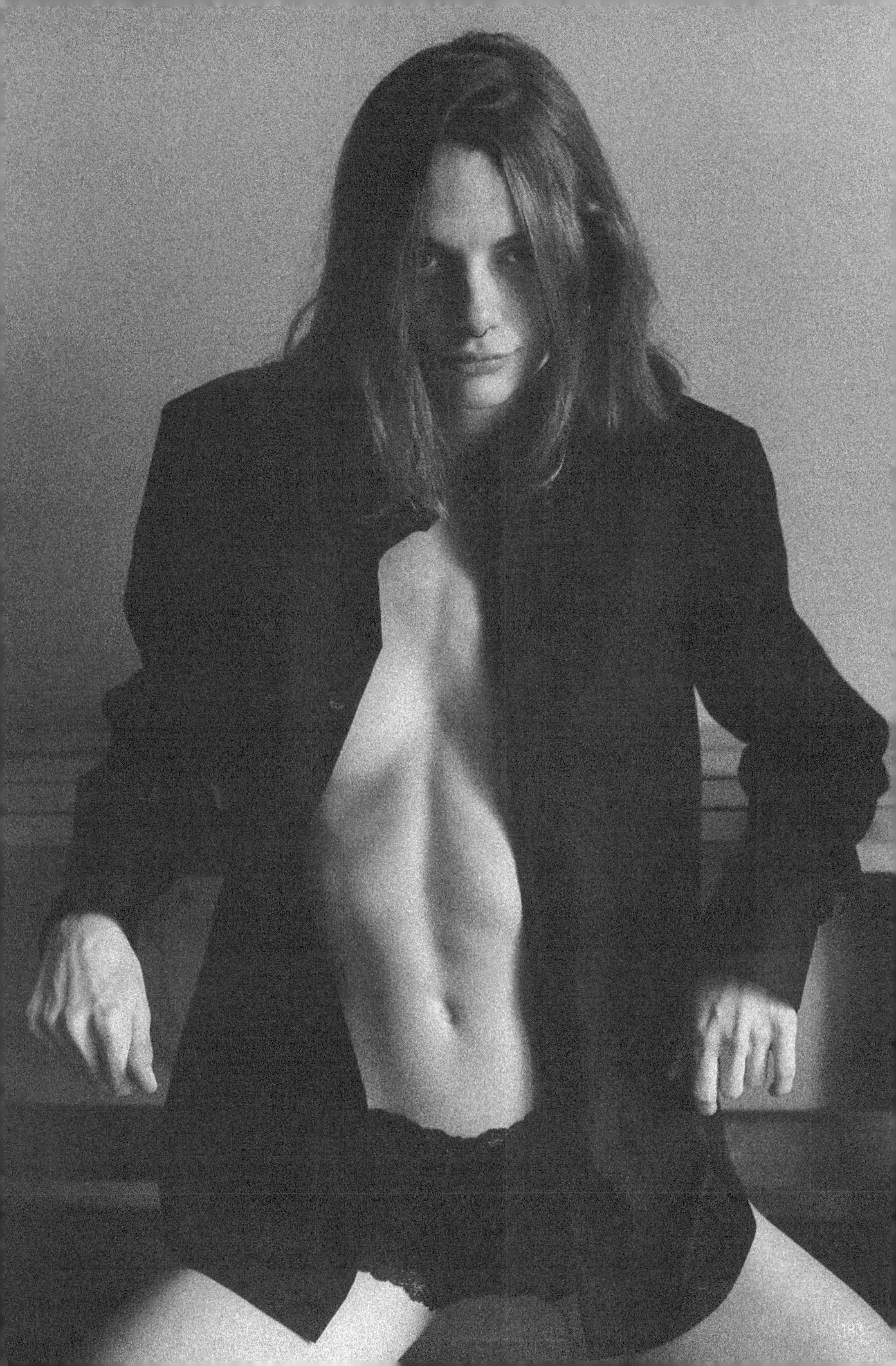

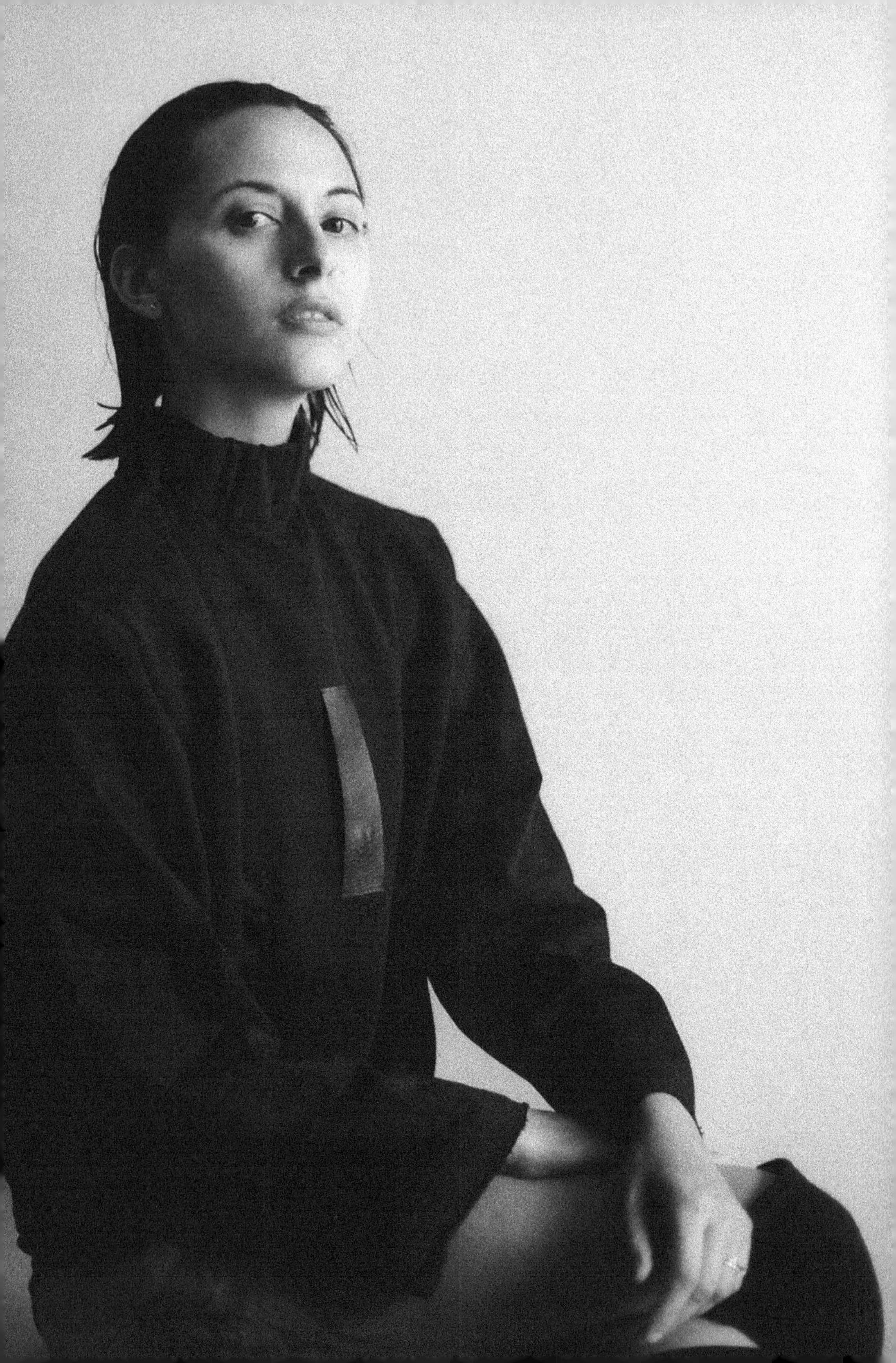

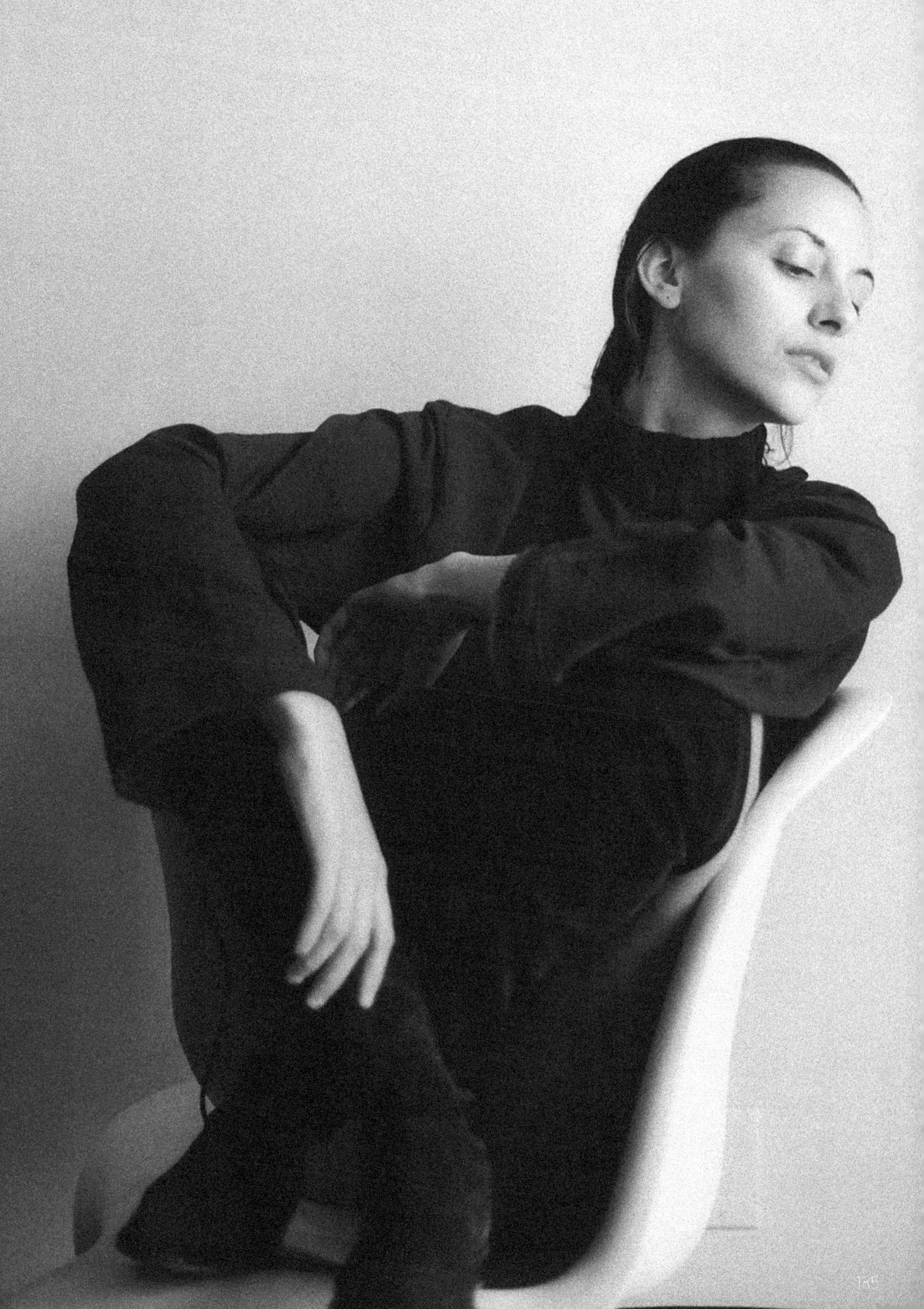

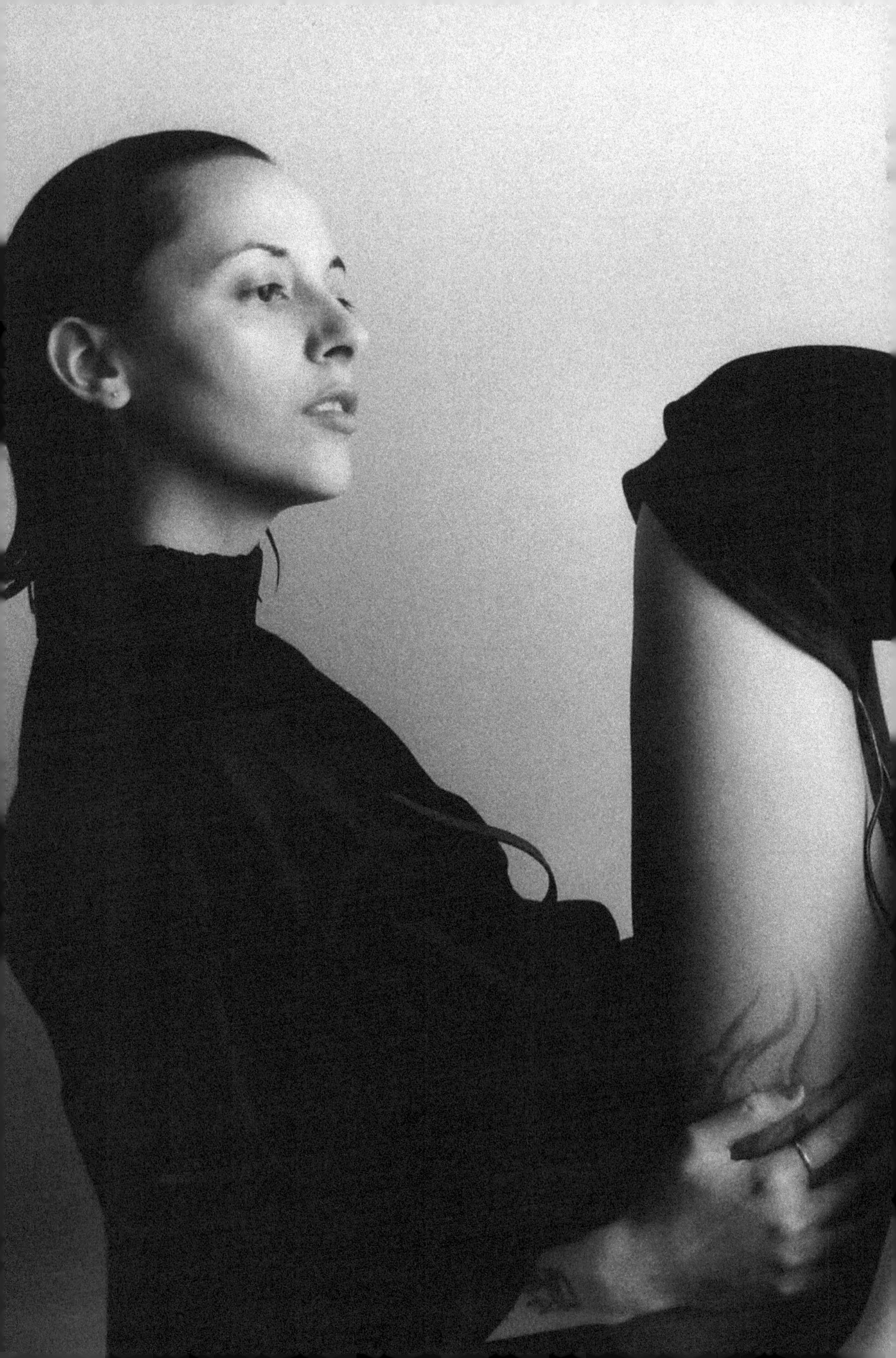

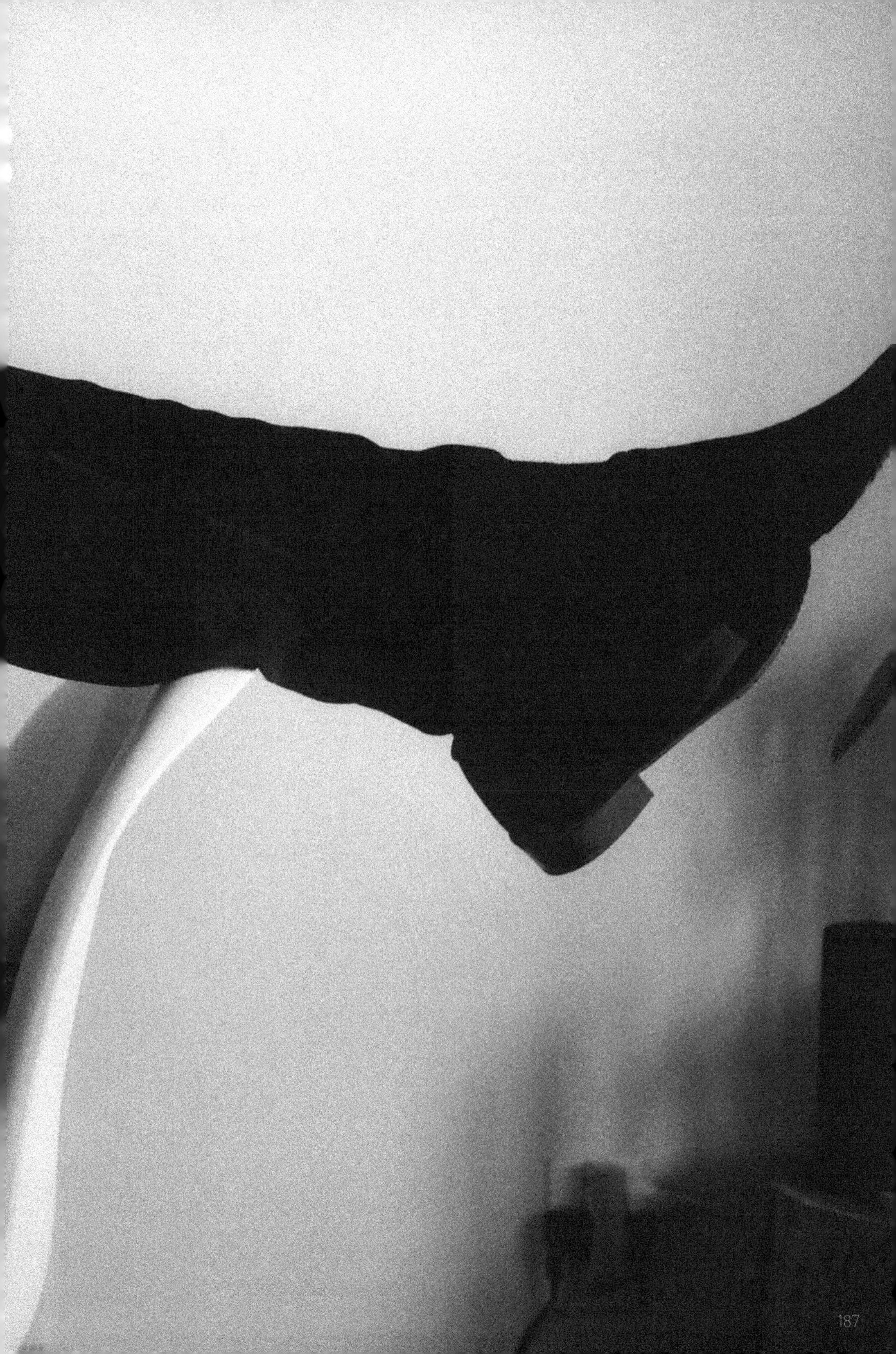

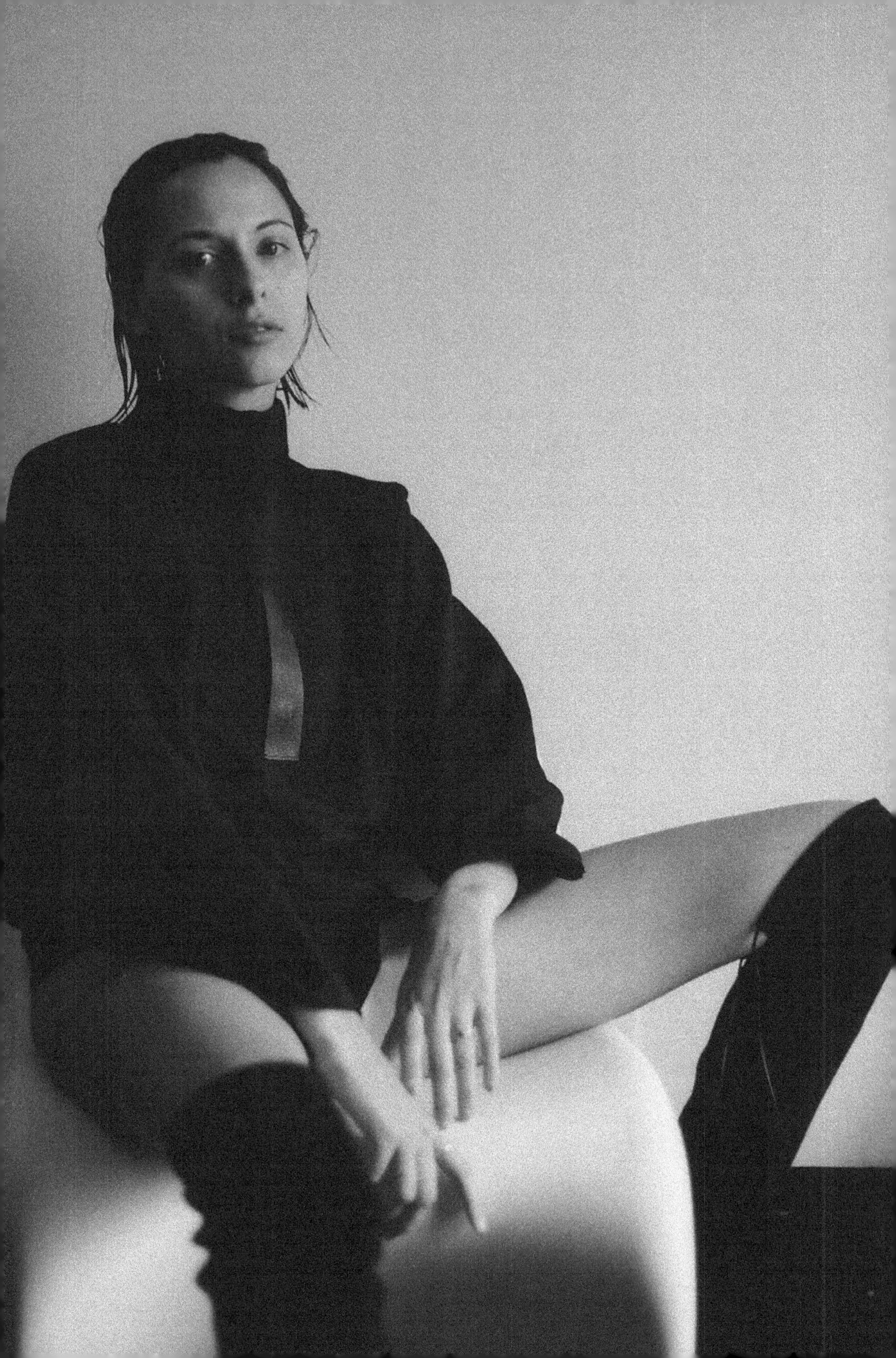

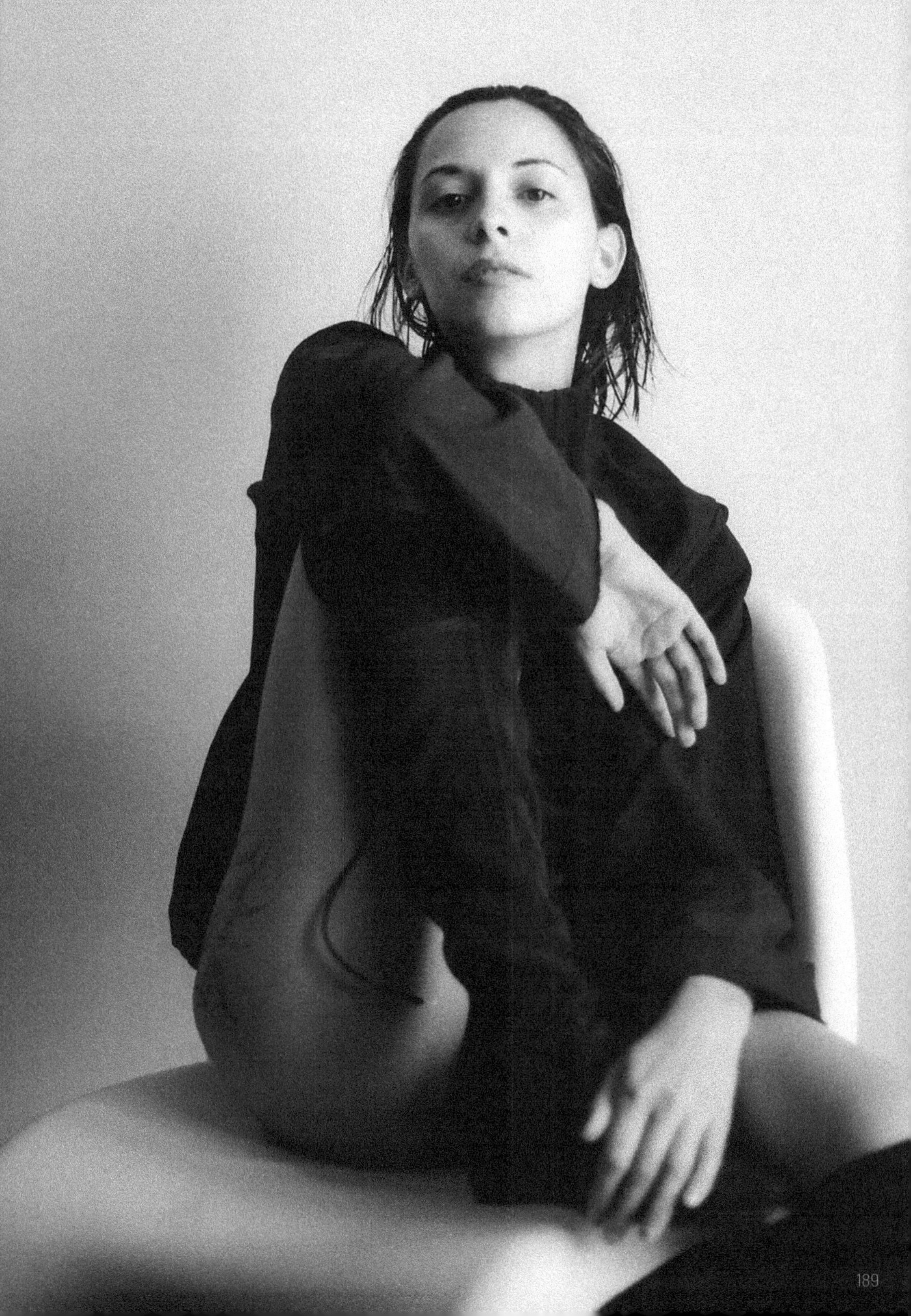

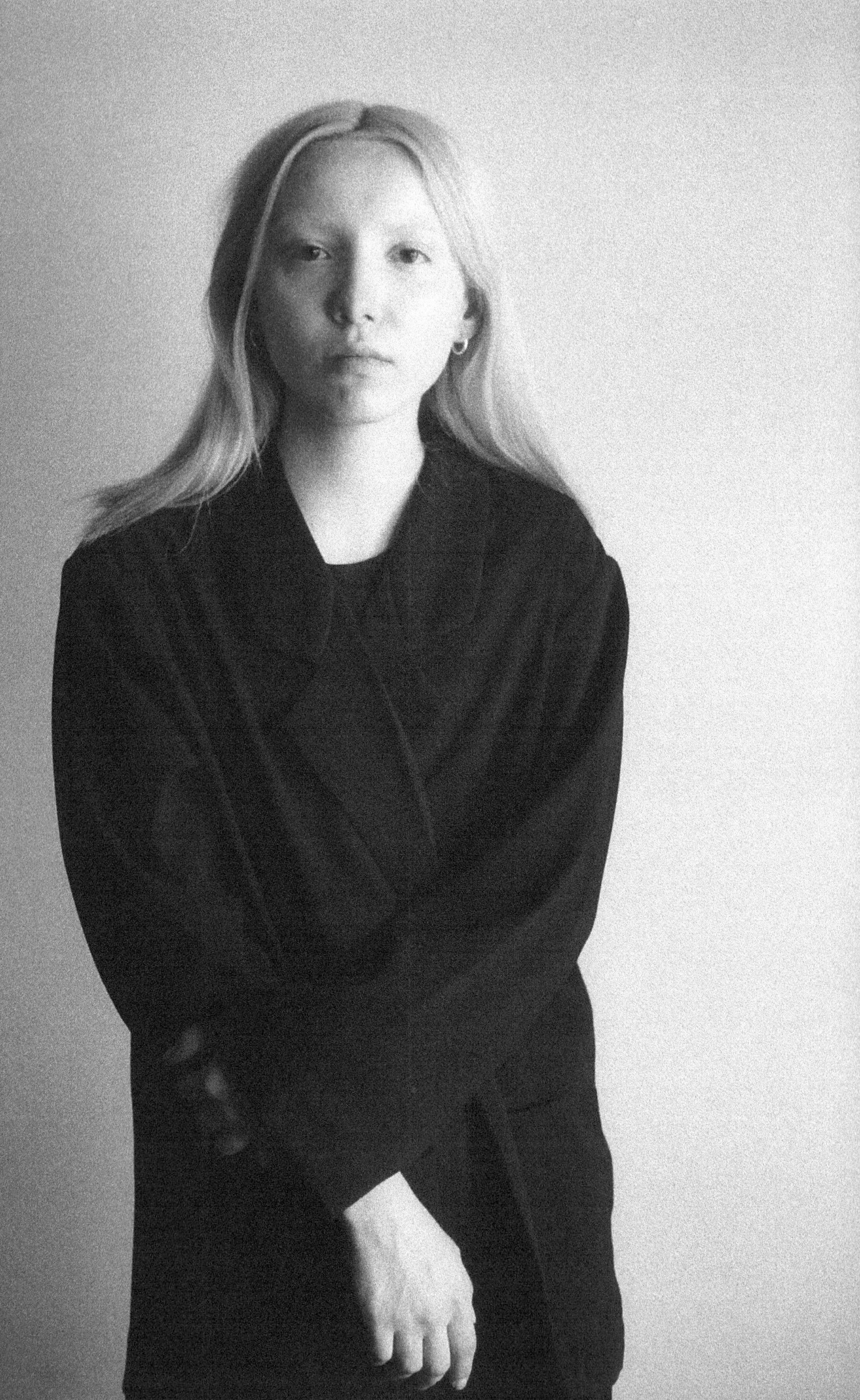

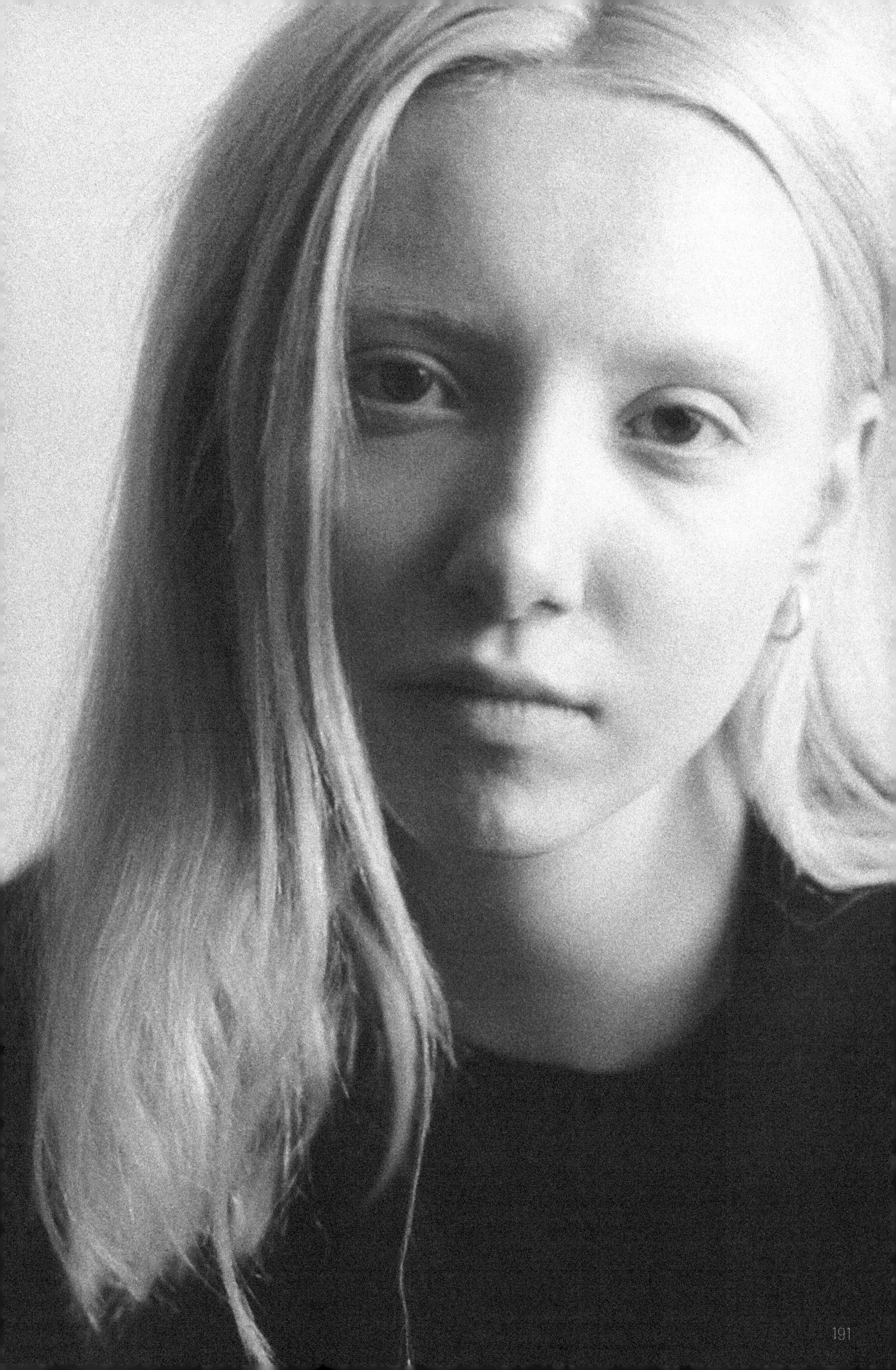

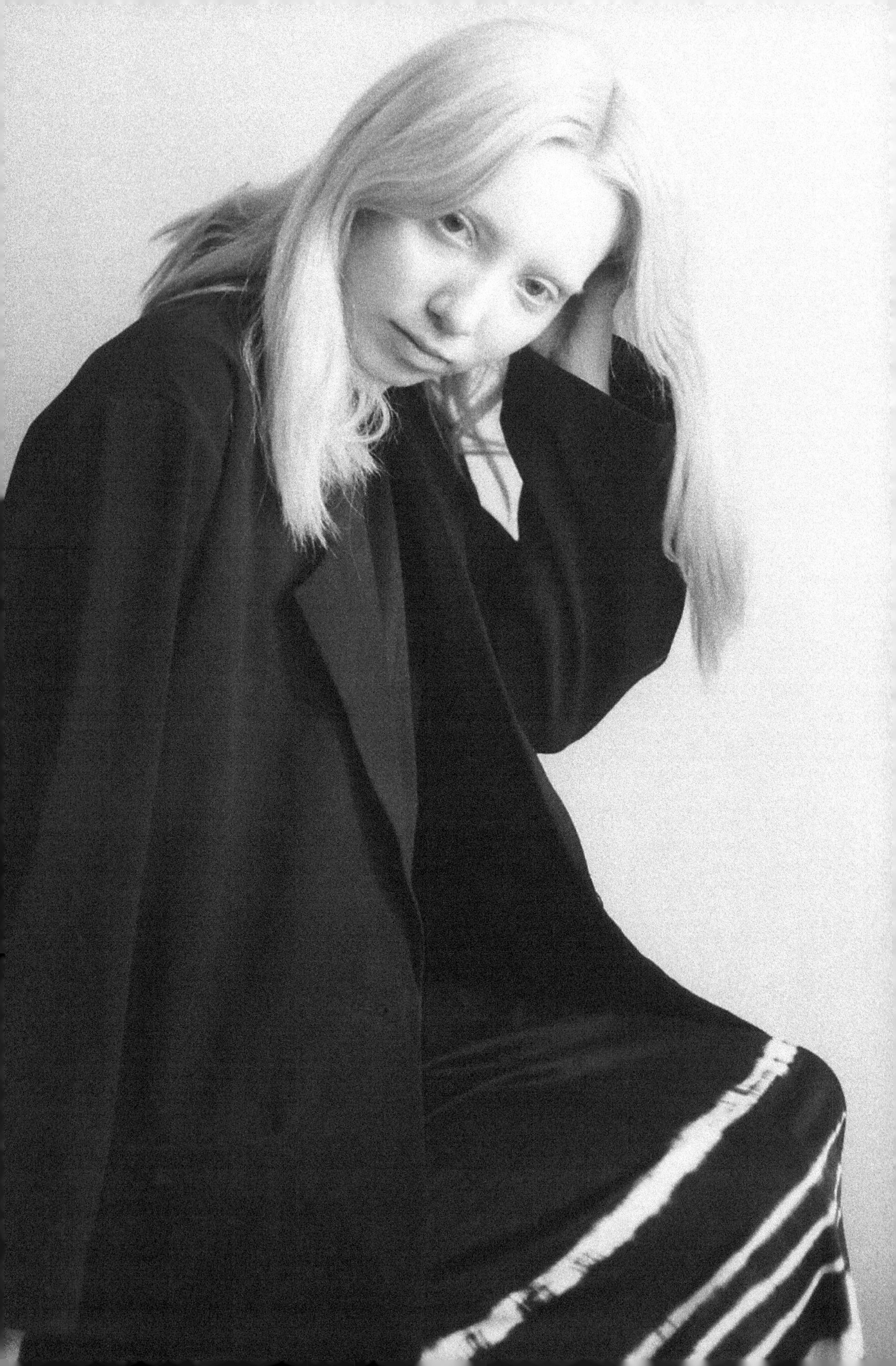

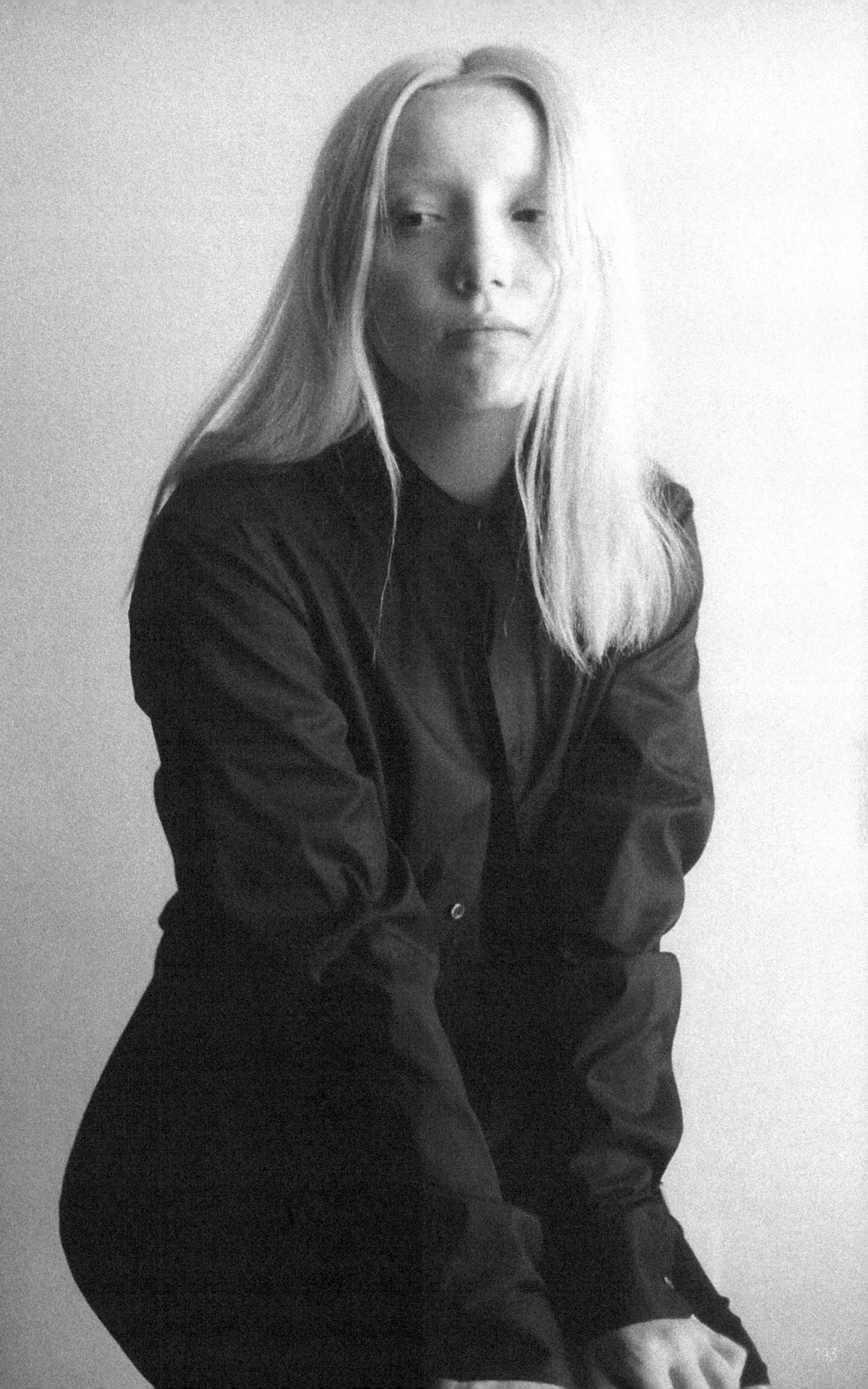

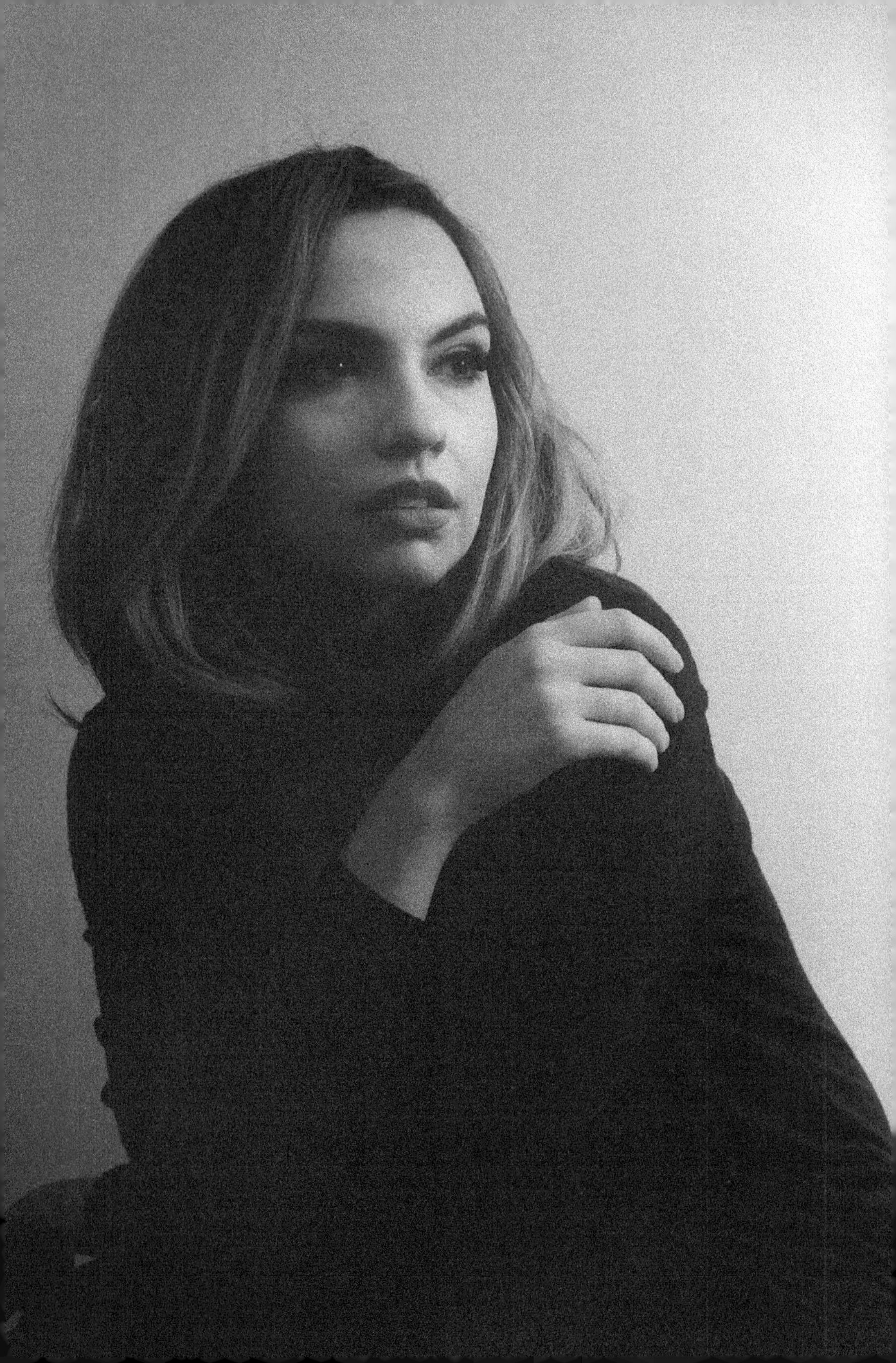

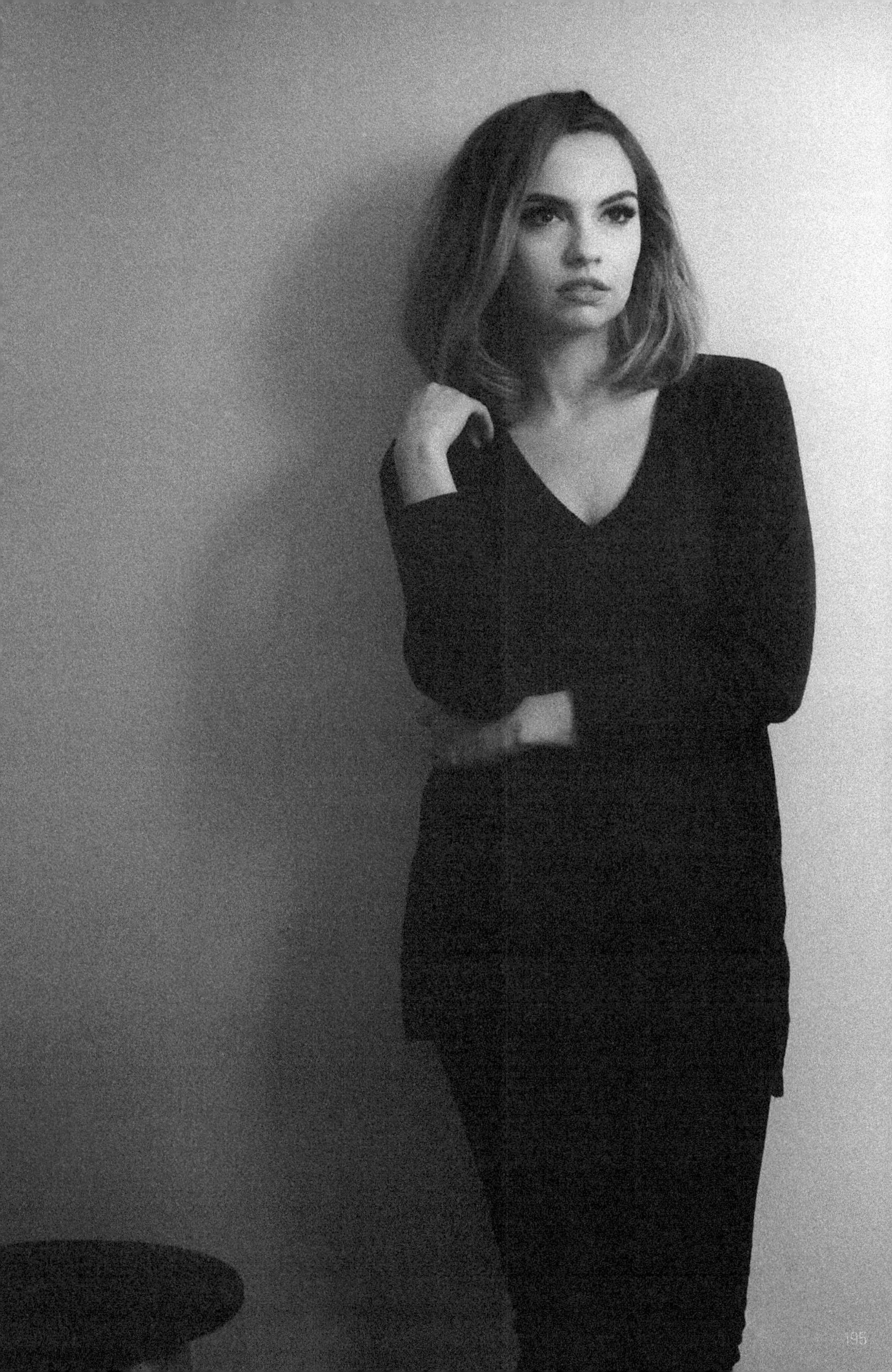

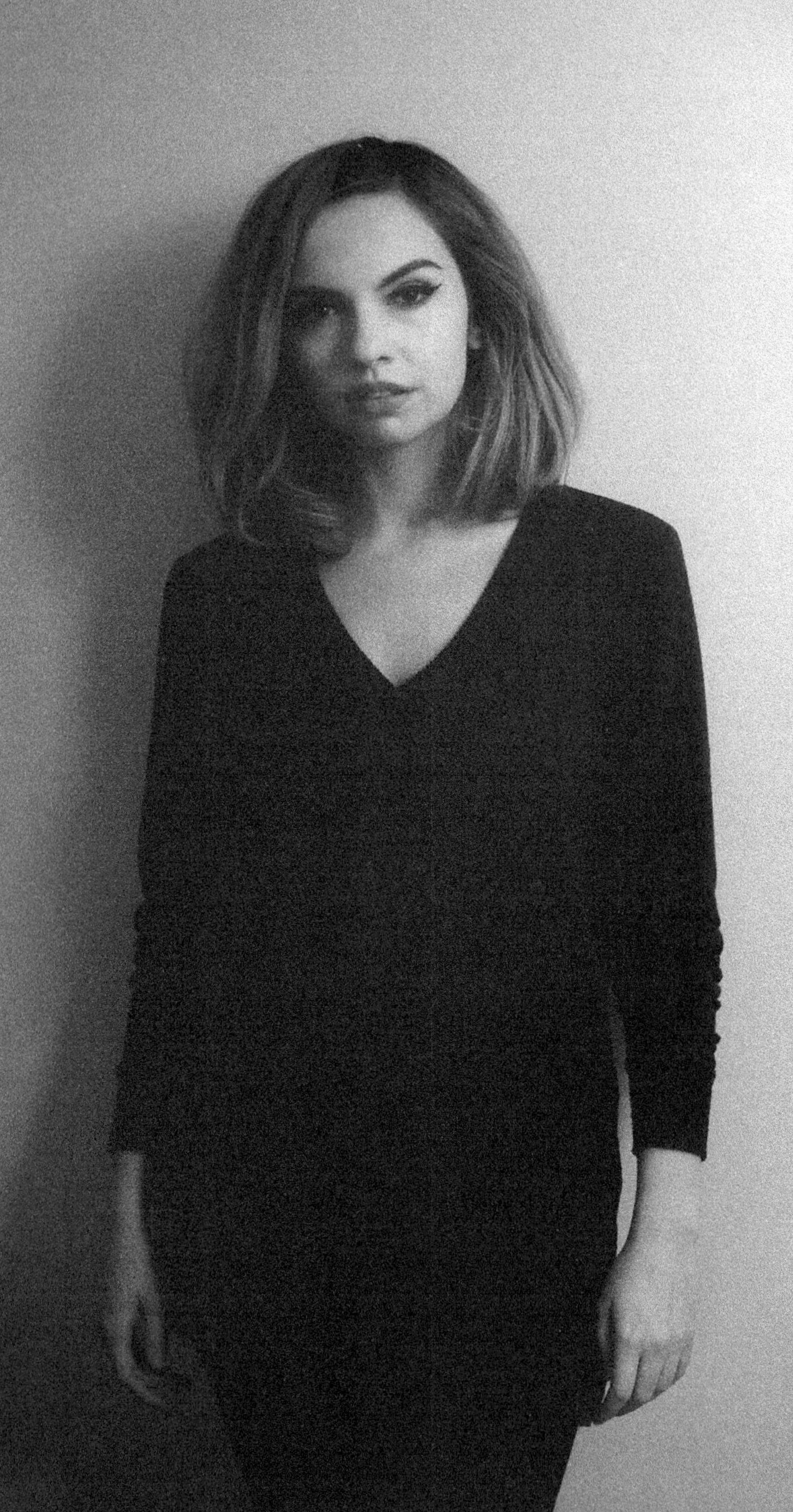

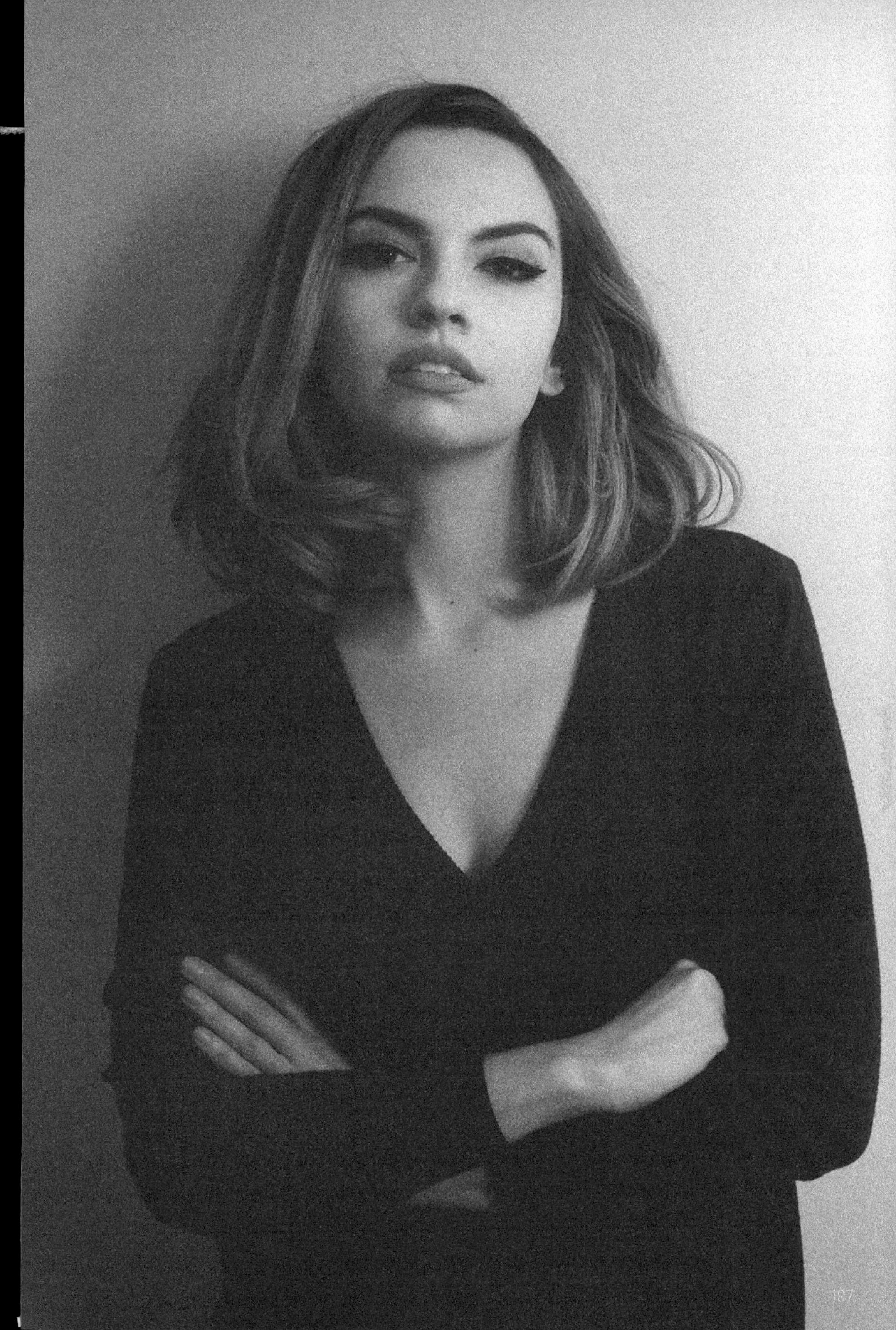

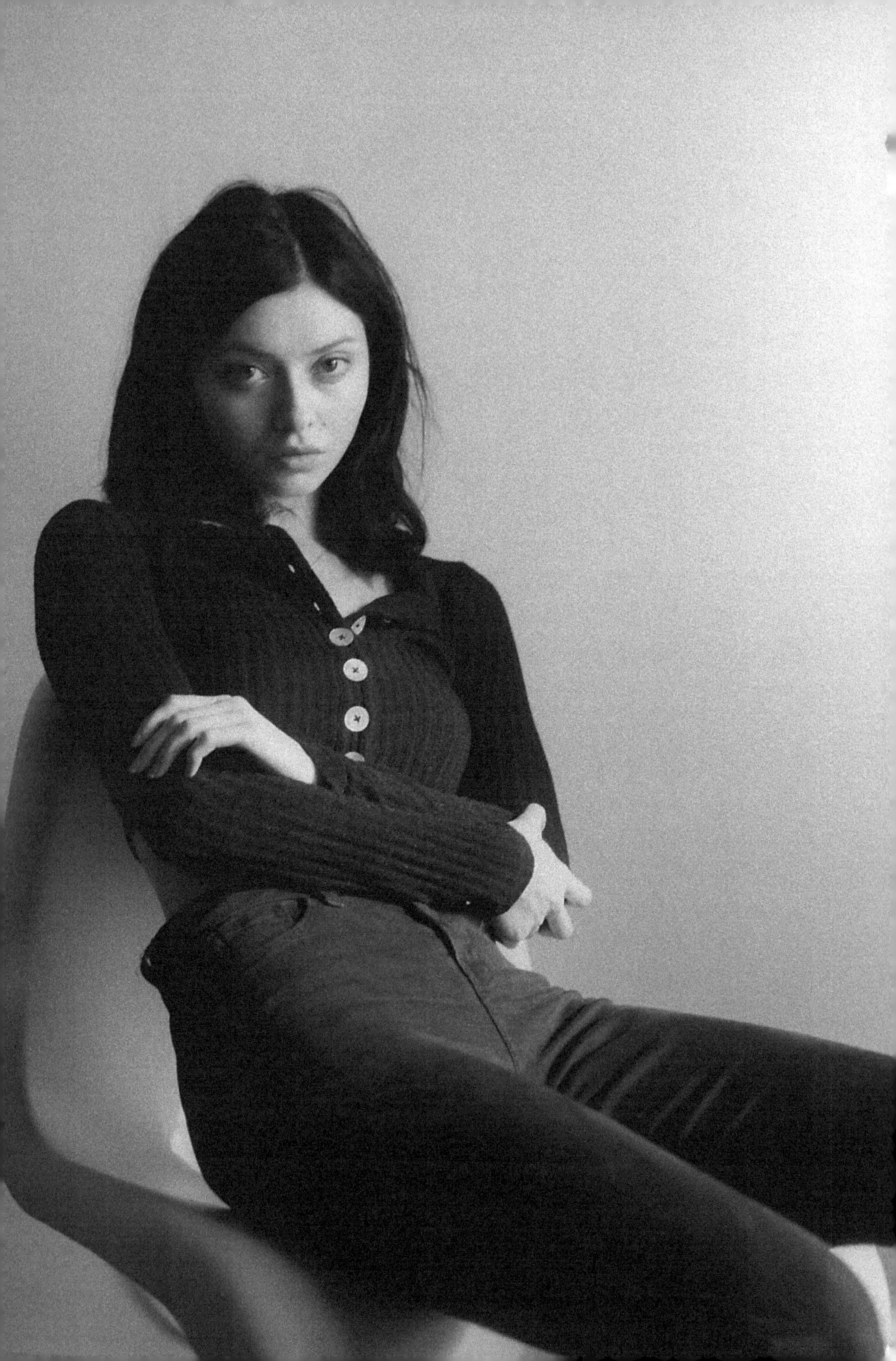

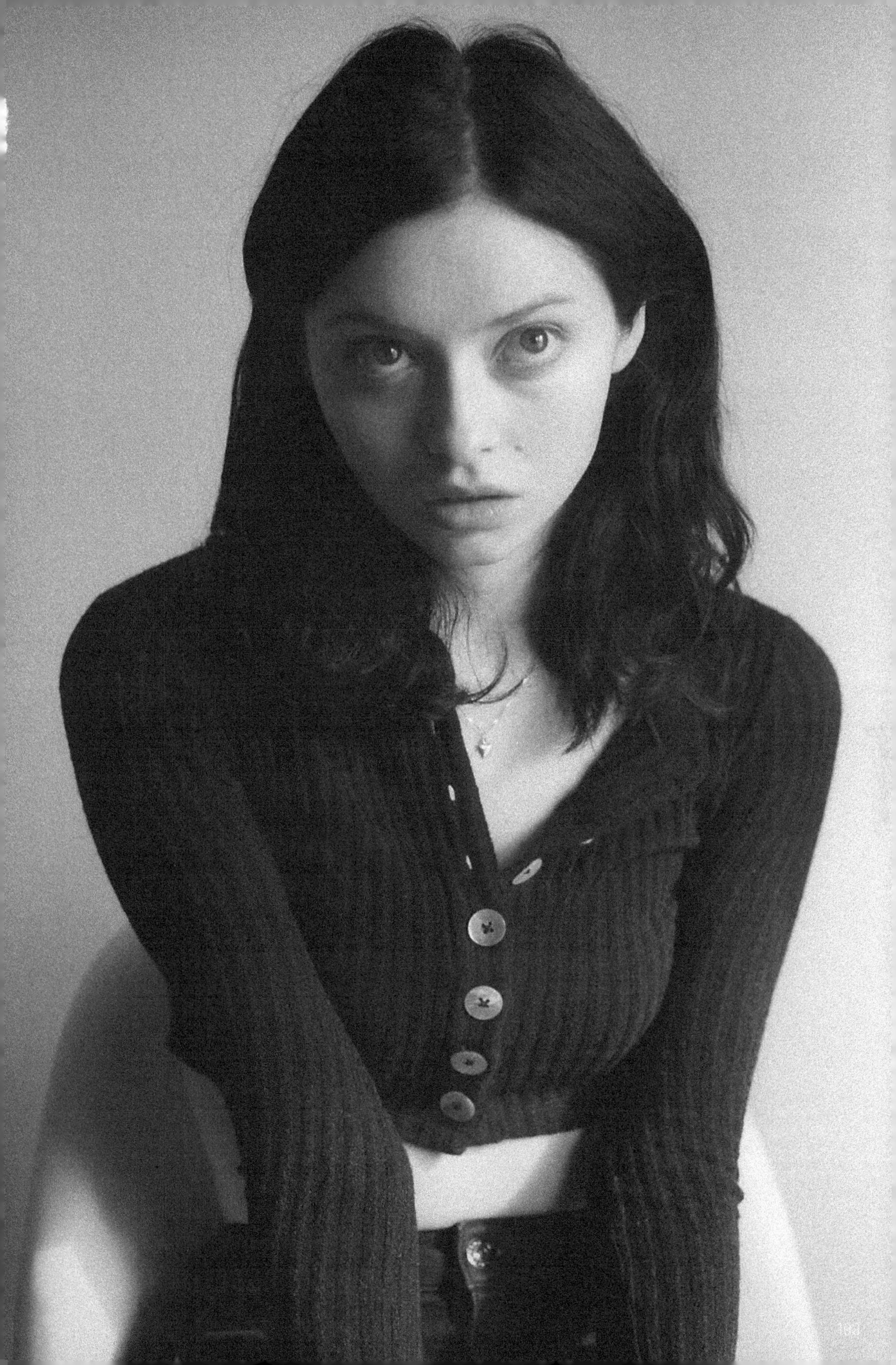

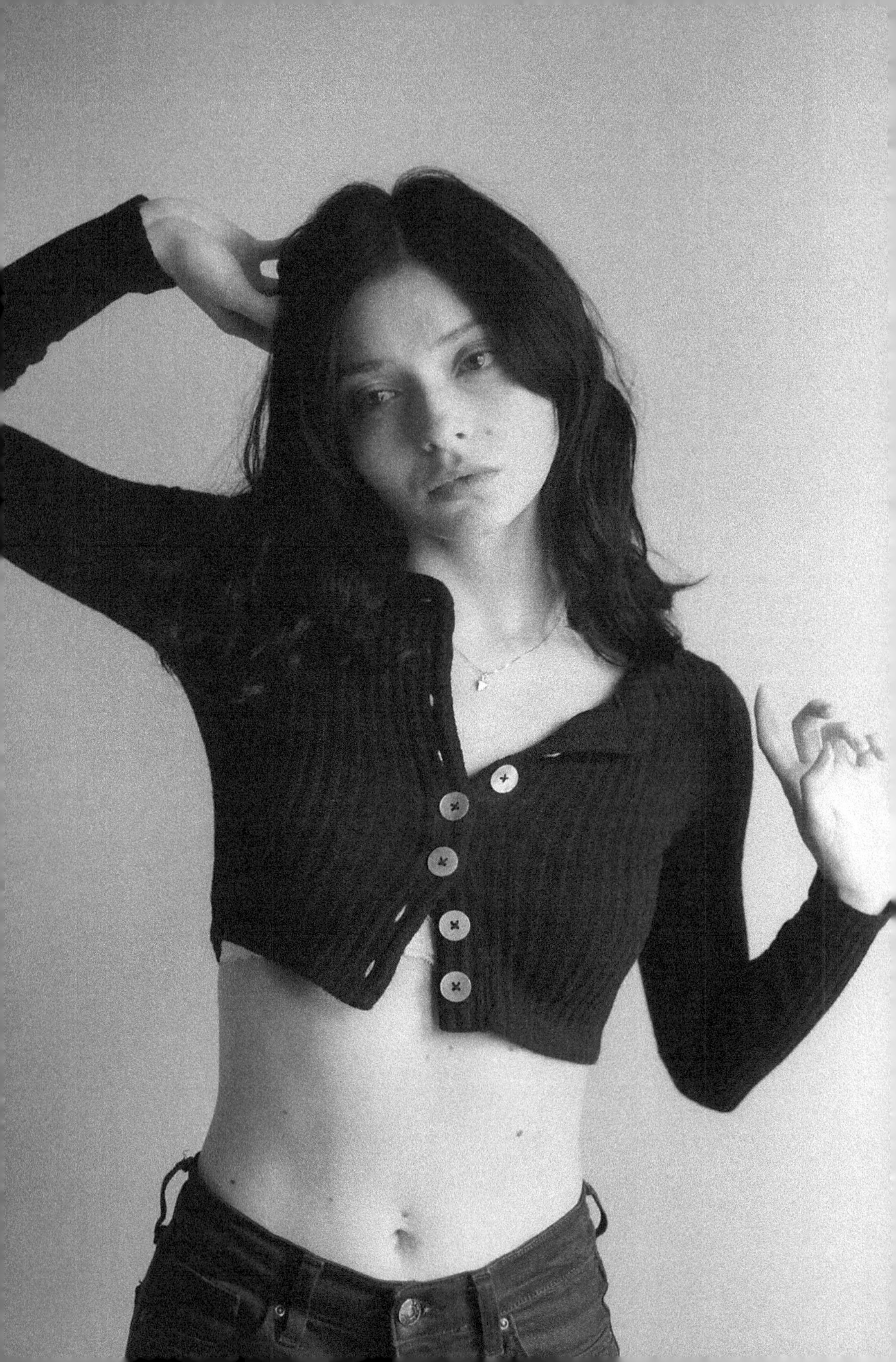

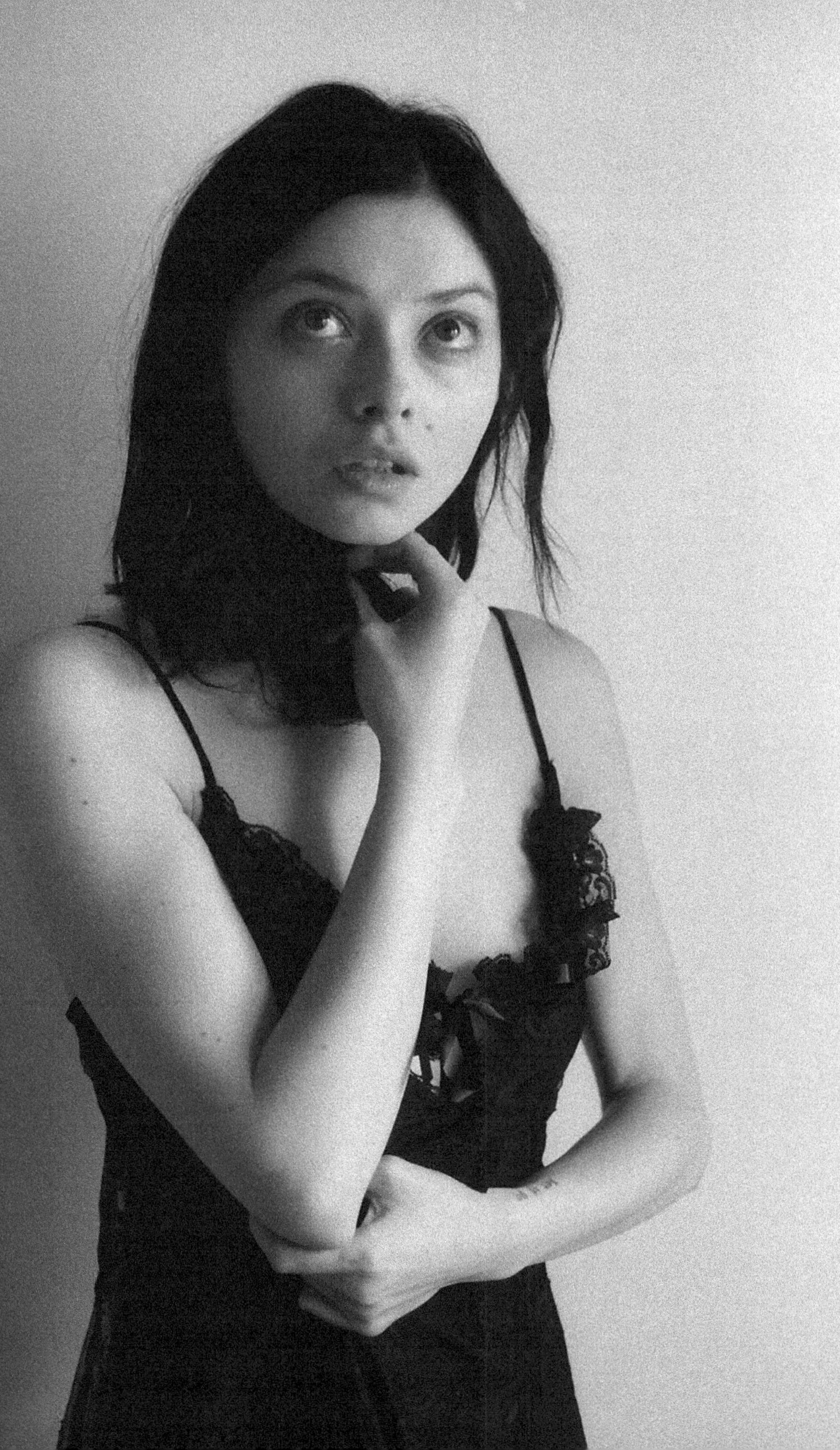

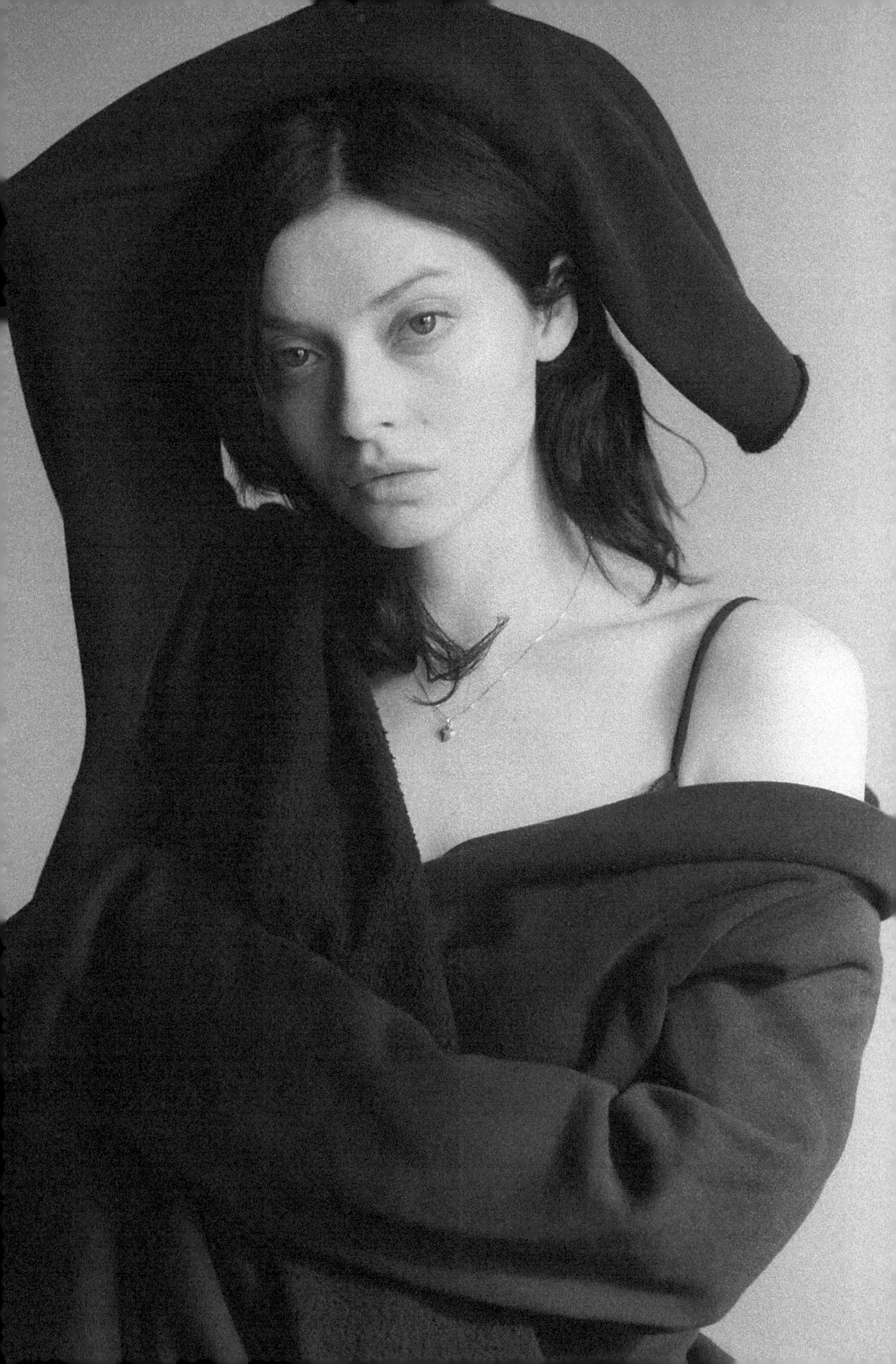

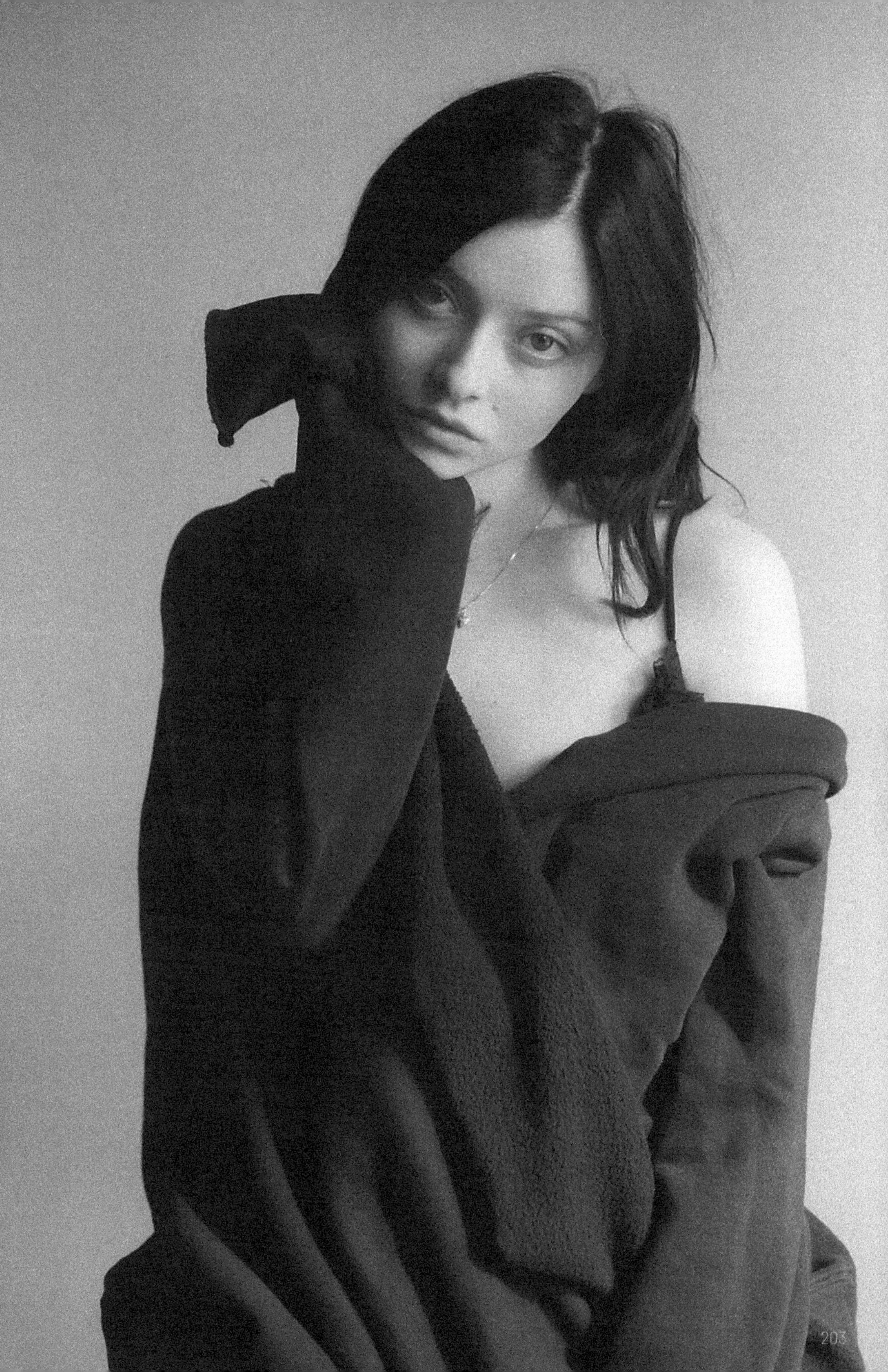
203

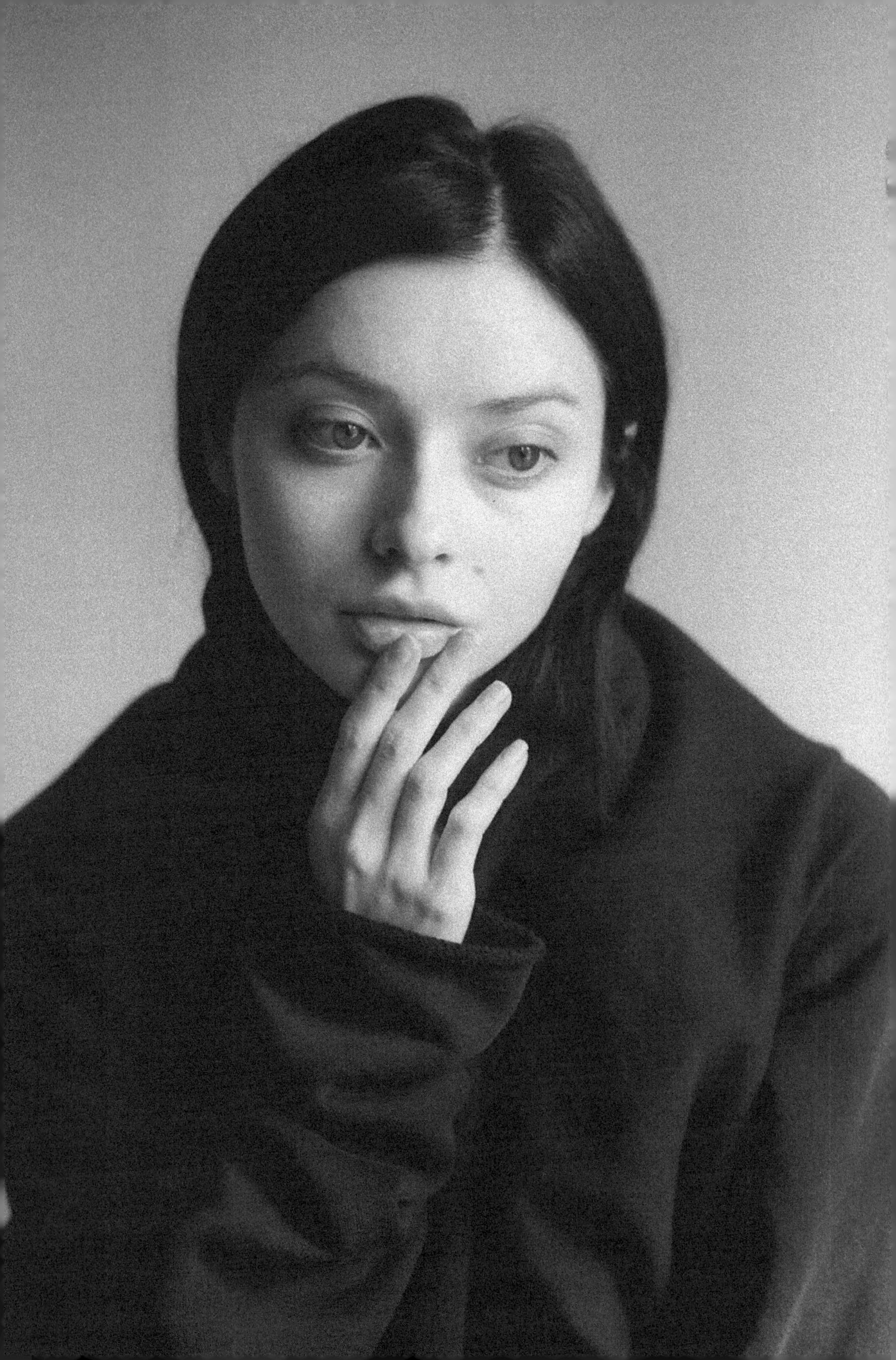

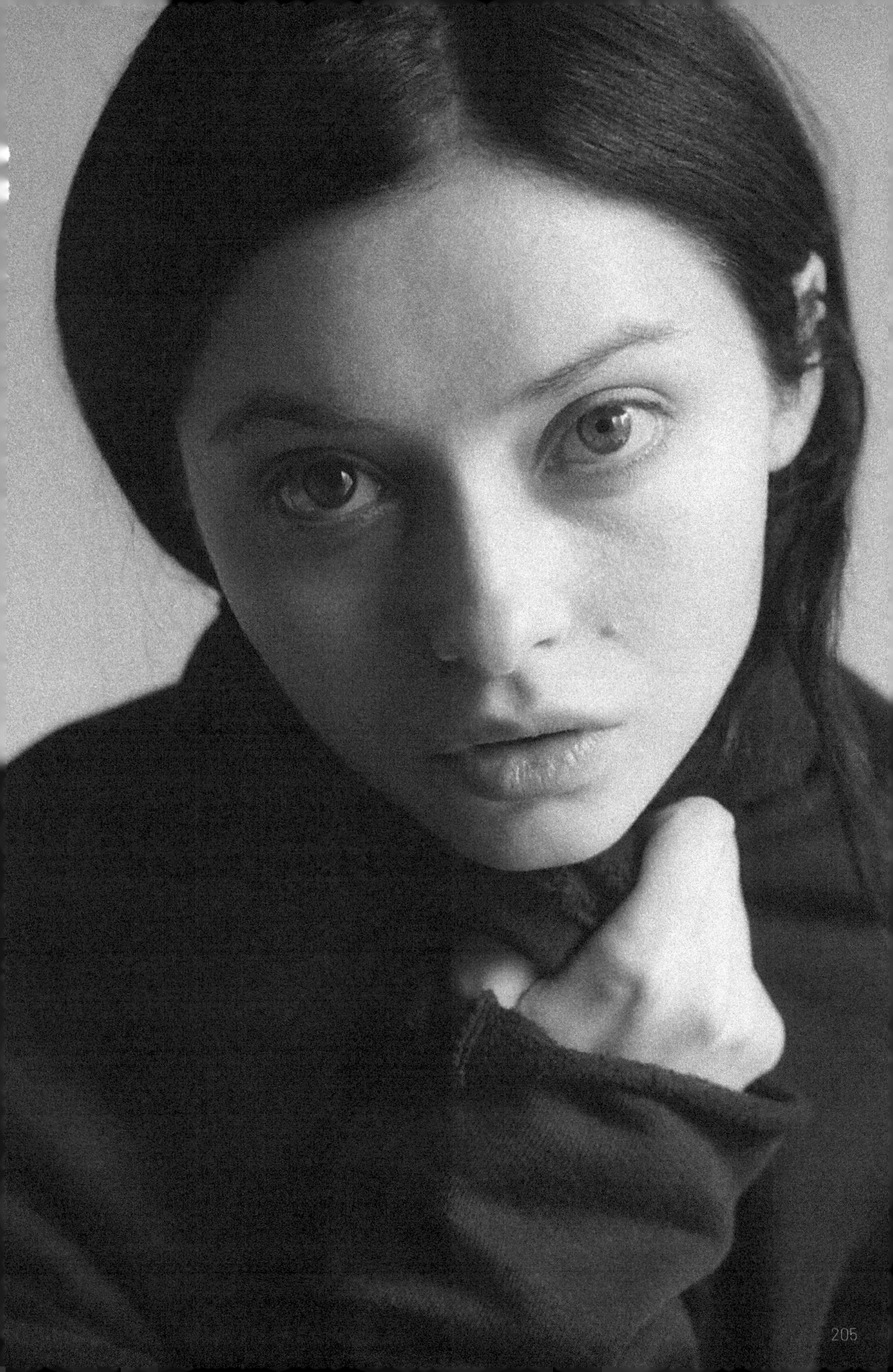

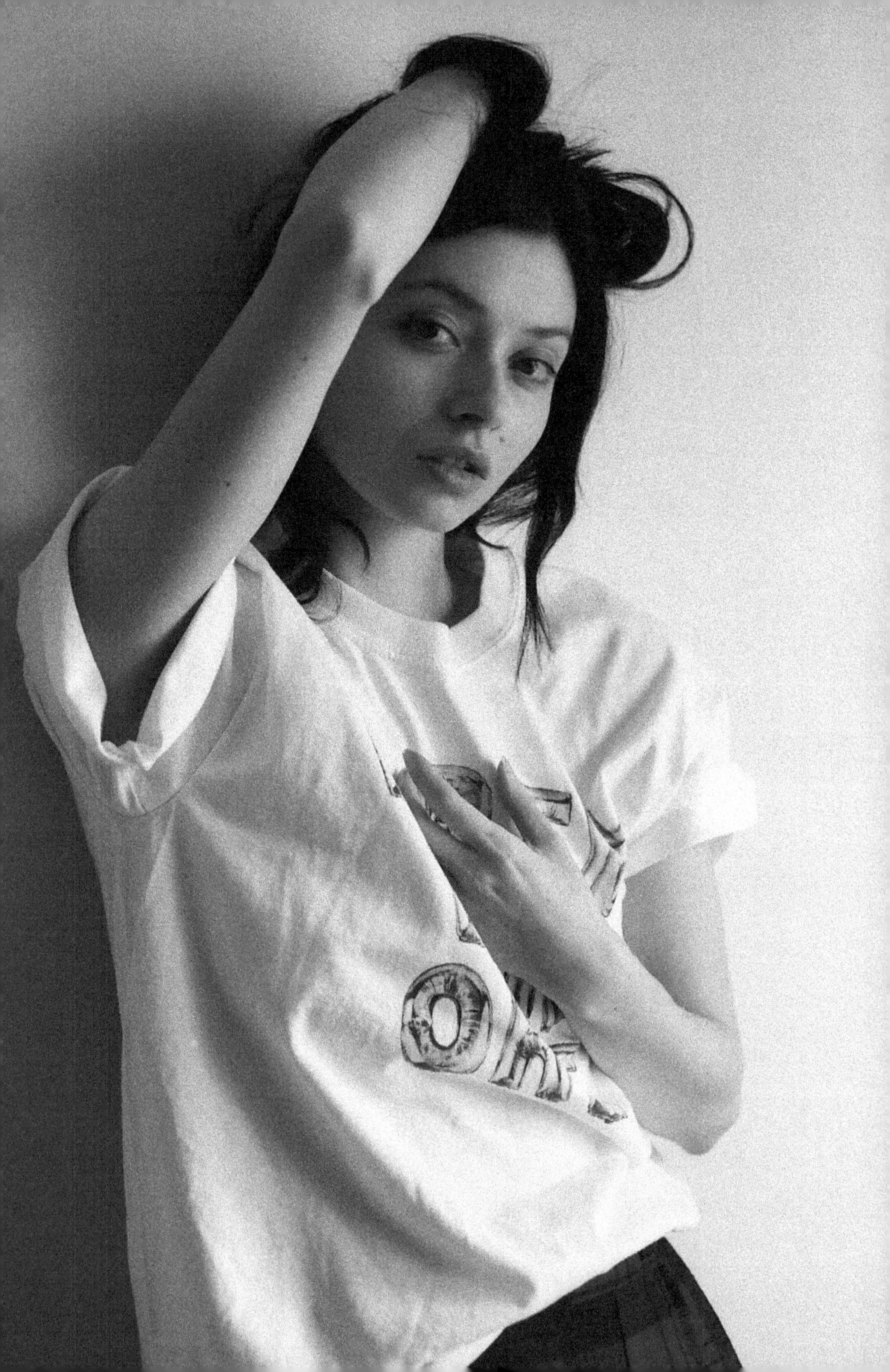

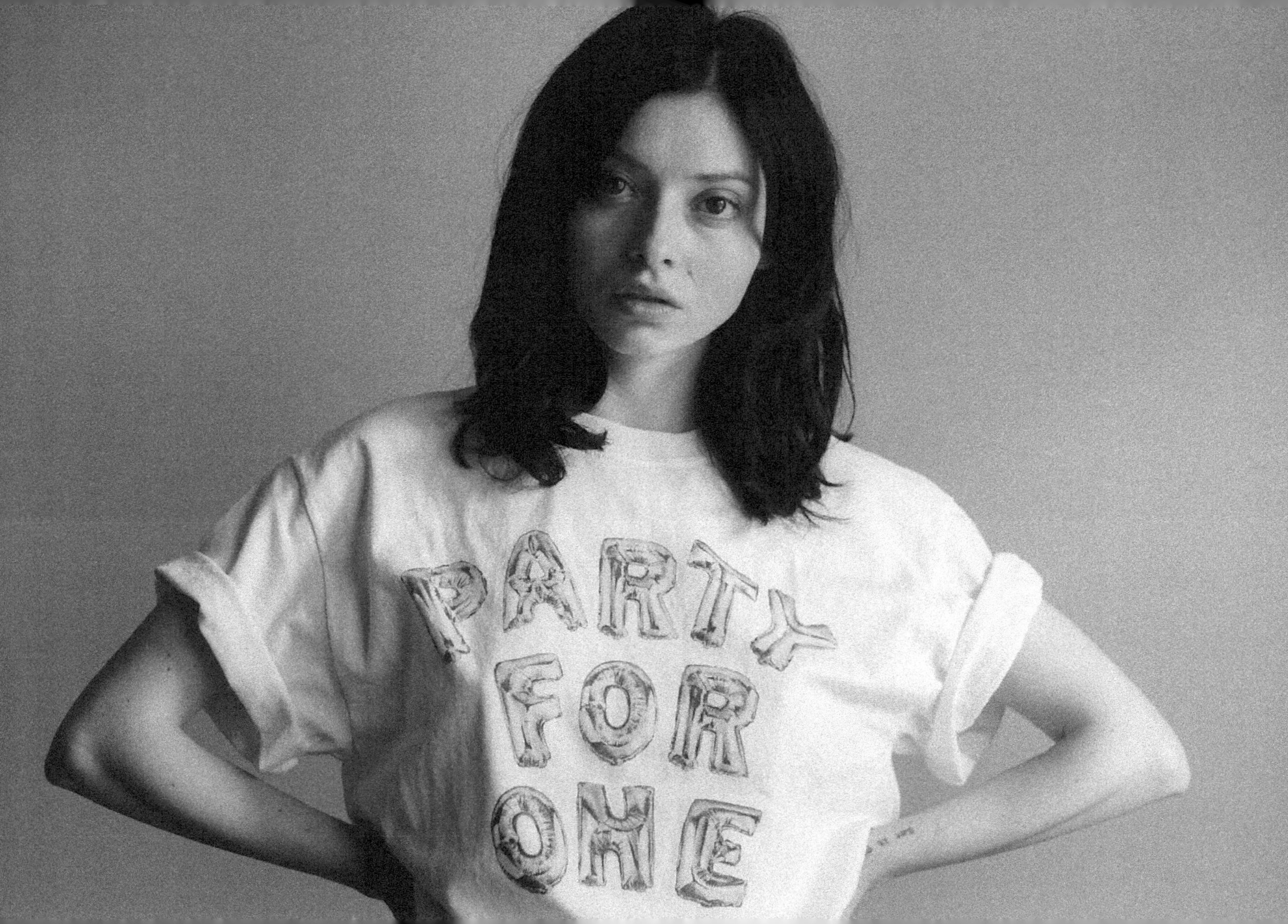
PARTY
FOR
ONE

ALL PHOTOGRAPHS TAKEN | TOUTES LES IMAGES PRISES
2014 - 2020

IN ORDER OF APPEARANCE | PAR ORDRE D'APPARITION

CHANTAL LAMOUR 6-11, LIRA YIN 12-14, CRISTY DUNCAN 16-27, 98-107 + JACKET, COURTNEY MCCULLOUGH 28-33, JOHANNA STICKLAND 34-41, 88-87, 154-157 + BACK COVER, ALEKSA SLUSARCHI 42-49, FLOOR VAN DE WATER 50-55, KARA NEKO 56-63, 162-171, 184-189 + COVER, TAYLOR SMALL 64-69, TRISH DAVIS 70-77, 142-147, BROOKE EVA 78-61, SHAKTI SACKETT 82-87, VALERIE MULDER 108-113, KELSEY CHRISTIAN 114-123, ERIN MAE 124-129, CHRISTELLE TROTTIER 130-135, DAYNA DIJOSEPH 136-141, NATALIE DEELY 150-153, MAGGIE WHITE 158-161, JAMIE NORMAN 172-173, DARIA USOVA 174-177, ELAINA HENTHORN 178-183, MILANA IVASHCHENKO 190-195, ALYSSA HOGAN 194-197, ALINA PHILLIPS 199-207

SPECIAL THANKS | MERCI À TOUS

CANADA COUNCIL FOR THE ARTS, ILFORD PHOTO, COLOR RESOURCE CENTER (NYC), ROBERTS CAMERA (IN), TANDEM BAR (BK)

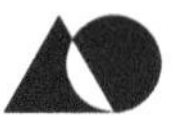

ISBN 979-8-21845-763-1

9 798218 457631